Venezuela
mit Isla de Margarita

Susanne Asal

Inhalt

Zwischen Magie und Moderne

Reisen in Venezuela

Caracas

Die östliche Küstenregion

Nueva Esparta

Das Orinocodelta

Die westliche Küstenregion

Maracaibo und die Laguna de Sinamaica

Die Anden

Serviceteil

Verzeichnis der Karten und Pläne

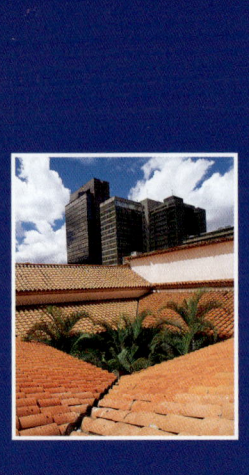

Zwischen
Magie und
Moderne

Das Land der Ungleichzeitigkeit

Ein Land so vielfältig wie ein Kontinent – diesen Ruf trägt Venezuela stolz und zu Recht. Es vereinigt auf seinen 916 445 km^2 die unterschiedlichsten Landschaftsformen aus verschiedenen erdgeschichtlichen Phasen. Keines seiner Charakteristika ist weniger als gewaltig: der größte See des Kontinents, die ältesten Bergformen, eine kaum erforschte Pflanzenwelt, Bäume voller Kautschuk und Erde voller Quarzgestein, eine Landesmitte, die regelmäßig überflutet und ein Delta, dessen Standort noch nicht endgültig fixiert ist. Die früheste und die noch nicht zu Ende geformte Erde finden in diesem Land zueinander und machen die Begegnung so unvergleichlich spannend.

Venezuela ist ein Land der extremen Ungleichzeitigkeit. Ein Straßennetz flicht es zusammen, das in Teilen alten präkolumbischen Fährten folgt und dann wie-

Gutgelaunt durch den Alltag: Venezolaner mit Nationalbewusstsein

der nagelneu, schwindelerregend und fast hybrid aufwendig in die Gegend geschnitten ist. Allerdings ist es weit davon entfernt, vollständig über das Land geworfen zu sein: Im Süden wird mit wenigen Kilometern Asphaltstraße der Anschluß an den Norden zu leisten versucht, schlägt sich die *carretera* durch vorher undurchdringliche Dschungel. Im Bundesstaat Amazonas bilden ausschließlich Flüsse die Wege zu indianischen Siedlungen, deren Kulturen in der Frühgeschichte der Menschheit verhaftet zu sein scheinen, während im Norden blitzende Hochhaustürme in den Karibikhimmel ragen, die Hauptstadt in einem Meer aus Verkehr versinkt und man Langusten mit Kastanienpüree in eisgekühlten Restaurants verzehrt.

Die Ungleichzeitigkeit bestand und besteht aber nicht nur innerhalb der Landesgrenzen. Venezuela war über lange Zeit im Vergleich zu Mexiko und Peru eine von Spanien ungeliebte und vernachlässigte Tochterkolonie, seine lange Küstenlinie leichte Piratenbeute. Die europäischen Konquistadoren hatten rasch das Interesse an dem offenbar nicht goldstrotzenden Land verloren, das sie so vorschnell mit El Dorado identifiziert hatten. Später dann verwirrten und entvölkerten Unabhängigkeitskämpfe und anschließende Bürgerkriegswirren das Land, das von *caudillos* inselhaft beherrscht wurde, die in militärischen Ehren die Karriereleiter erklommen hatten. Es hatte über Jahrhunderte hinweg immer nur einzelne Zentren gegeben, in denen sich die Bevölkerung konzentrierte: die Küstenzone mit ihren Kakao- und Kaffeeplantagen, Barquisimeto, Ciudad Bolívar, die Anden.

Alexander von Humboldt entdeckte 1799 in Venezuelas Dschungeln und auf seinen Flüssen einen neuen Schatz: ein unbekanntes Paradies von Pflanzen und Tieren, die er unerschütterlich präzise porträtierte und untersuchte; und Reiseberichte des beginnenden 19. Jh. zeichnen ein beschauliches, verträumtes Bild einer verschlafenen Hacienda-Mentalität, die sich über Venezuela gebreitet hatte.

Die spektakulären Erdölfunde zu Beginn des 20. Jh. katapultierten das Land kometenschnell in die Moderne und spornten zu technischen Höchstleistungen an. Die einst teuerste Straße und die längste Brücke, die höchste und längste Seilbahn, die größte Raffinerie der Welt schufen schwindelerregend schnell den Anschluß an Standards der Industrienationen, während die Yanomami tief im Dschungel-Süden Jäger und Sammler geblieben sind, die sich Halluzinogene in die Nasen blasen, und die Warao im Orinocodelta den Wurm der *moriche*-Palme braten und verspeisen.

Wie sollte der Zusammenprall dieser Gegensätze kein vor Aufregung flirrendes Klima erzeugen? Venezuela ist ein spannendes, Neugier entfachendes Land, weil diese Widersprüche nebeneinander bestehen – jeweils eine Welt für sich, und keine greift – relativ gesehen – störend in die andere ein. Seine großen landschaftlichen Schönheiten, welche die Touristen anziehen – von den Tafelbergen zu den Andengipfeln und den Karibikstränden –, sind tatsächlich eines Kontinents würdig, und seine Bewohner entstammen gleich dreien: Südamerika, Europa und Afrika. Als *café con leche*, Milchkaffee, hat der Politiker-Dichter Andrés Eloy Blanco die Bevölkerung seines Landes charakterisiert und damit ein friedliches Zusammenleben ohne rassische Diskriminierung gemeint. Gelassenheit, Herzlichkeit und ein deftiger Hang zur Mystik bestimmen denn auch nach wie vor die Alltagsatmosphäre.

Landeskunde im Schnelldurchgang

Fläche: 916 700 km²
Einwohner: 21,68 Mio.
Hauptstadt: Caracas
Amtssprache: Spanisch
Währung: Bolívar
Zeit: MEZ –5 Std, MESZ –6 Std.

Geographie: Venezuela liegt im Nordosten Südamerikas, zwischen 1° und 12° nörd-licher Breite, 60° und 73° westlicher Länge. Es mißt 1500 km in West-Ost- und 1300 km in Nord-Süd-Richtung. Die Andenkordillere mit den höchsten Gipfeln Pico Bolívar (5007 m), Humboldt (4942 m) und La Concha (4765 m), und die Halbinsel von Para-guaná trennen es im Westen von Kolumbien. Die gängigen Landkarten verzeichnen im extremen Osten eine *zona en reclamación,* ein Gebiet im Nachbarland Guyana, auf das Venezuela Anspruch erhebt. Undurchdringliche Dschungellandschaften erstre-cken sich im Süden und Osten entlang der Grenze zu Brasilien. Eines der imponie-rendsten Flusssysteme Südamerikas durchströmt Venezuela: Der Orinoco durchfließt auf 2140 km mit 400 Nebenarmen den Süden und Osten, um sich in einem 40 000 km² umfassenden Delta in ungezählte Mündungsarme aufzuspreizen. Die Anden ver-schmelzen im Norden mit der Küstenkordillere, die sich parallel zur Karibik hinzieht. Fruchtbare Täler und Hänge gliedern das Gebirgsmassiv. Erdgeschichtlich jüngste und älteste Formationen treffen im Osten fast aufeinander: Die Gran Sabana mit ihren Tafelbergen entstammt der Zeit vor 2,3 Mrd. Jahren, als sich der Großkontinent Gond-wanaland in die Kontinente Afrika und Südamerika zu spalten begann.

Geschichte: Entschlüsselbare Zeugnisse der indianischen Urbevölkerung haben sich nur sehr spärlich erhalten; und so setzt die erzählbare Geschichte mit der Ankunft der spanischen Konquistadoren ein. Nachdem Kolumbus Venezuela 1498 entdeckt hatte, folgte lediglich eine einzige friedliche Erkundung, danach schrieb sich sein Schicksal als Goldland fest. Ausgewählte Orte der Küstenregion und im Landesinneren wurden inselhaft kolonisiert; die indianischen Ethnien wurden regelrechtem Völkermord aus-gesetzt. In wirtschaftlicher Hinsicht blühte die Kolonie erst im 18. Jh. auf, als in großem Maßstab Kaffee, Kakao und Tabak angebaut wurden. Wie überall in Südamerika prall-ten Ende des 18. Jh. die Interessen des erstarkenden Bürgertums mit den spanischen Kolonialbestimmungen zusammen und fanden in Simón Bolívar ihren herausragen-den Vertreter. Zwischen 1811 und 1821 zogen sich die Unabhängigkeitskämpfe gegen Spanien hin. In der Folge entstand das *caudillo*-System: In viele Einzelregentschaften zersplittert, zerbrach das Land unter Bürgerkriegen, bis Antonio Guzmán Blanco 1871 als *caudillo* die *caudillos* zähmte. Zwei Diktaturen unter Juan Vicente Gómez und Mar-cos Pérez Jiménez musste Venezuelas Bevölkerung noch erleiden, bis sie 1958 zur De-mokratie finden konnte. Der Geist des Paktes von Punto Fijo, in dem alle demokrati-schen Kräfte, Gewerkschaften und Kirchen sich zur Unterstützung ausschließlich de-mokratischer Regierungen verpflichteten, beseelt noch heute die politische Landschaft.

Wirtschaft: Das Agrarland verließ sich auf Kaffee-, Kakao-, Tabak-, Zuckerrohr- und Viehexport, als Anfang des 20. Jh. die riesigen Erdölvorkommen bei Cabimas im Lago de Maracaibo entdeckt wurden. Rasch stieg Venezuela zum zweitgrößten Erdölexporteur der Welt auf. 1976 nationalisierte Carlos Andrés Pérez das ›Schwarze Gold‹. Auch heute sichern die Erdölvorkommen etwa 80 % der Staatseinnahmen. Die ausschließliche Konzentration auf ihre Erschließung zwang die anderen Wirtschaftszweige in die Bedeutungslosigkeit. Venezuelas ökonomische Stabilität ist dem auf dem Weltmarkt erzielten Erdölpreis anheimgegeben. Bis in die 1970er Jahre schuf er Wohlstand und Wachstum, um Mitte der 1980er Jahre in den Abgrund zu trudeln. Die Inflationsrate erklomm drückende Höhen: 1996 über 100 %, 1997 etwa 57 %.

Bevölkerung: Der stark pyramidale Altersaufbau definiert Venezuela unmissverständlich als ein Land der sogenannten Dritten Welt. 50 % der Bevölkerung sind unter 50 Jahren und nur 4 % erreichen 65 Jahre. Der jährliche Zuwachs von 2,4 % signalisiert eine langsame Verringerung der traditionell hohen Geburtenraten. Inoffiziell leben 80 % der Venezolaner in armen Verhältnissen. Alleinerziehende, hart arbeitende Mütter stellen die Normalität dar. Weiteres Merkmal eines sogenannten Dritte-Welt-Landes ist die hohe Verstädterung. In dem Industriegürtel, der sich parallel zur Küstenkordillere über das Land legt, ist die höchste Bevölkerungsdichte anzutreffen (in Caracas 1332 Einwohner pro km^2, in Miranda, Carabobo und Aragua bis 350 pro km^2, den Bundesstaaten Amazonas und Bolívar unter 5 pro km^2).

Flora und Fauna: Ein Reichtum an endemischen Pflanzenarten und eine Fülle noch nicht präzise erforschter Flora der Tafelberge bilden die Spitze des Eisbergs: Venezuelas Pflanzenkleid ist äußerst diversifiziert. Fleischfressende Pflanzen, Orchideen, Baumfarne in der Gran Sabana, Regenbäume und die *moriche*-Palme im Orinocodelta und den Llanos, *frailejones* in den Anden, Mangroven an den Küstenstreifen gedeihen in den durch hohe Vielfalt ausgezeichneten Landschaftsformationen. Im Gefolge Alexander von Humboldts haben sich auch deutsche Naturforscher und Landschaftsmaler um die Erkundung Venezuelas verdient gemacht. Den Zitteraal, den aggressiven Piranha oder den Fettschwalm erforscht zu haben zählt zu ihren Verdiensten. Venezuela ist ein Dorado für Ornithologen und nach Indien das schlangenreichste Land der Welt. In den Llanos tummeln sich Wasserschweine und Kaimane, Flussdelphine beleben die großen Flusssysteme. Jaguare und Ozelots kommen vereinzelt noch in den dichten Dschungeln im Süden des Landes vor.

Klima und Reisezeit: Das tropische Venezuela weist im Jahresdurchschnitt keine einschneidenden Klimaveränderungen auf. Mitteleuropäische Jahreszeiten kommen nicht vor; das Jahr zerfällt in eine Regen- und eine Trockenzeit, wobei die regenreiche Periode von Mai bis Oktober als Winter, die Trockenperiode von November bis April als Sommer bezeichnet wird. Venezuela ist das ganze Jahr über zu bereisen; die günstigsten Reisedaten ergeben sich aus den Reiseabsichten. Trockenes, sehr warmes Strandwetter garantiert der Hochsommer zwischen Dezember und Februar, der sich auch für Besuche in den Llanos und den Anden empfiehlt. Schnee nicht nur auf den Gipfeln, üppige Wasserfälle und hohe Wasserstände der Flüsse findet man in der Regenzeit vor. Für Flussexpeditionen ist diese Jahreszeit am besten geeignet.

Tropen und ewiges Eis: Geographie

Die Republik Venezuela liegt im Norden Südamerikas, mit einer ausgedehnten Küstenlinie von 3000 km am Karibischen Meer, einer kürzeren von etwa 700 km am Atlantik. Im Westen ist auf über 2050 km Kolumbien der Nachbar, im Süden hat es eine 2200-km-Grenze mit Brasilien, und im Osten grenzt es auf 743 km an Guyana.

Seine 916 445 km^2 Fläche umfassen 72 Inseln in der Karibik, wovon die mit 1150 km^2 größte die Isla de Margarita ist, gefolgt von Coche, Los Frailes, Los Monjes und Cubagua.

Geographische Gliederung

Die südliche Hälfte des sechstgrößten Landes Südamerikas, der Guayanaschild, entstammt der erdgeschichtlichen Frühzeit, die nördliche war ehemals bis zum Lauf des Orinoco von Wasser bedeckt. Am Ende des Mesozoikums zog sich das Meer zurück und gab eine Landmasse frei, die sich vom heutigen Orinoco bis zu den Bundesstaaten Lara und Falcón zusammen mit dem Lago de Maracaibo erstreckt. Die Küstenkordillere faltete sich empor, und die Anden folgten.

Die **Küstenzone** ist die nördlichste und kleinste der vier Großregionen, die Venezuela bilden; sie umschließt etwa 3276 km^2. Auf etwa 7 % der Landfläche leben ungefähr 20 % von Venezuelas Bevölkerung. Diese Zone ist heiß und weist – bis auf die ausgesprochen trockenen Halbinseln Paraguaná und Araya – eine hohe Luftfeuchtigkeit auf. In der Mitte schmal, weitet sie sich an ihren Polen,

dem Orinocodelta im Osten und dem Tiefland um den Maracaibosee im Westen. Dort konzentrieren sich die Öllagerstätten, deren Erträge 80 % der Exporte des Landes ausmachen. Im Nordosten erstreckt sich die einzige Wüste Venezuelas: die Halbinsel Paraguaná mit dem schmalen Isthmus des Nationalparks Médanos (Sanddünen) de Coro.

Es kommt auf die Perspektive an: Die **Anden** bilden das Herz Venezuelas, zumindest was die Bevölkerungsdichte anbelangt. Auf nur 12 % der Fläche konzentrieren sich 70 % der Venezolaner. Barinas, Barquisimeto, Mérida und San Cristóbal in und um die Anden, die städtischen Ballungszentren Caracas, Valencia und Maracay, Barcelona, Puerto La Cruz und Cumaná – sie alle verfügen über eine Einwohnerzahl von mehr als 200 000. Auf 450 km Länge durchzieht eine imposante Kette der höchsten Berge des Landes den Westen. Viele Gipfel liegen oberhalb der Schneegrenze. Der Pico Bolívar ist mit 5006 m am höchsten, dicht gefolgt vom Pico Humboldt (4942 m) und dem Pico Concha (4922 m). Wunderschön und abwechslungsreich gestaltet sich in dieser Landschaftszone die Flora. Die *tierra caliente* erstreckt sich bis zu etwa 1000 m Höhe und ist von tropischer Vegetation bedeckt. Zwischen 1000 und 2000 m, in der vom Kaffeeanbau beherrschten *tierra templada,* versammeln sich die meisten Städte. Kartoffel- und Weizenfelder dominieren die Region über 2000 m, die *tierra fría.* An den westlichen Abhängen werden Mais und Kaffee angebaut, und um das landwirtschaftliche Zentrum Barquisimeto legen sich Viehfarmen wie die Schichten einer Zwiebel.

Die Sierra Nevada verschmilzt mit der Küstenkordillere, die aber nicht deren beträchtliche Höhen erreicht. Ihre Zentralzone wird von den industriellen Zonen um Maracay, Valencia und die Landeshauptstadt Caracas besetzt. Die landwirtschaftliche Produktion von Zuckerrohr, Baumwolle, Zitrusfrüchten und Reis folgt einer Tradition von Jahrhunderten, seit denen in den fruchtbaren Tälern von Valencia Kakao und Tabak angepflanzt wird. Die fette Erde um Maracay liefert die geeigneten Bodenverhältnisse für die Viehhaltung. Weiter östlich, bei Barcelona und Cumaná, sackt die Küstenkordillere auf etwa 1000 m ab, und hier wird das Klima auch wieder tropisch. Reiche Kakao- und Kaffeeplantagen bildeten die Grundlage für den Wohlstand dieser üppig bewaldeten Gegend.

Ein 320 000 km² breites Band schlingt sich um die Landesmitte, unzählige breite Flussläufe tauchen in Seen unter und wieder auf: Die nahezu baumlosen Ebenen der **Llanos** sind in der hier ganz extrem ausfallenden Regenzeit überflutet und im ebenso extremen Sommer, der Trockenzeit zwischen November und März, ausgedörrt. Die Sonne verbrennt die hohen, harten Gräser und treibt die riesigen Viehherden, die den Reichtum der Llanos bilden, in den Süden zum mächtigen Orinoco hin. Vieh und Leder waren im 17. und 18. Jh. begehrte Ausfuhrgüter nach Europa und festigten in dieser nahezu weglosen Region den Wohlstand des gesamten Lan-

Die Bundesstaaten Venezuelas

Immergrün – Deutsche Naturforscher und ihre Zeugnisse

Das Kostbarste ist die Aktualität ihrer Anliegen: Die großen Naturforscher, Forschungsreisenden, Ethnologen und Landschaftsmaler, die vom Ende des 18. Jh. an Venezuela bereisten, bewahren uns in ihren Schriften, Bildern und Sprachstudien Kenntnisse über bedrohte ökologische und gesellschaftliche Zusammenhänge. Sie haben einen bis dato unentdeckten Schatz gehoben und behutsamst, respektvoll protokolliert und porträtiert. Die Ernsthaftigkeit ihrer Arbeiten versteht sich aus dem damaligen Zeitgefühl, das moderner nicht sein könnte.

Die Ära der Vernunft war über Europa hereingebrochen und hatte Wissensdurst, Entgrenzung der eigenen Maßstäbe, Wünsche nach der Begegnung mit dem Neuen gesät, hatte das Rousseausche Menschenbild gebracht und Bücher wie ›Paul et Virginie‹, in denen der Naturzustand und die Unverbildetheit des Menschen untersucht und propagiert wurden. Die Verformung der menschlichen Seele durch drückende gesellschaftliche Regeln, Vorurteilsbildung aufgrund von angemaßtem Status und Dünkel, Willkürherrschaft und unterdrückte Wissenschaft hatten in letzter Konsequenz zu einem Bild des ›Edlen Wilden‹ geführt, der, abseits von verdummender ›Bildung‹ und einseitiger Zivilisation, im naturhaften, objektiven Status der Unschuld lebte.

In den deutschen Staaten, insbesondere in Preußen, hatte sich ein äußerst anregender und angeregter Zirkel herausgebildet, der die Theorie von der Ganzheitlichkeit des Wissens und der Abhängigkeit der Phänomene voneinander formulierte. Diese intellektuelle Elite kannte sich und pflegte engen Kontakt zueinander. Der Kunsttheoretiker Heinrich Meyer war Berater Goethes und leitete die Weimarer Kunstschule, auf der Ferdinand Bellermann studierte, der 1842 mit Unterstützung Alexander von Humboldts nach Venezuela reiste. Humboldt und Goethe schätzten einander sehr.

Ebenso wie **Ferdinand Bellermann** (1814–1889) war auch der Botaniker **Karl Moritz** mit königlich-preußischer Unterstützung in Venezuela unterwegs, und beide arbeiteten eng zusammen. Moritz half Bellermann, die gemalten Pflanzen zu bezeichnen, was schließlich zu einem solchen Erfolg führte, dass man in Venezuela eine Tropenpflanze nach dem naturkundlich versierten Landschaftsmaler benannte. Angeregt durch Humboldt, beschäftigte er sich genau mit der Gestalt der Gewächse. Drei Jahre bereiste Bellermann Venezuela, lernte auch die frisch gegründete Colonia Tovar kennen, befuhr den Orinoco und bewegte sich auf den Spuren Humboldts.

Dies tat auch **Anton Goehring** (1836–1905). Als Ornithologe ausgebildet, Studierender an der Leipziger Kunstakademie und derart gerühmt, dass das British Museum ihn mit vogelkundlichen Studien in Venezuela beauftragte, befolgte er bei seiner Arbeit streng Humboldts Vorstellungen von der Physiognomie der Landschaft und der Vegetation. Sein Beitrag zur Erforschung des Landes: Die Entdeckung der Höhle von Caripe.

Zwei weitere Maler haben sich um die naturkundliche Entdeckung Venezuelas einen Namen gemacht: **Robert Hermann Schomburgk** (1804–1865) und **Carl Ferdinand Appun** (1820–1872). Schomburgk war von der Königlich Geographischen Gesellschaft in London beauftragt worden, den Grenzverlauf zwischen Guyana und Venezuela zu fixieren. Er hielt sich zwischen 1835 und 1844 anlässlich mehrerer Expeditionen in dieser Region auf und erforschte Flora und Fauna. Alexander von Humboldt würdigte seine Untersuchungen ganz besonders. Auch Appun verdankte seinem eigenen Können wie der Unterstützung Humboldts Aufträge der britischen Regierung. 1961 wurden seine naturwissenschaftlichen Studien ins Spanische übersetzt und in Caracas neu herausgegeben.

Auch **Theodor Koch-Grünberg** (1872–1924) genießt in Venezuela einen guten Ruf. Sein dreibändiges (im Original fünfbändiges) Werk ›Vom Roraima zum Orinoco‹ wurde ebenfalls in den 1960er Jahren in Caracas verlegt und ist heute noch in der altertümlich wirkenden Ausgabe erhältlich. Doktor der Philosophie in Würzburg, ausgebildet in Humanwissenschaften in Gießen und Tübingen, unterrichtet in Geographie, Ethnologie, Soziologie und Psychologie, besuchte er den Süden Venezuelas, Guyana, Brasilien und Kolumbien zwischen 1911 und 1913. Neben fundierten, hochinteressanten Reisebeschreibungen enthalten seine Berichte bedeutsames ethnologisches Material:

Untersuchungen über die Arekuna und Taulipang, über ihre Mythen und Märchen, ihre Alltagskultur und ihre Lieder sowie zum ersten Mal überhaupt ein Protokoll ihrer Sprache und der verschiedenen Dialekte mit Querverweisen und Wörterbüchern.

Er sei der wirkliche Entdecker Lateinamerikas, hat sein Verehrer Simón Bolívar gesagt, denn er habe die Geschichte Amerikas entdeckt: **Alexander von Humboldt** (1769–1859). Es gibt im gesamten Land keinen Ausländer, der höheres Ansehen genießt als der Philosoph, Naturwissenschaftler, Volkswirt, Geologe und Forschungsreisende. Sind seine eigenen Verdienste, dieses Land hingebungsvoll bereist, akribisch und preußisch genau porträtiert, hinreißend analysiert und beschrieben zu haben, schon groß genug, so ging eine Strahlkraft von ihm aus, die ganze Generationen von Naturwissenschaftlern, Politikern und Landschaftsmalern inspirierte und anleitete.

Er entdeckte die Verbindung zwischen Amazonas und Orinoco über Río Negro und Río Casiquiare, was die bis dahin geltende Theorie der strengen Trennung großer Flusssysteme widerlegte, er entdeckte den Fettschwalm, die Zitteraale und die Piranhas im Orinoco, er beobachtete, wie diese mörderischen kleinen Fische ganze Viehherden in den Flüssen der Llanos zerfetzten, aber er entdeckte auch das Temperament der Menschen: »Vergebens sucht man bei den Völkern spanischen Ursprungs das kalte, anspruchsvolle Wesen, das durch den Charakter der modernen Bildung im übrigen Europa nur noch allgemeiner zu werden scheint. In den Kolonien knüpfen Herzlichkeit, Unbefangenheit und große Anspruchslosigkeit des Benehmens ein Band zwischen allen Ständen.«

des. Die Llanos sind nur relativ spärlich besiedelt, etwa 10 % der Gesamtbevölkerung haben sich auf etwa 35 % der Fläche niedergelassen.

Das Faszinierendste zum Schluss: Das **Hochland von Guayana** erstreckt sich zwischen dem Orinoco und der brasilianischen Grenze und ist die größte geographische Einheit des Landes, aber kaum bewohnt. Zwischen Tafelbergen, in Dschungeln und weit ausschwingenden Savannen leben lediglich 2 % der Gesamtbevölkerung. Jeder, der diese Landschaft erblickt, assoziiert sie rasch mit dem Weltenanfang: Hier wirkt die Erde wie noch nicht zu Ende geboren. Die schwarzen Granitsteine sind noch nicht von einer schützenden Vegetation umhüllt, nackt und roh ragen sie wie un-

bedeckte Gliedmaßen aus dem Landkörper. Das Hochland von Guayana gehört der erdgeschichtlichen Urzeit an. Vor 3 Mrd. Jahren bildete sich mit dem Guayana-Schild einer der ältesten Kontinentalblöcke, der vom Wasser beharrlich ausgeformt wurde. Darunter ruhen – entdeckt und ausgebeutet, noch nicht entdeckt oder nur vermutet – Schätze von Mineralien und Erzen. Abgesehen von seiner ungewöhnlichen landschaftlichen Schönheit, stellt Guayana auch ein Füllhorn prachtvoller endemischer Tiere und Pflanzen dar.

Diese Erde wird durch die drei umfangreichsten Nationalparks des Landes geschützt: den Parque Nacional Canaima (30 000 km²), die Serranía La Neblina (13 600 km²) und den Parque

mächtigen Untertanen ergab sich kein großer Unterschied zwischen dem eben gelernten *invierno* und der neuen Vokabel *infierno,* und seitdem hat das jahreszeitenlose Venezuela also einen Winter – folglich muss es auch einen Sommer haben. Wer aber Regenstürme und überschwemmtes Land im Winter erlebt hat, dem erscheint die Verbindung von *invierno* und *infierno* vollkommen logisch. Der Winter erstreckt sich von April/Mai bis November/Dezember und bezeichnet die Regenzeit, der Sommer umfasst die Trockenzeit von Dezember bis einschließlich April. Im Sommer sind – für uns paradox –, bedingt durch die Niederschläge, die Temperaturen durchschnittlich niedriger als im Winter.

Doch wesentliche das Jahr strukturierende Einschnitte gibt es im tropischen Venezuela nicht. In einigen Gegenden, wie in den Bundesstaaten Falcón, Nueva Esparta und Sucre, bleibt es das gesamte Jahr über recht trocken, während im Estado Amazonas die Feuchtigkeit vorherrscht. Die Llanos allerdings machen die krassesten Wechsel durch: Im Winter sind sie überschwemmt, im Sommer ausgedörrt, aber heiß ist es in allen zwölf Monaten.

Die Temperaturen schwanken je nach Region jahreszeitlich um 5–16 Grad. Der Mittelwert für das gesamte Land und das gesamte Jahr beträgt 23 °C. In Caracas ist es im Dezember und Januar mit nächtlichen 12 °C und Tagestemperaturen um 25 °C am kühlsten; am wärmsten im April und Mai mit nächtlichen Werten nahe 20 °C und Tagestemperaturen um 30 °C. Maracaibo und Ciudad Bolívar weisen das gesamte Jahr über durchschnittliche Tagestemperaturen über 30 °C auf, in Mérida liegen sie etwas niedriger als in Caracas.

Nacional Parima-Tapirapeco (34 200 km²). Alle drei weisen auch noch eine Fülle an *Monumentos Naturales* auf, schützenswerte Naturdenkmäler, wie beispielsweise die Piedra de La Tortuga bei Puerto Ayacucho (s. S. 185).

Klima

Das Land, dessen Hauptstadt als ›Stadt des ewigen Frühlings‹ apostrophiert wird, weist von den Temperaturen her keine Jahreszeiten auf. Eine Überlieferung macht spanische Missionare dafür verantwortlich, Winter *(invierno)* und Sommer *(verano)* dadurch eingeführt zu haben, dass sie von der Hölle *(infierno)* sprachen. Für ihre nicht des Spanischen

Zum Hinreisen schön: Flora und Fauna

Reich und vielgestaltig präsentieren sich Venezuelas Pflanzen- und Tierwelt; für viele Besucher mögen sie sogar das Hauptreisemotiv bilden, denn endemische Pflanzenarten auf den Tafelbergen, der Fettschwalm oder die mit *frailejones* übersäten *páramos* der Anden sind schlichtweg einzigartig. Statistisch betrachtet, wachsen 20 000 verschiedene Pflanzenarten auf Venezuelas Boden – und 25 % davon nur hier. Für Ornithologen reizvoll sind die Llanos, der Parque Nacional Henri Pittier, das Orinocodelta und die Gegend um Puerto Ayacucho. Auch hier spricht die Statistik für sich: 15 % aller bekannten Vögel, insgesamt 1342 verschiedene Arten, leben in dem Karibikanrainerstaat, gibt Clemencia Rodner von der Audubon Society an.

Die Fülle der venezolanischen **Vegetationszonen** lässt sich in großen Rastern zusammenfassen. **Trockenvegetation** herrscht entlang der Karibikküste und auf den Inseln vor, wobei sie auch das Produkt von menschlichen Eingriffen (Abholzung, Überweidung, z. B. auf der Halbinsel Guajira) ist. Die üppigen Palmenplantagen, malerischer Hintergrund für die berühmtesten und schönsten Strände des Landes, Playa Colorada und Playa Medina, illustrieren dies ebenfalls. Diese Zone charakterisiert sich durch den Säulenkaktus *(cardón)*, den *guamacho* und eine Akazienart *(cují)*.

Der leuchtend gelb blühende *araguaney,* der Nationalbaum, wächst in den tropischen, **laubabwerfenden Wäldern,** die in der gleichnamigen Vegetationszone zusammengefasst werden. Sie tragen in den trockenen Monaten keine Blätter, aber Blüten, während sie sich in der Regenzeit in ein reiches Blatt-

kleid hüllen. Sie kommen in einer Höhenlage zwischen 400 und 1000 m vor, ebenso wie *ceiba* und *copey,* und finden sich auch an den Andenhängen. Sattgrüne Plantagen von Kakao- und Kaffeesträuchern prägen das Aussehen der Kordillerentäler und -abhänge. Derselben Vegetationszone schlägt man auch Teile der Grassavannen und einige Gegenden der Llanos zu. Galeriewald aus Steineichen *(chaparros),* die selten gewordenen, breitkronigen Regenbäume *(samanes)* und Palmenhaine der Mauritiuspalme *(moriche)* bebändern Flussläufe und die weiten Ebenen beispielsweise der Gran Sabana.

Immergrüner Regenwald mit ganzjährigem Blattkleid bedeckt den Estado Amazonas und das Delta Amacuro. Auch hier ist die *moriche*-Palme anzutreffen, die den indianischen Gemeinden als *árbol de vida,* als Lebensbaum gilt, da sie sowohl Nahrung als auch Baumaterial liefert. Sie herrscht ebenfalls in bestimmten Höhenlagen der Küstenkordillere und in Guayana vor, verziert mit dichtem Schmuck aus Moosen, Bromelien, Orchideen und einer satten Vielfalt an Farnsorten. Das Blütenkleid steckt da nicht zurück. Eine fantastische Vielzahl an Orchideengewächsen besternt die wild zerklüfteten Erosionslandschaften der Gipfelplateaus der Tafelberge.

In vielen Fällen durch Nationalparks geschützte **Mongrovendickichte** säumen – z. B. auf der Isla de Margarita, in der Laguna de Sinamaica oder im Parque Nacional Morrocoy – die Küsten. Ihre aus den Wassern hervorspringenden und dicht verzweigten Stelzwurzeln bieten einer Fülle kleiner Meereslebewesen eine Heimstatt. Sie gedeihen auf Schlickböden oder im brackigen Salzwasser.

Ungewöhnlich fällt auch die **Hochlandvegetation** der Anden aus: Auf den *páramos* wachsen in bis zu 4000 m Höhe die unverwechselbaren *frailejones,* die zu den Espeletiengewächsen gehören.

Dinosaurier auf den venezolanischen Tafelbergen – diese fantastische Spielerei leistete sich Sir Arthur Conan Doyle in seinem Roman ›Die versunkene Welt‹ im 19. Jh. Ihre Miniaturabkömmlinge, Leguane und Echsen, bevölkern die Llanos, die Staaten Amazonas und Bolívar, und die kleinen Kaimane *(babas)* suhlen sich zu Abertausenden an den schlammigen Ufern der Llano-Wasserfelder. Das riesenhafte Orinoco-Krokodil dagegen ist wegen seines begehrten Leders fast ausgerottet; auf der *Estación Biológica* des Hato El Frío wird der Versuch unternommen, es zu züchten. Als Lieferant zartschmeckenden Fleisches beliebt war und ist noch immer die *morrocoy,* eine unter Schutz stehende Schildkrötenart. Außergewöhnlich fällt die Vielfalt der **Reptilien** aus; Venezuela gilt als das schlangenreichste Land gleich nach Indien. 142 verschiedene Arten, davon 40 endemische, kommen hier vor, und einige davon sind lebensgefährlich. Die *mapanare* verspritzt ein schnell tötendes Gift; die *guayma* ist so aggressiv, dass sie ihre Opfer verfolgt; die riesigen, trägen Anacondas leben an den morastigen Ufern der Llano-Flussläufe und in den Schlammbecken der Gran Sabana.

Große **Säugetiere** gibt es in Venezuela nicht, und die Wildkatzen hat die Nachfrage nach Pelzen weitgehend ausgerottet. Nur vereinzelt leben Puma, Jaguar und Ozelot noch in den Regenwäldern. Kinder der tierreichen Llanos

sind die Wasserschweine *(chigüires),* kompakt, schwer und ausgesprochen plumpschnäuzig, mit einem dichten, struppigen Fell bedeckt. Wer die Brüllaffen *(araguatos)* noch nie gehört hat, erschrickt zunächst: im Morgengrauen erfüllen sie die Wälder mit einem dröhnenden, fauchenden Geräusch.

Das gesamte Land ist ein einziges Paradies voller **Vögel,** die man nirgendwo sonst zu sehen bekommt; der Paso Portachelo ist der einzige Pass für Zugvögel auf dem südamerikanischen Kontinent: In dieser Hinsicht sorgt Venezuela für Superlative. Besonders eigenartig ist der Fettschwalm *(guácharo),* zu dessen Höhle in der Nähe von Caripe taschenlampenbewehrte Heerscharen pilgern (s. S. 107 f.).

Der Reichtum an graziösen Reiher- und Ibisarten, deren Federn in den 1920er Jahren mit großem Erfolg in die mondänen Städte Paris und Berlin exportiert wurden, ist groß: Königsreiher *(garzas blancas)* und himbeerrosa Scharlachsichler *(corocoros)* beispielsweise bevölkern die Feuchtgebiete. Wirklich ein wenig soldatenhaft stolzieren die *garzones soldados* (Amerikanische Graureiher) umher, während sich die winzigen *chicuacos* auf Wasserpflanzen umhertreiben.

Die zierliche *cotúa* (Moschusente) kann mit ihrem beweglichen Hals und Kopf auch die schnellsten Fische aus dem Wasser angeln. Ihr Gefieder hat keine natürliche Talgschicht, so dass sie sich mit ausgebreiteten Flügeln von der Sonne trocknen lässt. Die Sonnenralle *(tigana)* kann zwar kaum fliegen, aber ihr Gang ist so graziös wie der einer Balletttänzerin.

Außergewöhnlichste Bewohner venezolanischer Flüsse sind die blutrünstigen *pirañas,* die man hier auch *caribe* nennt, und der Zitteraal *(temblador).*

Anspruch kämpft gegen Wirklichkeit – Nationalparks in Venezuela

Recht rührig verleiht Venezuela seinen landschaftlichen Schönheiten den Status Nationalpark, Naturreservat, Geschützte Zone oder Naturdenkmal. Als der Schweizer Henri Pittier den später nach ihm benannten Parque Nacional Rancho Grande 1937 gründete, dauerte es zunächst einmal 15 Jahre, bis dieser Initiative eine zweite, das Schutzgebiet der Sierra Nevada in den Anden, folgte. Mit dem wachsenden Bewusstsein von der Notwendigkeit, Ökosysteme zu bewahren, ist die Anzahl der *Parques Nacionales* und *Monumentos Naturales* seit etwa 1987 in die Höhe geschnellt. Flora und Fauna einiger unter ihnen sind noch gar nicht katalogisiert, manche der Parks verfügen über keinerlei Infrastruktur. Doch eine stattliche Anzahl wurde für den Fremdenverkehr erschlossen, und manche, wie Canaima, die Cueva del Guácharo, Los Roques, Morrocoy und das Orinocodelta (Parque Nacional Maruisa), sind geradezu Touristenmagneten, deren wirtschaftliche Kraft man ungern einbüßen würde.

Etwa 40 % des Landes sind als schützenswert ausgewiesen. 43 Nationalparks und 20 *Monumentos Naturales* bedecken knapp 16 % der territorialen Ausdehnung – das ist eine ganze Menge. Für den World Wide Fund for Nature (WWF) gehört Venezuela zum Kreis der sechs amerikanischen Länder, die über eine besonders diversifizierte, unberührte Flora und Fauna verfügen.

Ein Nationalpark ist in Venezuela als ein für das Land bedeutsames Ökosystem oder eine einzigartige Landschaftsszenerie definiert, die nicht durch menschliche Eingriffe verändert wurde und deren natürliches Habitat der Wissenschaft, der Erziehung und der Erholung dient. Ein Naturdenkmal bezeichnet eine besondere Formation, die mindestens eine herausragende Eigenschaft besitzen muss, z. B. dass sie einzigartig ist und dass ihr Zustand keinerlei Eingriff oder Veränderung erlaubt, weil sie sonst diese Einzigartigkeit einbüßte.

Das Land hat ohne Frage außergewöhnliche landschaftliche Schönheiten und wertvolle, einzigartige ökologische Systeme aufzuweisen. Schützenswert sind sie allesamt, aber werden sie auch wirksam geschützt?

Es ist sicherlich einfacher, ein unzugängliches Waldstück am unteren Casiquiare im Estado Amazonas intakt zu halten als den niedlichen Pelón, einen sanft gerundeten, komplett vegetationslosen, winzigen *cayo*. Im südlichen Bundesstaat Amazonas leben die vereinzelten Gemeinden der Yanomami – die allerdings vor Goldgräbern zu schützen wären, doch das ist ein anderes Kapitel –, Pelón ist eine der touristischen Attraktionen des Parque Nacional Morrocoy mit seinem umfangreichen System von Korallenriffen – die mittlerweile zu etwa 80 % geschädigt sind. Da möchte jeder mal hin, und

Fischende Kormorane auf Los Roques

wenn sich mehr als 40 Gäste einfinden, meldet Pelón ›Land unter‹.

Der Schutz dieser Kostbarkeiten ist dem staatlichen Instituto Nacional de Parques (INPARQUES; Adresse s. S. 281) anvertraut worden. Die Parkwächter *(guardaparques)* jedoch können nicht überall – und mit gleichbleibendem Engagement – eingreifen, beispielsweise an der Quebrada de Jaspe im Parque Nacional Canaima, wenn Touristen mit dem Autowerkzeug die Jaspisadern bearbeiten. Oder wenn sie den Tafelberg Roraima langsam abtragen, weil die Quarze auf seinem Gipfelplateau den Eindruck erwecken, sie seien versehentlich auf die Erde gefallene Sterne aus Schnee.

Die Nutzung des wirtschaftlichen Potenzials gerät mit den erforderlichen Schutzmaßnahmen in Konflikt. Besonders nachdrücklich zeigt sich das im Parque Nacional Morrocoy, wo sich der Zusammenhang zwischen den Müllhinterlassenschaften von Campinggemein-

den und der Vertreibung der heimischen Vögel deutlich nachweisen lässt und wo Lärm und Abgase der motorisierten Fährboote sowie die ungeklärten Abwässer der Hotels das Korallensystem und die damit symbiotisch verbundene Unterwasserfauna schädigen.

Eine effiziente Umsetzung der Vorschriften, die allerdings auch so elastisch abgefasst sind, dass Übernachtungen in *Parques Nacionales* unter bestimmten Auflagen toleriert werden – die dann selten eingehalten werden –, kann INPARQUES kaum leisten. Dass vieles wie eine bloße Absichtserklärung wirkt, liegt wohl auch an der schlechten finanziellen Ausstattung der staatlichen Behörde. Doch eine Kontrolle erübrigte sich, wenn generell das Bewusstsein vorherrschte, dass die Natur auch ungestört belassen werden muss. Inländische und ausländische Touristen könnten dazu beitragen, den Zustand schützenswerter Zonen zu erhalten – oder ihn zumindest nicht zu verschlimmern.

Der Segen des Schwarzen Goldes: Wirtschaft

Landwirtschaft

Schließt man Flüsse und Seen von der Landmenge aus, dann sind ungefähr 3 % Venezuelas für Landwirtschaft geeignet, wovon allerdings nur ein Drittel tatsächlich ständig genutzt wird. Etwa 2,3 Mio. ha umfasst die Agrarfläche, 350 000 ha davon werden durch Bewässerungssysteme versorgt. Hauptzweig ist die Viehzucht mit den Kreolenrindern *(carora)*, 39 % der Erträge bringen Acker- und Bodenbau, die verbleibenden 10 % teilen sich Fischereiwirtschaft und Holzeinschlag. Nahe der Karibikküste wächst der Exportschlager Kakao, und Kaffee – an zweiter Stelle – gedeiht in den Anden. Milchvieh konzentriert sich in den Bundesstaaten Carabobo, Aragua und Miranda, Schafe und Ziegen werden in den heißen Regionen von Lara, Falcón und Sucre gezüchtet.

Venezuela verfügt über die sechstgrößte Fischfangflotte der Welt. Das liegt nicht nur am Fischreichtum vor den eigenen Küsten, sondern das Land engagiert sich stark im Thunfischfang im Pazifik.

Bodenschätze

Im südlichen Guayana versammeln sich die meisten Vorräte natürlicher Mineralien, an denen Venezuela so reich ist. Das Dorado der spanischen und deutschen Konquistadoren erweist sich – späte Ironie der Geschichte – heute tatsächlich als Depot für Kohle, Eisenerz, Kupfer, Bauxit, Phosphate, Nickel und Kaolin. Gold- und Diamantenadern werden von staatlichen wie zunehmend auch privaten Firmen ausgebeutet und ziehen Abertausende glücksuchender *mineros* an. Bedeutsam sind auch die Vorkommen an Eisen, Schwefel, Blei, Asphalt und Platin.

Über lange Zeit hinweg hielt die staatliche Corporación Venezolana de Guayana das exklusive Nutzungsrecht für Eisen-, Gold-, Diamanten- und Bauxitvorkommen. Kompetenzgerangel mit dem Ministerium für Energie und Minen war die unausweichliche Folge. Hohe Steuern machten ausländische Investitionen wenig attraktiv. Seit Beginn der 1990er Jahre öffnet Venezuela jedoch seine Böden für ausländische Investoren.

Keine Erhebung in der westlichen Hemisphäre enthält mehr **Eisenerz** als der Cerro Bolívar, 85 km südlich von Ciudad Guayana. Man schätzt seine Ressourcen auf 2055 Mrd. t mit mindestens 55 %igem Eisengehalt und noch einmal 10 Mrd. t minderwertigen Erzes – insgesamt also ein riesiges Potential. Seit 1990 gibt es Joint-venture-Abkommen, beispielsweise mit japanischen Unternehmen.

Die umfangreichsten **Kohlevorkommen** befinden sich im Bundesstaat Zulia und werden seit 1977 abgebaut. Auch hier markiert das Jahr 1990 einen Einschnitt: Zusammen mit der deutschen Vebaöl und der nordamerikanischen Shell arbeitet die staatliche Carbozulia, eine Tochter der PDVSA, an der Grube Socuy. Die italienische Agip und die nordamerikanische Arco Coal betreiben Joint-venture-Unternehmen zur Ausbeutung weiterer Kohlevorkommen und zur Erschließung neuer Flöze.

Bauxit wird in Venezuela erst seit 1987 gefördert, doch die Zukunft verspricht reiche Erträge in La Cerbatama, südlich von Los Pijiguaos im Bundesstaat Bolívar.

Der viertgrößte **Goldproduzent** Südamerikas war früher einmal Erobererfantasie Nummer Eins. El Dorado liegt tatsächlich in El Dorado, wenn man den goldbestäubten Gottkönig, die goldenen Städte und gleißenden Juwelendächer einmal herunterrechnet auf das, was es tatsächlich gibt. Und das ist nicht wenig. Aus El Callao im letzten Winkel des Landes wurde 1849 ein aufsehenerregender Goldgehalt des untersuchten Gesteins gemeldet. Erdgeschichtlicher Urzeit entstammt dieser Reichtum, denn stark gefaltete vulkanische Schichten mineralisierten sich zu goldhaltigen Quarzadern. Auch die Diamanten rühren höchstwahrscheinlich von diesem geologischen Prozess her. Neben dem Bundesstaat Bolívar finden sich auch im Estado Amazonas und im Orinocodelta Goldvorkommen. Welche Ausmaße die Erträge einmal annehmen könnten, ist noch gar nicht zu ermessen, weil bestimmte Vorkommen noch nicht erforscht wurden. Die Attraktivität der Minen besteht zudem in ihrer unproblematischen Zugänglichkeit: Das Gold lagert dicht unter der Oberfläche, man kann also die Technik des *open pit* anwenden. Konzessionen zum Goldabbau vergibt die Corporación Venezolana de Guayana für einen jeweils begrenzten Zeitraum. Bei einem so wertvollen Material wohl unvermeidlich, blüht hier die Korruption.

Erdölindustrie

Nach den Vereinigten Staaten, Mexiko und Russland ist Venezuela das älteste erdölproduzierende Land der Welt. 1928, elf Jahre nachdem die Lagerstätten im Maracaibo-See entdeckt worden waren, stieg das bis dahin unbedeutende Land bereits zum zweitgrößten Erdölproduzenten auf und katapultierte sich in den Reigen der reichen Länder. In seiner ersten Regierungsperiode verstaatlichte Carlos Andrés Pérez 1976 die Industrie, die seither von PDVSA geführt wird. Die Bilanz nennt stolze Zahlen: 64,5 Mrd. Barrel in den erschlossenen Ölfeldern und eine geschätzte Menge von 308 Mrd. Barrel in Vorkommen, in denen noch nicht gefördert wird.

Was später als Schwarzes Gold die Wirtschaft des Landes dominieren sollte, war bereits in präkolumbischen Zeiten bekannt. Die ursprünglichen Landesherren nannten es *mene* und benutzten es als Arznei und zum Kalfatern ihrer Boote. Den spanischen Eroberern war es 1553 auf Cubagua aufgefallen, und

Ölbohrturm im Lago de Maracaibo

sie exportierten es als Heilmittel nach Spanien. Die erste Konzession zur Förderung des Erdöls erhielt die nordamerikanische Gesellschaft American Camilo Ferrand im Jahr 1865 für Zulia, aber zum ersten Mal kommerziell ausgebeutet wurde das Vorkommen La Alquitrana im Bundesstaat Táchira von der Compañía Petrolia del Táchira 1878. Unter der Diktatur von Juan Vicente Gómez (1908–1935) beschäftigte sich Venezuela stärker mit der Exploitation seiner Ressourcen, stimuliert durch die hohe Nachfrage nach dem Ersten Weltkrieg. Das Land galt bei ausländischen Investoren und Ölfirmen als stabil, die Produktionskosten unterschritten die in den USA, wo damals 70 % allen Erdöls produziert wurden. Den offiziellen Beginn des Booms datiert man auf den 14. Dezember 1922, als aus dem Ölfeld Barroso 2 die riesige Menge von 100 000 Barrel in nur 24 Stunden herausschoss. 1942 beschloss die Regierung ein Gesetz zur Besteuerung aller Gewinne aus dem Erdölgeschäft mit 50 %.

Um die heimische Produktion zu schützen und Beziehungen zu den erdölproduzierenden Ländern im Mittleren Osten aufzubauen, damit eine gemeinsame Preisabsprache eingeführt würde, wurde 1960 zusammen mit dem Irak, Saudi-Arabien, Iran und Kuwait die OPEC gegründet. 1976 dann folgte die Verstaatlichung der Industrie; 70 % der Staatseinnahmen und 90 % des Exports bestritt das Erdöl. Es hatte dem Land Wohlstand beschert und ihm den Anschluss an die Erste Welt gebracht.

Eine Diversifizierung der Produktion indes hat nicht stattgefunden. Die extreme Öl-Abhängigkeit des Landes hat innen- wie außenpolitisch schwere Folgen gezeitigt. Der Landwirtschaftssektor ist nicht in der Lage, ausreichend Nahrungsmittel zu produzieren, besonders die Bedürfnisse der ärmeren Schichten, die sich von Mais und Bohnen ernähren, werden nicht berücksichtigt. Eher bringt er Exportgüter hervor oder Produkte, die den Konsumbedürfnissen der Mittel- und Oberschicht entgegenkommen.

Dieses System bekam ernsthafte Risse, als Carlos Andrés Pérez von der Acción Democrática 1988 zum zweiten Mal als Präsident gewählt wurde. Handelsdefizit und Auslandsschulden waren drastisch emporgeklettert; die Regierung entschloss sich zu einem Sparprogramm, das besonders die untere Mittel- und die Unterschicht betraf. Die Unzufriedenheit entlud sich in Straßenaufständen, den sogenannten *caracazos*, im Februar 1989. Der Golfkrieg 1990/91 und die dadurch erneut steigenden Ölpreise besänftigten die Krise, ohne die strukturellen Gründe hierfür auszulöschen.

Das Jahr 1997 markierte die Trendwende. PDVSA öffnete seine Ölreserven dem internationalen Markt, verpackt in mehrere Gesellschaftermodelle, an denen der Staat weiter beteiligt ist. Ausschlaggebend für das Umdenken waren die umfangreichen Vorkommen, die ein Wachstum der Produktion von jährlich 1,5–2 % zulassen – das schaffen außer Venezuela nur noch die Staaten der Golfregion. Im Orinocogürtel lagert Schweröl, und viele marginale Ölfelder sind noch nicht erschlossen. Venezuela will seine Produktion auf mehr als 6,5 Mio. Barrel täglich verdoppeln. Ausländisches Kapital ist gefragt. Der Staat kann etwa 35 Mrd. Dollar in das Programm pumpen, für weitere 30 Mrd. Dollar braucht er ausländische Investoren. Shell arbeitet bereits im Lago de Maracaibo und stellt in Valencia seine eigenen Schmiermittel her; und auch das Monopol der staatlichen Tankstellen ist noch zu brechen.

Ein Land entsteht: Geschichte und Politik

Die präkolumbische Zeit

Die Gebiete, aus denen sich das heutige Venezuela zusammensetzt, waren bis zur Kolonialisierung durch die Spanier und Deutschen (s. S. 220 f.) lediglich inselhaft besiedelt. Schwerpunkte bildeten die Anden, die Täler der Küstenkordillere, das Orinocodelta und die Llanos. Bedeutende Spuren dieser Besiedlung, die bis in das 15. Jahrtausend zurückzudatieren ist, haben sich, bis auf die Kultivierung des Andenbodens durch Terrassenfeldbau, nicht erhalten – eine Methode übrigens, die nicht nur heute noch angewendet wird, sondern den Anden ihren Namen verlieh, denn *anden* bedeutet auf Spanisch ›Steig‹ oder ›Stiege‹.

Die indigenen Gemeinden waren in viele Einzelgruppierungen zersplittert; eine zentrale Hochkultur – vergleichbar den Maya und Azteken in Mexiko oder den Inka in Peru – existierte in Venezuela nicht. Die einzelnen Verbände lassen sich in drei große Kulturen zusammenfassen: Timotes-Cuica, Arawak und Kariben. Sie lebten als nomadisierende Jäger und Sammler, Fischer und Bauern. Doch durch das Fehlen einer entzifferbaren Schriftsprache bedingt, lassen sich Petroglyphen und prähistorische Felszeichnungen, die man auf venezolanischem Boden fand und findet, nicht deuten – und wo die Quellen fehlen, kann man Kulturen nicht rekonstruieren.

Die Entdeckungsgeschichte

Und so stammen halbwegs gesicherte Erkenntnisse aus zweiter, aus europäischer Hand: Die ersten Seefahrer auf dem Weg nach ›Westindien‹ und zu den Gewürzinseln der Molukken entdeckten für die Europäer die Bewohner der Neuen Welt. In drei Etappen wurde Venezuela, das damals weder diesen Namen trug noch ein festumrissenes Gebiet umschloss, erkundet.

Erster Entdecker war **Kolumbus** 1498. In seinen Berichten an die Auftraggeber, die ›Katholischen Könige‹ Isabella von Kastilien und Ferdinand von Aragón, ist überliefert, dass er als Paradies empfand, was er von Venezuela auf seiner dritten transozeanischen Reise nach ›Westindien‹ sah: das heutige Macuro auf der Halbinsel Paria. Diese Empfindung fußte auf einer im ›Imago Mundi‹ von Pierre d'Ailly verbreiteten Ansicht, das Paradies befände sich jenseits des Äquators an etwa ebendieser Stelle. Kolumbus erblickte das Mündungsdelta des Orinoco und die Inseln Cubagua, Margarita und Coche. In Macuro betrat er, der bis zu diesem Zeitpunkt ausschließlich Inseln gesichtet hatte, zum ersten Mal *tierra firme,* Festland. Die Bewohner, denen er begegnete, waren mit Perlen reichlich geschmückt – ein paradiesischer Zustand, den die spanischen Konquistadoren zwei Jahre später zum Anlass nehmen sollten, die Perlengründe von Cubagua mit grausamer Zwangsarbeit der Indianer in nur 20 Jahren zu zerstören.

Ein Jahr nach Kolumbus reisten der Kartograph **Juan de la Costa,** ein Günstling Isabellas von Kastilien, **Alonso de Ojeda** und der Kosmograph **Amerigo Vespucci** über den Ozean, umrundeten das Orinocodelta und gingen auf der Isla de Margarita und in der

Laguna de Sinamaica beim heutigen Maracaibo an Land. Der Sevillaner Kaufmann florentinischer Herkunft, Amerigo Vespucci, gilt als Taufpate Venezuelas, da er sich beim Anblick der an verzweigten Wasserstraßen lebenden Indianer in der Sinamaica-Lagune an Venedig erinnert gefühlt haben soll und diesen Küstenabschnitt *Veneciola* nannte. Später, 1507, bürgte er dann mit seinem Vornamen für den neuen Kontinent Amerika.

Die dritte Entdeckung trug dann bereits unmissverständlich den Stempel der kolonialen Ausbeutung und Vernichtung. **Alonso Niño,** der Kolumbus auf der ›Santa María‹ 1498 begleitet hatte

und Zeuge des Perlenreichtums geworden war, gründete gemeinsam mit **Cristóbal de la Guerra,** Erbe einer Schiffszwieback-Dynastie, im Jahr 1500 Santiago de Cubagua mit der alleinigen Absicht, sich – und den leeren Schatztruhen der ›Katholischen Könige‹ – diesen Reichtum einzuverleiben. Die auf der Insel lebenden Indianer wurden unter tödlichen Bedingungen zum **Perlentauchen** gezwungen. Moralisch gestützt durch die katholische Kirche, die es erlaubte, Andersdenkende und Angehörige anderen Glaubens (Mauren und Juden) bis in den Tod zu verfolgen – wie dies zur selben Zeit in ihrer spanischen

Die Eroberung der Anden –
Mural (Wandgemälde) in Táriba

Glanz, El Dorado zu sein, das ›goldene Land‹. Und der hielt sich beharrlich über lange Zeit, stiftete zu Irrfahrten durch das Innere des Landes an.

Der Versuch einer Konsolidierung

Auf das Schwert folgte das Kreuz. 1515 gründeten Franziskanermönche **Cumaná,** 1521 wurde es als spanische Siedlung weiter befestigt. Die Küstenlage und die Nähe zur wasserlosen Perleninsel Cubagua ließen die Spanier an diesem Standort festhalten, obwohl er von den Cumanagoto bedroht wurde und katholische Geistliche schon 1514 ermordet worden waren. Pläne, die Halbinsel Paria zu missionieren, bestanden seit 1519; doch die aufständischen Cumanagoto ließen sie scheitern. Auch um das heutige Chichiriviche herum sollten katholische Glaubensbrüder wirken, doch auch hier vereitelte der Widerstand der indianischen Bevölkerung diese Absicht.

Heimat durch die Inquisition geschah –, betrachteten sie die Indianer nicht als Menschen. Ihrem groben Weltbild zufolge waren sie nicht mehr als Tiere, die man demütigen, foltern und zu Tode bringen konnte – und selbstverständlich wie Sklaven benutzte.

Als die Einwohnerschaft von Cubagua vernichtet war, raubten die Spanier Menschen von den Nachbarinseln Coche und Margarita. Der Reichtum wurde zur schrecklichen, folgenreichen Legende. Perlen so groß wie Taubeneier, ein erzielter Reingewinn, der das Gold von Mexiko und Peru zu jener Zeit übertraf, hüllte Venezuela in den düsteren

Als dritte spanische Gründung wurde 1527 **Coro** im Westen angelegt. Es erhielt zwei Jahre später neue, nichtspanische Herren. Das Augsburger Handelshaus der **Welser** (s. S. 220 f.) bekam als Gegenleistung für die umfangreiche finanzielle Unterstützung des Kaisers Karl V. aus dem Haus Habsburg das Generalkapitanat Venezuela vom Cabo de la Vela bis zum Cabo de Maracapaná zugeteilt. Verbunden war damit der Auftrag, indianische Aufstände niederzuschlagen, das Gebiet zu kolonisieren und durch zwei Stadtgründungen zu festigen. Das Kolonisieren war ein teures Geschäft: Einer venezolanischen Quelle zufolge soll die Unterwerfung Venezuelas mehr als die von Peru und Mexiko zusammen gekostet haben, denn man musste nicht das ausgebildete Heer einer einzigen Hochkultur schlagen, das, fehlte ihm der Kopf, sich in die Niederlage fügte, sondern eine Vielzahl von Stämmen und Clans bekämpfen. Die Welser unter **Ambrosius Alfinger,** später dann unter Georg Hohermuth, Nikolaus Federmann und Philipp von Hutten, befestigten Coro neu, gründeten Mara und begaben sich wie alle anderen Konquistadoren und *adelantados* auf den Vernichtungsfeldzug nach **El Dorado,** dem goldenen Königreich mit dem goldenen Gottkönig. Die deutsche Version der Kolonisierung verlief also nach denselben Mustern wie alle anderen auch.

Nach zehn Jahren war die Welser-Macht jedoch zersplittert, einem spanischen Oberbefehlshaber unterstellt und wurde schließlich 1556 durch die *Real Audiencia,* den Obersten Königlichen Gerichtshof von Santo Domingo, endgültig aufgelöst.

Mit der Gründung weiterer spanischer Siedlungen versuchte das Königreich, seinen Machtanspruch auf das venezolanische Gebiet auch im Innern zu konsolidieren. 1545 wurde El Tocuyo angelegt, das ein Jahr später zur Hauptstadt und zum ersten erzbischöflichen Sitz der Provinz Venezuela aufstieg, 1547 folgte Maracaibo, 1553 Valencia, 1558 Mérida und 1567 Caracas. Konquistadoren durchpflügten das Landesinnere weiterhin nach El Dorado, doch dem Land haftete das Stigma der Erfolglosigkeit an. Nachdem die Perlenbänke von Cubagua abgeerntet waren, versprach Venezuela keine weiteren schnellen Reichtümer und gab insofern auch nicht den Impuls, es im größeren Maßstab zu besiedeln.

Stagnation und Blüte der Landwirtschaft

Während des gesamten 17. Jh. änderte sich an diesen Zuständen nur wenig. Das Generalkapitanat Venezuela, dem Machtbereich des Vizekönigreichs Peru unterstellt, blieb politisch und wirtschaftlich recht unbedeutend. Das **Encomienda**-System regelte die Verhältnisse auf dem Land: Den spanischen Landbesitzern wurden von der Krone indianische ›Schutzbefohlene‹ anvertraut, die sich – im Gegenzug für die erhaltenen ›Schutzleistungen‹ – verpflichteten, für ihre Herren zu arbeiten. Wie sehr auch Krone und Kirche sich empörten und auf die Einhaltung der 1542 eingeführten *Leyes de Las Indias* pochten, Gesetze zum Schutze der Urbevölkerung, bedeutete die *encomienda* in der Regel grausame Ausbeutung. Spanien lag jenseits des Ozeans, die Provinz war der Kontrolle entzogen.

In den Tälern der Küstenkordillere und an den Andenhängen blühte der Kaffee- und Kakao-, Tabak- und Zuckerrohr-Anbau auf, und andalusische Einwanderer etablierten die Viehzucht in den Llanos. Eine stärkere wirtschaftliche Expansion verhinderte indes das Verbot des Mutterlandes, zwischen den Kolonien Tausch und Handel zu betreiben; wäre dies ihr Wunsch gewesen, hätten die Tochterkolonien den kostspieligen Weg über Spanien nehmen müssen. Schmuggel und Handelsbeziehungen zu den Niederländischen Antillen waren die unausweichliche Konsequenz.

Das Jahr 1728 erbrachte die überfällige Wende, denn inzwischen waren Tabak, Zuckerrohr, der Pflanzenfarbstoff Indigo, Kakao und Kaffee zu begehrten Handelsgütern geworden. Die Gewinne übertrumpften die in Kolumbien und Ecuador erzielten um das Doppelte.

Spanien reagierte und richtete in der Hafenstadt La Guaira eine Niederlassung der baskischen Handelsgesellschaft **Casa Guipuzcoana** ein, welche den Außenhandel der gesamten Kolonie steuern sollte. Von ihr gingen wesentliche Impulse zur Neustrukturierung des unübersichtlichen, vernachlässigten Provinzgebildes aus, denn in ihrem Interesse lag eine Zentralisierung. Elf Jahre später fasste das spanische Mutterland die Provinzen Kolumbien und Ecuador zum **Vizekönigreich Nueva Granada** zusammen. Zum ersten Mal erhielten die einzelnen Länder weiterreichende Kompetenzen durch die Einrichtung einer *intendencia,* deren Beamten von der spanischen Krone persönlich bestimmt wurden. Am 8. Dezember 1777 wurde Venezuela in den Status eines Generalkapitanats erhoben.

Die erstarkende wirtschaftliche Potenz des Landes führte zur politischen Unzufriedenheit seiner Vertreter, der herrschenden kreolischen Großgrundbesitzer. Durch das strenge Regelwerk der Casa Guipuzcoana geknebelt, knüpften sie ihre Beziehungen zu Aruba, Bonaire und Curaçao enger, doch damit wurde die fehlende Repräsentation in den Entscheidungszentren der Macht nicht kompensiert, das Unbehagen wuchs.

Am Vorabend der Revolution

Das Ende des 18. Jh. und der Beginn des 19. Jh. erschütterten die politische Landkarte der Welt. Die Vereinigten Staaten hatten ihre Unabhängigkeit von Großbritannien erkämpft, die Französische Revolution ordnete die Macht in Europa neu. Von beiden Bewegungen strömten emanzipatorische, antimonarchische, liberale und radikal-demokratische Philosophien hinaus in die Welt. Venezuela blieb davon nicht unberührt. Die intellektuelle Elite des Landes pflegte Europa zu besuchen, **Alexander von Humboldt** lernte auf seinen südamerikanischen Reisen in den Jahren 1799 und 1800 Venezuela kennen und später, in Paris, Simón Bolívar.

Als ehrenvoller *precursor,* Vorläufer, Wegbereiter, findet **Francisco de Miranda** seinen Platz in der venezolanischen Geschichtsschreibung. Das beginnende 19. Jh. bedeutete den Einstieg in die Unabhängigkeit des Landes, zunächst noch über den Umweg in scheinbar neue Abhängigkeiten. Miranda, der im nordamerikanischen Unabhängigkeitskrieg auf der Seite der Kolonien gekämpft und es in der Französischen Revolution zum General gebracht hatte, fand 1806 bei den Regierungen der Vereinigten Staaten und Großbritanniens Unterstützung für seine Pläne, Venezuela von der spanischen Kolonialherrschaft zu befreien. Sein Versuch aber, gemeinsam mit dem Briten Sir Alexander Cochrane La Vela de Coro einzunehmen, schlug fehl. Die Stadt war geräumt worden.

Wie viele weitere südamerikanische Kolonien verweigerte dann auch Venezuela 1808 dem vom französischen Kaiser Napoleon Bonaparte auf dem spanischen Thron eingesetzten Bruder Joseph die Gefolgschaft. Man hielt an dem verstoßenen Ferdinand fest. In Caracas beschloss dies eine unter dem spanischen Generalkapitän Juan de Las Casas gebildete Junta. Doch gleichzeitig wuchs mit der Loyalitätsadresse an den abgesetzten Ferdinand der Zweifel am Machtanspruch eines fremden Landes, Spanien, auf das eigene, Venezuela, heran. Die aus *criollos* gebildete wirtschaftliche Elite der *latifundistas,* der

Die Sonne, die niemals verlöscht – Simón Bolívar

Als die Simón-Bolívar-Biographie des Kolumbianers Gabriel García Márquez, ›Der General in seinem Labyrinth‹, 1989 in Südamerika erschien, brach ein Sturm der Entrüstung los. Denn sie zeichnete ein Porträt des Befreiungshelden, das dem offiziellen Pathos fundamental widersprach. Simón Bolívar, der *Pater Patriae,* der *Libertador,* war ein mutiger, unerschrockener, gewiefter, hochintelligenter, militärisch versierter und glänzender Redner, Volkstribun, Kämpfer, Politiker.

Bis in die 70er Jahre hinein hatten die Männer vor den Simón-Bolívar-Denkmälern den Hut zu ziehen, die Frauen durften nicht mit Hosen bekleidet daran vorbeigehen, und Lastentragen war in ihrem Angesicht verboten. Bis heute hat auf der Plaza Bolívar in Mérida ein Schild überlebt, das ebensolches besagt. In jedem Flecken gibt es eine Plaza Bolívar, und die feingezeichneten Züge des verschlossen blickenden, hochmütigen und stolzen Bolívar zieren Universitäten und Banknoten, Einwickelpapier und Etiketten, seinen Namen tragen der eisenhaltigste Berg der Welt und der höchste Gipfel in den venezolanischen Anden. Simón Bolívar ist der Größte, der Herrlichste und in Venezuela omnipräsent.

García Márquez hat sich in seinem Roman die letzten Lebensmonate Bolívars vorgenommen und schildert den politischen Verrat, die dahinschwindende Gesundheit, die Zweifel und den verletzten Stolz, die Rankünen und ungezählten Frauengeschichten des Simón Bolívar, vermenschlicht die hochverehrte Gestalt, protokolliert auch die politischen Anfeindungen und die Zerstrittenheit der Unabhängigkeitskämpfer. In der offiziellen Geschichtsschreibung, die den Unabhängigkeitskampf verehrt wie die Jesusgeschichte, gibt es keinen Platz für solche Makel. Simón Bolívar ist dort mutig, blütenweiß und früh verwitwet.

Seine Karriere allerdings ist beispiellos, seine Wirkungskraft die zweifellos größte sämtlicher südamerikanischer

Befreiungshelden. Argentiniens General José de San Martín, Chiles Bernardo O'Higgins verblassen angesichts der charismatischen, kosmopolitischen Gestalt des *Libertador*. Er wurde am 24. Juli 1783 als Sohn einer wohlhabenden großbürgerlichen Familie in Caracas geboren und wuchs in der liberalen Atmosphäre eines politisch aufgeschlossenen Hauses auf, just in der Zeit, als Revolutionen und politische Bewegungen die Alte Welt neu zu ordnen begannen. Das Zeitalter der Aufklärung war über den Kontinent gefegt und hatte den Samen für den Aufruhr, den freidenkerischen Geist und die Entgrenzung der Gedanken gelegt.

Für den von hochgebildeten Lehrern wie dem Philosophen Andrés Bello und dem vielgereisten Simón Rodríguez erzogenen Bolívar, der schon im Alter von 15 Jahren militärische Auszeichnungen erhielt, war es eine Selbstverständlichkeit, in die Zentren der Bewegung zu reisen, um dort zu studieren. Vier Jahre durchstreifte er Europa, lernte 1804 Alexander von Humboldt kennen, den er außerordentlich schätzte (leider ist der Briefwechsel zwischen den beiden noch nicht neu verlegt worden), und schwor sich 1805 in Anwesenheit von Simón Rodríguez mit feierlichem Pathos am römischen Monte Sacro auf seine Lebensaufgabe ein, nicht eher ruhen zu wollen, »bis ich die Kette, die uns gegen unseren Willen mit Spanien verbindet, gebrochen habe«.

Mit beispielloser Tatkraft und Intelligenz, politischer Geschmeidigkeit und Widerstandsfähigkeit gegenüber Verbannungen und Anfeindungen im eigenen Lager, Chuzpe, unbeirrbarer Egozentrik und imperialer Geste verfolgte er sein Ziel, ein von den Spaniern befreites, in einem Staatenbündnis zusammengefasstes Großkolumbien zu

gründen. Sein Biograph Salvador de Madariaga zeiht ihn deswegen des Bonapartismus und der Despotie und rückt ins Gedächtnis, dass Simón Bolívar von den Krönungszeremonien Napoleons tief beeindruckt gewesen war. Und in der Tat ließen sich seine Mitstreiter nicht auf diese Richtung einschwören. Ist nicht dies das Labyrinth, von dem Gabriel García Márquez erzählt?

Bolívar, der sein gesamtes Vermögen in den Befreiungskampf investierte und aufgrund seiner hervorragenden Verbindungen zur gesellschaftlichen Oberschicht auch deren finanzielle Unterstützung besaß, war am Ende seines Lebens persönlich gescheitert. Als er 1830 im kolumbianischen Santa Marta starb, waren seine politischen Ideen keinen Pfifferling mehr wert, aufgerieben in dem Alltag des Regierens, Taktierens, Kämpfens, der Feindseligkeiten und Rivalitäten. Kurz vor seinem Tod schrieb er, dass er in seiner Geburtsstadt beerdigt werden wolle, doch es sollte noch 17 Jahre dauern, bis seine sterblichen Überreste nach Caracas überführt wurden.

Die *Cuna del Libertador*, die ›Wiege des Befreiers‹, wie sich Caracas heute stolz nennt, brauchte lange, um ihn zu rehabilitieren. Zu seinem 100. Geburtstag 1883 verfügte der damalige Präsident Antonio Guzmán Blanco, den zentralen Platz von Caracas, bis dahin noch Plaza de la Constitución genannt, in Plaza Bolívar umzubenennen, und ließ 1884 die berühmte Statue anfertigen, deren Kopien viele Städte des Landes zieren. Danach wuchs die Heldenverehrung ins Überlebensgroße. Simón Bolívar ist ein nationales Identitätssymbol, wie es hochrangiger nicht gefunden werden konnte. Er ist, so sagt man in Venezuela, die Sonne, die niemals verlöscht.

Großgrundbesitzer, unterlag ja weiterhin den kolonialen Knebelparagraphen, und umstürzlerisches Gedankengut zentralisierte sich in einer **Revolutionspartei,** die 1809 einen fehlgeschlagenen Staatsstreich unternahm. Im folgenden Juli setzte man den spanischen Generalkapitän Vicente Emparán ab. Ein Jahr später bereits, am 5. Juli 1811, proklamierte Venezuela seine **Unabhängigkeit** und gab sich im Dezember eine Verfassung.

Der Weg in die Unabhängigkeit

Doch das Fanal zeigte nicht die beabsichtigte einigende Wirkung. Der loyale Teil der Bevölkerung ließ sich nicht überzeugen, das Militär war ebenfalls in zwei Lager gespalten. Zwei gesellschaftliche Machtpole mit divergierenden Interessen hatten sich herauskristallisiert: eine städtische Kaufmannsschicht und die Großgrundbesitzer auf dem Lande. Als das verheerende Erdbeben von 1812 die junge Republik verwüstete, erblickten darin viele Gläubige eine Strafe Gottes für den Abfall vom Mutterland.

Unter den Angriffen des spanischen Heeres zerschellte die republikanische Armee. Puerto Cabello, wichtige Hafenstadt und Munitionslager der **Republikaner,** fiel in die Hände des spanischen Generals Monteverde; auch Caracas, Barinas und Cumaná hatten bald wieder spanische Befehlshaber. Coro, Maracaibo und die gesamte große Provinz Guayana verblieben in den Händen der Republikaner. Und immer wieder flackerten lokale Aufstände verschiedener Bevölkerungsgruppen an der umkämpften östlichen Küste auf, wo reiche Kakao- und Kaffeeplantagen lagen.

Der hochgebildete, reiche *caraqueño* **Simón Bolívar** hatte sich schon früh an die ideologische und politische Spitze der Bewegung gestellt, 1813 dann ernannte ihn eine revolutionäre Junta zum Kommandeur der Befreiungstruppen. Von Kolumbien aus unternahm er einen Feldzug bis nach Caracas, doch weitere militärische Erfolge blieben ihm zunächst versagt. Der Feind saß auch im eigenen Lager. Die republikanischen Kräfte boten ein zerstrittenes Bild, derweil eine 10 500 Mann starke königliche Flotte unter Pablo Morillo von Cádiz aus aufbrach und die Isla de Margarita einnahm.

Eine entscheidende Wende erbrachte eine Änderung des politischen Konzepts. Nachdem schon der Mulattenführer Manuel Piar San Félix und Angostura, das heutige Ciudad Bolívar, 1817 hatte erobern und halten können, gewann Simón Bolívar die Unterstützung der *llaneros* unter José Antonio Páez. Caracas verblieb im Machtbereich der Spanier, während die freigekämpften Regionen stärkeres politisches Gewicht erhielten. In Angostura wurde dann auch am 14. Februar 1819 die erste **Republikanische Verfassung** verabschiedet. Simón Bolívar verkündete an diesem Tag seinen politischen Traum von einem geeinten, revolutionären, republikanischen **Groß-Kolumbien,** das die Länder Nueva Granada (das spätere Kolumbien), Peru, Alto Peru (das spätere Bolivien), Venezuela und Ecuador zusammenfasste, was ihm den Ruf des südamerikanischen Napoleon eintrug.

Mit der ersten Verfassung war die Revolution jedoch noch nicht gewonnen. Entscheidende militärische Siege trug Bolívar im kolumbianischen Boyacá im August 1819 und im venezolanischen Carabobo im Juni 1821 zusammen mit Rafael Urdaneta und José Antonio Páez davon. Damit war die Unabhängigkeit von Spanien besiegelt.

Die zerstrittenen republikanischen Kräfte ließen sich dadurch nicht beruhigen, die weiteren Kämpfe in den Nachbarländern Ecuador, Peru, Bolivien und Kolumbien die Machtquerelen weiter aufblühen. General Páez stellte sich ebenso wie Francisco de Paula Santander gegen Bolívar, der seine imperialen Träume einschließlich erblicher Vizepräsidentschaft und einem Präsidenten auf Lebenszeit weiterverfolgte. Rivalitäten und unterschiedliche politische Konzepte gipfelten im versuchten Brudermord: Santander veranlasste am 25. September 1828 einen Mordanschlag auf den *Pater Patriae* und *Libertador* Venezuelas, Simón Bolívar. José Antonio de Sucre, Bolívar-Vertrauter und Sieger der Entscheidungsschlacht von Ayacucho, in der Peru 1824 befreit wurde, starb unter den Händen der Verschwörer. Ein Jahr später verließ Páez, Präsident der Republik Venezuela, den Staatenbund Groß-Kolumbien. Der Lebenstraum Simón Bolívars fand nach zehn Jahren ein Ende; der *Libertador,* heute Objekt intensivster Heldenverehrung, starb mit 47 Jahren angefeindet, politisch vom Machtgeschehen ausgeblendet und vernichtet, im kolumbianischen Küstenort Santa Marta.

Jedem größeren Ort sein Denkmal des Libertador – hier in der nach ihm benannten Stadt Ciudad Bolívar

Die Zeit der Caudillos

Die Präsidentschaft von **José Antonio Páez** (1830–1847) leitete eine Phase der politischen Beruhigung und der wirtschaftlichen Expansion ein. Besonderes Gewicht erhielten dabei die guten Exportmöglichkeiten für landwirtschaftliche Güter. Mit Kaffee, Zucker und Kakao ließen sich hohe Preise auf dem Weltmarkt erzielen. Zum Handelspartner gewann man die wirtschaftliche Großmacht Großbritannien. Venezuela konnte sich ökonomisch stabilisieren und auf dem internationalen Parkett etablieren; innenpolitisch jedoch knüpfte Páez an konservative Muster an: Die *latifundistas* besaßen politisches Schwergewicht. Die während der Unabhängigkeitskämpfe aufgestiegenen Militärs, durch Landbesitz belohnt, entwickelten sich zu rivalisierenden Provinzfürsten, *caudillos,* die sich keiner zentralen Macht unterzuordnen gedachten.

Daran änderte sich nichts, als **José Tadeo Monagas** seine Präsidentschaft antrat (1847–1859). In dieser Zeit bildeten ländliche und städtische Oberschicht etwa 3,5 % der Bevölkerung, das breite Fundament mit 81,5 % nahm die Unterschicht ein. 79 % arbeiteten als Tagelöhner in der Landwirtschaft, der gesamte Landbesitz konzentrierte sich in den Händen von lediglich einem Prozent der Bevölkerung. Die Analphabetenrate betrug 80 %. Demokratisierungsprozesse wurden unter Monagas nicht eingeleitet – im Gegenteil: Der Klientelismus entstand.

Auf Monagas' Präsidentschaft folgten die Jahre der **Föderalkriege** (1858–1864), die das Land erneut verwüsteten. 350 000 Tote und ein wirtschaftlich ruiniertes Venezuela standen an ihrem Ende, und eine neue Verfassung, die den einzelnen *caudillos* einen größeren Machtspielraum beließ, lautete die politische Bilanz.

Als Erneuerer Venezuelas ging dann **Antonio Guzmán Blanco** (1870–1888) in die Annalen des Landes ein. Man sagt, ein *caudillo* habe die *caudillos* gezähmt. Sein autoritärer Regierungsstil gründete sich auf Konzepte, weniger auf die bis dahin gepflegten Bündnisse und Interessenverflechtungen von Machtcliquen. Eine Gegenkraft zu der bislang üblichen extremen Regionalisierung politischer und ökonomischer Macht entstand mit der starken Zentralregierung in Caracas. Die Machtsphäre der Provinzfürsten ließ Guzmán Blanco unangetastet, allerdings forderte er Abgaben an die Zentralregierung. Sein politisches Programm umfasste Religionsfreiheit, Schulpflicht und kostenlosen Schulunterricht. Mit einer Verkehrssteuer wurden Straßenbauprojekte finanziert. Caracas erhielt ein neues Gesicht: Viele der heute zu besichtigenden Viertel in der Innenstadt wurden unter seiner Ägide und nach seinen, europäischen Vorbildern nachempfundenen architektonischen Vorlieben neu gestaltet.

Nach der Abdankung von Guzmán Blanco flackerten erneut Bürgerkriege auf, die in die Präsidentschaft von **Cipriano Castro** (1899–1908) mündeten. Innenpolitisch diktatorisch, operierte er auf der internationalen Bühne derart selbstherrlich und ungeschickt, dass

1902 Italien, Deutschland und Großbritannien seine Weigerung, Staatsschulden zu bezahlen, mit der Blockade der venezolanischen Häfen beantworteten. Im Jahr seines Regierungsantritts wurde der heftig debattierte Grenzkonflikt zwischen British Guyana und Venezuela zuungunsten Venezuelas entschieden; Venezuela pochte dabei auf den Grenzverlauf, der vor der Unabhängigkeit bestanden hatte. Bis heute bewertet das Land das Gebiet bis zum Río Essequibo als *zona en reclamación*.

Der steinige Weg in die Moderne

Zwei ungeliebte Diktaturen hatten auf die politische Landschaft Venezuelas im 20. Jh. entscheidenden Einfluss: die des **Juan Vicente Gómez** (1908–1935) und die des Marcos Pérez Jiménez (1948–1958) – einmal durch ihre tatsächliche Politik, aber auch (und vermutlich stärker) durch die Festigung von politischen Gegenmodellen, die sich als erstaunlich lebensfähig erwiesen. Beide legten allerdings auch den Grundstein für ein in gesamt Lateinamerika verbreitetes Übel: die Korruption, unterstützt von den nach den Unabhängigkeitskriegen gestärkten Provinzfürsten, den *caudillos*.

Die unter der Gómez-Diktatur produzierten politischen Verhältnisse verhielten sich antizyklisch zur Weltbewegung, zumindest sieht das der Historiker Mariano Picón Salas so: Das 20. Jh. sei in Venezuela erst nach dem Sturz des Diktators 1936 angebrochen. Zunächst auch von Intellektuellen begrüßt – Laureano Vallenilla Lanz erblickte in Gómez den neuen Cäsar, der Anarchismus und Individualismus beenden werde –, stellten sich jene bald gegen ihn. Rómulo Gallegos, der 1909 die Zeitschrift ›Alborada‹

gründete, schreibt: »Wie schön du bist, mein Land. Jeder nährt in sich dem Wunsch, dich bald zu verlassen.« Gómez' politische Konzepte gründeten sich ausschließlich auf Klientelismus; der stabilen Wirtschaftslage verdankte er seine politische Beständigkeit, denn Erdöl und (zunächst) gute Exportaussichten für landwirtschaftliche Güter sicherten ihm innen- wie außenpolitische Erfolge.

Die 27 Jahre während Gómez-Diktatur verursachte einschneidende Veränderungen in der politischen Struktur: Unter den straffen Zügeln eines *caudillo* zerschellte der regionale *caudillismo,* verschwand die Parteienlandschaft, wurde das Militär professionalisiert und zum ausübenden Arm der Diktatur. Gómez öffnete das Land dem Ausland; die Exportsteuern für Kaffee, Kakao und Rinderhäute wurden aufgehoben, gleichzeitig die Importsteuer; die liberalste Erdölgesetzgebung in Lateinamerika zog ausländische Investoren an, die Auslandsschuld wurde komplett getilgt.

Der Reichtum des Landes floss jedoch in beispielloser Korruptionswirtschaft in die Taschen weniger Privilegierter. Familienmitglieder und persönliche Favoriten erhielten Förderlizenzen, die sie an nordamerikanische Unternehmen weiterverkauften, sie übernahmen Staatsländereien, die, wenn sie sich in Erdölregionen befanden, meistens ebenfalls an ausländische Gesellschaften veräußert wurden. Viehzucht und Schiffsverkehr konzentrierten sich in den Händen des durch Heirat zusammengeschweißten Familienclans.

Gefördert wurde der Straßenbau, das klassische Macht- und Kontrollmittel – so z. B. die *Carretera de los Andes* nach San Cristóbal, in eine traditionell aufrührerische Gegend, und zwischen Puerto Ayacucho und Samariapo aus demsel-

Juan Vicente Gómez

ben Grund –, vernachlässigt wurden Bildung und Kunst, Gesundheits- und Sozialwesen. Am Ende der Gómez-Diktatur waren 70 % der Venezolaner Analphabeten. Zwischen 1912 und 1925 blieb die Universität von Caracas geschlossen.

Extreme Unterdrückung und intellektuelle Repression führten zur Formierung einer politischen Gegenbewegung, der *Generación del 28* des späteren Präsidenten Rómulo Betancourt, die ihren Namen von dem 1928 in Caracas gewaltsam niedergeschlagenen Studentenaufstand ableitete. Eine neue intellektuelle Elite war herangewachsen und durch die Präsenz hoch gebildeter Ausländer verstärkt worden. Sie formulierte großstädtische kulturelle Interessen, die zunächst gegenüber denen der Großgrundbesitzer divergierten, später dann allmählich mit ihnen verschmolzen.

Die Unterschiede zwischen den sozialen Schichten waren weiterhin schroff geblieben. Gewaltige wirtschaftliche und soziale Umwälzungen hatten den

Weg Venezuelas in die Erste Welt, den der Reichtum aus dem Erdöl ermöglicht hatte, begleitet. Andere Produktionszweige sowie die Landwirtschaft hatten jedoch unter schwerwiegender Vernachlässigung zu leiden. Betrachtet man das Städtewachstum in diesem Zeitraum, ergibt sich eine eindeutige Tendenz: Städte mit hohen Zuwachsraten hatten entweder Verwaltungsaufgaben inne, gehörten zur Erdölproduktion oder standen in Handelsbeziehungen zu den Außenmärkten. Landwirtschaftliche Zentren verzeichneten eine Stagnation oder Abwanderung. Gleichzeitig etablierte sich die ›Rentenmentalität‹, die der Politiker und Historiker Arturo Uslar Pietri früh als Verschwendungsmentalität geißelte. Kein ›normaler‹ kapitalistischer Weg hatte sich entwickelt, sondern das Land war von feudalen Strukturen direkt in den Kapitalismus gestürzt, ohne dass sich eine entsprechende Mentalität hätte entfalten können; d. h., die so leicht erwirtschafteten Gewinne wurden nicht reinvestiert, sondern einfach ausgegeben, ›verschwendet‹.

Alle Parteien indes hatten sich ideologisch auf eine von dem Gómez-Regime abgewandte, fortschrittsgläubige Linie festgelegt, welche in der heute gültigen Verfassung von 1961 reflektiert wird. »Der Staat fördert die Wirtschaftsentwicklung und die Diversifizierung der Produktion mit dem Ziel, neue Reichtümer zu schaffen, das Einkommensniveau anzuheben und die nationale Souveränität zu festigen.« Wirtschaftliche Planung, Verwaltungsreform und Produktionssteigerungen in den Händen des Staates leiteten den Fortschritt ein. Das Erziehungssystem bewertete man als Schlüssel zu diesem Fortschritt, gezielte Studiengänge und -abschlüsse und eine bessere Ausbildung stellten ein erstes Anliegen dar. Die Analphabetenquote sank zwischen 1961 und 1987 von katastrophalen 36,7 auf 9,1 %. Mit den hohen Gewinnen aus der Erdölproduktion wurden diese Vorhaben realisiert; der Staat verankerte sich im Bewusstsein der Venezolaner als Motor aller Veränderungen.

Demokratie und erneute Diktatur

Einschneidende Veränderungen brachte das Jahrzehnt nach Gómez nicht. Eine wahre Aufbruchsstimmung beseelte hingegen 1946 das Land, als zum ersten Mal freie Wahlen die **Acción Democrática** (AD) als Sieger ermittelten: keine Diktatur, keine Militärs, sondern pure Mittelschicht. Mit viel Eifer machte sich Präsident **Rómulo Gallegos** an die Neuformulierung politischer Ziele; der *Estado Docente,* der Staat als Lehrer, der Erziehungsstaat, wurde ins Leben gerufen. Der Höhenflug währte nur kurz. Bereits 1948 putschte das Militär gegen die ›hegemoniale Machtausübung‹ der AD. Das Zeitalter der zweiten Diktatur begann.

Die Acción Democrática und die kommunistische PCV wurden verboten, aber URD (Union Republicana Democrática) und Partido Social-Cristiana (COPEI) des heutigen Präsidenten Rafael Caldera Rodríguez arbeiteten zunächst unter **Marcos Pérez Jiménez** mit. Zum Bruch kam es nach Wahlmanipulationen im November 1952, als die Regierungsjunta den Führern der unterlegenen Parteien COPEI und URD nahelegte, das Land zu verlassen. Wahlsieger wäre nach inoffiziellen Schätzungen die URD geworden.

Der zerschlagenen Demokratie setzte Pérez Jiménez das *Ideal Nacional* entgegen, die »progressive Umwandlung der natürlichen Umgebung und die integrale Verbesserung (materiell, moralisch und intellektuell) der Einwohner«. Die natürliche Umgebung wurde mit Großprojekten in der bei Diktatoren beliebten Monumentalarchitektur und mit neuen Autobahnen bereichert, die Einwohner – und da bleibt nur noch der Sarkasmus – durch sinkende Sozialausgaben, Korruption und politische Repression materiell, moralisch und intellektuell dem ›nationalen Ideal‹ näher gebracht. Die Wirtschaft boomte. Doch Pérez' Jiménez' Modell der undurchsichtigen Wirtschaftspraktiken, der Kirchenfeindlichkeit, der politischen Unterdrückung, untermauert durch den Ausbau der Sicherheitskräfte, fiel nach den Wahlen 1958 in sich zusammen. AD, URD und COPEI hatten zusammen 95 % der Stimmen erzielt, und das Ergebnis bereitete den Boden für Pérez' Jiménez' Sturz.

Sturmlauf in die Demokratie

Einen vehementen demokratischen Aufbruch löste im Dezember 1958 der Pakt von Punto Fijo aus, auf den sich das gesamte Parteienspektrum inklusive Gewerkschaften und Kirchenverbänden einschwor. In einer bis dahin einzigartigen Plattform verpflichteten sich die Teilnehmer zur Unterstützung ausschließlich demokratischer Regierungsformen, zur Stabilisierung und Modernisierung des Landes und zur Verabschiedung sozialstaatlicher Programme. Mit diesem Pakt gegen die Etablierung von Diktaturen beschritt Venezuela energisch den Weg in die moderne Parteienpolitik und ließ die schwankenden politischen Systeme anderer lateinamerikanischer Staaten weit hinter sich.

Bislang ist es so geblieben. Venezuela hat eine rasante Wandlung durchgemacht: von einer Gesellschaft ohne Staat im ausgehenden 19. Jh. zur staatlichen Vorherrschaft. Die relativ stabile Demokratie mit ungefährdeten Wahlen in sicherer Abfolge wirkt beruhigend im Kontrast zu den turbulenten Verhältnissen in den Nachbarstaaten Kolumbien und Brasilien.

Und doch zeigt das glatte Bild Risse. Die Verstaatlichung der Erdölindustrie in der ersten Regierungsperiode von **Carlos Andrés Pérez** 1976 hat die oft kritisierte ›Rentenmentalität‹ weiter wachsen lassen. Der AD-Präsident profitierte von dem Schock, den der arabisch-israelische Konflikt ausgelöst hatte, die Ölpreise schnellten in die Höhe, verwandelten Venezuela erneut in ein wohlhabendes Land. Die Zahl der Staatsbediensteten wuchs rapide, und die Staatsausgaben wurden im Jahr 1979 zu 68 % für soziale und ökonomische Projekte verwendet, nur 15 % erhielten Zentralverwaltung und Militär. Das Hausbauprojekt Indafe unterstützte die ärmsten Gegenden; alljährlich entstehen in besonders unterprivilegierten Regionen – meist indianischen – solche Siedlungsvorhaben. Nicht immer zur Freude der damit Bedachten, denn die uniforme Bauweise ist für bestimmte Gegenden klimatisch nicht geeignet.

Auf die Boomjahre folgte die allmähliche Ernüchterung, die Ölpreise sanken, und 1988 bekam das Land erstmalig Schwierigkeiten, seine Auslandsschulden zu tilgen. Im Februar 1989 beantworteten die *caraqueños* das neu verabschiedete Sparprogramm der Regierung mit Aufständen, den *caracazos,* man schloss sich zu Plünderungen von Supermärkten *(saqueos)* zusammen. Studenten überzogen das Land mit Streiks und Demonstrationen, und 1992 kulminierte die Unzufriedenheit der Öffentlichkeit in einem missglückten Militärputsch linker Offiziere aus Maracay unter **Hugo Chávez.** Chávez wurde zu einer langen Haftstrafe verurteilt, nach drei Jahren kam er frei.

Obwohl seelisch regelrecht dagegen imprägniert, findet der Unmut der Venezolaner immer mehr Nahrung in der offensichtlichen Korruption ihrer Präsidenten. Carlos Andrés Pérez hatte während seiner zweiten Amtszeit (1989–1993) Geld unterschlagen und illegale Finanztransaktionen unternommen. Der greise COPEI-Gründer Rafael Caldera Rodríguez scharte daraufhin mehrere kleine Gruppierungen als **Convergencia Nacional** um sich und siegte bei den Wahlen 1994. Seine Integrität und Kooperationsbereitschaft sicherten ihm vermutlich den Erfolg, und sein Ruf der Unbestechlichkeit tat ein übriges, ihn den Wählern als Alternative zur AD schmackhaft zu machen. Die Entdemokratisierung durch die Verfassungsgebende Versammlung, die sich je nach Bedarf mit Notdekreten ausstattet, wird scheinbar ignoriert.

Doch die Zeiten haben sich geändert. Wie ein Sturm brach die Wahl im Dezember 1998 herein. Angesichts der offenkundigen Misswirtschaft der großen Parteien, die das Land wechselweise regiert, die Situation aber besonders der armen Bevölkerungsteile nicht oder kaum verbessert hatten und deren Konzepte zur Sanierung des Haushalts verschlissen waren, polarisierte sich die Wählermeinung. Den Venezolanern mussten die Wahlversprechen der Convergencia, des COPEI und des AD wie eine Zementierung der bestehenden Verhältnisse vorgekommen sein. Über Monate hinweg stand die Ex-Miss Universum Irene Saéz ganz oben auf der Liste der aussichtsreichsten Kandidaten.

Carlos Andrés Pérez

Sie hatte ihre Arbeit als Bürgermeisterin einer der reichsten Stadtteile von Caracas, Chacao, sehr gut gemacht. Als die prognostizierten Prozentzahlen für ihre Vereinigung IRENE sanken, ließ sie sich vor den Karren der COPEI spannen. Das war ihr Fehler.

Mit energischem Vorsprung gewann ein anderer. Hugo Chávez Frias, der gescheiterte Putschist von 1992, versprach die linke Revolution, verkündete vollmundig seine Solidarität mit der armen Bevölkerung, sicherte zu, dass er sich gegen die Kamarilla aus Politik und Kapital einsetzen und der Korruption im Land ein Ende bereiten werde. Letzteres hatten andere auch versprochen. Doch ihm und seiner rumpelnden Hemdsärmeligkeit glaubten viele. Er trug auch keine Maßanzüge, sondern Hemden und Pullover. Er sprach die Sprache des Volkes.

Der Wahlausgang war eine Ohrfeige für die etablierten Parteien, die er zur Bedeutungslosigkeit zusammenschrumpfen ließ. Sie holten nicht einmal mehr als zusammen 15%. Irene Saéz wurde Gouverneurin der Sonneninsel Isla de Margarita. Da setzte sie wie in Chacao eine zivile Informations-Polizei ein, die sie auf Margarita aus hübschen Mädchen rekrutierte, bekam ein Kind und lebt jetzt in Florida.

Unterstützung fand Chávez zunächst auch bei Intellektuellen und Künstlern und bei den linken Parteien wie MAS und Causa R, die mit ihm lokale Bündnisse eingingen. Sein erstes Projekt war, seinen venezolanischen ›Brüdern und Schwestern‹ die Armee als Verbündete im Kampf gegen die Oligarchie schmackhaft zu machen. Dann änderte der Bewunderer von Simón Bolívar, dessen Zitate er belesen ständig im Munde führt, den Namen der Republik Venezuela in República Bolivariana de Venezuela. Das kostete einen Haufen Geld. Es folgten politische Absichtserklärungen, die kenntlich machten, worum es ihm eigentlich ging: eine verschleierte Präsidialherrschaft. Die hat er, mit dem Votum großer Teile der Bevölkerung, im Dezember 1999, ein Jahr nach seinem Wahlsieg, auch errungen. Der Kongress ist aufgelöst, parlamentarische Einrichtungen sind entmachtet. Der praktizierende Anhänger von Fidel Castro und der kubanischen Revolution und bekennende USA-Kritiker plant, so wird überall gemunkelt, eine Achse Kuba-kolumbianische Guerrilla-Venezuela aufzubauen. Die Banken des Auslandes warnen davor, in Venezuela zu investieren.

Viele ehemalige Mitstreiter (z. B. Teodore Petkoff von der linken MAS) sind abgefallen, seit sich die Ent-Demokratisierung immer deutlicher abzeichnet. Den Universitäten werden die Selbst-Verwaltungsorgane amputiert, Lehrer und Erzieher ziehen zu Millionen auf die Straße, um gegen die Einflussnahme im Erziehungsbereich zu protestieren. Die Presse hat sich Tag für Tag gegen Anfeindungen zur Wehr zu setzen. Um seine Programme effektiv zu verkünden, nutzt der unermüdliche Präsident die Medien, die auch die – analphabetischen – Ärmeren kennen: das Fernsehen und das Radio. In ›Ola, Presidente‹, jeden Sonntag zur besten Sendezeit ausgestrahlt, nimmt er sich persönlich den Beschwerden seiner Brüder und Schwestern an.

Auf dem Feld der Korruption hat er es geschafft, den Zollbehörden einen Schlag zu versetzen. Das große Elend nach der Naturkatastrophe im Dezember 1999, in deren Verlauf vermutlich 50 000 Menschen starben, nahm er sich als Werbefläche für seinen persönlichen Einsatz. Doch mehr als Versprechungen ist nicht dabei herausgekommen. Die Häuser, die gebaut wurden, müssen bezahlt werden. Da von den Erdrutschen meist Arme betroffen waren, können sie von diesen Häusern kaum profitieren. Die Umsiedlungsprogramme ins Landesinnere erwiesen sich als wenig weitsichtig. Viele sind wieder zurückgekommen, weil ihnen die – scheinbaren – Arbeitsmöglichkeiten in Caracas verlockender erscheinen.

Trotz allem: Chávez mag Sympathien eingebüßt haben, für die Ärmeren des Landes, die die vorangegangenen Regierungen mit den Milliarden beleidigten, die sie sich aus der Staatskasse raubten, ist er immer noch ein Hoffnungsträger.

Eine schlagkräftige Opposition konnte sich bislang noch nicht aufbauen. Um den ehemaligen Präsidentschaftskandidaten Arias Cárdenas, der im Mai 2000 gegen Chávez antrat, scharen sich mittlerweile oppositionelle Strömungen. Auch die Intellektuelle artikuliert sich in Bürgerbewegungen.

»Mal' mir schwarze Engelchen«: Die Bevölkerung Venezuelas

Statistisch betrachtet, verraten selbst nüchterne Zahlen viel über Venezuelas Vielvölkerleben und seine Geschichte: 67 % Mischlinge, 21 % Weiße, 9 % Schwarze und 2 % Indios verzeichnen die Ergebnisse der jüngsten Volkszählung. Diese Zahlen dokumentieren einen ungeheuren Verdrängungsprozess. Den vertriebenen und vernichteten indianischen Ethnien, die heute einen verschwindend geringen Bevölkerungsanteil bilden, gehörte ursprünglich der Boden, schwarze Sklaven wurden seit dem 16. Jh. für Arbeitseinsätze von Afrikas Küsten verschleppt. Heute begegnet man in Venezuela einer ethnischen Vielfalt, in der die multikulturellen Wurzeln gleichberechtigt nebeneinander zu pulsieren scheinen. ›Schwarze‹ Kultriten, Fachwerk aus Baden, indianische Maisgerichte und nordamerikanische Skylines vereinigen sich zu einem Mosaik von Lebensstilen, das trotzdem typisch venezolanisch wirkt.

Präkolumbische indigene Gemeinden

Wenn man die ›Wahrhaftige Historia‹ von Nikolaus Federmann, dem Welser-Gesandten in Coro, aus dem Jahr 1532 aufschlägt, dann verwirren sich einem die Sinne von der Vielfalt der verschiedenen indianischen Gruppierungen, die er auf seinen Feldzügen und Expeditionen nach El Dorado, dem sagenhaften Land des vergoldeten Gottkönigs, beschrieb. Die Regionen, die das heutige

Junge in Puerto Ayacucho

Venezuela umfasst, waren, so schätzt man, Ende des 15. Jh. von etwa einer halben Million Menschen bewohnt, die in drei große Sprachfamilien zerfielen: Chibcha, Kariben und Arawak.

Die auf dem Gebiet des heutigen Kolumbien siedelnden **Chibcha** wurden durch die Kultur der Timotes-Cuica in den Anden repräsentiert. Aus den tropischen Dschungeln des Amazonasgebietes drangen die **Kariben** in den venezolanischen Raum vor und etablierten sich um den Lago Maracaibo, an der Karibikküste zwischen der Península de Paria und der Mündung des Río Tocuyo und zwischen den Flüssen Caura und Caroní. Die **Arawak** zogen von den Oberläufen des Orinoco und des Río Negro bis zum Río Apure und gelangten hinauf bis zur Halbinsel Paraguaná.

Die stärkste Bevölkerungsdichte wiesen die Anden entlang der Achse San Cristóbal–Mérida–Trujillo auf, wo die **Timotes-Cuica** Mais und Kartoffeln auf terrassierten Feldern pflanzten und in den Tälern Tabak, Kirschen, Pfefferschoten *(ají)* und Kürbisse *(auyama)* anbauten. Die **Guajiro** auf der semiariden Halbinsel Guajira waren Jäger, Fischer und Sammler, ernteten wilde Baumwolle und handelten mit Meersalz, das sie zum Tausch gegen Maniok und Mais anboten. In den heutigen Bundesstaaten Lara und Falcón wohnten Gruppen der Arawak, die vom Fischen und Jagen sowie dem Sammeln von Datteln, Feigen und Agavenfrüchten lebten. Auch sie tauschten Meersalz.

Die **Jirijira, Ayamanes** und **Caquetíos** siedelten in den fruchtbaren Tälern von Barquisimeto und El Tocuyo und in den Savannen um Quíbor und Carora. Zentrale und östliche Küstenkordillere waren die Heimat der *caribes costeros,* und viele verschiedene Gruppen profitierten von der Fruchtbarkeit der Täler um Caracas und Valencia, in denen Maniok, Mais, Kakao, Avocados, Erdnüsse und verschiedene Knollenfrüchte gediehen. In großen Dörfern zusammengefasst, wohnten die Guarinos beim heutigen Unare. Die fruchtbare Erde bei Cariaco und die Salinen von Araya bildeten einen weiteren Besiedlungsschwerpunkt. Die **Warao** im Orinocodelta pflanzten damals wie heute die *moriche*-Palme in kleinen *conucos* an. Auch die Llanos waren bereits besiedelt, und zwischen den Flüssen Apure, Orinoco und Meta lebten die Otomacos vom Gemüseanbau und dem Fischfang.

Venezuelas Bevölkerung formiert sich

Nicht gerade lebhaft ging es in den Anfängen der Kolonialzeit auf Venezuelas Territorium zu. Die Kolonie bot aufgrund des offensichtlichen Fehlens schnell und mit sicherem Profit auszubeutender Ressourcen offenbar wenig Anreiz zur Besiedlung und Erkundung, und die Städte blieben winzige Siedlungen. Sie waren teilweise zu schwach, um untereinander Handelsbeziehungen zu unterhalten.

Die weißen **Konquistadoren** waren von dem Bewusstsein beseelt, bessere Menschen zu sein als die, denen sie auf dem neuen Kontinent begegneten. Die katholische Kirche hatte sie ideologisch dafür präpariert und imprägniert: Wer nicht den ›richtigen‹ Glauben besaß, musste bekehrt, zur Bekehrung gezwungen oder eben vernichtet werden. Moralisch legitimierten spanische Krone und Klerus den Völkermord an der indianischen Urbevölkerung. Die Indianer, die nicht fliehen konnten, wurden zu Arbeitssklaven degradiert. Bald waren deren Kräfte verschlissen; die Spanier begannen, **Schwarze** von Afrikas Westküste nach Venezuela zu verschleppen und zu versklaven. Gegen Ende des 16. Jh. war Venezuelas Gesellschaft in den zentralen Küstenregionen und in Caracas dunkelhäutig und schwarz. Die überlebenden Indianer hatten diese Gebiete aufgegeben, und nur wenige Weiße lebten außerhalb der städtischen Zentren. Gegen Ende der Kolonialzeit machten Schwarze und Mulatten etwa 75 % der Bevölkerung Venezuelas aus.

Alexander von Humboldt schätzte im Jahr 1800 die Bevölkerung auf 900 000 Einwohner, darunter 60 000 ›Negersklaven‹, 210 000 Hispanoamerikaner *(criollos)* und 12 000–15 000 Spanier. Caracas verzeichnete damals 40 000 Einwohner – 12 000 Weiße und 27 000 Farbige. Eine weitere Quelle nimmt für das Ende der Kolonialzeit folgende Zahlen an: 780 000 Gesamtbevölkerung, davon 45 % *pardos* – dies ist der venezolanische Begriff für Farbige, also Mestizen, Mulatten und Zambos (indianisch/schwarz, die Humboldt nicht separat erfasste) und 15 % schwarze Sklaven. Präzise abgesichert sind diese Zahlen selbstverständlich nicht zu nennen. Beispielsweise wird auch behauptet, die Gesamtzahl schwarzer Sklaven im Land sei nie höher als 120 000 gewesen. Diese Ungenauigkeiten beruhen darauf, dass das Land damals keine abgeschlossene Einheit bildete, die leicht zu erfassen gewesen wäre.

In der Folge verwischten sich die Konturen, die Farbe der Haut diente immer weniger als Identifikationsmerkmal des ›richtigen‹ Venezolaners. Und der venezolanische Historiker Salcedo-Bastardo verbreitet die Ansicht, Rassenvielfalt hätte mit der spanischen Konquista eingesetzt, da die ersten spanischen Konquistadoren ›gemischtes‹, maurisches und jüdisches Blut in den Adern gehabt hätten. Zum Zeitpunkt der Eroberung der Neuen Welt wäre dies allerdings in Spanien eine tödliche Aussage gewesen, denn die ›Blutreinheit‹ *(limpieza de sangre)* war die einzige Möglichkeit, sich vor der Inquisition zu schützen. Blutreinheit durften demzufolge eher die indianischen Ethnien für sich reklamieren als die europäischen Invasoren.

Multikultur in einem Einwandererland – Ideologie oder Realität?

Der Politiker und Dichter Andrés Eloy Blanco, Gründungsmitglied der Acción Democrática (AD), ein weißer Intellektueller also, hat 1944 mit zwei Schlagworten die heutige ethnische Struktur Venezuelas griffig umschrieben. Das eine lautet: *café con leche* (Milchkaffee), das andere ist die Botschaft seines Gedichtes ›Angelitos Negros‹. In diesem Gedicht bittet ein Mädchen einen Kirchenmaler, schwarze – und nicht weiße – Engelchen zu malen.

Das moderne Venezuela schmückt sich gerne mit der Behauptung, rassische Diskriminierung existiere nicht, das bunte Vielvölkergemisch lebe seit Jahrhunderten friedlich zusammen. Vergleicht man das Land mit den USA, dann trifft die nordamerikanische Ideologie vom Schmelztiegel tatsächlich eher auf Venezuela als auf ihr Herkunftsland zu. Denn die offizielle Doktrin ermöglicht soziale Mobilität für jedermann, unabhängig von der Hautfarbe. Als unter der Regierung von José Tadeo Monagas 1854 die Sklaverei abgeschafft

wurde, endete ein schlimmes hierarchisches System, aber im Gegensatz zu den USA waren die Schwarzen schon vorher in die Lage versetzt worden, sich tatsächlich freikaufen und als Freie ein Leben aufbauen zu können.

Offiziell also gibt es im modernen Venezuela keine Rassendiskriminierung und keinerlei Vorurteile. In der multiethnischen Gesellschaft des 20. Jh. bestimmen Erziehung, Beruf und Wohlhabenheit und nicht die Hautfarbe die soziale Stellung. Die Diskriminierung verfolgt indirekte Wege: Eine hohe soziale Position macht das Individuum ›weißer‹. D. h., ein reicher, gut gekleideter, angesehener, beruflich erfolgreicher Schwarzer ist ›weißer‹ als ein armer Weißer, er genießt einen besseren gesellschaftlichen Ruf. Für die stark vom Positivismus beeinflussten Venezolaner nämlich stellt die Hautfarbe im Prinzip keinerlei Bar-

»Mal' mir schwarze Engelchen« – Kachelbild in Santa Elena de Uairén

riere bei der Teilhabe an guter Ausbildung, Karriere und Wohlhabenheit dar, jeder kann die gesellschaftliche Stufenleiter erklimmen, sofern er sich nur anstrengt. Schwarze haben unter Vorurteilen zu leiden, wenn sie arm und ungebildet sind, wenn ihr heutiger Status an den ihrer traurigen Vorfahren gemahnt, denn ihr Status sei, so heißt es ungerührt, selbstverschuldet. Diese Ideologie ist aber auch dafür verantwortlich, dass kein ›schwarzes‹ Selbstbewusstsein oder eine politisch motivierte schwarze Bewegung existiert (wie z. B. in den USA, in Brasilien, auf Jamaika und Haiti), da es keine ›schwarze‹, sondern nur eine multikulturelle Gesellschaft gibt. Es gibt aber auch keine Feigenblattfunktionen, keine Form von Quotierung, die Diskriminierung ja nur verschleiert.

In der Religion manifestiert sich ebenfalls das Bewusstsein von Multikultur. Im Kult der María Lionza (s. S. 53 f.) versöhnen sich die Elemente vieler verschiedener Religionen und stehen gleichberechtigt nebeneinander.

Die Kultur der Einwanderer

Einen neuen Aspekt erhielt die Ideologie der unproblematisch verlaufenden Vielvölkerverschmelzung durch die Einwanderer, die zu Beginn des 20. Jh. ins Land kamen. Davor hatte es nur sehr isolierte Einwanderungsbewegungen gegeben. Die deutsche Colonia Tovar, die von Kaiserstühlern 1843 gegründet worden war, blieb die Ausnahme. Der Erdölboom und die damit einhergehende Prosperität in den 1950er Jahren verhalfen Venezuela zu großer Attraktivität im Ausland. Spanier, Deutsche, Franzosen, Italiener, Nordamerikaner und Briten besaßen in der Anfangsphase der Erdöl-

produktion das nötige Wissen, um den neuen Industriezweig anzuregen und expandieren zu lassen, und wurden in der Ära Gómez (1908–1935) auch aktiv angeworben. Sie importierten einen Lebensstil, welcher der sogenannten Hacienda-Mentalität der Großgrundbesitzer widersprach: Tenniscourt und Kino wetteiferten mit Hahnenkampf und Musik aus den Llanos. Emanzipierte, selbstbewusste junge Frauen, die Auto fuhren und sich in Badeanzügen zeigten, sorgten für beträchtlichen Wirbel im konservativen Sittenbild des Landes. Die Konturen ihrer mitgebrachten Kultur suchten sie – besonders die Deutschen – in Clubs zu bewahren; das heimische Alltagsleben wurde hier nachgebildet, der eigene Festkalender gefeiert. In diesen Kreisen entstand, aller kosmopolitischen, großbürgerlichen Aufgeschlossenheit zum Trotz, teils ein importiertes Bewusstsein von ›weißer‹ Überlegenheit, das mit dem Stil der vorgefundenen, ineinander verschmolzenen Lebenskultur nicht korrelierte.

Doch auf kultureller Ebene ist das Vielvölkererbe anerkannt und abgesichert und wird auch von den ›weißen‹ Bevölkerungsteilen zweifellos goutiert und ›konsumiert‹. Die Kultur der hauptsächlich von Schwarzen – Nachfahren ehemaliger Sklaven auf den Kakao- und Kaffeeplantagen – bewohnten Küstenstriche des Ostens, des Barlovento und des Oriente, steht im gesamten Land hoch im Kurs. Das Barlovento ist für seine nächtelangen Trommelfeste und die Feierlichkeiten zum Johannistag am 24. Juni berühmt. Der Karneval von Carúpano gilt als einer der prächtigsten, wildesten und ist einer der beliebtesten, beeinflusst von der schwarzen Bevölkerung von Trinidad und Tobago. Wenn Argentinier von sich behaupten: *somos negros,* ›wir sind schwarz‹, dann formu-

lieren sie damit das Klassenbewusstsein der selbstbewussten, kämpferischen Unterschicht gegen die elitäre weiße, aus Europa stammende und sich als Europäer verstehende Oberschicht. Für die Venezolaner ist *negro* oder *negra, moreno* oder *morena* (dunkelhäutig) eher eine anerkennende Charakteristik im zwischenmenschlichen Bereich …

Rassische Diskriminierung haben aber sehr wohl die indianischen Verbände zu erdulden. Etwa 2 % der Venezolaner gehören indianischen Ethnien an. Ihre Lebensformen und Kulturen lassen sich nicht problemlos von der multikulturellen Ideologie Venezuelas absorbieren. Auch besteht ein Bewusstsein, dass die Pflege der eigenen, indianischen Kultur notwendig ist, um ihr Fortbestehen zu schützen. Die Warao im Orinocodelta, die Guajiro in Zulia, die Pemones im Parque Nacional Canaima, und – als ausgeprägteste Kulturform – die Yanomami im Estado Amazonas versuchen, ihre Lebensstile, ihre Alltagskultur und Religion zu bewahren und gegen die westlichen Vorstellungen von Zivilisation zu verteidigen. Dies gelingt in dem Maße, wie sie mit ihr (nicht) in Berührung kommen. Die Piaroa im nördlichen Teil des Estado Amazonas leben teil-

weise vom Kunstgewerbe und stellen Schmuck aus Kernen, Samen und Perlen für den *Mercado de los Indígenas* in Puerto Ayacucho her, doch die weißen Aufkäufer beklagen sich darüber, dass sie nur nach Aufforderung arbeiten und ansonsten ›in der Hängematte liegen‹. Unverständnis bringen sie den Pemones entgegen, denen die Regierung das Recht eingeräumt hat, als einzige den Gästemagneten Canaima mit einer touristischen Infrastruktur auszustatten. Sie, die feuerverliebten Indios, fackelten den Boden zu jeder Gelegenheit ab und verwandelten ihn in unfruchtbare Erde.

In das Gebiet der **Yanomami,** im Südosten des Landes an der Grenze zu Brasilien, gelangt man nur mit einer Sondergenehmigung. Sie haben noch vor nicht allzu langer Zeit ihr halbnomadisches Leben abgestreift und wohnen in Runddörfern von jeweils etwa 50 Mitgliedern zusammen, in denen ein Privatleben ausgeblendet ist. Sie gelten als eines der letzten Naturvölker der Erde. Ihr Alltag ist in religiöse Riten eingebettet, Drogenkonsum zum Erreichen von Trancezuständen üblich und ihre Attitüde gegenüber Fremden recht kämpferisch und aggressiv. Mit dem Vordringen der Missionsstationen wird aber auch hier eine Veränderung spürbar. Die einzelnen Familien schließen sich ab, bauen ein eigenes Haus, benutzen dazu nicht-traditionelle Materialien, kleiden sich in T-Shirts und Shorts und kümmern sich nicht um die gemeinsame Dorfpflege – mit dem Ergebnis, dass es jetzt dort aussieht wie in einem *rancho,* einem der Elendsviertel von Caracas, wie ein Ethnologe, der ein Yanomami-Runddorf über zehn Jahre beobachtete, feststellte. Das Vordringen der westlichen Zivilisation ist demnach aus verschiedenen Blickwinkeln zu bewerten. Zum einen ermöglicht beispielsweise das Erlernen der spanischen Sprache die Teilnahme am gesellschaftlichen Leben des Landes – so man es wünscht –, aber es vermindert auch das Bewusstsein des Stellenwerts der eigenen Sprache, so wie die neuen Kleidungsmodi plötzlich mit einem Schambegriff konfrontieren, der vorher nicht existierte.

Im Selbstverständnis der aufgeschlossenen Venezolaner gelten die indianischen Ethnien als Boten einer Vergangenheit, die unter der Protektion der Regierung Privilegien genießen. Das venezolanische Rechtssystem betont die Autonomie der indianischen Verbände und anerkennt deren eigene Gesetzgebung, unterstützt sogar deren Kämpfe um das Recht auf Land, wie vor kurzem in einem exemplarischen Prozess der Warao im Orinocodelta. Die staatliche Comisión Indígena Nacional, der Mitglieder verschiedener indianischer Ethnien angehören, versucht, kulturelle Charakteristika zu bewahren und die indianische Bildung so abzusichern, dass keinerlei hierarchische Unterschiede gegenüber der ›weißen‹ Bildung entstehen können.

Aber auch hier findet eine Anerkennung auf der Konsumebene statt. Körbe der Yanomami, Holzschnitzereien und Keramikmobiles der Piaroa und indianischer Schmuck sind zierende, authentische Accessoires im venezolanischen Haushalt.

Warao-Frau bei der Verarbeitung von Blättern der Moriche-Palme

Venezolanische Zeichen: Kunst und Kultur

Venezuela boomte sich aus einem kulturellen Dornröschenschlaf in die Moderne. Als Kolonie wenig beachtet, während der Unabhängigkeitskämpfe und der anschließenden Bürgerkriegswirren ausgeblutet und erschöpft, konnte sich eine bedeutsame Produktion von Kultur in einer eigenen, individuellen Formensprache erst gegen Ende des 19. Jh. etablieren.

Die Aufsplitterung in eine kulturelle Vielfalt verhinderte die Suche nach einer nationalen kulturellen Identität aber keineswegs, nur wurde und wird sie vielleicht nicht mit derselben strengen Vehemenz betrieben wie in anderen ehemaligen Kolonialstaaten, die ihrer indianischen Vergangenheit beraubt wurden.

Literatur

Besonders deutlich wird das in der literarischen Tradition des Landes. Die bedeutendsten venezolanischen Schriftsteller setzen sich in ihren Werken mit der Ausformung der kulturellen Identität auseinander: Rómulo Gallegos (1884–1969), Arturo Uslar Pietri (geb. 1906), Andrés Eloy Blanco (1897–1955) und Miguel Otero Silva (1908–1985).

Der spätere Staatspräsident **Rómulo Gallegos** hat regelrechte Schlüsselromane verfasst, die Venezuelas Geschichte und Tradition erstrahlen lassen wie Glassteinchen in einem Kaleidoskop: ›Doña Bárbara‹ und ›Canaima‹. Indianische Vergangenheit und naturverbundene Mystik, der Glaube an die Wirkungskraft fremder Götter und das rauhe Gesetz der Natur vermischen sich mit den Bestrebungen einer vernunftbe-

tonten Zivilisation, Ordnung, Aufklärung, Güte und Gerechtigkeit in die Welt zu bringen, die von Chaos, Machtgier, Verrohung und Gewalt regiert wird. Ein Element denunziert nicht das andere, die verschiedenen Gegensätze werden individuell begründet und aus der Geschichte heraus gewonnen: Das macht die Qualität seiner Konzeption aus.

Auch die Sicht **Miguel Otero Silvas** auf sein Land ist bemerkenswert. In mehreren Büchern setzt sich der linke Schriftsteller und Lyriker engagiert mit der politischen Geschichte seines Landes auseinander und interpretiert sie aus eigenwilligen Blickwinkeln. So wird aus Lope de Aguirre (s. S. 122 f.) ein Revolutionär gegen die spanische Kolonialmacht. In seinem ersten Buch, ›Fieber‹, lange Zeit wegen seiner Bedeutsamkeit für die südamerikanische Wirklichkeit

Rómulo Gallegos

auch auf Deutsch erhältlich, liefert er eine Chronik des Studentenaufstands von 1928 gegen die Diktatur von Juan Vicente Gómez, die in die Bewegung *Generación de 28* mündete.

In der Person von **Arturo Uslar Pietri** vereinigt sich ein hochgebildeter, anspruchsvoller Literat mit dem politischen Philosophen. Seine politischen Essays waren immer scharfsichtige, unbequeme, prophetische, gleichwohl viel beachtete Analysen, seine Bücher historische Porträts mit exemplarischem Charakter. Befragt man die Venezolaner nach dem maßgeblichen Literaten ihres Landes, wird fast ausnahmslos sein Name genannt.

Musik

Ein charakteristischer und arabesker Melodiebogen aus viersaitiger *cuatro* und Harfe durchzieht das venezolanische Alltagsleben ebenso wie der prononcierte Rhythmus populärer Tanzmusik: Ohne permanente Berieselung scheint man hier nicht leben zu wollen. In den Restaurants als mehr oder minder dezente Hintergrundmusik – in besonderen Fällen als lautmalerische Ergänzung des Menüs –, in den Bussen und auf den Märkten als grelle Pop-Kulisse, in den Einkaufs-*galerías* als dröhnendes Gemisch aus allem möglichen, was gerade verkauft wird, und an den Stränden aus quietschenden Kassettenrecordern schallt es unaufhörlich und allgegenwärtig. Zwei Pole haben sich beim Musikgeschmack herauskristallisiert: Salsa-Merengue und die Musik aus den Llanos. Beide erfreuen sich gleich großer Beliebtheit.

Die **Salsa** mit ihren kubanischen, puertoricanischen und kolumbianischen Wurzeln findet in Venezuela weltberühmte Vertreter wie Oscar d'León, die das musikalisch und rhythmisch komplizierte Feuerwerk gekonnt und hinreißend abbrennen. Populärer, verwässerter und mit recht einfältigen Texten versehen sind *Salsa bailable* und *Salsa erótica,* plätschernde, schnell gestrickte Melodien, pumpend rhythmisch unterlegt, um ihnen wenigstens ein Minimum an Spannung zu verleihen. Noch eintöniger für das Hörempfinden und noch etwas einfallsloser präsentiert sich die **Merengue,** die aber ursprünglich auch anspruchsvoller ausfiel. Die Venezolaner sind begnadete Tänzer, und wer die Gelegenheit hat, ein Salsakonzert oder ein Fest zu besuchen, sollte dies unbedingt ausnutzen.

In der Musik scheint der Kontrast zwischen Stadt und Land versöhnt, denn die **Musik aus den Llanos** hört man überall. Reinaldo Armas und Carlos Díaz gehören zu den reich gewordenen Stars dieser ländlichen Balladen, welche die Viehtreiber *(llaneros)* in einer Art spontanem Wechseldialog singen und die sie nun in polierten Vorzeigeversionen präsentieren. Die scheinbare Monotonie der endlosen Musikarabesken rührt aus dem Umstand, dass weniger der Laut als die improvisierten Texte bedeutsam waren, in denen witzige Kommentare und spaßige Herausforderungen untergebracht wurden. Zur einladenden Melodie beginnt ein Sänger mit dem improvisierten Dialog, dem *contrapunteo,* ein zweiter greift das angeschnittene Thema auf und antwortet. Neben der viersaitigen *cuatro* und der kleinen, tragbaren Harfe gehören noch die Kürbisrasseln *(maracas)* und die *bandola,* ein Saiteninstrument, zur typischen *llanero*-Instrumentierung.

Aus den Llanos stammt auch der recht komplizierte *joropo.* Dieser Partnertanz setzt sich aus schnellen, gesprungenen und gehüpften, und langsamen Partien zusammen, verlangt rhythmische Genauigkeit und einige Ausdauer. Volksmusik und Volkstanz sind nicht den Venezolanern vorbehalten: Wer ein *hato* in den Llanos besucht, wird sicherlich *llanero*-Musik und den *joropo* kennenlernen.

Obwohl in Venezuela als katholischem Land Weihnachten festlich begangen wird, zeichnet es sich durch eine freudige, weniger durch eine feierliche Stimmung und Atmosphäre aus. Dementsprechend sind auch die typischen venezolanischen Weihnachtslieder, die **Gaitas,** überschwenglich fröhlich, sehr rhythmisch und laut. Sie stammen ursprünglich aus Zulia, haben aber das gesamte Land – auch als Tanz – erobert. Ihre Texte müssen nicht unbedingt weihnachtlichen Inhalts sein; die *maracuchos* selbst bezeichnen sie als Protestlieder mit sozialkritischen Texten. Oft steht auch die romantisch verklärte Heimat im Mittelpunkt, z. B. in einer der bekanntesten *gaitas,* ›Cuando me voy para Maracaibo‹ (›Wenn ich nach Maracaibo aufbreche‹). Ein Instrument sticht ganz besonders hervor: der *furruco,* eine zylinderförmige, etwa 1 m lange Trommel, in die ein Stab eingelassen ist. Am unteren Ende dieses Stabes befindet sich eine runde Platte, die rotierend bewegt wird und dadurch ein einzigartiges Geräusch hervorbringt.

Bildende Kunst und Architektur

Auf diesem Gebiet hat Venezuela einiges aufzuweisen. Bemerkenswert ist die Pflege heimischer zeitgenössischer Künstler, die in großzügig ausgestatteten Museen in Wanderausstellungen präsentiert werden. Auch sie erkunden häufig die Wurzeln ihrer multikulturellen afrikanischen, indianischen, europäischen Identität, und ein unbekümmertes, unkonventionelles Spielen mit Materialien und Formen charakterisiert oft ihre Werke. Damit ist keineswegs eine Abkehr von der europäischen oder nordamerikanischen Kunst formuliert. Aber simples Kopieren, das Schielen auf die großen Kunststädte und -schulen Paris und Madrid verwässert nicht die Eigenständigkeit.

Die nationale Identität wurde im 19. Jh. noch durch die Unabhängigkeitskriege beschworen. Als Zeremonienmeister der Schlachten- und Historienmalerei fungieren dabei Martín Tovar y Tovar (1827–1902), Arturo Michelena (1863–1898) und später Tito Salas (1888–1974). **Tovars** bedeutendste Arbeit ist im Capitolio Nacional in Caracas zu bewundern: das elliptische Deckengemälde ›Schlacht von Carabobo‹. **Tito Salas** hat das Geburtshaus von Simón Bolívar in Caracas mit Szenen aus dessen Leben ausgemalt. **Cristóbal Rojas** (1847–1890) fällt ein wenig aus dieser Kategorie heraus. Beeinflusst durch Courbet, malte er sozialkritische Alltagsszenen und erzählt in seinen Bildern die Geschichte des kleinen Mannes.

Armando Reveróns (1889–1954) Arbeiten werden fein säuberlich in eine blaue, eine weiße und eine sepiafarbene Periode unterteilt. Oft benutzte er Farben aus der Natur, Erde oder Pflanzenstoffe. In seiner weißen Periode scheinen Landschaft und Menschen gleichsam aus Licht geformt und mit ihren Konturen im Licht zu verschmelzen. Reverón schloss sich früh dem *Círculo de Bellas Artes* an, der Gegenpositionen zur akademischen, europäisch dominierten Kunstauffassung formulierte.

Berühmt, lustig, verwirrend und spöttisch ist die Kunst des Kinetikers **Jesús**

Kinetische Skulptur von Jesús Soto im nach ihm benannten Museum in Ciudad Bolívar

Soto (geb. 1923): Kunstgebilde im Stil der Op Art, die mit den Sinnen des Betrachters spielen, überdimensionale, flirrende Kompositionen, die je nach Standort und Lichteinfall neue Bilder provozieren. Auch **Carlos Cruz-Díez** (geb. 1923) genießt international als Kinetiker hohes Ansehen. Ein Klassiker der Moderne ist Jacopo Borges (geb. 1931), Fabrikanten amüsanter und vieldeutiger Objekte sind Gabriel Morera und Carlos Zerpa.

In Caracas lassen sich die Spuren des Architekten **Raúl Villanueva** (1900–1975) gut verfolgen, denn er zeichnet für die Konzeption der modernen Gestaltung der Stadt maßgeblich verantwortlich. Die Verwandlung des heruntergekommenen Kleine-Leute-Viertels El Silencio in der Innenstadt in ein nach Maßstäben des sozialen Wohnungsbaus ausgerichtetes Siedlungsprojekt wird jetzt als *Patrimonio Cultural* geehrt. Städtebaulich verfolgte er ähnlich wie Oscar Niemeyer in Brasilia das Ziel, qualitätvollen Raum zu schaffen für das mittlere bis untere Bürgertum. Hygieni-

sche Verhältnisse in jeder Wohnung, gemeinsam genutzte Flächen zur Stärkung des Solidargefühls, gemeinsam benutzbare Grünanlagen, Luft und Licht, lauteten die Schlagworte. Nicht die Absichten, gleichwohl aber die Ausführungen hatten die Kritik zu erdulden, die Wohnräume glichen anonymen, seelenlosen Schlafsilos.

Als Vorzeigeprojekt darf hingegen immer noch die Zentraluniversität von Caracas gelten, ein weiträumiges, durch tropische Gärten und erholsame Grünflächen unterbrochenes Gebäudeagglomerat mit Wandmalereien und Skulpturen, unter anderem von Hans Arp und Victor Vasarély. Die öffentliche Meinung degoutiert mittlerweile die Hochhauskomplexe von Caracas am Centro Bolívar und am Parque Central, die beide zum Zeitpunkt ihrer Entstehung in den 1950er bzw. 70er Jahren internationale Superlative darstellten. In ihnen erblickt man Symbole einer inzwischen verblichenen Prosperität und eines veralteten Raumkonzepts. Mutig wird indes in Caracas weiter in den Himmel gebaut.

María, María: Religion

In der Glaubenswelt der Venezolaner nimmt eine schöne, wilde, weiße Frau eine ganz besondere Stellung ein: **María Lionza,** die oberste Naturgöttin der Quellen und des Waldes, der Berge und der Waldtiere, hat in den vergangenen Jahrzehnten eine steile Karriere als Heilige und eine wachsende Anhängerschaft hinter sich gebracht. Ihr ungeklärter Ursprung korrespondiert dabei sowohl mit den nachgiebigen Konturen der Glaubenspraktiken als auch mit ihrem tatsächlichen Wirkungsfeld. Ihre zahlreichen Jünger und Jüngerinnen definieren sie als allumfassend und omnipotent, um gleichzeitig Zweifel an ihrer mütterlichen Güte auszuschließen. Schwarze Magie ist tabu; doch für wen und in welcher Form sie wirkt, hängt allein vom Glauben ab – und von nichts sonst.

María Lionza besetzt den weißen Fleck auf der religiösen Landkarte, den die katholische Kirche als Teilhaberin an der Macht und als Botschafterin eines kolonialen, hierarchischen, asketischen Glaubensideals in Venezuela hinterlassen hat. Die katholische Kirche ist gleichwohl nicht aus dem Umfeld der ›heidnischen‹ María Lionza ausgeblendet, im Gegenteil: die Göttin verfügt über eine christliche Dienerschaft, und viele aus ihrer Anhängerschar vereinigen vollkommen problemlos den Glauben an sie mit dem Glauben an Frauengestalten des katholischen Kosmos. Die Schutzheilige des Landes, La Virgen de Coromoto, und auch die einflussreiche Virgen del Valle von der Isla de Margarita sind dabei die bevorzugten Manifestationen der Marienfigur. Und die katholische Kirche in Venezuela ist ela-stisch genug, María Lionza gelten und sie mit der María de Coromoto verschmelzen zu lassen.

Doch im Gegensatz zu den vergeistigten, körperlosen Heiligen der katholischen Kirche verfügt María Lionza über eine sehr fleischliche Biographie – egal, welcher Variante ihrer Herkunft man sich auch immer anschließt. Ist sie die schöne weiße Tochter eines Indiokaziken, die vor den spanischen Konquistadoren in den Urwald flüchtete oder die grünäugige Kazikentochter, die von einer Anaconda vergewaltigt wurde? Hat sich ein Jaguar *(onza)* der kleinen, ausgesetzten Kazikentochter angenommen, oder ist sie gar die Spanierin María Alonzo aus Chivicoa, die María de la Onza, Maria von der Unze, was als eine Anspielung auf ihre großen Reichtümer zu interpretieren ist? So wie die Venezolaner den Umgang mit dem katholischen Heiligenkosmos vermenschlichen, um ihn näher an sich heranzurücken, so konstruieren sie für María Lionza eine tatsächliche, leidenschaftliche Lebensgeschichte. Und auch wenn dieser Kult erst seit etwa 40 Jahren ausgeübt wird, so transponiert man die ›wirkliche‹ María Lionza in die verwischte Vergangenheit, in eine Zeit vor 300 bis 400 Jahren.

María Lionza als herausragende Repräsentantin der Volksreligiosität offenbart die Disposition gegenüber dem Glauben an das Übernatürliche und gleichzeitig den Wunsch nach einem folgenreichen Eingreifen in die eigene Wirklichkeit. Diese erscheint ihren Anhängern als nicht lenkbar und vom eigenen Willen beeinflussbar, sondern als jederzeit offen für Einflüsse von außen. Konträre Denkpositionen sind für Vene-

Verkaufsstand mit Devotionalien der Virgen del Valle auf der Isla de Margarita

wozu auch die Einverleibung der Marien und des berühmten Arztes José Gregorio Hernández (s. S. 257) beiträgt.

Angerufen wird María Lionza vornehmlich als Heilende. Ihre Kraft entfaltet sie durch Medien, die, nachdem sie einen tranceähnlichen Zustand erreicht, sich von ihrer eigenen körperlichen Materie befreit und so für die Durchdringung mit der Heiligen vorbereitet haben, deren Befehlen folgen können. Die alte, auch indianische und afrikanische Weisheit vom harmonischen Gleichgewicht der Körpersäfte spielt bei diesen Heilvorgängen *(curación, despojo, limpieza, purificación)* die bestimmende Rolle. Körperliche Gebrechen können gelindert werden; María Lionza gebietet über die Kraft, Störungen im Körpersystem zu besänftigen und zu beseitigen. Der Ritus ist simpel und braucht wenige Hilfsmittel, oft wird der Patient lediglich mit Rauch eingehüllt, manches seltene Mal fügt man ihm symbolische Schnitte zu, um das Böse zu entfernen. Afrikanische und haitianische Einflüsse, speziell aber kubanische Kultriten spiegeln sich in diesen Ritualen. Auch als Beschützerin und Lenkerin der Geschicke fungiert María Lionza, jedoch in untergeordnetem Maße.

María Lionza für die Armen, La Virgen de Coromoto für die Reichen und die Missionsstationen der Franziskaner, Kapuziner und Salesianer in den Bundesstaaten Amazonas, Bolívar und Delta Amacuro für die Indianer? So kann man es sicherlich nicht betrachten. Sowenig María Lionza katholische Glaubenselemente fehlen, wie z. B. die Dreifaltigkeit mit Negro und Kazike, sowenig fehlen den am meisten verehrten Jungfrauen Venezuelas, der **Virgen de Coromoto** (Guanare), der Virgen del Valle (Isla de Margarita), der Virgen de la Chiquinquirá (Maracaibo) und der Divina Pas-

zuela nicht unvereinbar, was auch die Anwesenheit katholischer Heiliger in dem María-Lionza-Kult belegt, und insofern hält man sich auch für sie und ihre Wirkungen offen.

Es ist dem einzelnen überlassen, wie, wann und wo er an den Kulthandlungen und Riten teilnimmt. In der Nähe von Valencia liegt der Sorte, der heilige Berg der Naturgöttin, auf dem ein Pilgerpfad mit Altären eingerichtet wurde. Weitere Andachtsstätten befinden sich immer in der Nähe von Wasser und Quellen, so wie bei San Carlos in den Voranden. Immer erscheint die Göttin in Begleitung des Negro Felipe und des Guaicaipuro, eines rebellischen und kriegerischen Indianers, der den Spaniern das gesamte eroberte Gebiet in den Morgenstunden der Konquista wieder abkämpfte. Die kluge Wahl dieser Gefährten spiegelt sinnbildlich die Wurzeln der venezolanischen Bevölkerung: Jeder kann sich hier repräsentiert fühlen,

tora (Barquisimeto/Santa Rosa) überschwengliche, inbrünstige Verehrungsriten, die sich mit katholischer Askese schlecht vereinen lassen. Die Feierlichkeiten zu den Jahrestagen ihrer Erscheinungen werden in der Regel von fröhlichsten Volksfesten begleitet.

Die katholische Kirche hat einen schweren Stand in Venezuela, und das von Anfang an. Lag es daran, dass sie – Ironie der Geschichte – ausgerechnet im Paradies des Kolumbus, auf der Península de Paria nämlich, die er auf seiner dritten Reise betrat, 1519 bereits ihr erstes Bistum in Südamerika zu errichten beabsichtigte? Der spanische Comunero-Aufstand und Nachrichten über aufständische Indianer ließen den dafür ausersehenen Pedro Barvirio erst gar nicht antreten. Zuvor waren Dominikaner und Franziskaner 1513 und 1514 in den Gebieten des heutigen Chichiriviche und Cumaná von Indianern ermordet worden. 1531 schließlich wurde in Coro das Bistum etabliert, und es war immer noch das erste ganz Südamerikas.

Doch schon bei der zweiten Synode 1687 zerstritt sich die katholische Kirche mit weltlichen Autoritäten, insbesondere mit dem damaligen Gouverneur und Generalhauptmann Diego de Melo Maldonado. Paragraph 75 des zweiten Buches der Synodalbeschlüsse untersagte, Viehherden in von Indianern bewohnten Gebieten weiden zu lassen, aber es wurde auch heftig um die Immunität der Kirchen debattiert. Die Doppelbödigkeit der kirchlichen Rolle in der Kolonialgeschichte fand hier ihren Ausdruck. Auf der einen Seite versuchte die Kirche sich als Advokat der von den weltlichen Kolonialherren ausgebeuteten und geschundenen indigenen Bevölkerung ins Licht zu setzen, auf der anderen Seite wollte sie selbstverständlich auch ihre Machtbereiche und finanziel-

len Interessen – Missionen und Kirchenzehnt – fixieren.

Rege missionarische Tätigkeit setzte Mitte des 17. Jh. ein. Die Kapuziner drangen bis zum Río Caura vor, die Dominikaner bis nach Apure. Die Jesuiten legten Reduktionen in Casanare und am Orinoco an und gründeten Schulen in Mérida (1629), Maracaibo (1735) und Caracas (1752). Die Macht der Kirche erstarb unter den neuen politischen Verhältnissen. Ihre Rolle als Stabilitätsfaktor und Begleiterin der kolonialen Herrschaft ließ sich mit den Unabhängigkeitskämpfen gegen Spanien nicht vereinen. Sie war den nationalen Mächten suspekt geworden, ihr Einflussbereich wurde ausgetrocknet. 1833 schaffte die Regierung den Kirchenzehnt ab, und unter Guzmán Blanco schlossen die letzten Klöster ihre Pforten.

Die Religionsfreiheit wurde schon Ende des 19. Jh. verkündet, und in den Schulen ist bis heute Religion nicht als Unterrichtsfach etabliert. Es gibt aber über 800 Privatschulen mit insgesamt etwa 350 000 Schülern, 1953 wurde in Caracas die Universidad Católica Andrés Bello (UCAB) gegründet.

Wachsenden Zulauf genießen – insbesondere im Estado Bolívar – die protestantischen Kirchen, wie Lutheraner, Adventisten, Baptisten und Pfingstkirchen. Trotz allem: 96 % der Bevölkerung geben an, dass sie katholischen Glaubens sind. Und am 7. Mai 1995 wurde die erste Venezolanerin seliggesprochen: Madre María de San José Alvarado Cardozo, Gründerin der *Hermanas Agustinas Recoletas del Corazón de Jesús,* der Augustiner-Rekollektinnen des Herzen Jesu. Von ihr sagen die Verehrerinnen, dass ein bei ihrem Begräbnis 1967 ins Grab gelegter Blumenstrauß nie verwelke. Welche Maria dafür wohl verantwortlich ist?

Schön fremd: Die venezolanische Küche

Wer die Nacht einmal duchzecht hat, der wird ihn unter Umständen zu schätzen wissen bzw. schätzen müssen: den *mondongo*. In bestimmten Gegenden wird sonntags in den einfachen Imbiss- und Frühstückslokalen von 6.30 Uhr an nichts anderes serviert als dieser kräftig gewürzte Eintopf aus und mit Darm. Kein Hörnchen, keine Fleischpastete, kein Maisbrötchen mit Fischragout kommt auf den Frühstückstisch, sondern ausschließlich *mondongo*. Man geht selbstverständlich davon aus, dass die vorangegangene Nacht feucht-fröhlich ausfernd verlaufen ist und der Gast dieser Stärkung bedürfe.

Wie so vieles andere in der Kultur ist auch die Landesküche das Ergebnis des Aufeinandertreffens verschiedener Stile und Traditionen. Spuren einer typisch indianischen, präkolumbischen Ernährung haben sich in den Bundesstaaten mit indianischer Bevölkerung, z. B. im Orinocodelta oder im Estado Amazonas, bewahrt, Mischformen einer während der Kolonialzeit eingeführten Ernährungsweise schimmern durch die heutigen Gewohnheiten durch. Elemente europäischer, hauptsächlich spanischer und italienischer Küche blühen in Venezuela als klassischem Einwandererland weiter. Aber abgesehen von den tropikalisierten Speisen europäischer Herkunft fackelt die venezolanische Küche ein Feuerwerk an unbekannten und eigenen Genüssen ab, eben auch *mondongo*.

Die *hallacas* gehören ebenfalls in diese Kategorie. Sie stellen eine Vermengung all dessen dar, was früher in der Weihnachtszeit in den Vorratskammern der oberen Gesellschaftsschichten lagerte. Die Dienstboten bekamen die Reste der Festtagsdiners, und sie bereiteten sich daraus ein Essen. Die Regeln der feinen Küchenkunst zerstoben in einem Gemisch aus Rosinen und feinem

Rinderfilet, Ziegenfleisch und grober Wurst, Gemüse und Oliven, Kapern, Zitronen und Nüssen. Das Ragout wurde in eine Art salzigen Maisteigstrudel gewickelt, auf Bananenblätter verteilt und anschließend gedämpft. Der Geschmack ist fremdartig und außergewöhnlich. Die Zubereitung einer *hallaca* ist langwierig und kunstvoll, jede Hausfrau hütet ihr eigenes Rezept wie ein Geheimnis, und die Pasteten sind klassische Weihnachtsgeschenke.

Fremdartiges wandert auch gleich zum Frühstück auf die Teller: *arepas, empanadas* und *cachapas. Arepas* sind handtellergroße warme Maisteigbrötchen, die aufgeschnitten und mit Fisch- oder Fleischragout gefüllt werden – die nordamerikanische Alternative sind geschmacksarme Käse- und Schinkenscheiben. Eine *empanada* wird in Venezuela immer in Fett ausgebacken und heiß und triefend serviert. Diese Maispasteten sind ebenfalls mit Fleisch, Fisch oder Meeresfrüchten gefüllt, aber auch mit Schinken und Käse zu haben. Richtig fett fällt die *cachapa* aus: Auf einer dicken Scheibe süßen Maisschrotteiges ruht eine ebenso fingerdicke Scheibe weißen Käses. Dazu trinkt der Neugierige einen *jugo de caña,* frischgepressten Zuckerrohrsaft. Die Arbeiterportionen schon zum Frühstück können noch durch schwarze Bohnen und gebratene Bananenscheiben mit dem geriebenem *queso guayanés* vervollständigt werden.

Dasselbe Programm lässt sich getrost auch zur Mittagszeit verzehren. Der *queso de mano,* ein säuerlich schmeckender, weißer Frischkäse, *arepitas,* die kleine, knusprigere Version der *arepa,* und *nata,* eine Mischung aus Frischkäse und steifgeschlagener Sahne, ersetzen in Venezuelas Restaurants den Brotkorb.

Die üppige Auswahl und oft ausgezeichnete Qualität von Rindfleisch und Fisch zählt zu den Verlässlichkeiten, auf die auch der Uneingeweihte und Ängstliche vertrauen kann. Das Nationalgericht *pabellón criollo* entstammt der Arme-Leute-Küche, denn es besteht aus dem Fleisch von den Rippenunterseiten des Rindes, das, in Streifen von den Knochen gelöst, gebraten und zusammen mit schwarzen Bohnen, gebratenen Kochbananen und Reis serviert wird. Kochbananen *(tostones)* ersetzen oft die Pommes frites *(papas fritas); tajadas,* Scheiben von süßen Bananen, begleiten häufig Fisch. Schwarze Bohnen werden mit Minze und *ají dulce,* einer süßen Pfefferschote, zubereitet, das nimmt ihnen den tranigen Geschmack. Das Kochen von Gemüse gehört nicht zu den Stärken der Küchenmeister: Was als *vegetales* den Tellerrand ziert, ist meist von englischer Raffinesse.

Regionale Spezialitäten sind die kleinen Forellen aus den Anden, die oft mit Knoblauch gebraten werden, die *bollos* und *hallaquitas,* etwas fad schmeckende Maisklöße, und der Schnaps *cují. Pavón* und *lau-lau* schwimmen im Orinoco, *chivo* (Zicklein) findet man in der Gegend um Barquisimeto häufig auf der Speisekarte. Im Oriente, in Cumaná und Carúpano, schmeckt der *sancocho* am besten, ein Eintopf aus einer Vielzahl uns unbekannter Knollenfrüchte und Gemüse mit Fisch und Meeresfrüchten, den es auch als *cruzado* gibt, dann gehört noch Fleisch in den Topf. Die lavendelfarbene *ocumo chino* ist eine dieser Knollen, und sie ähnelt von der Beschaffenheit und dem Geschmack dem Maniok *(yucca),* der eines der Grundnahrungsmittel des Landes ist.

Auch für die Nachtische *(postres)* verzeichnen die Venezolaner eigene Erfindungen, z. B. *quesillo,* eine Art Flan, der von der Konsistenz her lockerer und im Geschmack säuerlicher ist, und – ganz

Kleines Glossar der venezolanischen Küche

ají dulce, ají picante: typische Pfefferschote in zwei Geschmacksrichtungen – mild und scharf

arepa: Maisteigbrötchen

asado: Braten, Grillessen

auyama: Kürbis

cachapa: Fladen aus Maisschrotteig

cambur: Banane; darunter viele verschiedene Sorten: plátano (Kochbanane), topocho (Kochbanane, kann man aber auch roh essen), manzano (Apfelbanane), titiaro (die kleinste und schmackhafteste Frucht)

camiguana: Anchovis, Sardelle

caraotas: schwarze Bohnen

carite: spanische Makrele

casca de guayaba: Nachtisch aus Guaven

cazón: kleiner Hai

chayota: Fruchtgemüse

chicha: auf der Basis von Mais oder Reis hergestelltes, cremiges Erfrischungsgetränk

chipi chipi: Muschelsorte, klein und wohlschmeckend

chivo: Zicklein

chupe: Eintopf aus Huhn, Fleisch, Fisch oder Meeresfrüchten, mit weißem Käse, Milch und Maiskörnern

cruzado: Fischeintopf

empanada: frittierte gefüllte Teigtasche

frutas abrillantadas: eingemachte Früchte, Fruchtgelee (Mérida ist dafür berühmt)

guacuco: Muschelsorte (kommt im Oriente vor)

guasacaca: gewürzte Essigsoße, begleitet Grillfleisch

guisado: Eintopf mit Kartoffeln und Fleisch

hallaca: Maispastete

hervido: Suppe aus Gemüse und Fleisch

jojoto: junger Mais

lechosa: Papaya

maní: Erdnüsse

manjar: sehr süße Karamelcreme

mondongo: Eintopf

ocumo: stärkehaltige Knollenfrucht

onoto: roter Pflanzenfarbstoff

pabellón criollo: venezolanisches Nationalgericht aus Rindfleisch, schwarzen Bohnen und Reis

panela: Melasse

panza: Kutteln

parchita: Passionsfrucht

pargo: Red Snapper

pasapalo: Snacks und Beilagen zum Aperitif

perico: Rührei mit Tomaten und Zwiebeln

quesillo: Flan

queso de mano: säuerlicher, weißer Frischkäse

tajadas: gebratene Scheiben von süßen Bananen

tostones: gebratene Scheiben von Kochbananen

Ají-Schoten – feurige Bestandteile der venezolanischen Küche

typisch – *casco de guayaba.* Dafür werden Guaven geschält, entkernt und in Zuckersirup gekocht. Für Liebhaber von wahren Kalorienbomben bietet sich *bienmesabe* an. Das ›Schmeckt-mir-gut‹ scheint ausschließlich aus Zucker, Sirup und Kokosraspeln zu bestehen, obwohl auch noch Eier, Speisestärke und Biskuitteig dazugehören.

Simpel und wegen der Qualität und Auswahl der Früchte empfehlenswert sind die Obstsalate und Fruchtplatten, die man auch schon zum Frühstück bestellen kann. Die Güte der frischen tropischen Früchte ist in mitteleuropäischen Breiten unbekannt. Zu Ananas, Banane, Mango, Melone, Passionsfrucht, Guave und Papaya gesellen sich noch *pamaluca* und *guanabana* hinzu. Alle diese Sorten werden auch zu Fruchtsaft verarbeitet. Das traditionelle Erfrischungsgetränk jedoch ist *pabelón,* der aus einer mit Wasser und Limettensaft vermischten Melasse gewonnen wird und leicht malzig schmeckt.

Kaffee und Kakao werden nicht nur exportiert, sondern im eigenen Land verbleibt auch eine gute Qualität. Weintrinker haben nicht mehr das Nachsehen, seitdem der chilenische zusätzlich zum heimischen Wein kredenzt wird, aber wesentlich beliebter bei den Venezolanern sind Bier, Rum und die fantasievollen Cocktails und Longdrinks auf Rumbasis *(tragos largos).* Nur Mut: Wer sie einmal samstags nachts ausdauernd genossen hat, sollte nicht verzweifeln, sondern auf die kurierende Wirkung des *mondongo* vertrauen.

Was die Essenszeiten anbelangt, ist Umdenken nicht erforderlich, denn es gelten ähnliche Regeln wie in Deutschland. Das Mittagessen kann sich in die Länge ziehen, und am Wochenende geht man nicht schon um elf Uhr abends nach Hause. Angenehm: In Ausflugsorten und größeren Städten sind Restaurants oft durchgehend geöffnet.

Im Archipel Los Roques ▷

Reisen in Venezuela

Caracas

Die folgenreiche Erfindung des Rades

Das Zeitalter des Rades, so spottet man in Caracas, habe in Venezuela erst im Jahre 1871 begonnen, als Antonio Guzmán Blanco zum Präsidenten gewählt wurde. Ein zusammengefügter Haufen Steine, scheinbar ohne Planung, sicherlich ohne Eleganz – das war diese provinzlerisch-schläfrige Hauptstadt, die ›Stadt der roten Ziegeldächer‹, *la ciudad de los techos rojos,* die nur knapp 48 000 Einwohner zählte, als andere südamerikanische Metropolen wie México und Buenos Aires schon längst an die Halb-Millionen-Grenze stießen. Dunkel und öde waren die Nächte, die Straßenpflaster löchrig, die Häuser alt und die Hotels miserabel. Erdbeben, Unabhängigkeitswirren und jahrzehntelange Bürgerkriegskämpfe hatten Wachstum und Entwicklung der Stadt gehemmt.

Wenn man indes heute in Caracas eintrifft, dann wünscht man sich, die Erfindung des Rades hätte überhaupt nie stattgefunden oder wäre nicht ausgerechnet über Caracas hereingebrochen, denn triumphaler kann ein Siegeszug nicht ausfallen. Endlose Autoschlangen verstopfen die Stadt-Arterien zu jeder Stunde eines Wochentages, verwandeln die Seitengässchen in dumpfe Fallen und kafkaeske Albträume: Die Mobilität hat mit unvergleichlicher Wucht von Caracas Besitz ergriffen.

Der Wandel vollzog sich in zwei Epochen. Zu Beginn des 20. Jh. führte der schnelle Reichtum aus den Erdölfunden und der damit verknüpfte wirtschaftliche Aufschwung zur Umstrukturierung der Stadt: Die Wohlhabenden verließen ihre Villen im Zentrum und siedelten sich in neuen Wohnvierteln an. In den 1950er bis 70er Jahren hinterließ die Bonanza des Schwarzen Goldes für die damalige Zeit revolutionäre Spuren in *La Capital,* hat sie anschwellen lassen, mit Hochhauskomplexen verschönt, ihre Grenzen gesprengt, sie auch chaotisiert. Und dabei ist es geblieben.

Welchen Weg in die Hauptstadt man auch wählt, die Einfahrt konzentriert einen Widerspruch, der für das gesamte Land seit Jahrhunderten gilt: den Antagonismus von Natur und Zivilisation. Die Kulisse hinter der Hauptstadt wird, so weit das Auge reicht, von der unvergleichlichen, 2500 m hohen Küstenkordillere in Form des Ávila-Massivs beherrscht, deren dichte tropische Wälder im Sonnenlicht schillernden Dschungeln gleichen und in der Regenzeit drohend wolkenverhangen sind. Als 1952 die 20 km lange Autobahn über die Küstenkordillere von Caracas nach La Guaira gebaut wurde, war das die zu jener Zeit für Lateinamerika größte Ingenieurleistung nach dem Bau des Panamakanals und die teuerste Straße der Welt.

Vor dem Hintergrund dieser gebieterischen Natur entfaltet sich Caracas wie ein Leporello mit allen Facetten der modernen Gesellschaft: Armut und Glanz, Reichtum und Schäbigkeit, Abfall, Lärm, Leuchtreklamen, Umweltverschmutzung. Keine Ruhe. Die vorspringenden Hänge über dem westlichen Teil der Stadt sind übersät mit sich vorwölbenden *ranchos,* wie man die Elendsviertel hier nennt, und in der Talsenke des Guaire blitzen verspiegelte Wolkenkratzer in den Farben der (Post-)Moderne wie Juwelen im Licht: Azurblau, Smaragdgrün, Chrom, Grau, Graphit.

◁ *Blick über Caracas, im Vordergrund der Parque Los Caobos*

›La ciudad de los techos rojos‹ – Kontrast zwischen Tradition und Moderne

Der vornehme Osten versinnbildlicht mit seinen tiefgrünen Oasen den Luxus domestizierter Natur: Der elitäre Country Club, Dorado der obersten Zehntausend, und die vielen weiteren Clubs mit exklusiver Mitgliedschaft sprenkeln die städtische Textur. An den Flanken der östlichen Abhänge stapeln sich elegante Apartmenttürme in die Höhe, die von Blumengärten und hauseigenen Kinderspielwiesen eingefasst werden. Dieser Dualismus von majestätischer, ungebärdiger Landschaft und moderner City produziert eine spannungsgeladene Attraktivität.

Lawine Stadt

Welch ein weiter Weg trennt Caracas von der friedlichen Zeit, als es noch *la ciudad de los techos rojos* war. Die Einwohnerzahlen sind Dynamit: Waren es 1920 noch 120 000 und in den 1950er Jahren 700 000, weiß heute keiner genau zu sagen, wie viele Menschen sich

in der Hauptstadt niedergelassen haben. Die Zahlen oszillieren zwischen sechs und acht Millionen, offiziell liegen sie unter fünf Millionen – aber das ist sowieso Makulatur, weil keiner genau angeben kann, wie viele Menschen tagtäglich in den *ranchos* Unterschlupf finden. 1332 Einwohner pro Quadratkilometer verbucht die Statistik für Caracas, 0,5 beispielsweise für den Estado Amazonas im tiefen Süden des Landes. Über 60 % sollen in den *barrios humildes* zwischen Wellblechdächern, billigen Ziegeln und Holzlatten leben, in dem *cordón de la misería,* der sich um die Stadt zieht und in ihre Schluchten vordringt.

Und so ist Santiago de León de Caracas die steingewordene Schnelllebigkeit: Schnell erbaut, schnell verdaut. Bis an den Horizont dehnen sich die Ränder der *urbanizaciones,* der Wohnsiedlungen, die Grenzen verschieben sich ständig. Vorstädte, Refugien, kleine Dörfchen wie Petare, Trinidad und Guanare hat die Stadtlawine Caracas schon

In einem der ranchos von Caracas

längst ergriffen und überrollt. Sie entwickelte sich in den vergangenen Jahren zur klassischen Metropole eines klassischen Dritte-Welt-Landes, die dessen soziale, stark hierarchischen Strukturen unverblümt bloßlegt und die Wucht, Kraft, auch Gewalt seines abrupten Wachstums bündelt.

Ihre nicht planbare, chaotische Ausweitung sprengt die ursprünglichen Funktionen der Stadt, die städtebaulich einmal wohl erfasst und entsprechend angeordnet waren. Der monströse Busbahnhof umklammert die prächtige, barock-maurische, 1919 eingeweihte Stierkampfarena Nuevo Circo im Stadtzentrum, die immer noch benutzt wird und zweifelsohne eines nobleren Nachbarn würdig wäre. Ebenso monströs zerteilen die Avenidas Fuerzas Armadas und Universidad die ungebärdigen Straßenmärkte, die am Bahnhof kleben.

Die reiche Oberschicht verließ gegen Ende des 19. Jh. das Stadtzentrum um die Plaza Bolívar und erhob einen leerstehenden Wiesen- und Weidegrund zum neuen Mode-Wohnviertel, zu ihrem Paradies: El Paraíso. Villen auf kurzgeschorenem englischem Rasen konkurrierten miteinander in ihrer Stilvielfalt, doch heute ist der deutschstämmige, steinreiche Guillermo Valentiner der einzige, der zwischen schmierigen, fettigen Straßenzügen und Leuchtreklamen wohnen geblieben ist. Die Boultons und Blohms sind schon längst geflüchtet.

Caracas war die schillerndste, modernste latinische Metropole in den 1950er Jahren, als die Gewinner des Reichtums aus dem Erdölgeschäft nach Plätzen gesellschaftlicher Repräsentation verlangten und die Militärregierung unter Marcos Pérez Jiménez absolutistische Machttempel errichten ließ. Venezuela hatte das höchste Pro-Kopf-Einkommen Lateinamerikas. Nachtleben und Clubs brauchten den Vergleich mit Havanna nicht zu scheuen, und reiche Damen der Gesellschaft veranstalteten nach dem Vorbild Eva Peróns Benefizveranstaltungen zugunsten der Armen, förderten Künstlerinnen und präsidierten politischen Versammlungen. Doch das damals moderne Geschäfts- und Einkaufsviertel mit seinen futuristischen Bürogebäuden, der Boulevard Sabana Grande und die Plaza Venezuela, später die beiden Türme des Centro Bolívar, haben heute ausgedient, auf ihren Pflastern klebt der Kaugummi. Die Dirigenten der Geschäftswelt treffen sich nicht mehr im Gran Café auf dem Boulevard, nur Gestrige, Touristen, Wehmutsvolle und Schaufensterbummler sitzen unter den ewig aufgespannten Markisen.

Die latinische Moderne

Keiner hält Caracas für schön; das ist sein Schicksal. Harmonie hat sich auf seinem Antlitz nicht niedergelassen. Man sagt, man könne die Stadt, in der fast ein Drittel aller Venezolaner leben, in ein paar Stunden abschreiten und habe alles Wichtige gesehen. Doch das ist so, als würde man behaupten, nur das Liebliche, Ordentliche sei betrachtenswert, eine koloniale Kirche etwa, ein aus der Spanierzeit erhaltener Straßenzug – als lohne es sich nur, nach denjenigen Spuren in der Fremde zu suchen, die man von einer geschichtsbeladenen südamerikanischen Metropole erwartet. Doch das ist – Vergangenheit.

Statt dessen kann man in Caracas ganz neue Reiseerfahrungen sammeln. In der Umzingelung durch eine als brutal und feindlich empfundene Natur wurden Stadtkonzepte entwickelt – und nicht immer verwirklicht –, die der Fortschrittlichkeit der Steine und des Betons huldigen. Die langen, dunklen Perioden der Rückständigkeit (gegenüber anderen lateinamerikanischen Metropolen, gegenüber Europa, gegenüber den USA) wurden und werden kompensiert durch die Vergötterung der Technik und der Wissenschaft, die in die Entwürfe der Siedlungsprojekte *(urbanizaciones)* einfließen sollten. In Caracas herrscht die Moderne in den Hochhaustürmen, in den nordamerikanischen, verkehrsreichen Avenidas – und gleichzeitig latinische Lebensfülle in den Überwucherungen und Entgrenzungen der Viertel, zwischen den Pflastersteinen und in der sanftläutenden Kindermelodie des ambulanten Eisverkäufers, welche die Stadt beruhigt: eine temperamentvolle, überraschende Mischung.

Caracas zerplatzt und erblüht neu: Streifzug durch die Geschichte

Caracas ist nicht die erste Stadtgründung der Spanier auf dem späteren venezolanischen Boden. 1560, also 23 Jahre nach Coro und später als Valencia, Trujillo, Barquisimeto, Mérida, El Tocuyo und San Cristóbal, gab es den ersten Siedlungsversuch in dem fruchtbaren, lieblichen Becken des Río Guaire inmitten der recht unfriedlichen Indianerverbände der Toromaima. Der Versuch von Francisco Fajardo, dem Sohn einer Indianerin und eines Spaniers, misslang, aber dafür ist sein Name in der wichtigsten Stadtautobahn verewigt. In dem Tal der aufrührerischen Toromaima versuchte sich als nächster der Gründer von Mérida, Juan Rodríguez Suárez, doch er starb während der kriegerischen Auseinandersetzungen mit den ursprünglichen Landesherren, wobei sich vor allem der Kazike Guaicaipuro hervortat. Guaicaipuro spielt für den antispanischen Widerstand eine derart be-

deutsame Rolle, dass er als Vertreter der Indios im Hofstaat der María Lionza (s. S. 53 f.) dient – und zwar an oberster Stelle – und dort die indianische Bevölkerung symbolisiert.

Mit einer regelrechten Strafexpedition wurde dann Diego de Losada ausgerüstet, das Tal zwischen den Kordilleren zu – wie man das offiziell nannte – befrieden. Am 25. Juli 1567 wurde Caracas als Santiago de León de Caracas gegründet. Das Gründungsdatum weist darauf hin, dass die spätere Hauptstadt im zweiten Kolonisierungsabschnitt der Spanier angelegt wurde – im ersten widmeten sie sich den Küstenstrichen. Später wurde es dann in den Rang der Hauptstadt erhoben und folgte damit auf Coro und El Tocuyo. Genau 60 Familien lebten damals in den 25 *cuadras* (Straßenblocks) des Örtchens. 1578 bestanden nur drei Häuser und die Kirche aus Mauerwerk und hatten Dächer aus Ziegeln. Der Rest war aus den Halmen des Zuckerrohrs gebaut.

Ein Aufblühen als kulturelles, geistiges und soziales Zentrum in den spanischen Kolonien blieb Caracas lange Zeit versagt, dafür war es in ökonomischer Sicht zu unbedeutend. Die Statthalter hatten nichts Eiligeres zu tun, als sich auf der Suche nach El Dorado von den ihnen anvertrauten Siedlungen meist auf Nimmerwiedersehen zu verabschieden. Auch wollte man wohl in einen solch fragilen Landstrich nicht investieren, denn schließlich waren die karibischen Küsten die Domäne europäischer Piraten. 1595 zersplitterte Caracas unter dem ersten Piratenüberfall des britischen Korsaren Amias Preston. 1641 folgte ein schreckliches Erdbeben, in dessen Verlauf 500 Menschen starben – vermutlich ein Viertel der gesamten Einwohnerschaft. (Im Jahr 1580 hatte man 2000 Einwohner ermittelt, die überwältigende Mehrzahl davon waren versklavte Indios.)

Im 16. Jh. konnte von Handelsbeziehungen zu Spanien kaum die Rede sein; ein wenig Gold, Medizinalpflanzen, Perlen, Mais und – der Sevillaner Mönch Bartolomé de Las Casas entsetzte sich darüber – indianische Sklaven verließen La Guaira, den Hafen von Caracas, und in den immerhin 18 Jahren zwischen 1564 und 1582 erreichten ihn nicht mehr als drei Handelsschiffe aus Sevilla.

Doch langsam wuchs Caracas zu einer hübschen Stadt heran, über die sich Alexander von Humboldt recht begeistert äußerte. Bananenbaum, Orangenbaum, Kaffeebaum, Apfelbaum und Aprikosenbaum schienen sich in friedlicher Koexistenz zu benachbarn, befand er. José Agustín de Oviedo y Baños, ein spanischer Chronist, war schon 1755 recht angetan, und er war es auch, der Caracas die ›Stadt des ewigen Frühlings‹ taufte. Gesund sei sie und heiter, fruchtbar und wasserreich, mit breiten Straßen und niedrigen Häusern aus Lehmziegeln, erdbebensicher erbaut, umgeben von fruchtbaren, schattigen Plantagen und hohen Bäumen. Eine ländliche Idylle. Eine Bleistiftskizze des deutschen Malers Ferdinand Bellermann gibt diesem Eindruck auch 1842 noch recht.

Den wichtigsten Impuls zum Wachstum der Stadt hatte 1730 die Casa Guipuzcoana im Hafen La Guaira gegeben. Die Etablierung dieses Handelshauses, das die Beziehungen zu Spanien regelte, resultierte aus dem wachsenden Groll der sich allmählich im Handel einrichtenden und daran verdienenden venezolanischen *criollos* darüber, ihren Kakao und Kaffee nicht frei auf dem Weltmarkt kursieren lassen zu dürfen. Die innerkolonialen Handelsverbindungen waren durch Spanien stark gehandikapt worden. Als unter der Regierung von Luis Unzaga y Amezaga (1777–1782) der Handel noch weitgehender liberalisiert wurde, tat auch die Einwohnerzahl von Caracas einen gewaltigen Sprung: Von 18 669 im Jahr 1774 auf 40 000 am Ende des 18. Jh.

Zwei katastrophale Erdbeben vernichteten Caracas jeweils, als es sich gerade zu erholen begann: 1766 und 1812, letzteres mitten in den Unabhängigkeitskriegen. Die Erdstöße töteten mehr als die Hälfte der Einwohnerschaft und vernichteten die Bausubstanz aus dem 16. und 17. Jh. Das Erdbeben von 1812 wurde von den Spanientreuen und Geistlichen flugs zum Fingerzeig Gottes gegen die Befreiungskämpfe umgedeutet. Erst in den 70er Jahren des 19. Jh. verzeichneten die Statistiken für Caracas dieselbe Einwohnerzahl wie 1812, nämlich 50 000.

Präsident Antonio Guzmán Blanco ging dann als großer architektonischer Modernisierer in die Chronik ein. Die Innenstadt wurde ›französisch‹ umgestaltet, Telegrafendienst und Straßenbeleuchtung verschafften den Anschluss an die Modernität, die erste, von Pferden gezogene Straßenbahn zuckelte 1885 durch die Stadt.

Wie ein Zündfunken wirkte die Entdeckung der Erdölfelder im Maracaibosee 1914 auf das gesamte Land. Caracas stürzte kopfüber in die Moderne, alte Seilschaften wurden in Frage gestellt. Das Land der Vieh- und Kakaobarone, die isoliert voneinander bislang für den Reichtum von Venezuela gesorgt und eine oligarchische Schicht mit eigenen kulturellen Werten herausgebildet hatten, wurde durch die Diktatur des Juan Vicente Gómez (1908–1935) repräsentiert, von dem man sagt, er habe Venezuela wie eine Hacienda regiert. Ihm gegenüber formierte sich das Handelsbürgertum zusammen mit den europäi-

Im Country Club, dem teuersten Club Venezuelas

schen Einwanderern, die in das Land (auch mit technischem Know-how für die Erdölbetriebe) zu fluten begannen. Beide haben ihre Hauptstadt gestaltet: Gómez durch seine Abwesenheit – ihm war Caracas zu intellektuell, er schlug seinen Regierungssitz in Maracay auf –, das neue Großbürgertum tatkräftig und aktiv. Die (Sport-)Clubs und Parks entstanden als Repräsentationsflächen einer neuen Kultur und eines neuen Selbstverständnisses.

Dieses manifestiert sich auch in dem modernen Antlitz. Mag man immer noch die verspielten, liebenswerten Drehorgelklänge der ambulanten Eisverkäufer in den Straßenschluchten vernehmen – Boten aus einer Welt, als sich Caracas gemächlich aus den verträumten Zeiten der roten Ziegeldächer schälte –, so spricht die Topographie die Sprache des zu schnellen Wachstums – in die Armut. Ende der 1980er, Anfang der 90er Jahre entluden sich die krassen sozialen Widersprüche in Plünderungen der Supermärkte, *saqueos*. Was ein Albtraum für das ehemals reiche Caracas war, glich einem Menetekel für die übrigen südamerikanischen Staaten. Was ist, wenn das auch uns passiert?

Spaziergänge durch Caracas

Karte: S. 72/73
Tipps & Adressen: S. 281 ff.

Um die Plaza Bolívar

■ Den Mittelpunkt des ursprünglichen Stadtzentrums bildet die **Plaza Bolívar** **1**, deren Basis schon der Stadtgründer Diego de Losada 1567 legte, wie sich aus den berühmten ersten Stadtplänen im Concejo Municipal ersehen lässt. Wie ehedem flankieren die Gebäude der öffentlichen Macht die Plaza Mayor: Palacio de Gobernación, Casa Amarilla (Sitz des Außenministeriums), Concejo Municipal und Kathedrale. Der Kern von Caracas bestand früher buchstäblich aus aneinandergeschmiegten Kirchen und Klöstern, und auf der Plaza Mayor fanden als rare Volksbelustigungen Stier- und Hahnenkämpfe statt. Das strenge Gepräge von damals jedoch hat sich entschieden verkleinbürgerlicht. Die Tempel der staatlichen und kirchlichen Repräsentation haben einen proletarischen Rahmen aus Zeitungskiosken, Imbissbuden und billigen Schuhgeschäften bekommen, aus Trinkhallen, Action-Kinos und *arepa*-Kneipen. Ambulante Händler wetteifern miteinander im lautstarken Anpreisen von Telefonkarten und Baumwollsocken. Plastikreisetaschen baumeln als Sonderangebote in Hauspassagen, die schnell zu Ladenfassaden umfunktioniert wurden. Der dichte Verkehr saust auf den Avenidas Urdaneta, Universidad und Baralt vorbei, jeweils im Zwei-Block-Abstand zur Plaza. Fußgänger, Flaneure, Kauflustige schwemmt und presst ein nie endender Rhythmus in die angrenzenden Nebenstraßen, die als *peatonales* (Fußgänger-zonen) im Stil der Umgebung mit Kopfsteinpflaster belegt wurden.

Was so lebhaft umtost wird, kann ein ruhiges Museumsstück nicht länger sein. Die Töchter der besseren Gesellschaft promenieren schon längst nicht mehr an der Plaza Bolívar entlang. Dort haben jetzt Senioren mit der charakteristischen Kreissäge aus Stroh Platz genommen und Mütter mit Kindern, die sich vom Einkaufsbummel in den preiswerten Schmuckgeschäften erholen. Unter den dichten Baumkronen werden sonntags Platzkonzerte abgehalten. Wochentags unterhalten Gaukler, Redner und Musikgruppen die eilende Menge, aus der der eine oder andere vergnüglich ausschert, um zur Unterhaltung der Allgemeinheit beizutragen.

Für die heutige Gestaltung der Plaza Bolívar zeichnet die Präsidentschaft von Antonio Guzmán Blanco verantwortlich. Schattige Mahagoni-Inseln werden durch plattenbelegte Wege getrennt, die sternförmig auf den Mittelpunkt zulaufen. Dort erhebt sich die imposante Bronzestatue des imperial wirkenden *Libertador* auf einem sich aufbäumenden Pferd. Es handelt sich um die leicht abgewandelte Kopie eines Reiterstandbildes aus Lima. Der ›Pater Patriae‹ Simón Bolívar genoss nach den Unabhängigkeitskämpfen nicht die ungeteilte Sympathie seiner Lands- und Gefolgsleute, wie Gabriel García Márquez in seiner Bolívar-Biographie ›Der General in seinem Labyrinth‹ so unerbittlich festhält, und offenbar brachte man im eigenen Land über Jahrzehnte hinweg nicht die Mittel (und den Wunsch) auf, den zen-

Das Zentrum von Caracas ▷

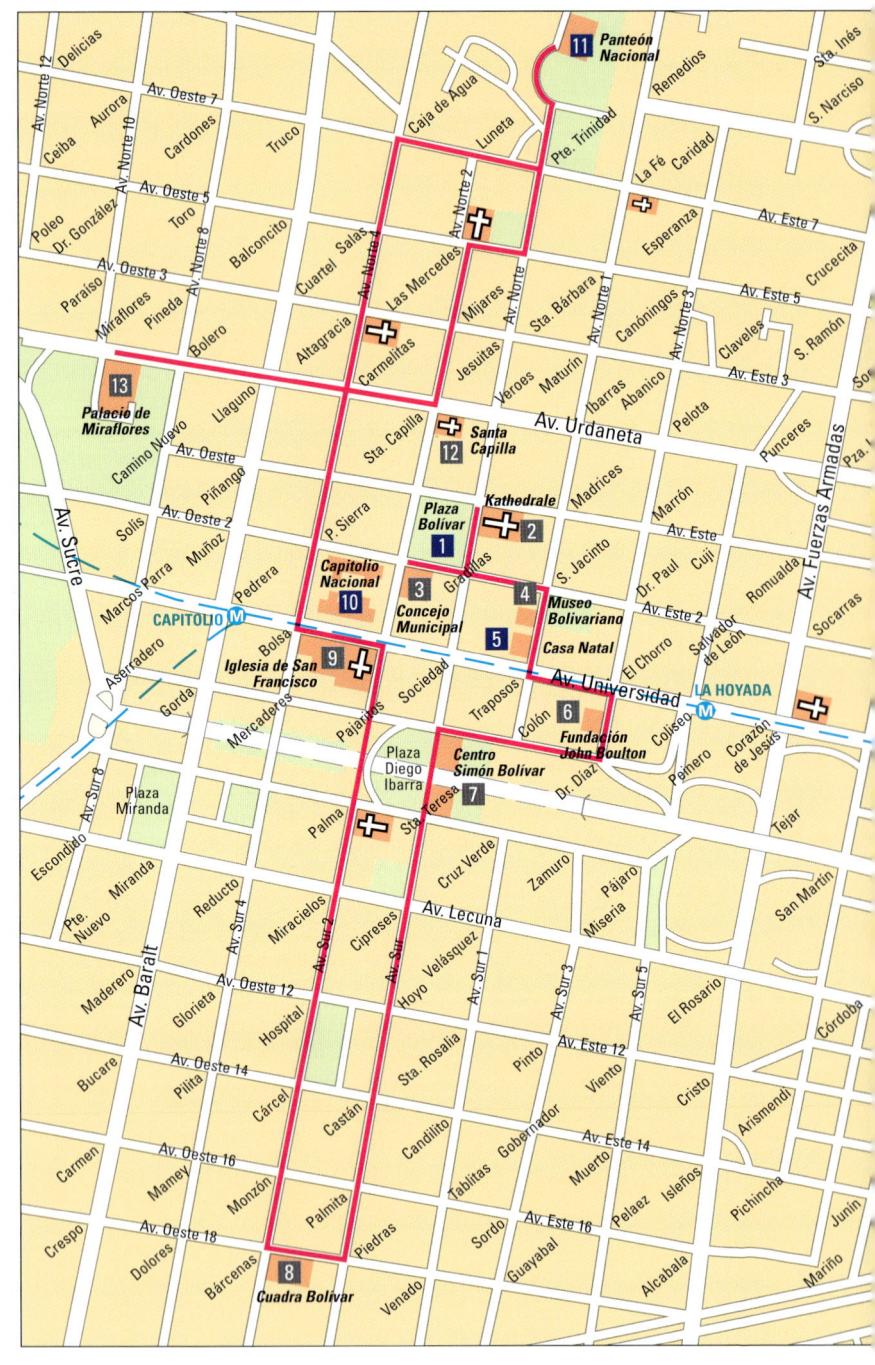

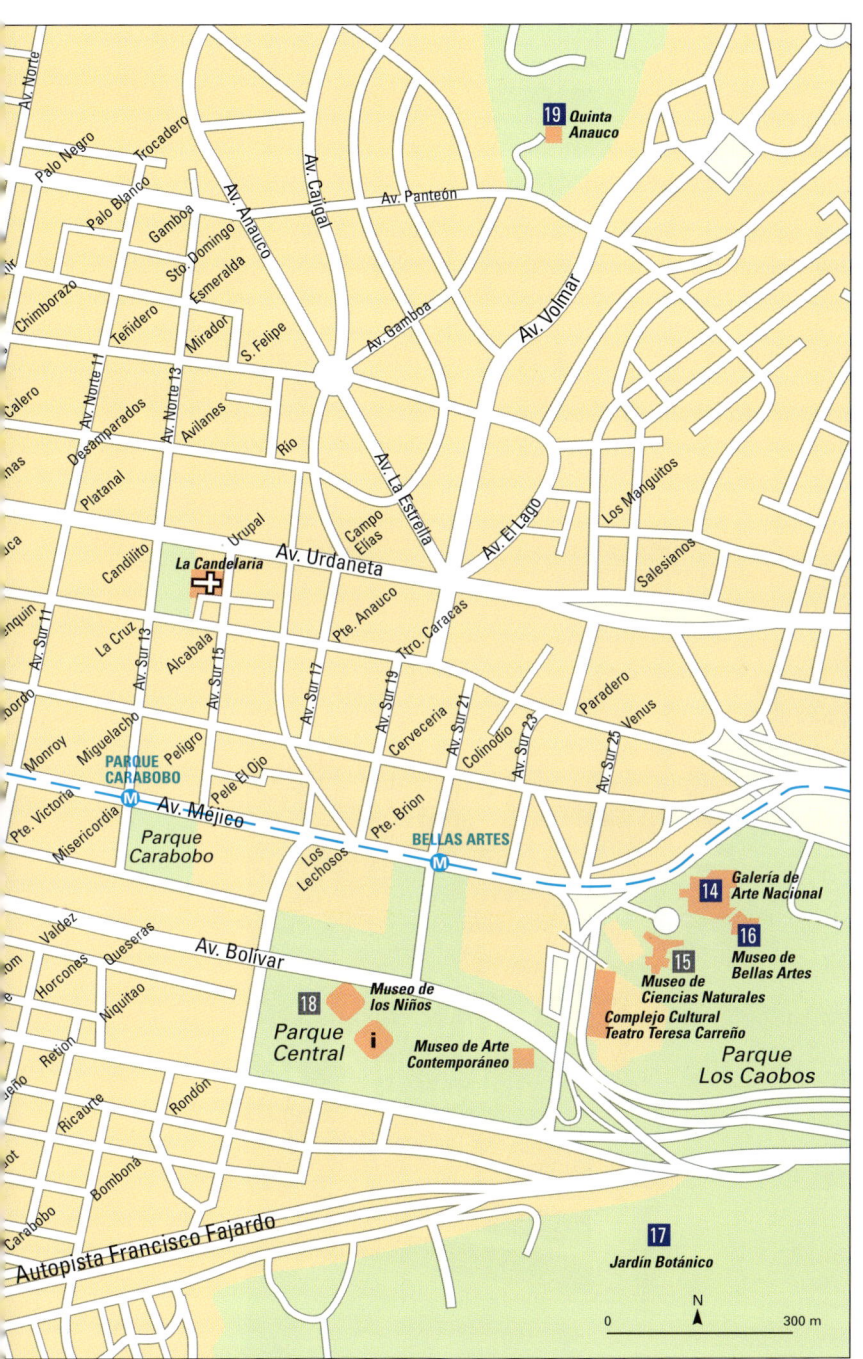

19 Quinta Anauco

Av. Norte
Palo Negro
Trocadero
Palo Blanco
Gamboa
Sto. Domingo
Esmeralda
Mirador
S. Felipe
Chimborazo
Teñidero
Av. Norte 11
Av. Norte 13
Avilanes
Calero
Desamparados
Río
Platanal
Urupal
Campo Elías
Candilito
La Candelaria
Av. Urdaneta
Av. Caigal
Av. Anauco
Av. Panteón
Av. Gamboa
Av. La Estrella
Av. El Lago
Av. Volmar
Los Manguitos
Salesianos
Pte. Anauco
Tbro. Caracas
Paradero
Venus
La Cruz
Av. Sur 13
Alcabala
Av. Sur 15
Av. Sur 17
Av. Sur 19
Cervecería
Av. Sur 21
Colinodio
Av. Sur 23
Av. Sur 25
Av. Sur 11
Monroy
Miguelacho
Peligro
Pele El Ojo
PARQUE CARABOBO
Ⓜ Av. Méjico
Pte. Victoria
Misericordia
Los Lechosos
Pte. Brión
BELLAS ARTES Ⓜ
Valdez
Queseras
Horcones
Niquitao
Av. Bolívar
Parque Carabobo
Retjón
Ricaurte
Rondón
Bomboná
Carabobo
Autopista Francisco Fajardo

14 Galería de Arte Nacional

16 Museo de Bellas Artes

15 Museo de Ciencias Naturales

Complejo Cultural Teatro Teresa Carreño

Parque Los Caobos

18 Museo de los Niños

Parque Central

ℹ️ Museo de Arte Contemporáneo

17 Jardín Botánico

N

0   300 m

tralen Platz in der Innenstadt dem *Libertador* gebührend zu gestalten. Aus der Plaza Mayor der Spanier war die Plaza de la Constitución der jungen venezolanischen Nation geworden, die aber ihre Funktion als *Plaza del Mercado* beibehielt und mit Verkaufsständen übersät war. So hieß sie übrigens noch bis zum 100. Geburtstag des Befreiungshelden 1873, dann folgte der Statue (am 15.11. 1874) auch der Name. Später wuchs die Verehrung ins Überlebensgroße, und man durfte sich nur in ordentlicher Kleidung vor dem bronzenen *Libertador* zeigen, die Herren zogen ehrfurchtsvoll den Hut, für die Frauen waren Hosen auf der Plaza bis in die 1970er Jahre tabu.

An der Ostseite der Plaza präsentiert sich in strahlendweißer Farbe die **Kathedrale** 2 von Caracas, die bereits bei der Stadtgründung erbaut wurde. Vom Aussehen her eher eine ländliche Schönheit, hat sie ihre koloniale Erscheinung trotz häufiger Zerstörungen durch Erdbeben und entsprechender Umbauten weitgehend beibehalten. Hauptschiff und vier niedrigere Seitenschiffe werden von einem stämmigen Turm überragt, in dessen Aufsatz eine 1888 aus London importierte Glocke schlägt. Eine der vier Seitenkapellen war die Familienkapelle der reichen Bolívars, die nur einige Blocks entfernt in einem wunderschönen Patio-Haus residierten. Der *Li*

Historischer Mittelpunkt von Caracas: die Plaza Bolívar mit dem Denkmal des Libertador und der Kathedrale

bertador wurde zunächst hier bestattet, bevor seine sterblichen Überreste in den Panteón Nacional überführt wurden.

Hinter ihrem heiteren, rustikalen Äußeren verbergen sich wenige, aber exquisite Schätze: eine ›Wiederauferstehung‹ von Peter Paul Rubens und eine ›Jungfrau Maria‹ des bedeutendsten spanischen Barockmalers, Bartolomé Estéban Murillo. Doch das Kostbarste ist der schwere, vergoldete Altar, für dessen Bau 300 Pfund des Edelmetalls aus den geplünderten Schatzkammern des aztekischen Moctezuma verwendet wurden.

Die ausgewogenen, harmonischen Proportionen des **Concejo Municipal** 3 dominieren die Südseite des Platzes. Hinter tiefgezogenen schmiedeeisernen Fenstergittern und neoklassizistischer, schaumweißer Fassade öffnet sich ein geräumiger, säulenbestandener Patio in feinster Kolonialmanier. Die westlichen Säle sind Ausstellungsräume, einige davon kleinen Wanderausstellungen vorbehalten. Breiteren Raum nimmt das **Museo Criollo** ein. Puppenstubengroße Modelle verdeutlichen auf niedliche Weise das Alltagsleben der Venezolaner in den vergangenen Jahrhunderten, es gibt eine Vitrine zur schwarzen Magie, Szenen aus Maracaibo, beim Friseur oder Arzt, Bodegas, Trachten, Schuhmodelle, Töpferwaren, Llano-Szenen – und die Kopie des ersten Stadtplans von Caracas aus dem Jahr 1578 aus der Feder des Gobernador Juan de Pimentel. Caracas bestand zu diesem Zeitpunkt aus jeweils fünf *cuadras* um die zentrale Plaza Mayor, die von furchterregend hohen Bergen – so die Zeichnung – eingefasst wurden.

Wer sich jetzt weiter im *microcentro* bewegt, muss damit rechnen, mit zwei unterschiedlichen Ortsangaben konfrontiert zu werden, denn das übersichtliche Schachbrettsystem aus der Koloni-

alzeit wird durch Ecken-Bezeichnungen ergänzt: Also auch die Straßenecken haben einen Namen. Wer sich in dem Koordinatensystem der durchnummerierten Avenidas Sur und Norte nicht mehr zurechtfindet, orientiert sich einfach an den *esquinas.*

Zwei Blocks voller preiswerter Schuhgeschäfte weiter östlich liegen, in Kolonialhäusern untergebracht, das Museo Bolivariano und die Casa Natal Tür an Tür. Ein schmaler, kopfsteingepflasterter Steig trennt sie von der **Plaza San Jacinto** oder Plaza El Venezolano, einem planen, mit der Statue des hl. Jacinto und einer weißen Sonnenuhrstele geschmückten Platz. In den Geburtsstunden von Caracas entstanden hier Kirche und Kloster der Dominikaner, die später die Nachbarschaft des von der Plaza Bolívar vertriebenen Marktlebens teilten. Auf der Plaza San Jacinto verbringen die Angestellten der umliegenden Büros gerne ihre Mittagspause. Mitunter breiten Kunsthandwerker ihre Anhänger, Broschen und Gürtel aus, und häufiger noch versuchen Redner, eine amüsierte Zuhörerschaft in ihren Bann zu ziehen.

Das Kolonialmuseum **Museo Bolivariano** 4 versammelt die ersten in Venezuela gemeißelten Steinwappen, einige Exponate aus den Unabhängigkeitskämpfen, eine Bibel aus dem Besitz Simón Bolívars sowie Bücher und *mantillas* der Familie.

Ein Besuch der **Casa Natal** 5, des Geburtshauses von Simón Bolívar, fällt ergiebiger aus. Der bedeutendste venezolanische Historienmaler des 20. Jh., Tito Salas, hat die unter dem Diktator Juan Vicente Gómez renovierten Zimmerfluchten, die sich um drei Patios gruppieren, plakativ mit Szenen aus dem Leben Bolívars ausgemalt. Zu sehen sind seine Taufe, die Kommunion, der Unterricht bei Andrés Bello, seine Trauung und der *Libertador* während des Erdbebens von 1812 auf den Trümmern vor der Kathedrale. »Wenn die Natur gegen uns ist, dann werden wir sie besiegen«, ist eine von ihm überlieferte Replik auf die damals populäre Befürchtung, die schreckliche Naturkatastrophe sei die Strafe Gottes für den Abfall vom spanischen König. Der Fußboden aus Ladrillo-Kacheln ist im Originalzustand erhalten, ebenso wie die kleine, graue Badewanne im hinteren Bereich des Geburtshauses.

Eine anheimelnde Mischung aus altertümlichen Druckereien, Geschäften mit volksreligiösen Accessoires und kleinen *panaderías* zwischen altersschwachen Gebäudekernen säumt den Weg zum hochmodernen Geschäftshaus Torre El Chorro der **Fundación John Boulton** 6 auf der Esquina El Chorro (Av. Norte 3/Av. Universidad). Die Familie Boulton als eine der wohlhabendsten und einflussreichsten Familien Venezuelas beherrscht seit einem Jahrhundert viele einträgliche Geschäfte. Ihr gehört die erfolgreiche und zugleich größte Fluglinie Venezuelas, Avensa, sie kontrolliert das Top-Urlaubsziel Canaima. Im 11. Stock ist hinter sienabraunen, verspiegelten Gebäudewänden ein wenig von ihrem Reichtum zu erahnen, denn dort gibt es ein kleines Museum mit Möbeln, Chinoiserien, Gemälden und Statuetten, welche den schweren europäischen Einrichtungsstil der Gründerzeit reflektieren, dem die Boultons huldigten.

Auf der gegenüberliegenden Straßenseite der Avenida Universidad rücken die beiden Türme des **Centro Simón Bolívar** 7 in den Blick. Hochmodern in den 1960er Jahren und das erste architektonische Projekt Venezuelas, das mehr als sechs Stockwerke auf-

wies, waren sie damals Kristallisationspunkte geschäftlicher und gesellschaftlicher Unternehmungen. Heute wirken sie angeschmuddelt und lieblos. Der riesige plattenbelegte Innenhof, Synonym für zeitgemäße Architektur, ist nicht sauber – und er ist leer. Das stolze Symbol ehrgeiziger Stadt-Umwandlungen wird nun zum *Patrimonio Cultural* erklärt.

In den 1950er Jahren entstand auf dem benachbarten Gelände eines ehemaligen Altstadtviertels wie der Phönix aus der Asche **El Silencio,** ein international hochgelobtes Wohnprojekt des berühmtesten Stadtarchitekten der venezolanischen Moderne, Raúl Villanueva, unter der Aufsicht von Cipriano Domínguez. César Rengifo und Oscar Guayasamín statteten die Unterführungen der Zwillingstürme des Centro Simón Bolívar mit *murales* aus, die ersten *centros comerciales* wurden eingerichtet. Der Glanz ist gewichen, aber der Kranz der Schuhputzer und Schuhputzerinnen ist geblieben.

Aus der Vergangenheit in das neue Zeitalter hinübergerettet hat sich die **Cuadra Bolívar** 8 an der Avenida Oeste 18 zwischen den Avenidas Sur und Sur 2, weit im Süden der Plaza Bolívar. Als ehemaliger Sommersitz der Familie Bolívar wurde die Cuadra als Museum ausgestattet und präsentiert Möbel und Gemälde. Sie befand sich im Besitz der Familie von Bolívars Mutter und bildete den Mittelpunkt eines ländlichen Anwesens, auf dem Kaffee und Kakao gediehen, und diese Pflanzen kann man auch in den Gärten betrachten.

Die weiträumige Umrundung der Plaza Bolívar setzt sich im Südwesten des Platzes weiter fort. An der Avenida Universidad liegen nebeneinander die Iglesia de San Francisco und die Biblioteca Nacional. Die bedeutende koloniale **Iglesia de San Francisco** 9 ist im

Laufe ihrer 400jährigen Existenz ständig umgemodelt worden. Schlimme Erdbeben haben sie 1641 und 1812 in Schutt und Asche gelegt, und ihre heutige, freundliche neoklassizistische Gestalt erhielt die Klosterkirche, wie so viele weitere Gebäude, unter der Präsidentschaft des frankophilen Guzmán Blanco. Zusammen mit der Biblioteca Nacional und dem Palacio de las Academias sollte sie ein architektonisch einheitliches Ensemble bilden.

Die Iglesia de San Francisco beherbergt in ihren drei Schiffen wertvolle koloniale Sakralkunst, beispielsweise einen geschnitzten Altaraufsatz aus dem Jahr 1764 in der Kapelle rechts vom Altar. Der bedeutsamste Sakralgegenstand indes ist nicht der kostbarste: Die Kopie einer Madrider *Virgen de la Soledad* aus dem Jahr 1648 wurde, wie man sich erzählt, in Choroní ans Ufer gespült und von einem Sklaven aufgefunden. Ihre historische Bedeutung erhält die Kirche überdies durch die Tatsache, dass hier – und nicht etwa in der Kathedrale – die offizielle Trauerfeier für Simón Bolívar abgehalten wurde, nachdem 1842 seine sterblichen Überreste aus dem kolumbianischen Santa Marta überführt worden waren.

Über die neoklassizistische Umgestaltung des Kolonialgebäudes der ersten Universität des Landes, des heutigen **Palacio de las Academias,** haben sich Architekten schon häufiger geärgert, weil hier historische Substanz einem Konzept geopfert wurde, das ihrer Ansicht nach eher eine fixe Idee war: der Umgestaltung der Stadt im Stil eines puren Neoklassizismus. Vor der schaumweißen Fassade der benachbarten Biblioteca Nacional beobachtet man häufig lange Warteschlangen, ihr Inneres ist im gediegenen Stil der Gründerzeit gehalten.

Als neoklassizistisches Schmuckstück aus der Regierungszeit Guzmán Blancos beherrscht das zwischen 1874 und 1878 erbaute **Capitolio Nacional** 10 heiter

Das Capitolio Nacional

eine gesamte Straßen-*cuadra.* Die mit 14karätigem Gold belegte zweigestufte Kuppel dominiert schon von weitem die flachen Gebäude, die das Viertel bestimmen. Steinerne Balkone, kannelierte Säulen mit bronzenen Kapitellen, mächtige, dunkle Holztüren, zierliches, schwarzes Gitterwerk und pariserische Kugellaternen werden schön karibisch von üppig grünen Fächerpalmenbäumchen gerahmt. Senat und Kongress tagen in der südlichen Gebäudehälfte, im nördlichen Teil ist der Repräsentationssaal Salon Elíptico untergebracht. Viel fotografiert und außergewöhnlich attraktiv ist das ebenfalls elliptische Deckengemälde von Martín Tovar y Tovar, das die Schlacht von Carabobo darstellt: die Entscheidungsschlacht auf Venezuelas Weg in die Unabhängigkeit.

Fünf Blocks nördlich der Plaza Bolívar fand der *Libertador* seine letzte Ruhe.

Das **Panteón Nacional** 11 huldigt griechisch-klassizistischen Elementen und stellt vermutlich das Vornehmste dar, was man sich als Tourist in Venezuela anschauen kann, dementsprechend streng sind die Kleidervorschriften. In Shorts, mit Dekolleté und Minirock schlendert hier niemand hinein, dafür sorgen die livrierten Wachposten vor dem säulengerahmten Portal. Im Innern dominieren die Bilder von Tito Salas, der zehn Jahre lang (1934–1944) an einer Gemäldeserie von 15 Szenen aus dem Leben Bolívars arbeitete. Auf einen monumentalen Kristallüster wird gerne hingewiesen, denn er besteht aus 4000 schimmernden Glasteilen und 200 Lampen. Die sterblichen Überreste von Simón Bolívar wurden 1876 mit großem Zeremoniell aus der Familienkapelle in der Kathedrale überführt, das Mausoleum dekorierte damals schon das Monument des italienischen Bildhauers Pietro Tenerani: der Befreier mit Lorbeerschmuck im Eingang eines dorischen Tempels, ihm zu Füßen zwei weibliche Allegorien der Freiheit und Gerechtigkeit. Im Hauptschiff wurden neben Bolívar die Generäle Andrés und Diego Ibarra, Daniel O'Leary, sein Lehrer Simón Rodríguez und der Präsidentenvater Antonio Leocadio Guzmán beerdigt. Bolívars Mitstreiter Santiago Mariño, Juan Bautista Arismendi, Carlos Soublette und Pedro León Torres folgten. Luisa Cáceres de Arismendi und Teresa Carreño – die eine Unabhängigkeitskämpferin, die andere Pianistin – sind die einzigen Frauen, die mit einem Grab im Panteón geehrt wurden, ihre Särge befinden sich im linken Seitenschiff. Letzte Ruhe – erste Taufe: Wo heute das Pantheon steht, befand sich früher die Iglesia de Santísima Trinidad, die das Erdbeben 1812 verschluckte. Sie war die Taufkirche des *Libertador*.

Schon wieder recht nah an der Plaza Bolívar weckt ein grauweißes neogotisches Steingemenge die Augen mit spitzen Türmen, Rosettenfenstern und gezackten Steinbordüren. Ganz klar, diese **Santa Capilla** ⏀ ist ein lupenreines Imitat der Sainte Chapelle in Paris und entstand natürlich in der frankophilen Phase unter dem Präsidenten Antonio Guzmán Blanco.

Zum Angucken schön ist der weiße **Palacio de Miraflores** ⏀ an der Avenida Urdaneta/Av. Norte 10, doch wer hinein möchte, muss vorher eine Genehmigung einholen – und das dauert. Der Präsidentenpalast entstand 1880 als Privatresidenz des damaligen Präsidenten Joaquín Crespo. 1911 kaufte ihn der Staat quasi als Präsidentenbüro. Er ist mit Bildern von Arturo Michelena, Martín Tovar y Tovar und Tito Salas geschmückt.

Die modernen Museen, Jardín Botánico und Quinta Anauco

Am schönsten ist es am Sonntag: Der Verkehr ist verebbt, und die Pflaster der Avenidas Bolívar und Méjico haben Straßenhändler und Hausfrauen zu ihren Geschäftsauslagen bestimmt. Von der Metrostation Bellas Artes bis zur Plaza Morelos promeniert man an Lederschmuck, T-Shirts, selbstgebackenem Kuchen, Glasobjekten und der grüßenden Bronzestatue des mexikanischen Präsidenten Lázaro Cárdenas vorbei. Die Nationalgalerie und das Naturwissenschaftliche Museum teilen sich einen gemeinsamen Museumsvorplatz, der am Sonntag bei schönem Wetter von Inline-Skatern frequentiert wird. Hinter der zierlichen, strengen und schönen neoklassizistischen Fassade der **Galería de Arte Nacional** ⏀ gibt man sich viel Mühe mit der Präsentation heimischer Künstler und heimischer Thematiken: Alle drei Monate wechseln die Exponate. Ein Kino mit dem anspruchsvollsten Programm der Stadt (Werkschauen, themenbezogene Filmreihen) komplettiert das künstlerische Angebot.

Als Dorado für Familien mit Kindern gibt sich das **Museo de Ciencias Naturales** ⏀, das nicht besonders üppig bestückt ist (aber im Erdgeschoss eine didaktisch gut aufgebaute Dauerausstellung zum Thema Erdöl enthält) und ebenfalls Wanderausstellungen zeigt. Im angrenzenden **Parque Los Caobos** wird an den Wochenenden gefeiert. Die dichtbelaubten Kronen der Mahagonibäume schützten einst die Kaffeepflanzen einer Plantage vor starker Sonneneinstrahlung und liefern heute City-Joggern den ersehnten Schatten.

Um die Ecke kann man sich im Turmbau des **Museo de Bellas Artes** ⏀

großzügig präsentierte moderne Kunst anschauen. Auch hier werden interessante wechselnde Ausstellungen meist lateinamerikanischer Künstler erarbeitet, die einen informativen Überblick über die Produktion dieser Länder liefern, etwas, was in den Nachbarstaaten oft vernachlässigt wird. Ausschließlich die ägyptische Sammlung im Treppenaufgang und die Sammlung chinesischen Porzellans sind als feste Bestandteile konzipiert.

Der attraktive, gepflegte **Jardín Botánico** 17 befindet sich genau gegenüber dem Parque Los Caobos, doch grenzt er leider an die Autopista Francisco Fajardo, die vielbefahrene Stadt-Schnellstraße, so dass man seinen Haupteingang in den Bereich südlich der Plaza Venezuela verlegte. Einst war auch der Botanische Garten Teil einer Kakaoplantage, heute gehört er zur Universität und ist säuberlich nach – nicht nur venezolanischen – Vegetationszonen unterteilt: Palmen, Sukkulenten, Feigenbäume, Bromelien, Orchideen, eine Graslandschaft. Er bietet eine geruhsame Spaziermöglichkeit in einer der seltenen grünen Oase mitten in der Stadt.

Den krassen Gegenentwurf, einen blühenden Exponenten der Architekturkonzepte der Moderne, versinnbildlicht der ab 1966 entstandene **Parque Central** 18, der das Centro Simón Bolívar seitdem spiegelnd übertrumpft. Der so genannte Zentralpark besteht nicht aus Wiesen und Blumen, sondern aus Stein, Stahl, Glas und Beton. Zwei chromblitzende, achteckige 56-Stockwerk-Türme mit 225 m Höhe überragen markant ein von Stadtautobahnen gegliedertes Häuseragglomerat. Hier lag die architektonische Absicht vor, Platz und Raum für urbanes Leben zu konzentrieren, ein Konzept, das auch der berühmte Architekt Oscar Niemeyer bei seinem Entwurf der brasilianischen Hauptstadt Brasilia verfolgte. Im Innern der imposanten Zwillingstürme, die zum Zeitpunkt ihrer Entstehung 1980 die höchsten der Welt waren, herrscht das großstädtische Gewoge von Geschäftsleuten mit Handys und eiligen Büroangestellten, die dort ihre komplette Infrastruktur vom Friseur übers Reisebüro, den Rechtsanwalt und das Restaurant vorfinden. 40 000 m^2 stehen als Bürofläche zur Verfügung, genutzt werden sie hauptsächlich von staatlichen Organisationen wie Corpoturismo und den Ministerien für Transport und Verkehr, Familie, Energie und Bergbau. Der Wohnbereich umfasst acht Komplexe mit jeweils 28 Stockwerken.

Im Ostteil des Parque Central ist das sehenswerte **Museo de Arte Contemporáneo** (Nivel Bolívar) untergebracht, ein weiteres Beispiel für gelungene Museumsarchitektur und Kunstpräsentation: weit, hell und geräumig, mit geschickt ausgenutzten Räumen und Wanderausstellungen, für die die Plätze jeweils passend neu gestaltet werden. Die wichtigsten venezolanischen Gegenwartskünstler sind hier ausgestellt: Armando Reverón, Jacopo Borges, Carlos Cruz-Díez und natürlich der Kinetiker und intelligent-amüsante Op-Art-Künstler Jesús Soto. Die internationale Abteilung widmet sich hauptsächlich der europäischen Moderne: Marc Chagall, Ferdinand Léger und Joan Miró, doch besonders stolz ist man auf die Arbeiten von Pablo Picasso, die allesamt seiner kubistischen Periode entstammen und die wertvollste Sammlung des Malers in Südamerika darstellen. Es gibt einen lohnenswerten Museums-Shop und ein schönes, modernes Großstadtcafé.

Ungewöhnlich ist das 1981 eingeweihte **Museo de los Niños,** das Kindermuseum, in fröhlich buntem Design, das im westlichen Turm untergebracht

Im Patio der Quinta Anauco

ist. Es vermittelt eine spannende Einführung in Naturwissenschaften, neue Technik, Medien und Landeskunde und wird vom Disney-Imperium gesponsert.

Westlich davon liegt das **Museo del Teclado** (Museum der Tasteninstrumente) mit einer Sammlung historischer Exponate, in dem häufig Konzerte gegeben werden. Besonders beliebt sind die Märchenstunden (nicht nur) für Kinder.

Als bestes Museum der Kolonialzeit wird die **Quinta Anauco** 19 im Stadtteil San Bernardino gerühmt. Man erreicht sie in wenigen Minuten mit dem Metrobus von der Metrostation Bellas Artes aus. Eine lange und opulente Geschichte eilt der Quinta voraus; die für Venezolaner sicherlich bedeutendste Anekdote besteht darin, dass Simón Bolívar seine letzte Nacht in Caracas (am 5. Juli 1827) in diesem Haus, das dem Onkel seiner Braut gehörte, verbrachte. Die Teilnahme an den halbstündlich stattfindenden Führungen (auf Englisch und Spanisch) ist obligatorisch. Um den mit Kopfsteinpflaster belegten Patio sind die Räume gruppiert, und abgese-

hen von der Kostbarkeit der Möbel, mit denen Säle und Schlafzimmer ausgestattet sind, gibt es zwei Rekordhalter: das älteste Bett Venezuelas, das Luisa de Arismendi gehörte, und das älteste Kaffeetässchen, aus dem Jahr 1764, sind hier zu betrachten.

Parque del Este

Montags muss der Parque del Este erst einmal von den Gelagen des Wochenendes gesäubert werden, an diesem Tag bleiben seine Pforten geschlossen. Der 77 ha umfassende ›Ostpark‹ erfreut sich mit Spielflächen, Museen, See, Zoo und Planetarium großer Beliebtheit. Eine Nachbildung des Kolumbus-Schiffes ›Santa María‹ schwimmt in einem Extrabereich. Wer nach all den Spaziergängen zwischen Beton, Glas und Stein einmal Grün sehen will und eine Alternative zu dem innerstädtischen Jardín Botánico und dem Parque Los Caobos sucht, kann den Parque del Este problemlos mit der Metro erreichen.

Ausflüge von Caracas

Tipps & Adressen: El Hatillo S. 296, Colonia Tovar S. 293, Los Roques S. 304

El Hatillo

Hatillo, so vermerkt ein Straßenschild in der Ortsmitte, nannte man früher einen Platz, an dem Reisende mit ihren Tieren für die Nacht unterkommen konnten, und die *posada* von Hatillo lag an dem alten *Camino Real,* dem Königsweg, zwischen den Valles del Tuy und Petare.

Von der Metrostation Chacaíto verkehren die Por Puestos in das 15 km entfernte heutige Künstlerdörfchen, das inmitten von Zitronenbaumhügeln malerisch hingestreut auf 1150 m Höhe liegt. Seine koloniale Architektur an den kopfsteingepflasterten Gässlein und das frische Klima machten es zu einem Lieblingsausflugsziel und Tummelplatz der *caraqueños.* In die schindelgedeckten und bunt gestrichenen Häuschen mit dekorativen Holzbalkonen sind Boutiquen und Kunstgewerbegeschäfte eingezogen, und eine Vielzahl von reizenden Restaurants und originellen Kneipen erhöht den Freizeitwert des Ortes beträchtlich. Die Preise fürs Ausgehen liegen im Vergleich zu Caracas niedrig, das Flanieren macht Spaß, und vielen jungen Leuten erscheint El Hatillo auch sicherer zu sein als die Hauptstadt. Es ist besonders am Wochenende ein beliebter Platz.

Nach El Hatillo pilgern aber auch betuchte *caraqueños,* um ihren Bedarf an frischen, unverfälschten Lebensmitteln zu decken. Hühnchen, Mais, selbstgemachte Pasta – in Hatillo selbst und in den Schluchten um den Ortskern gibt es einige einfache Geschäfte, und es gilt als schick, hier einzukaufen.

Parque Nacional El Ávila

Als die geachtete Bürgermeisterin des Caracas-Viertels Chacao, die ehemalige

Die Umgebung von Caracas

Miss World Irene Sáez, vorschlug, die Öffnungszeiten des Parque Nacional El Ávila zu beschränken, machte sie sich zum ersten Mal in ihrer steilen Politikerinnen-Laufbahn so richtig unbeliebt. Es erhob sich großer öffentlicher Protest mitsamt Unterschriftenaktionen. Die Eingänge zum Park sollten auch denjenigen offenstehen, die erst nach Büroschluss Zeit fänden, sich dort zu erholen, lautete das Argument, und nicht den Reichen, die zu jeder Tageszeit dort spazierengehen könnten. Der Park mit seinen steil ansteigenden Wanderwegen ist das einzige öffentliche Naherholungsgebiet von Caracas, und dementsprechend wird es auch verteidigt.

Der beliebteste Eingang befindet sich in Altamira, beim Restaurant Tarzilandia an der Avenida Boyacá oder Cuota Mil (so genannt, weil sie genau auf 1000 m Höhe am Ávila entlangführt). Insgesamt neun Wege erschließen das anspruchsvolle, bis auf 2765 m ansteigende Gebirgsmassiv. Bis in die 1960er Jahre verkehrte eine Seilbahn in dem wunderschönen Gebiet, Pausenstation bildete das Hotel Humboldt auf dem Gipfel. Nachdem die Seilbahn nicht mehr funktionierte, schloss auch das Hotel seine Pforten. Nun steht einem neuen Höhepunkt nichts mehr im Wege. Die Seilbahn funktioniert, und für 10 000 Bolívares, etwa 15 €, kann man den Hausberg in zehn Minuten hinauf gondeln. Das Hotel wurde privatisiert, hier steht die Eröffnung bevor. Oben warten eine Schlittschuhbahn, ein Themenpark und ein Kasino auf Kundschaft.

Prachtvolle Vegetationszonen überziehen das Ávila-Massiv. Bis zu 500 m Höhe herrschen xerophytische Trockenpflanzen wie Disteln, Kakteen, Olivenbäume und Opuntien vor, zwischen 1000 und 1500 m dehnt sich der tropische Baumbestand mit dem National-

baum *araguaney*, den heimischen *bucare, copey* und *javillo* aus. Oberhalb 1500 m findet man Orchideen, Bromelien, Palmen und Farne.

Über die Fülle der Wanderwege und die Picknickflächen, die Ruinen von Festungen und Campingplätze erteilen die Parkwächter der INPARQUES Auskunft. Im Besucherzentrum Los Venados mit einem ökologischen Lehrpfad ist auch eine gute Übersichtskarte erhältlich. Am schönsten ist es natürlich, wenn man die Gipfelgrate übersteigt und auf der anderen Seite wieder hinunterklettert, aber solche Unternehmungen nehmen zwei Tage in Anspruch. Ein bisschen in den dichten Wäldern herumzuklettern und spektakuläre Ausblicke auf Caracas zu genießen ist aber auch auf eigene Faust ein Vergnügen. Jeep-Safaris inklusive einer kurzen Wanderung, die einen halben Tag in Anspruch nehmen, lohnen sich ebenfalls bei Zeitmangel.

Litoral Central

■ »Die Regierung hatte in Macuto mit Zementblöcken zwei Stückchen Meer abgetrennt, um die Badenden vor den Haifischen zu schützen. Einige glitschige, von Algen und Mollusken bedeckte Stufen führten direkt in das bewegte Karibische Meer. An der letzten Stufe konnten sich die Neulinge und die Schüchternen an einem Seil festhalten, um dem Aufprall der Wellen zu widerstehen. Es war ein groteskes Schauspiel, denn jung und alt tauchten vollkommen nackt auf und unter.« So beschreibt Laureano Vallenilla Lanz in seinen Memoiren ›Escrito de memoria‹ den Badeort Macuto in den 1920er Jahren. Schnell allerdings fand der einst so geschmähte Strand Aufnahme in die Klatschspalten der mondänen Gesellschafts-Illustrier-

Frankenstein auf dem Ávila – ›El Knochoche‹

Ein wunderlicher Deutscher hat im 19. Jh. für einiges Aufsehen an den steilen, unbewohnten Ávila-Hängen und in der Stadt Caracas gesorgt. In venezolanischen Schulbüchern ist ein unauffälliger Text dem Leben des wahrscheinlich verrückten Arztes Gottfried Knoch gewidmet, der seinen Schäferhund und ahnungslose, gesunde Postboten betäubt haben soll, um an ihren noch lebenden Körpern Experimente zu vollziehen. Doch wer war der mysteriöse Knoch, genannt ›El Knochoche‹? Ein harmloser Einwanderer, ein Arzt, ein Scharlatan? Frankenstein auf dem Ávila?

Die chilenische Schriftstellerin Isabel Allende, die lange Jahre ihres Exils in Caracas verbracht hatte, fand Gefallen an seiner Biographie und verwendete Gottfried Knoch als Vorlage für ihren Dr. Jones in ›Eva Luna‹. Aber die Wahr-heit ist meist spannender als die Fiktion. Denn die spitzfindigen Venezolaner sehen allein in dem Namen des Doktors ein Indiz für seine schauerliche Profession: Knoch, ist das nicht ein Wortteil von Knochen? Und schon fabulieren sie die Geschichte ins Fantastische. Magischer Realismus – das ist in Venezuela sozusagen Volkskultur.

Gottfried Knoch wurde 1813 in Deutschland geboren. Er erwarb seinen Doktortitel 1845 an der Universidad Central in Caracas. Während einer Choleraepidemie in den Militärlagern von La Guaira verdiente er sich höchstes Lob und wurde 1883 von dem damaligen Präsidenten Antonio Guzmán Blanco mit einem Ehrentitel ausgezeichnet, weil er Arme kostenlos zu behandeln pflegte. 1880 kaufte der mittlerweile äußerst angesehene Arzt die Hacienda Bella Vista in der Quebrada de

ten, denn 1928 wurde dort das Hotel Miramar eingeweiht, das als erstes im Land über einen Pool und einen nachts beleuchteten Tennisplatz verfügte.

Der Küstenstreifen am Karibischen Meer zwischen Macuto und La Caraballeda erfreute sich bis in die 1950er Jahre hinein der besonderen Beliebtheit der besser betuchten *caraqueños*. Doch die verheerende Naturkatastrophe Mitte Dezember 1999 hat große Teile des Litoral verwüstet und die Existenz als Baderegion vernichtet. Innerhalb von weni-gen Tagen gingen damals mitten in der Trockenzeit Regenfälle nieder, die der Durchschnittsmenge eines gesamten Jahres entsprachen. Ganze Siedlungen wurden von den Steilabhängen der Küstenkordillere ins Meer gerissen, verseuchten das Wasser und vernichteten die Lebensgrundlage der Fischer.

Ursachen gibt es mehrerer. Naturkatastrophen wie diese hatte es in der Vergangenheit gegeben, aber damals waren die Hänge nicht dicht mit den *ranchos* besetzt, den spontanen Hausbau-

Punta de Mulatos, einer Gegend, welche die Indios übrigens Caricari nennen, ›kleine Hölle‹. Die Hacienda in den Falten des Ávila verwandelte er in ein Laboratorium für Einbalsamierungen und in eine Krypta sowie in ein Observatorium.

Bereits im Jahr 1869 konnte er seine Kunst erproben, und zwar an dem zu Tode verwundeten Hauptmann José Pérez. ›Knochoche‹ wandte dabei ein in der Renaissance übliches Balsamierungsverfahren an, das jedoch nur wirkt, wenn das Herz des Betroffenen noch schlägt. Er machte einen tiefen Schnitt in die Halsschlagader unterhalb der rechten Kinnlade, injizierte Aluminiumchlorid, vernähte die Wunde und setzte dem mittlerweile Verblichenen Glasaugen ein. Zusammen mit seinen ebenfalls solcherart präparierten Hunden wurde der Hauptmann als Wache in Uniform vor die Krypta abgestellt.

Auch das geheimnisvolle Verschwinden eines zufällig an der Hacienda vorbeikommenden Meeresfrüchteverkäufers wurde auf die dunklen Machenschaften des Dr. Knoch zurückgeführt. Das Grauen war groß, und danach balsamierte ›Knochoche‹ zwecks Beruhigung der aufgeregten Gemüter aus-

schließlich Familienmitglieder und deren Schoßhündchen ein. Es wird allerdings gemunkelt, er habe auch den liberalen Politiker Tomás Lander mumifiziert.

Offenbar schlecht beigebracht hat indes Dr. Gottfried Knoch die Kunst des Einbalsamierens seiner letzten Geliebten, die ihn nach seinem Tod am 2. Januar 1902 derart stümperhaft präparierte, dass seine Leiche schnell in ihre Bestandteile zerfiel.

Eine derart illustre Persönlichkeit kann nicht so einfach dem Vergessen anheimgegeben werden. Ein Spazierweg auf dem Ávila folgt den Spuren von ›El Knochoche‹. Villa, Laboratorium und Observatorium, vom Dschungel überwuchert und zu Ruinen zerfallen, belegen, dass diese ganzen Geschichten keine Fiktion sind. Nach verborgenen Leichen braucht man indes nicht zu buddeln, sie sind – falls jemals vorhanden gewesen – längst verschwunden. Über ihren Verbleib kursiert das Gerücht, Medizinstudenten hätten sie gestohlen – wie Señor Knoch es wohl selbst auch getan hat, denn man erzählt sich, dass er sich in den Kühlkammern der Hospitäler oft und gerne zu schaffen gemacht habe.

ten der Heimatlosen, die von den jeweiligen Regierungen toleriert wurden, weil sie selbst das Problem der Landflucht oder Landreform nicht politisch gelöst hatten. Im Laufe der Zeit entstanden Apartmenthäuser und Ferienvillen der begüterten caraqueños, teilweise auch auf Gebieten, die dafür nicht geeignet waren, aber auch hier heiligte die Korruption alle Mittel.

Die Katastrophe also scheint unter diesem Licht auch eine politisch herbeigeführte und voraussehbar gewesen zu

sein. Wann die Küstenregion wieder vollständig restauriert sein wird, ist nicht abzusehen. Bereits vier Monate nach der Katastrophe, zu Ostern 2000, versammelten sich heimische Sonnenanbeter wieder an den Stränden, einige Abschnitte waren für das Baden freigegeben worden. **Caraballeda** ist in einigen Bezirken vollständig erhalten, andere Viertel hat der Sturm hinweggefegt. **Macuto** trägt tiefe Risse, doch die Strandpromenade gibt es wieder und einige Hotels haben ihre Pforten geöffnet.

Am Strand von Macuto

Gerade dieser Ort zählt wegen seiner unproblematischen Erreichbarkeit zu den beliebtesten Stränden der *caraqueños.* Por Puestos verkehren hinunter an die Küste, und Macuto ist die erste Haltestelle. Von der einstigen Schönheit des Badeortes künden immer noch einige wenige verbliebene Sommervillen. Der für karibische Verhältnisse recht unattraktive, grobe Sand ist im westlichen, wilderen Teil bei Windsurfern beliebt, der östliche mit sanft plätschernden Wellen wird von Familien bevorzugt. Ein Spaziergang unter den Platanen und Mandelbäumen führt an qirligen, volkstümlichen Fischrestaurants, Hotels und *licorerías* entlang. Damals wie heute. Das Leben geht weiter.

Im Hafen von Caracas, **La Guaira,** in unmittelbarer Nähe des Flughafens in Maiquetía, hat sich noch ein Stück kolonialer Architektur erhalten. Am imposantesten und geschichtlich interessantesten ist sicherlich die **Casa Guipuzcoana,** das berühmte Handels- und Zollhaus aus dem Jahr 1734. La Guaira, in Maßen wieder hergestellt, gilt aber zunehmend als unsicheres Terrain für Touristen, wozu die Naturkatastrophe sicherlich beigetragen hat, so dass man sein Interesse an historischen Bauten besser an anderen Orten befriedigt.

Colonia Tovar

■ Dezent dekorierte Auslagen, Pastete in Silberschalen, zu Pyramiden aufgeschichtete Pfirsiche und die Verkäuferinnen in blütenweißen Schürzen: Die Geschäfte der Colonia Tovar in den Einkaufspassagen von Caracas können mit dem Lebensmittelboutiquen-Styling der mitteleuropäischen City-Gesellschaft konkurrieren und würden dabei gut abschneiden. Doch hinter den Produkten aus der Colonia Tovar verbirgt sich kein Nahrungsmittelkonzern mit internationaler Abnehmerschaft, sondern ein Dorf in der Küstenkordillere, nur 51 km von Caracas entfernt, das 1843 aus dem Nichts entstand und bis 1963 total isoliert von der Außenwelt geblieben war.

Diese Kolonie lag abgeschieden, aber sie wollte es über lange Zeit auch sein. In den 1970er Jahren, nachdem sie eine geteerte Straße bekommen hatte, die sie mit La Victoria und Caracas verband, galt sie wegen ihrer Eigentümlichkeit als interessantes Forschungsobjekt für Volkskundler. Denn in der Colonia Tovar lebten keine Venezolaner, sondern Kaiserstühler, Mecklenburger und Hessen, und die hatten – auch anfällig für die Naziparolen der Rassenreinheit – über ein Jahrhundert ihre Isolation verteidigt.

Wer als Deutscher nach Venezuela reist, wird sofort in die Colonia Tovar geschickt. Zwei Stunden dauert die Fahrt von Caracas, die Strecke führt zunächst nach El Junquito und erklimmt anschließend die Kordillere. In einem weiten Tal breitet sich auf 1800 m Höhe das Dorf aus: weiße Häuser mit tiefgezogenen Dachgauben und Fachwerk, ordentlich und hübsch grün und rot bemalt. Sogar die reichlich aufgestellten öffentlichen Mülleimer tragen Schwarzwaldmotive.

Auf bequem asphaltierten Straßen spaziert man durch das freundliche, aufgeräumte Dorf, das einmal für Skandale sorgte, erhält an Imbissbuden *salsicha con repollo,* Wurst mit Kraut, oder Apfelkuchen. Ein bisschen nett-sterile Disneyland-Atmosphäre durchweht die Colonia Tovar, touristisch hergerichtet zur Bewahrung eines freundlichen Abbildes von Deutschland. Denn für die Venezola-

ner bedeutet die Colonia pure Exotik, und an den Wochenenden pilgern 30 000 Besucher auf die Höh', die mit 900 Betten blendend auf Gäste eingestellt ist. Es ist alles so verdammt stilecht! Sogar die Dielen in den schmalen Fluren knarren, und man blickt durch Butzenscheiben auf das Schwarzwaldbild draußen, das sich – im Schwarzwald wie in diesem Abschnitt der Küstenkordillere – schnell mit Nebel füllt.

Als die ersten deutschen Familien endlich die Colonia erreicht hatten, musste sie allerdings wohl der Schlag getroffen haben. Bettelarm waren sie aus dem Deutschland der beginnenden Industrialisierung und der durch die europäischen Kriege verwüsteten Felder nach Venezuela gezogen, hatten neben den wenigen eigenen Ersparnissen Starthilfen der Gemeinden investiert, um ein neues Leben als Handwerker und Bauern jenseits des Ozeans aufzubauen – und natürlich ein besseres. Es war damals nicht unüblich, das Land zu verlassen und sein Glück in Südamerika zu suchen, auch im Süden Chiles und Argentiniens gibt es deutsche Einwandererkolonien. In den deutschen Zeitungen waren häufig Aufrufe von so genannten Kolonialagenten zu lesen, die Zukunftschancen in den fernen Ländern beschrieben und zur Umsiedlung aufriefen. Der Naturforscher und Geograph Augustin Codazzi, für die Colonia Tovar zuständig, schien ein vertrauenswürdiger Mann zu sein. Er versprach viel. Doch zunächst sah nichts danach aus, dass er es auch halten könnte. Die ›Clementine‹ wurde bei ihrer Ankunft im Hafen La Guaira 1843 erst einmal unter Quarantäne gestellt, nachdem 14 Menschen während der Passage an Epidemien gestorben waren. In einem strapaziösen Marsch von 120 km durch wegloses, tropisch bewaldetes Gebirge erreichten die Siedler eine brandgerodete Fläche. Mehr gab es nicht. Kein Haus, kein Vieh, keinen Weg, keinen Platz, keine Kirche, kein Futter, keine Samen. Codazzi, der dies alles versprochen und nicht gehalten hatte, erhöhte nachträglich die Reisekosten und tyrannisierte seine Gemeinde, indem er kolonie-eigene Zahlungsmittel entwarf und die Post kontrollierte. Die Siedler stampften dafür ein landwirtschaftliches Projekt aus dem Nichts, das den Ruf von den sehr arbeitsamen, ein wenig ungelenken Deutschen nur verstärkt hat.

Den Kolonisten wurde das Los leichter, als Manuel Felipe Tovar, der diese Ländereien Codazzi zur Pacht überstellt hatte, sie den Bauern schenkte, um weitere Emigranten ins Land zu holen.

Die langsam prosperierende Gemeinde selbst legte sich strenge Regeln auf – fast wie ein Reflex will es schei-

nen –, um die eigene Fremdheit in dem fernen Land zu kompensieren. Beziehungen zu Venezolanern pflegte man nicht, und junge Kolonisten, die sich ihre Partner außerhalb Tovars suchten, riskierten den Ausschluss von jeglichen Erbansprüchen. Die Kolonisten empfanden sich nicht als Staatsbürger ihres Gastlandes – was sie de facto auch nicht waren –, unterhielten eigene Schulen und eine eigene Gerichtsbarkeit. Erst in den 1940er Jahren, als eine hinzugereiste faschistische Lehrerschaft die Colonia indoktrinierte, trieben es die deutschen Siedler den Gastherren zu bunt. Diese unterstellten sie der heimischen Gerichtsbarkeit und Verwaltung.

In den 60er Jahren erhielt die prächtig funktionierende Colonia Tovar eine asphaltierte Straßenverbindung, und an deren Rändern pflanzten sich schon einmal die Kolonisten auf, um Obst, Gemüse und Marmeladen zu verkaufen. Die hohe Qualität sprach sich rasch herum. Der Ruhm der Würste drang sogar bis zur heißen Isla de Margarita, wo ein deutscher Restaurantbetreiber allwöchentlich neu ordern musste, um die Nachfrage zu stillen, und das war damals angesichts der komplizierteren Transportlage gar nicht so einfach, denn die begehrten salsichas ohne Konservierungsstoffe sollten ja frisch ankommen.

Colonia Tovar strahlt hell am Tourismushimmel. Hotels und Restaurants genießen einen guten Ruf. Man schöpft das touristische Potential aus, bietet ungewöhnliche Wanderungen durch den Nebelwald der Umgebung an und besucht traditionell arbeitende Bauernhöfe. Die Deutschen haben unfreiwillig auch die Wiederentdeckung ihrer indianischen Vorgänger gefördert. Über 2000 Jahre alte Petroglyphen wurden im Südwesten der Colonia Tovar entdeckt, zu denen auch eine Tour geleitet.

Ausflug nach Los Roques

Der Karibik-Archipel Los Roques gleißt in goldenen Sandtönen in einem türkis- und smaragdgrün schillernden Meer. Wie Glassteinchen in einem Kaleidoskop bilden 42 winzige *cayos* eine angedeutete Ellipse, um die sich Korallenriffe ziehen. Sanft wölben sie sich flach aus dem glasklaren Wasser, zusammengehalten von niedrigen xerophytischen Pflanzen, die auf dem hellen Boden Muster bilden. Los Roques ist so schön wie aus dem Bilderbuch, und der venezolanische Dichter Joaquín Crespo behauptete, hier hätten Steine aus dem Paradies Schiffbruch erlitten.

Dieses literarisch anerkannte Juwel, 1972 zum Nationalpark erklärt, liegt etwa 170 km nördlich von La Guaira. Die Inselchen ruhen auf einem submarinen Plateau von extrem unterschiedlicher Beschaffenheit. Im Süden ist es schmal und weist Steilabbrüche von 500 bis 1000 m auf, im Norden beträgt die Tiefe etwa 10 m. Der Park umfasst eine Fläche von 225 ha; in ihm befinden

sich etwa 250 Korallenriffe. Sie sind die Heimat für ein ganzes Füllhorn verschiedenster Fischarten. Schwärme bunter Papageienfische streifen vor den flachen Küsten, es gibt Enten-Kugel- und Trompetenfische, dazu unzählige Arten von Mollusken und Korallen, Langusten, Schwämmen und Seeigeln. Auf dem Cayo Sur wurde eine biologische Forschungsstation eingerichtet, die von der Regierung und privaten Spendern unterhalten wird. Neben ihrer Vielfalt an Unterwasserfauna bestechen die Inselchen auch durch ihren Vogelreichtum an Fregattvögeln, Tölpeln, Scharlachsichlern, Pelikanen und Reihern. 80 verschiedene Vogelarten bevölkern die Mangrovendickichte der Lagunen.

Doch das Paradies hat auch Schattenseiten. Es gibt kein Wasser auf Los Roques, und deswegen waren über lange Zeit auch keine Grundlagen für eine Besiedlung gegeben. Die Fischer, die sich auf Gran Roque niedergelassen hatten, kehrten am Wochenende zu ihren Familien zurück. Auch die mittler-

weile installierte Entsalzungsanlage deckt den Bedarf nicht, so dass Wasser vom Festland importiert werden muss, wie so vieles andere auch, denn außer Mangroven, Glaskraut und Kakteen gedeiht nicht viel auf Los Roques. Wegen seines ariden Klimas mit 300 Sonnentagen im Jahr nimmt das nicht Wunder.

Aber das erfreut wiederum viele andere. Seit den 1980er Jahren wächst der Archipel stetig in der Gunst der Touristen. War dieses Karibikziel über Jahre hinweg in den Händen einer ex-

klusiven Kundschaft, die mit eigener Yacht oder Flugzeug kam und sich in den wenigen, sündhaft teuren Unterkünfte einmietete, so hat die Erlaubnis, dass dort auch Propellermaschinen zu limitierten Zeiten landen können, eine größere Demokratisierung bewirkt. Ausgesprochen teuer ist der Aufenthalt immer noch. Unter 100 Dollar kommt kaum einer weg, das Flugticket nicht eingerechnet, wenn man nicht nur einen Tagesausflug von Porlamar oder Caracas mit Schnorchel-Exkursion bucht.

Auf Gran Roque am nordöstlichen Rand der gedachten Ellipse, der einzig bewohnten Insel, hat sich ein junger, ein wenig italienisch dominierter und lockerer Tourismus etabliert. Die zwischen Palmen und Hibiskussträuchern hinein gestreuten, hübsch bemalten, pastellfarbenen *posadas* an den schmalen, sandigen Gassen haben einen nonchalanten, teilweise fast hippiehaften, bestimmt aber unkonventionellen Charme. Abends trifft man sich in den (noch) zwei einzigen Kneipen an der Plaza Bolívar auf einen *trago*.

Karibik pur: Los Roques

Für Taucher und Schnorchler sind die Gewässer um Francisqui, Nordisqui, Crasqui, Esparqui und den Canquises das Dorado, und wer das noch nicht kann, bucht sich bei der Tauchschule ein. Die Betreiber der *posadas* organisieren fast alle Bootstouren zu den Inselstränden, denn auf Gran Roque kann man nicht baden. Andere wiederum haben ein festes Angelprogramm.

Die östliche Küsten- region

Salz und Perlen

War es das Paradies? Zumindest wollte es Kolumbus so erscheinen, als er, wie er in seinen Tagebüchern vermerkte, einen festen Zipfel Land, die später so genannte *tierra firme,* am östlichsten Punkt einer Halbinsel erblickte. Im August 1498 war er von Trinidad aufgebrochen und westwärts zu dieser Landspitze gesegelt, die der einzige Punkt des südamerikanischen Festlandes werden sollte, auf den er seinen später so berühmten Fuß setzte. Diese Halbinsel heißt heute Paria. Den östlichsten Punkt haben die Venezolaner Macuro getauft und ein Kreuz in das Stückchen Strand gerammt, das den historischen Akt erlebt haben soll. Das Paradies? Friedliche Paria-Indios kultivierten damals den üppigen Boden der fruchtbaren Täler zwischen hohen, dicht bewaldeten Gebirgshängen, sie wohnten in Siedlungen und schmückten sich mit Perlenhalsketten.

Dies wurde ihnen und der Umgebung zum Verhängnis, denn es weckte die Begier der spanischen Konquistadoren. Wenn diese Wilden kostbare Perlen als Tagesschmuck trugen, dann musste es sie in Massen geben. Sie behielten recht. Eine schonungslose Ausbeutung begann. Das ersehnte Gold war nicht aufgespürt worden, dann nahm man eben Perlen. Die Legende von einem goldenen Königreich im Inneren des unbekannten Kontinents stachelte die Absichten der übers Meer gekommenen Landser, Entdecker und Abenteurer an, das Land zu unterwerfen, und sie suchten nach nichts anderem mehr. In der Ausbeutung der Perlengründe verschliss die spanische Kolonialherrschaft dann die ursprünglichen Landesherren.

◁ *Beim Karneval in Carúpano*

Zwischen 1499, als der Erbe einer Schiffszwieback-Dynastie, Cristóbal de la Guerra, und Pedro Alonso Niño die befestigte Siedlung Santiago de Cubagua anlegten, und 1530 hatte eine dem Inkagold aus Peru ebenbürtige Summe die spanischen Schatztruhen gefüllt. Die paradiesischen Verhältnisse brachten Folter und Tod.

De la Guerra und Niño stießen auf eine weitere Quelle des Reichtums: die riesigen Salzpfannen der Halbinsel Araya. Im 15. Jh. erzielte Salz wie alle anderen Gewürze – um die Gewürzinseln der Molukken zu finden, war Kolumbus ja aufgebrochen – einen hohen Preis; und es war unentbehrlich für die Konservierung von Fleisch und Fisch. Die fundiertesten Kenntnisse über die zaghaft entstehende Fischindustrie besaßen die Niederländer, die nach Bekanntwerden des Salzreichtums vor der venezolanischen Küste das von den Spaniern reklamierte Gebiet auch schnell erkundeten und ausbeuteten. Die auf Araya vorhandenen Salzdepots stellten sich als die größten heraus, die bisher entdeckt worden waren.

Das Land der Kakao- und Kaffeebarone

Über die Jahrhunderte hinweg haben sich diese Regionen als verlässlich reiche Pfründe erwiesen. Der Flusshafen in Barcelona am Río Neverí diente dabei als geschützter Handelsstützpunkt (auch für Waren aus den Llanos), denn die Küstengegenden waren häufig Piratenüberfällen preisgegeben, wiesen allerdings auch keine vergleichbar günstigen geographischen Bedingungen auf.

Ein Flickenteppich unterschiedlichster Plantagen breitete sich über die Kordillerenlandschaften aus. Schon im 18. Jh. war der fruchtbare Boden um den Golfo

Kakaobohne

de Cariaco mit Baumwollfeldern übersät, und im 19. Jh. waren die Hänge der Küstenkordillere mit Kakao- und Kaffeeplantagen überzogen, die hier ideale Zustände vorfanden und für den Wohlstand des gesamten Landes sorgten. Zuckerrohrplantagen wurden angelegt, und die Spanier beuteten *añil* aus, einen Pflanzenfarbstoff, der bis zur synthetischen Herstellung von Anilin begehrtes Handelsgut gewesen war. Die feingeschwungenen Buchten bepflanzten sie mit Kokospalmen. Aus Tobago *(Islas de Tabaco)* importierte Tabakpflanzen gediehen prachtvoll und erklommen rasch die Güteskala. Alexander von Humboldt, der diese Region Venezuelas intensiv bereiste, verglich ihre Qualität mit denen von Kuba und vom Río Negro.

Reichtum erzeugt auch Verarmung. Die landwirtschaftliche Ausbeutung in den Zuckerrohr-, Kakao- und Kaffeeplantagen hat über Jahrhunderte hinweg das natürliche Mikroklima verändert; Kleinbauern bereiten den Boden für ihre *conucos* häufig durch Brandrodung. Zusammen mit den heimischen Pflanzen geht auch die Kenntnis über ihre spezifischen, z. B. medizinalen, Eigenschaften verloren. Wertvolle Nutzhölzer, die den

empfindlichen Kakao- und Kaffeeblüten Schatten boten, wurden geschlagen und durch schnellwachsende Bäume ersetzt, deren Holz nicht weiter verwendet werden kann.

In drei Nationalparks – Bahía de Mochima, Turuépano und Paria – wird versucht, die ursprüngliche natürliche Vielfalt nicht weiter anzugreifen, doch das evoziert einen neuen Kreislauf wirtschaftlicher Abhängigkeiten. Naturliebende Touristen können sich an vogelkundlichen Wanderungen ergötzen, stille Wasserläufe erkunden, auf Dschungelpfaden die heimische Flora kennenlernen, im Schnorchel- und Tauchparadies der Bahía de Mochima ihrem Hobby nachgehen – und provozieren damit eine ungewollte Vermarktung landschaftlicher Kostbarkeiten.

Der Antagonismus zwischen Natur und Zivilisation hat auch diesen paradiesischen Landstrich erfasst. An der Grenze zum Parque Nacional Bahía de Mochima befindet sich La Guanta, einer der wichtigsten Erdölhäfen Venezuelas, und Puerto La Cruz bildet den Endpunkt der Pipelines, die quer durchs Land bis hinunter zu den reichen Vorkommen um El Tigre gelegt wurden.

Von Puerto La Cruz zur Península de Paria

Tipps & Adressen: Puerto de la Cruz S. 315, Barcelona S. 276, Playa Colorada S. 313, Mochima S. 311 f., Cumaná S. 294 f., Halbinsel Araya S. 275, Carúpano S. 288 f., Río Caribe S. 316, Halbinsel Paria S. 312 f. San Juan de las Galdonas S. 317

Puerto La Cruz und Barcelona

Seine Nähe zur Isla de Margarita und dem Parque Nacional Bahía de Mochima hat der blühenden, aber keineswegs aufsehenerregenden Hafenstadt **Puerto La Cruz** 1 den Tourismus beschert. In weniger als vier Stunden ist das beliebteste venezolanische Ferienziel der Deutschen mit der Fähre von Pu-

Die östliche Küstenregion

erto La Cruz aus erreicht. Doch seit der Flughafen der Isla de Margarita für internationale Jets ausgebaut wurde, stagniert das Geschäft. Was gut läuft, ist der Sex-Tourismus, der langsam auch auf die Isla de Margarita übergreift. Alleinstehende deutsche Männer bilden das touristische Hauptpotential der Stadt, und im Hotel Riviera an der Uferpromenade Paseo Colón wird ohne Bedenken die öffentliche Prostitution geduldet. In den anderen Hotels weiß man davon, und auch Restaurants dienen offenbar als Einstieg zur Kontaktaufnahme.

Den für den Tourismus eigens konstruierten **Paseo Colón** scheint sich Puerto La Cruz bloß angeschminkt zu haben, so unverbunden bleibt er mit dem übrigen städtischen Gewebe, das schon zwei Straßen weiter beginnt. Aber als einzige wirkliche Flanier-Strandprome-

nade im gesamten Land ist er eine Attraktion für sich, wobei der Strand freilich recht bescheiden ist: Wenig, mit dem Staub der Stadt vermischter Sand lagert auf hartem Boden unter windzerzausten Palmen. Das wirkt nicht gerade einladend zum Sonnenbad. Kilometerlang wird der Paseo von Freiluftcafés, angenehm gestalteten Restaurants und Kunstgewerbeständen gesäumt, und auf der gegenüberliegenden reihen sich Drei-Sterne-Hotels, Boutiquen, Reiseagenturen und Souvenirgeschäfte aneinander. Und jede Nacht liefert der Paseo die Kulisse für ein überschwengliches, feuchtfröhliches Fest der Umtriebigkeit.

Das normale Alltags-Puerto-La-Cruz, erst im 19. Jh. als Fischerort gegründet und seit den 1950er Jahren Endpunkt der Erdölpipelines, wimmelt dagegen von klebrigen Bürgersteigen und staubigen Geschäften, kleinen Tischlereien und Möbelläden. Die einzige wirkliche Sehenswürdigkeit neben dem Paseo ist der **Markt,** besonders in den frühen Morgenstunden. Einen Lustgewinn bereitet der Besuch allerdings nur dem, der eine typische latinische Marktatmosphäre zu genießen weiß und der sich nicht gestört fühlt, wenn neben seinem Frühstückskiosk

mit *empanadas* die blutigen Schweinsköpfe zu Türmen aufgeschichtet sind. Früchte und Korianderkraut liefern sich ein Duell in Sachen Aroma, und man kann ein Sammelsurium an Wundertinkturen erstehen, wie die in ihren Abnehmerkreisen hochgerühmte, nilgrüne *uña de gato* (Katzenkralle), die gegen Krebs und Hauterkrankungen helfen soll.

Für schöneres Baden als am Standort Puerto La Cruz selbst sorgen die Strände auf den vorgelagerten hübschen, kleinen Inseln **La Plata** und **El Saco,** die durch kleine Fähren mit dem Strand der Stadt verbunden sind. Sie gehören bereits zum Repertoire des Parque Nacional Bahía de Mochima. Reiseagenturen vermitteln Ganztagesausflüge mit dem Boot zu weiteren Karibikstränden auf

den Inseln Cachicamo, Chimana und Arapo oder zur Playa Blanca, die man mit dem Auto nicht erreichen kann.

Die gut ausgebaute *Avenida Intercomunal* verknüpft Puerto La Cruz mit Barcelona. Die Einwohnerstatistik addiert gleich zusammen: Etwa 500 000 Menschen leben in beiden Städten. Der Verkehr saust zunächst an den Hochhausfassaden und *centros comerciales* von Puerto La Cruz vorbei und passiert das gepflegte Villenviertel Lecherías – dort weideten in früheren Tagen die Milchkühe der Umgebung – sowie die halbwegs mondäne Ferienanlage **Complejo Turístico El Morro.** Ihr Kernstück Aquavilla, ein Gewirr teurer Ferienhäuschen an nicht abwasserbereinigten Kanälen und wahres Mückendorado, umgibt das luxuriöse Fünf-Sterne-Hotel Mare Mare mit beeindruckender Swimmingpool-Landschaft und grenzt an das postmodern bunt und fröhlich gestaltete Einkaufs- und Vergnügungszentrum Centro Comercial Plaza Mayor. Und dann hat die Schnelligkeit ein Ende: Die Fahrzeuge rollen buchstäblich gemächlich in Barcelona aus.

Altmodischer Charme kennzeichnet die Landeshauptstadt des Bundesstaates Anzoátegui. Das 1671 von Katalanen gegründete **Barcelona** 2 del Dulce Nombre de Jesús, 30 km von der Küstenlinie entfernt, dämmert im Halbschatten baumgefasster Avenidas am Río Neverí als koloniales Provinzhauptstädtchen recht unbeachtet vor sich hin. Man könnte es als kontrapunktisches Modell zu Puerto La Cruz betrachten. Wird dort dem schnellen Konsum und dem Handel in jeglicher Variante gehuldigt, so ergötzt man sich in Barcelona an der Beschaulichkeit eines gemächlicher laufenden Alltagsgeschehens, in dem leicht angestaubte Drogerien und ambulante Schuhmacher noch ihren Platz

haben. Die gemäßigt moderne und verkehrsreiche Avenida 5 de Julio, um die sich die Geschäftszone konzentriert, trennt den südlichen Altstadtbereich von den ruhigen, bescheidenen Wohnvierteln im Norden.

Und doch befand sich in Barcelona bis Ende des 19. Jh. einer der wichtigsten Häfen für den Handel zwischen den Llanos und den Niederländischen Antillen. Verladen wurden hauptsächlich Fleisch, Rinder, Maultiere und Pferde. Lebhafter Bootsverkehr mitsamt schwimmender Märkte würzte die Atmosphäre der Stadt. Das zweistöckige Zollhaus aus jenen Zeiten, **El Rincón Aduana,** war bis in die 1940er Jahre in Betrieb, als der Meereshafen La Guanta bei Puerto La Cruz noch nicht existierte.

Über die **Puente Bolívar** rollt der Verkehr, von Puerto La Cruz aus kommend, gemütlich zur Plaza Rolando mit dem Teatro Cajigal. An der Bolívarbrücke gäbe es nun nichts Bemerkenswertes, wäre sie nicht in irgendeiner Weise mit dem *Libertador* verknüpft. Und sei die Verbindung auch noch so unbedeutend, den Venezolanern ist sie allemal wenigstens den Namen wert. Hier traf sich der *Libertador* mit seinem, wie es in einem Wortspiel heißt, *Libertador*, Francisco Bermúdez, der ihm während der Unabhängigkeitskriege beistand, den königlich-spanischen Truppen zu entkommen.

Klein und angenehm beschattet unterbricht die **Plaza Rolando** das den spanischen Kolonialzeiten entstammende Schachbrettmuster der gepflasterten schmalen Straßenlinien. Die weiße, zweitürmige Kirche El Carmen und das in Vanillegelb getauchte **Teatro Cajigal** flankieren sie. Auf das hübsche neoklassizistische Theaterchen wird gerne hingewiesen, denn es hat eine florierende Saison mit einem alljährlichen Festival im Oktober vorzuweisen. Und das ist in Venezuela eine Seltenheit.

Am schönsten und anheimelndsten Platz der Stadt, der ausnahmsweise nicht Bolívar, sondern **Plaza Boyacá** getauft wurde, konzentrieren sich die Sehenswürdigkeiten von Barcelona. Sie liegt drei *cuadras* von der Plaza Rolando entfernt. Das **Museo Anzoátegui** im restaurierten kolonialen Geburtshaus des Unabhängigkeitshelden José Antonio Anzoátegui enthält eine bunte Mischung historischer und sakraler Exponate wie alte Näh- und Schreibmaschinen, steinerne Wasserfilter, Fossilien und – ungewöhnlicher Anblick – eine Parade unbekleideter Heiligenfiguren aus Holz aus dem 18. Jh., die den jeweiligen Anlässen entsprechend eingekleidet werden konnten. Frech enthüllen sie ihre Machart: ohne Unterleib, nur mit Stelzenbeinen.

Ein Jahr nach der Gründung der Stadt stand bereits die **Kathedrale,** eine dreischiffige, heute strahlend weiße Konstruktion mit stämmigen Säulenreihen. Reliquien und die sterblichen Überreste des hl. Celestino werden darin aufbewahrt, und ein fast deckenhohes goldenes Retabel aus dem Jahr 1744 leuchtet unübersehbar im Kircheninneren. Von der freundlichen Atmosphäre des Platzes scheinen auch die anmutigen, kopfsteingepflasterten Straßen mit den typischen hohen Bürgersteigen in der unmittelbaren Umgebung beseelt.

Der ehemalige Franziskanerkonvent der Stadt aus dem Jahr 1647 – die Franziskaner missionierten schon früh und eifrig das Hinterland – bezeugt dagegen eine blutige Geschichte. Im Morgengrauen des 7. April 1817 war er Schauplatz eines der unzähligen Puzzlesteine im langen Kampf um die Unabhängigkeit; und diesmal war der Ausgang wahrhaft erschreckend. 1500 Menschen starben bei einem Massaker in der vom Konvent zur Festung umfunktionierten **Casa Fuerte,** die heute an der vielbefahrenen Straßenkreuzung Calle Eulalia Buróz/Avenida 5 de Julio liegt. Unter ihnen befanden sich viele Frauen, alte Menschen und Kinder. Auf der nationalistischen Seite verteidigten Pedro María Freites und Eulalia Buróz die Souveränität Großkolumbiens, während ein 3000 Mann starkes Heer der Spanier die Festung in Ruinen legte. Das Denkmal würdigt dankenswerterweise einmal eine Frau, Eulalia Buróz, und Bäume beschatten die übriggebliebenen rotbraunen Mauerstümpfe, die, einem Mahnmal gleich, unbeschönigt, nicht restauriert, von diesem Todeskampf künden.

Der Parque Nacional Bahía de Mochima

Der Barcelona durchfließende Río Neverí begrenzt im tropischen Süden den 950 km^2 messenden **Parque Nacional Bahía de Mochima** 🜛 zwischen Puerto La Cruz und Cumaná, dessen größte Fläche unterhalb des Meeresspiegels ruht. Rund 42 % gehören zum Festland, 8 % bedecken die Inseln. Die Bahía de Mochima umfasst mit den Inselgruppen Las Borrachas, Las Chimanas und Las Caracas sowie dem Küstenstreifen ein wahres Schatzkästlein der Natur, ein wunderschönes Zusammenspiel von idyllischen Sandbuchten und zerklüfteten Ausläufern der mit dichten Wäldern überzogenen Küstenkordillere, die sich eng an die Strände schmiegen. Korallenriffe und Mangrovenwälder bieten Fischen und Vögeln Schutz. Die malerisch gegliederten Berggipfel erreichen oftmals 2000 m, um dann in gezackten Schwüngen und stark gefaltet steil ins Meer zu stürzen, und das Sonnenlicht

zaubert Licht- und Schattenspiele in die Nischen und Vorsprünge. Die Komposition von Karibikstränden, Palmenhainen, Fischerdörfern und duftenden Bergen setzt Venezuela ein ganz besonderes Glanzlicht auf.

Von Puerto La Cruz auf der Ruta Nacional 9 kommend, lohnt **La Sirena,** dicht bei dem expandierenden, hässlichen Erdölhafen La Guanta, einen Besuch, weil es sich um einen zwar kleinen, aber prachtvollen Wasserfall mit natürlichen Schwimmbassins in einem angenehm kühlen, tropischen Mini-Na-

turpark handelt, der den Namen der Kaskade trägt. Eine Zementfabrik und die größte und traditionsreichste Brauerei des Landes, die von Deutschen gegründete und von Braumeistern aus Weihenstephan supervidierte Polar, begleiten wenig romantisch die Straße zwischen Puerto La Cruz und La Guanta.

Sie ist einer der verbrieft schönsten Strände Venezuelas: die palmenbestandene **Playa Colorada** 4, in unmittelbarer Nachbarschaft der Playas Arapito und Hicacos im Nationalpark Mochima – denn die staatliche Tourismusbehörde

Sonnenschirmen entlang. Richtig einsam ist die nähere Umgebung der Playa Colorada nicht geblieben; zwei kleine *posadas* und ein Hotel am Fuß des Kordillerenabhanges sorgen für Übernachtungs- und Verpflegungsmöglichkeiten.

Arapito, von ähnlichem Format wie die Playa Colorada, ist weniger gepflegt; **Hicacos** hat eine winzige Traumbucht mit tiefgrünem Wasser. Zwischen den vorgelagerten, kaum bebauten Inselchen Arapita und Arapo befindet sich eine Zone mit besonders tiefem, glasklarem Wasser, La Piscina, ›das Schwimmbecken‹. Fischer bieten an den Wochenenden Überfahrten von der Playa Colorada und von Arapito aus an. Man kann aber La Piscina auch von Puerto La Cruz mit einem organisierten Ausflug ansteuern.

Ist die Ansicht der tief in das Meer gezogenen Zungen der Küstenkordillere und der mit zartem Sand bestreuten, mondsichelförmigen Buchten schon von der Küstenstraße her betrachtet imposant, so liefert die Fahrt hinauf zu **Altos de Santa Fé** einen beeindruckenden Panoramablick über den Nationalpark. Bei El Chaporro zweigt eine kurvenreiche, schmale, asphaltierte Straße rechts ab und erklimmt rasch die Ausläufer des Gebirges; für die 14 km ist nahezu eine halbe Stunde einzukalkulieren. Los Altos de Santa Fé liegt auf einer langgedehnten Terrasse, idyllisch beschattet von leuchtenden Weihnachtssternbäumen und tropischen Bananenpflanzen. In den tiefen Tälern, welche die Terrasse von der Kordillere trennen, wachsen Gurken und Auberginen reizvoll unter Palmendächern, doch es ist absehbar, wann diese attraktive Lage von Ausflüglern und Wochenendquartieren erobert sein wird. Eine Anzahl von Ferienhäusern – meist in wohltuend zu-

Corpoturismo wirbt auf Plakaten stolz mit ihrem Bild. Der berühmte namengebende orange bis rosafarbene Strand, der an Wochenenden nach ausgiebiger Benutzung eher eine gräuliche Tönung annimmt, besteht aus einem schillernden Teppich vom Meer feinzermahlener Muscheln. Sein Bekanntheitsgrad ermöglicht einigen improvisierten Fischrestaurants ein bequemes Auskommen, und genau wie in Arapito und Hicacos paradieren die ambulanten Austernverkäufer mit ihren Plastikeimern und Zitronen an den Gästen unter gemieteten

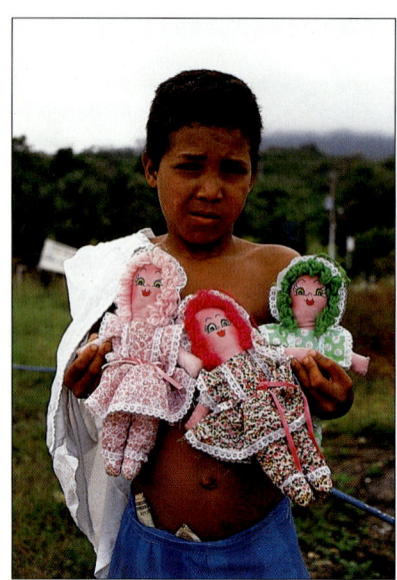

Junge mit Lumpenpuppen

rückhaltender Architektur und wundervoller Aussichtslage – sieht man über dem Golf thronen. Und eine angenehme *posada* hält ihre Pforten geöffnet.

Ein weiteres – und das bekanntere – **Santa Fé** liegt 10 km hinter der Playa Hicacos am tief eingeschnittenen Golfo de Santa Fé. Es hat vermutlich den hässlichsten Bolívar-Platz von ganz Venezuela. In Santa Fé hat man zuviel Beton auf die Straßen gegossen und das Pflanzengrün vernachlässigt, aber es ist eines der authentischsten und atmosphärischsten Fischerdörfchen in diesem Küstenabschnitt. Die Fischwaagen stehen aufgereiht am Strand zwischen den beiden Marktgebäuden, aus denen das geschmolzene Kühleis leckt und sich mit den Meerespfützen mischt, Scharen von Pelikanen schaukeln auf den leuchtendbunt bemalten Fischerbooten. Die Fischer sind morgens müde und ruhen sich in der Bodega Mis Luchas aus (›Meine Kämpfe‹), in der hauptsächlich

Rum ausgeschenkt wird. Die Verkäufer, die Arme bis zu den Ellenbogen voller sirenenhafter Schuppen, preisen lautstark die Traditionsfischsorten *parguito* und *carite* an und beschönigen die oft mageren Fänge von Doraden oder Meeresfrüchten. Bananenstauden baumeln über früchteüberladenen Verkaufstheken im dämmrigen Licht des Marktes, und die feucht-heiße Luft erzittert unter den Aromen der Fische und des Meersalzes. Die Aussicht von Santa Fé ist zauberhaft, denn der gegenüberliegende Cerro Aceite Castillo zersplittert in eine reizvolle Vielzahl von kleinen Buchten und Landzungen.

Der Fischerort **Mochima** liegt nicht an der Hauptstraße, die im weiteren Verlauf wie ein Balkon hoch über der Küste entlangführt, sondern an der schmalen, stark gegliederten, smaragdgrünen Bahía de Mochima. Eine kurvenreiche Abzweigung mäandert hinunter zur Bucht, die – ähnlich den Fjorden Norwegens – eigentlich ein vor langen Zeiten ins Meer versunkenes Tal ist, und gestattet die schönsten Ausblicke auf die Hügel, Buchten und Landzungen. Die Anmut seiner Umgebung und die Nähe zu schönen Stränden haben in dem sonnigen Mochima eine bescheidene, aber effektive touristische Infrastruktur aufblühen lassen; und auch die Busanbindung an Cumaná ist gut. Es gibt mehrere kleine *posadas,* die auch Ausflüge organisieren, und einen Veranstalter für Fahrten auf dem Meer. Denn die Mangroven-Wälder unmittelbar bei Mochima bieten keine großartigen Strände oder Bademöglichkeiten. Am Puerto Viejo am Fischmarkt wartet eine kleine Flotte von Taxibooten, die zu den Stränden Las Maritas, Blanca, Guaigua, Cauterito und Cautaro sowie zur Halbinsel Manare verkehren, denn all diese Plätze sind nicht über Straßen zu erreichen.

Wer eine Rundfahrt bucht, bekommt auch die kleineren, nahe gelegenen zu sehen wie **El Pozo** und **Las Salitas,** deren Ausstattung lediglich aus Picknickplätzen besteht. Am beliebtesten ist die feinsandige **Playa Blanca** gesäumt von volkstümlichen Fischlokalen. An der Landspitze **Punta de Guaigua** kann man in unterirdischen Grotten tauchen. Ein kleines Heiligtum der Seefahrer-Madonna von der Isla de Margarita, Virgen del Valle, wacht hoch auf dem Felsen. Die **Playa Cauterito** ist nur zur Hochsaison bewirtschaftet; an der **Playa Cautero** lösen die dort lebenden Fischer eventuell auftretende Versorgungsprobleme, sie bereiten ihren Fang an Stöcker, *catalana* und Makrele auf Wunsch gleich zu. In den schmalen Buchten der Halbinsel Manare haben sich hauptsächlich Fischer niedergelassen.

Cumaná

Zunehmend strauchigere, wüstenhaftere Vegetation umgibt die Ruta Nacional 9 in Richtung Cumaná. Ein Saum einfacher Lokale und einige Unterstände, an denen die bunten Lumpenpuppen *(barbacoas)* baumeln, begleitet sie in die trocken-heiße Hauptstadt des Bundesstaates Sucre, die die Regenzeit tatsächlich kaum kennt. **Cumaná** 5, 122 km von Puerto la Cruz entfernt, war schon zu Kolonialzeiten Verwaltungssitz der damals Nueva Andalucía genannten Provinz. In der Stadt ist man stolz darauf, in derjenigen spanischen Gründung zu leben, die am zähesten und elastischsten in ganz Südamerika überdauert hat – aber unter welchen Opfern und Tragödien! Sie wurde 1521 erbaut und widerstand verheerenden Erdbeben ebenso wie den indianischen Aufständen der

Straßenszene in Cumaná

Das Castillo de San Antonio de la Eminencia bei Cumaná

Cumanagoto, die sich vom Joch der Konquistadoren befreien wollten. Denn die Bauern (*cumanagoto* bedeutet in ihrer Sprache ›Bohnenmenschen‹), die auch Teile der Isla de Margarita und der Halbinsel Araya bewohnten, wurden von den spanischen Kolonialherren zum Perlentauchen vor den Küsten des heutigen Nueva Esparta gezwungen. Die Arbeit glich unverhüllter Folter. Häufig wurde das kümmerliche Dörfchen zerstört, doch strategische Überlegungen hielten diese spanische Niederlassung am Leben. Sie lag zu günstig, um auf sie verzichten zu können: Denn Nueva Esparta mit den Inseln Coche und Cubagua hatte keine Wasseradern und benötigte folglich einen Stützpunkt auf dem Festland. Und so erstand das heutige Cumaná unter immer neuen Namen auf, mit immer bedeutungsvolleren spanischen Taufpaten: Nuevo Toledo, Nueva Córdoba.

Die Verhältnisse schlugen damals auch den Sevillaner Dominikanerpater Bartolomé de Las Casas in die Flucht. Beseelt von einem neuen, fortschrittlicheren Missionierungskonzept, war er mit einer königlichen Pacht von 1000 *leguas* Land zu den Küsten im Osten Venezuelas aufgebrochen, nur um festzustellen, dass die Perlengier die Gehirne der Spanier und die grausamen Verhältnisse das Bewusstsein der Indios zerrüttet hatten. Durch spanische Anleitung verroht, versklavten sich die indianischen Verbände gegenseitig und verkauften die Unterlegenen an die europäischen Eroberer, die ständig neues Futter für ihre Tauchgründe brauchten. Las Casas, der später eine nicht beschönigende Chronik der *Conquista* verfasste, verbrachte nur kurze Zeit in Nueva Andalucía.

In dem spanischen Ort mit dem indianischen Namensrest Cumaná siedelten sich später die Guaiquerí an, die schon früh mit den spanischen Eroberern und Missionaren zusammengearbeitet hatten und eine eigene Siedlung am Ufer des Río Manzanares bekamen. Diese hatte Alexander von Humboldt besucht, als er Cumaná 1799 kennenlernte, das man in Europa bereits vergessen hatte. In einer beispiellosen Ausbeutung waren die Perlenbänke schon zum Ende des 16. Jh. zerstört, der natürliche Reichtum des Landstriches erschöpft, die ursprüngliche Bevölkerung unter folterhaften Arbeitsbedingungen nahezu vernichtet worden. Und das so trotzig aufrechterhaltene Dörfchen sank in die Bedeutungslosigkeit zurück.

Das helle, auf Kalkfelsen gelagerte Cumaná (280 000 Einwohner) zerfällt deutlich in zwei, durch den Río Manzanares geteilte Hälften. Humboldt erstaunte sich in seinem Tagebuch ›Reise nach Südamerika‹ über die Bedeutung dieses Flusses für die gute Laune der Stadtbewohner, was angesichts des Klimas aber durchaus nachvollziehbar erscheint. Sogar die Damen seien des Schwimmens kundig, vermerkte er, weil die Abkühlung im Fluss offensichtlich notwendig für das tägliche Wohlbefinden sei, und man pflege sich morgens mit der Frage zu begrüßen, welche Temperatur das Wasser aufweise. Überdies wimmele der Manzanares von *babas,* kleinen Kaimanen, an denen sich – und auch das versetzte den Naturwissenschaftler in Verwunderung – die Badenden aber offenbar nicht störten. Für ihre abendlichen Geselligkeiten hatten sie ebenfalls den Fluss erwählt: Sie stellten einfach Tische und Stühle ins Wasser und ließen sich vom Mond bescheinen.

Hell leuchtet das **Castillo de San Antonio de la Eminencia** von einem staubigen, mit Bougainvilleen geschmückten Hügel schon von weitem über der Stadt. Für seinen Bau wurde verwendet, was gerade zur Verfügung stand: Der Baukörper der Festung besteht aus Korallengestein, der Mörtel wurde aus Ochsenblut, der Agavenessenz Aloe Vera, Sand und Tierexkrementen angerührt. Vier schwere, halbrunde Türme bewachten die ursprünglich sternförmige Konstruktion von 1659, die Piratenüberfällen und Erdbeben (1684, 1853, 1929 und 1997) gleichermaßen standhalten musste. Vom Castillo aus lässt sich die gesamte, von der Sonne zu rissiger Erde gedörrte Umgebung gut überblicken. Bemerkenswert ist seine Lage innerhalb des Stadtgefüges, die eigentlich keinen Sinn für eine Verteidigungsanlage gegen Pirateneinfälle macht: Die Festung stand anfangs isoliert auf einer Insel, die durch Schwemmland aus dem Río Manzanares mit dem Gelände der Küste allmählich fest zusammengefügt wurde, auf dem sich dann die Stadt bildete.

Unterhalb des Castillo de San Antonio breitet sich ein durch Stiegen verbundenes, heiteres Altstädtchen aus, dessen architektonische Anmut allmählich der Vergessenheit entrissen wird. Die schmalen Straßenzüge der Calles Alarcán und de Santa Inés mit einer Reihe zierlicher Häuschen in munteren, sonnigen Farben sind Beispiele dafür.

Älter und bekannter für seine Kolonialarchitektur ist das Straßendoppel der parallel zueinander angeordneten Avenidas Bolívar und Sucre. Die Sucre wurde größtenteils als Fußgängerzone eingerichtet. An ihr versammeln sich die wichtigsten historischen Sehenswürdigkeiten der Stadt, oder sie befinden sich zumindest in Laufnähe. Ganz in Weiß getaucht erstrahlt die elegant gestaltete **Plaza Bolívar.** Auf einer abgestuften Plattform sind Büsten vom ›Pater Patriae‹ und dem berühmtesten Sohn von

Cumaná, Antonio José de Sucre, aufgestellt. Von ihm gibt es auch ein Reiterdenkmal auf einem Marmorstufensockel im Zentrum des Platzes, dahinter erblickt man den im neoklassizistischen Stil gehaltenen Palacio de Gobierno aus dem Jahr 1930. Eine Reihe würdevoll restaurierter Kolonialbauten der ehemals besseren Gesellschaft säumt die Calle Sucre genau gegenüber; voluminöse Holzbalkone überthronen tiefgezogene Fenster in Fassaden von leuchtendem Weiß. An der Zahl der Fenster und Türen erkennt man übrigens den Reichtum der damaligen Hausbewohner, denn es war früher üblich, die Zahl der Fenster und Türen zu besteuern und nicht etwa Fläche, Höhe oder Breite eines Hauses. Zwei Fenster in der Front symbolisierten bereits Wohlhabenheit.

Eines dieser Häuser gehörte der Familie des Dichters Andrés Eloy Blanco, dessen 100. Geburtstag man 1997 feierte. Als volksnaher und politisch rühriger Intellektueller, der die Kultur der einfachen Leute in seinen Arbeiten bewahrte (z. B. in seinem Gedicht über die unglückliche Mutter Loca Luz Caraballo, die ihre zehn Söhne in den Unabhängigkeitskämpfen verlor), wird er in dem hübschen, luftigen Patio-Haus porträtiert, der **Casa Natal.** Eines seiner berühmtesten Gedichte, ›Angelitos Negros‹, in dem er scheinbar naiv einen Kirchenmaler befragt, warum er nur weiße Engel male, hat Eartha Kitt vertont.

Ein paar Schritte in südlicher Richtung erhebt sich die Kirche der Stadtpatronin Santa Inés, zu der etliche Stufen hinaufführen. Sie ist recht neu, die Patronin dagegen recht alt – sie hat diese Funktion nämlich schon seit 1572. Die **Iglesia de Santa Inés** wurde von einem Erdbeben 1853 zerstört. Die offizielle Version behauptet, Santa Inés

habe die Bewohner von Cumaná vor einem indianischen Angriff der Cumanagoto gerettet. Für die Leute aus Cumaná steht indes fest, dass Santa Inés eine römische Märtyrerin war, die als Strafe für ihre Gottesgläubigkeit mit 13 Jahren bereits in ein Bordell gesteckt worden war.

Den Lauf des Manzanares begleitet eine angenehme parkähnliche Grünzone, und unter hohen Baumwipfeln spaziert man in erfrischender Kühle am Fluss entlang. Der Star der Promenade ist ohne Zweifel das **Museo Gran Mariscal de Ayacucho.** Von gediegenen Säulen in vollendeten Proportionen gestützt, bezieht sich alles in diesem prunkvollen, neoklassizistischen Gebäude huldigend auf Antonio José de Sucre, den Unabhängigkeitskämpfer, den strahlenden Sieger der Entscheidungsschlacht von Ayacucho und Bolívars Lieblingskandidat für seine eigene Nachfolge. In den dekorativen Marmorböden spiegeln sich kostbare Kolonialmöbel, und eine ganze Girlande von Historiengemälden stellt die Entscheidungsschlacht des Unabhängigkeitskrieges dar. Epauletten und Pistolen aus dem persönlichen Besitz des Marschalls und eine Kopie der Goldkrone, die Sucre als Auszeichnung erhielt, vervollständigen die Exponate. Konkurrenz hat Sucre durch Alexander von Humboldt bekommen, der sich gerne in dieser Stadt aufgehalten hatte. Die deutsche Botschaft finanzierte 1999 zum 200. Jahrestag seines Besuches ein ihm gewidmetes Denkmal, das neben dem Sucre-Museum im Parque Ayacucho aufgestellt wurde.

Ganz dem modernen Handel ist dagegen die westliche Stadthälfte gewidmet. Das Schachbrettmuster der Straßenzüge bringt Ordnung in das Gewühl der lärmenden Einkaufshäuser, Super-

märkte, Schnellrestaurants, Schuhgeschäfte und Billigdrogerien. Hier liegt
die Anlegestelle der Fähren zur Isla de
Margarita und der Península de Araya
an der Final Avenida Islote.

In Cumaná sprechen überdies die
Wände – Simón Bolívar mit Che Guevara, Simón Bolívar mit Jesus, Indianer,
die ihre Ketten sprengen: Die Stadt ist
übersät mit *murales,* Wandgemälden,
die eifrige und kämpferische Maler
hauptsächlich im östlichen Teil angebracht haben.

Die Península de Araya

Die über 70 km langgestreckte und
10 km breite, aride, in das abenteuerliche Orange, Ockerrot und Purpur ihrer
Salzsümpfe getauchte **Halbinsel Araya**
6 begleitet als Silhouette im Meer die
Küstenstraße nach Carúpano, dem Ort
der Kakaobarone und Kaffeepflücker.
Wie eingebrannt wirken die Salzbecken
in die Wüste, die Luft erzeugt fantastische Spiegelungen in der drückenden
Hitze. Es gibt außer dem Hauptort
Araya mit 18 000 Einwohnern in der
sanft geschwungenen Bucht am westlichen Ende der Halbinsel nur einzelne
träge Fischersiedlungen im Norden, die
durch die einzige, geschotterte Straße
miteinander verknüpft werden. Araya
liegt genau gegenüber von Cumaná und
kann vom Hafenterminal La Islote aus
erreicht werden; auf dem Landweg sind
es 181 km.

Die so heftig begehrten **Salinas de
Araya** erbringen noch heute die größten Salzvorräte Venezuelas, nämlich
eine halbe Million Tonnen jährlich. Von
der staatlichen ENSAL (Empresa Nacional de Salinas) überwacht, kann man
den Salzabbau besichtigen, wenn man
sich um eine besondere Erlaubnis bei
der Verwaltung bemüht. Die *gerencia*
stellt gerne einen Begleiter für die zwei-
bis dreistündige kostenlose Besichtigung zur Verfügung, die man wegen der
Schließungszeiten der Anlagen um 14
Uhr am besten am frühen Morgen an-
tritt, um genügend Zeit zu haben. Denn
neben den natürlichen Salzlagunen werden auch die künstlichen Becken am
Meer, 2 km nördlich der Stadtgrenze, besucht. Am eindrucksvollsten sind die un-
wirklich schillernden Farben der Salzdepots mit ihren scharfen weißen Rändern, die je nach Verdunstungsstand
zartorange bis aubergine leuchten.

Das **Castillo de Araya** belegt auf
seine Weise die große Bedeutung, welche die Salzvorkommen innehatten. Es
war das aufwendigste und von den kun-
digsten Militäringenieuren Spaniens
entworfene Fort in Venezuela, und für
den Bau brauchte man fast 50 Jahre.
Wegen der Hitze wurde nur nachts gearbeitet. 300 Soldaten fanden in den Mauern Unterkunft, 45 Kanonen schützten
die Festung vor den über hundert Überfällen, die die Chronik ausweist. Vom
stolzen Bauwerk übriggeblieben sind
die mächtigen Mauern des Ostflügels,
nichts sonst. Ein Hurrikan verschlang
1762 das *castillo* und die Salzlagunen
gleichermaßen, und die Spanier zerstörten die Reste durch Sprengung.

Schöne, aber schattenlose Bademöglichkeiten bestehen in der Nähe der *salinas* und in dem schläfrigen kleinen Fi-
scherörtchen **Punta Arenas,** 10 km
südlich von Araya.

Zur Höhle
der Fettschwalme

Vor dem Erreichen der Hauptstadt der
Halbinsel Paria, Carúpano, führt ein obli-
gatorischer Abstecher ins Landesinnere

zur **Cueva del Guácharo** 7 bei Caripe, einem hübschen, lebhaften Landwirtschaftszentrum. Das tiefe, von einem Flüsschen durchzogene, und mit bizarrschönen Stalaktiten und Stalagmiten besetzte Labyrinth der Höhle haben die außergewöhnlichen *guácharos* (Fettschwalme) zu ihrem bevorzugten Brutplatz erkoren. Alexander von Humboldt entdeckte sie bei seinen naturkundlichen Streifzügen durch den Nordosten Venezuelas mit aller Gewissenhaftigkeit für die Europäer. Die bis dahin unbekannten Tiere fressen Körner, fliegen bei Nacht und sind fast blind. Ähnlich den Fledermäusen orientieren sie sich ausschließlich am Echo ihrer Laute. Die *guácharos* haben – und das ist das Besondere an ihnen – während der Aufzuchtphase am Bauch ein mit Fett durchzogenes Federkleid und Fettreservoirs unterhalb der Haut. Für den indianischen Verband der Morocoyma (oder Chaima) sind sie Kulttiere und ihre Höhle der Ort, an dem die Seelen ihrer Verstorbenen die endgültige Ruhe finden. Das Höhleninnere ist ihnen heilig, und sie fürchten sich davor, es zu erkunden, denn das könnte den Frieden der Toten stören. Tatsächlich wurden in der Höhle Mitte des 19. Jh. indianische Gräber entdeckt.

Die Cueva del Guácharo erreicht man nach etwa 40 km auf der leicht ansteigenden Ruta 2 (Abzweigung von der Hauptroute hinter San Antonio del Golfo). Sie liegt umgeben von den dichtbewaldeten Berghängen der Sierra de Guácharo in einem üppig grünen Seitental des Río Caripe. Die Dschungelvegetation hat den Eingang zur Kalksteingrotte mit einem reichen Pflanzenkleid überwuchert. Diese Höhle zu erkunden stellt sich schnell als höchst interessantes, aber nicht unbedingt pures Vergnügen heraus, denn die *guácharos* verbreiten einen Riesenlärm,

und der glitschige Weg ist mit ihrem Kot bedeckt. Die Führungen geleiten etwa 750 m tief in das Höhlensystem hinein und dauern eine Stunde.

Um ihre Angst vor dem Eindringen in die Höhle zu bannen, welches die missionierenden Franziskaner von ihnen verlangten, seien die Indios mit Stöcken bewehrt zu den Nistplätzen der *guácharos* gestürmt und hätten sämtliche Jungtiere erschlagen, schreibt Alexander von Humboldt. Jeweils am Johannistag habe man die ›Fetternte‹ abgehalten. Die Franziskaner beanspruchten die Beute als kirchliches Eigentum. Sie brauchten es für die Herstellung des ›ewigen Lichtes‹, aber auch schlicht zum Kochen. Kaum ein Gericht sei ohne das Fett des Fettvogels aus der Küche gewandert, das die Franziskaner als besonders rein, haltbar und geschmacksneutral bewertet hatten.

Hauptstadt des Karnevals: Carúpano

Über den kleinen Weiler Casanay, der schon zur Halbinsel Paria gehört, geht es weiter auf der Ruta Nacional 9. Die 95 000-Einwohner-Stadt **Carúpano** 8 liegt am Scheitelpunkt zwischen den Halbinseln Araya und Paria. Sie lebt heute vom Fisch, vom Rum und vom Zement, so wie sie früher vom Kaffee und Kakao lebte. Sardineninnereien und -köpfe werden hier für die Tierfutterindustrie verarbeitet.

Nichts in Carúpanos Stadtbild verrät die wirtschaftliche Bedeutung, die es Mitte des 19. Jh. innehatte. Dank der lukrativen Absatzchancen des hochwertigen Kakaos und Kaffees war Carúpano ökonomisches Zentrum des Landes.

Beim Karneval in Carúpano

Noch zu Kolonialzeiten hatten beide Erzeugnisse Carúpano zusammen mit Casanay Wohlstand beschert. Von den so weit östlich gelegenen und von Caracas aus nicht leicht zu dominierenden Orten gedieh der Handel mit diesen Produkten, unter Umgehung der spanischen Handelskontrolle, nach Trinidad und den Niederländischen Antillen.

Doch die Hausfassaden von Carúpano sprechen heutzutage nicht einmal mehr von diesem verblichenen Reichtum. Es ist eine unprätentiöse, einfache, laute, heiße Stadt mit Geschäftszonen und auffallend hohen Bürgersteigen, die auf üppige tropische Regenfälle schließen lassen, eingebettet in die im Sonnenlicht schwimmenden Silhouetten der nahen Küstenkordillere.

Was die Architektur nicht richtig geschafft hat, bewerkstelligte die Kultur. Überlebende der wirtschaftlichen Blüte sind die gleißenden, heißen Karnevalsfeiern: im ganzen Land berühmt und begehrtes Ferienziel. Im gesamten Carúpano mitsamt benachbarten Ortschaften ist während der einwöchigen Feste im Februar kein Bett zu bekommen – nicht einmal bei Verwandten oder Bekannten. Wenn man überhaupt eines braucht … Denn ähnlich wie der Karneval in El Callao, der ebenfalls von Immigranten aus Trinidad inspiriert wurde, kennt der in Carúpano keine Schlafenszeit, sondern hauptsächlich sinneverwirrendes, rauschhaftes Feiern mit kleinen Ruhepausen. Versäumen möchte nämlich kein Besucher irgendetwas. Die schönsten Karossen, sagt man, gibt es weder auf Trinidad noch in El Callao, sondern in Carúpano. Und die beeindruckendsten stammen von den Homosexuellen, die im Macho-Land Venezuela sonst allenfalls still geduldet werden.

In den vergangenen Jahren hat sich das Stadtbild sanft gewandelt. An der Plaza Santa Rosa de Lima, die nach der Schutzpatronin der Stadt benannt wurde, ist auf Initiative des Bürgermeisters historische Bausubstanz neu belebt worden. Nicht zuletzt die Nähe zur Touristenhochburg Isla de Margarita hat den Marktwert von Carúpano steigen lassen, denn es ist Ausgangspunkt für Ausflüge in die tropische Bergwelt der Halbinsel Paria – und in einem halbstündigen Flug von Porlamar aus zu erreichen.

Die zentrale **Plaza Colón** der Stadt umgibt ein Kranz von Lotteriebüdchen und Kleidungsgeschäften, und über allem schwebt beständig eine muntere Merengue-Beschallung. Im scharfen Kontrast dazu steht die stille, von üppigen Baumwipfeln verdunkelte, intime **Plaza Santa Rosa de Lima** mit der gleichnamigen Kirche. Die hübschen alten Holzhäuser sind in leuchtendbunten Farbkombinationen gestrichen, nur die **Casa del Cable** ist klassisch weiß mit massivem dunkelbraunem Balkon. In ihr residiert der deutsche Wilfried Merle und unterstützt Naturtourismus und die Natur (s. S. 112 f.). Das Kabelhaus bezieht seinen Namen von dem Umstand, 1895 das erste Haus in Carúpano mit überseeischer Telefonleitung – in diesem Fall nach Marseille – gewesen zu sein, was die Bedeutung des interkontinentalen Handels bezeugt. Eine kleine Fotoausstellung im Inneren dokumentiert die Schritte zur Restaurierung des Hauses und die vielfältigen Aktivitäten seiner Inhaber, die sich auch als Kulturorganisatoren engagieren.

Das benachbarte **Museo Histórico de Carúpano** zeigt Teile des ersten und größten *téleferico* von ganz Südamerika. Auf einer Länge von 20 km wurde mit dieser Seilbahn Schwefel aus El Pilar zur Muelle Los Alemanes in Carúpano transportiert. Hübsch ist auch ein

Blick auf die Kathedrale von Carúpano

abschließender Spaziergang entlang der Meerespromenade Malecón.

Der wahre Reichtum der Kakaobarone hat sich in dem 25 km entfernten **Río Caribe** 9 niedergelassen, das allmählich aus seinem Dornröschenschlaf erwacht. An einer Reihe mehr oder weniger erschlossener Strände (El Morro de Puerto Santo, Iguana) entlang erreicht man auf der Ruta 2 ein Örtchen, in dem es am lebhaftesten während des morgendlichen Fischmarktes zugeht. Restaurants und Kneipen sind je nach Bedarf mal zu, mal offen. Fischer bieten Bootsfahrten zu entlegenen Stränden an, die keine Straßenanbindung haben. Die ehemalige Pracht der Kolonialhäuser kann entdecken, wer zufällig einen Blick durch eine geöffnete Holztüre erhascht. Aufwendige Schnitzereien schmücken Galerien und Innentüren,

die Innenhöfe sind üppig bepflanzt, der Stil ist heiter und bunt.

Mit Río Caribe hat die Paria-Halbinsel, die sich mit ihrem flachen, savannenhaften Süden und dem gebirgigen, bewaldeten Norden als Touristenziel empfiehlt, ein anmutiges Zentrum gewonnen. Dort findet man keinen aufgemotzten Tourismus, sondern eine Infrastruktur, die für den gedacht ist, der die Schönheiten der Natur langsam und gründlich entdecken will. Künstlerisch gestaltete Pensionen, Cafés und Restaurants werben unaufdringlich dafür.

Die Península de Paria

Ein Wettstreit ist entbrannt, wer denn nun die schönste des Landes ist: die Playa Colorada oder die Playa Medina,

Ferien im Einklang mit der Natur

Der eine träumt, der andere nicht. Zwei Deutsche beleben mit ihren unterschiedlichen, konkurrierenden und interessanten Urlaubskonzepten die Península de Paria. Wie zwei Äste von einem gemeinsamen Stamm haben sich ihre Konzepte entwickelt und gehen doch in eine jeweils pointiert andere Richtung.

Claus Müller mit seiner Finca Vuelta Larga bei Guaraúnos und Wilfried Merle mit der Hacienda Río El Agua huldigen dem *ecoturismo,* dem frisch entdeckten Ökotourismus. Doch das griffige Schlagwort erweist sich in Venezuela als äußerst elastisch. Nicht so für die beiden Deutschen. Der eine betrachtet Tourismus als Beschädigung der Umwelt und sieht seine Aufgabe darin, dazu beizutragen, dass es nicht noch schlimmer wird, der andere verhehlt seine Absicht nicht, damit auch Geld verdienen zu wollen, um weitere Projekte finanzieren zu können. Der eine legt sich mit Behörden an, der andere ist überall gut Freund.

Die **Finca Vuelta Larga** von Claus Müller ist mit ausgeklügelten architektonischen Details ausgestattet. Die Bungalows haben als Moskitoschutz doppelte Holztüren und -fenster und einen kastenförmigen, schön geschnitzten Fenstervorbau. Das ist eigentlich eine einfache Idee, doch nur Claus Müller hatte sie. Als Seifenschalen dienen glattgeschliffene Kokosnusshälften, die Regale sind mit handgeflochtenen Strohmatten bedeckt. Mit dieser tradi-

20 km östlich von Río Caribe, dessen eigener Strand nicht unbedingt zum Schwimmen verführt. Die Playa Medina lässt sich über eine ausgeschilderte Erdstraße in etwa einer Stunde erreichen. Diese führt zunächst in tropische Wälder und klettert über mehrere Präkordilleren-Abhänge zu einer Bucht im Idealmaß hinunter. Die stark geschwungene, intimere **Playa Medina** 10 bildet wie die Playa Colorada den Saum einer tief ins Land gezogenen Kokosplantage. Die Wände der Küstenkordillere ragen fast senkrecht in die Höhe. Wer hier übernachten will, muss das spätestens in Carúpano planen. in Carúpano planen. Es gibt nur wenige Übernachtungsmög-

lichkeiten, die man am besten vorher bucht. Die **Playa Puy Puy** gilt als die unprätentiösere Alternative. Zwischen schlichte Gehöfte und Bananenpflanzungen gebettet, öffnet sich ein kilometerlanger Strand, dessen üppige Ausdehnung wahren Wellenstürmern Platz zur Entfaltung lässt. Bewirtet wird man in einigen schlichten Fischrestaurants, und es gibt einige Bungalows.

Den weiteren Möglichkeiten, die Península de Paria mit dem Wagen zu erkunden, setzen die Straßenverhältnisse natürliche Grenzen. Asphaltiert ist lediglich die kurvige, von den hohen, dschungelhaften Bergen der Küstenkordillere eingefasste Ruta Nacional 9 quer über

tionellen Handarbeit kannte sich nur noch ein alter Mann aus dem Dorf aus, und der bringt sie jetzt den jungen Frauen bei. Wunderschön harmonisch, weil vollkommen aus Naturmaterialien hergestellt und aus dem Landschaftsbild gewonnen, sind die Pfahlbauten in den sumpfigen Gebieten seines 100-ha-Geländes. Aus den Fasern der *moriche*-Palme lässt der Besitzer kostbare Hängematten weben, so dicht und so weich, wie man es sich bei Palmblättern nur vorstellen kann.

Claus Müller zählt auf die natürliche Regenerationsfähigkeit der Natur, begreift Naturschutz als verantwortungsvolle Haltung, die eine Artenvielfalt zulässt. Er hasst die Verkitschung von wilden Tieren in den Tourismusresorts, in denen man Affen und Papageien in Käfigen hält, er hasst Naturschutz als dekoratives Aperçu. Bei der Einbindung des Tourismus in das vorgefundene Umfeld geht er so weit, dass er die Gäste Bier und Rum abends bei seiner Kellnerin bestellen lässt, und die geht dann ins Dorf einkaufen. Kein gebiets-fremder Großhändler macht an der Finca Vuelta Larga halt.

Wilfried Merle dagegen beherrscht die Kakaostadt Carúpano, den schönsten Strand Venezuelas, die Playa Medina, und die Playa Puy Puy. Das netteste Hotel in Carúpano ist seines, das hübscheste Kolonialhaus an der Plaza Rosa de Lima ebenfalls, er mischt kräftig im Tourismus mit, unterhält Kulturstiftungen und hat zu Weihnachten 1997 einer deutschen Fabrik 50 t Kakao seiner Hacienda zu einem Sonderpreis für ökologischen Anbau verkauft. Mit seinem Engagement räumt er umweltpolitische Preise ab. Unermüdlich in der Propagierung seiner Vorhaben – Museum, Theaterworkshop, Unterstützung lokaler Feste – ficht ihn die Kritik nicht an, er ließe die Playa Medina vom Club Mediterranée exklusiv vermarkten und habe die Fischer von der Playa Puy Puy vertrieben.

Auf seiner Hacienda Río El Agua werden, wie auf der Finca Vuelta Larga, Naturwanderungen und Tierbeobachtungen angeboten – eine echte Alternative.

die Halbinsel. Zwei weitere gut ausgebaute Strecken (Rutas 2 und 3) führen von der Küste bei Carúpano und Río Caribe zusätzlich ins Innere von Paria mit den beiden **Nationalparks Península de Paria** im Osten (375 km²) und **Turuépano** (700 km²) im Süden. Die außergewöhnliche Schönheit der beiden wird in zunehmendem Maße vom Ausflugstourismus entdeckt. Doch das steht nicht immer im Einklang mit der Natur. Denn es haben sich trotz der jahrhundertealten Monokulturen von Zucker, Kaffee oder Kakao Landstriche erhalten können, in denen das natürliche, originale Zusammenspiel von Flora und Fauna noch wirkt.

Über **Tunapuy,** mitten im Kakaoanbaugebiet gelegen, und den Stausee Sacamanteca, gerahmt von Bananen-, Mais- und Wassermelonen-Feldern und mit *guanabana,* Passionsfrüchten und *pamaluca* überladenen Verkaufsständen, führt die Straße nach **El Pilar** [11], das wunderschön auf zwei Erhebungen mitten im fruchtbaren Tal des Río Chaguaramas plaziert ist. Der betriebsame und afrikanisch anmutende Marktflecken bildet einen lohnenden Ausgangspunkt für Wanderungen durch die dichte, unberührt scheinende *selva* zu Wasserfällen und schwefelhaltigen Thermalbecken, die behutsam von einigen Reiseveranstaltern mit lokalen Führern organisiert werden. Das indianische Know-how ist unabdingbar, will man die Wege nicht verfehlen und auch etwas über die Beschaffenheit der kostbaren pflanzlichen Vorhänge erfahren. *Bejucos* und *lianas* haben sich auf den überwucherten Pfaden zu einem engmaschigen grünen Vorhang verwoben, Gräser und Blätter zu einem samtweichen Teppich vereint, Baumkronen zu einem smaragdfarbenen Himmel verknüpft. Dazwischen leuchten Helikonien und Mimosen, die *celidonia* und die *copey* mit weißen, lilienhaften Blüten. Zu entdecken sind die Medizinalpflanzen *chinchacmuchina* gegen Masern und die *caña la India* gegen Nierenbeschwerden, der *maporite* gegen Krebs und Tausende von zierlichen Orchideen. Der hohe *javillo* liefert das Holz für die Herstellung von Einbäumen, den *curiaras*. Nur wenige indianische Hütten sind in dem tropfenden, feuchten Paradies aufgebaut. Hühner gackern unter breitkronigen Palmen.

El Pilar ist auch ein geeigneter Ausgangspunkt für Besuche des feucht-heißen **Parque Nacional Turuépano** 12 am Golf von Paria, nördlich des mächtigen Wassersystems des Río San Juan. Die nächstgelegene Ortschaft ist Guaraúnos. Man bezieht den Park landschaftlich in das Orinocodelta ein, obwohl er nicht direkt an dieses grenzt. Undurchdringliche Mangrovendickichte, Sümpfe, Savannen, Wäldchen und Lagunen fügen sich zu einer überraschenden Landschaftskomposition zusammen. Tier- und Pflanzenleben bestimmt das Diktat der Gezeiten. In den zahlreichen Flussästen wimmelt es von Austern, Krebsen, kleinen Kaimanen *(babas)*, Haien und Anacondas. *Cipoteros* heißen Fische, deren Augenform

es ihnen ermöglicht, gleichzeitig unter und über Wasser zu sehen.

Weiße Reiher, die rot-weiß-schwarzen, löffelschnabligen Wasserhühner, Kolibris, Pelikane, Seeschwalben und Kormorane dominieren die Flussufer, es gibt Seekühe *(manatíes)* und natürlich Frösche im Überfluss. Turuépano nämlich bedeutet in der Sprache der Chaima ›Ort der Frösche und Kröten‹. Auch weniger auserwählte Lebewesen finden im extremen Feuchtklima des Parks ihren natürlichen Tummelplatz: Mücken und die allerorts so genannte *plaga, piri piri,* kleine Mücken mit besonders langem Saugrüssel. Die Artenvielfalt des Parks

Wasserbüffelzucht auf der Paria Halbinsel

lässt sich am schönsten und umweltverträglichsten im gemächlichen Tempo einer *curiada* erkunden (z . B. von der Finca Vuelta Larga aus, s. S. 112 f.).

Südlich des Nationalparks erstreckt sich die **Laguna de Guanoco,** ein natürlicher Asphaltsee, aus dem sich die Indios bedienten, um ihre Boote zu kalfatern. Er ist mit 4,5 km^2 Fläche der größte Südamerikas. Das an der Luft erhärtete Erdpech bildet einen riesigen anthrazitgrauen Spiegel. Die US-Firma New York and Bermúdez Company beutete Anfang des 20. Jh. den Asphalt in großem Maßstab aus, ließ Schienen durch das Land legen und baute Handelshäuser, doch der Boom war nur von kurzer Dauer, und heute wird Pech nicht mehr industriell abgebaut. Wer sich für den See interessiert, muss mit einem komplizierten Hinkommen rechnen: per Boot und per pedes.

Den östlichsten Punkt der wunderschönen Halbinsel Paria hat Kolumbus auf seiner dritten Reise nach Südamerika berührt und ihn als *tierra firme* und überdies als Paradies apostrophiert. Doch die liebenswerten Venezolaner sind offenbar zu schläfrig, um aus diesem Fakt Kapital schlagen zu wollen: Nach Macuro, wo ein schlichtes Eisenkreuz und ein Denkmal dieser Tat ge-

Kolumbusdenkmal in Macuro

denken, wurde erst vor kurzem eine Straße gelegt; davor gelangte man mit einer Fähre von Guiria dorthin.

Von Río Caribe aus gesehen ist **Chacaracual** die nächste Ortschaft; wenn man von El Pilar startet, kommt man nicht an ihr vorbei. Das Örtchen sieht aus, als habe eine Plakatfarbenfirma ihre Lager geräumt und die Restbestände freigiebig spendiert, denn sämtliche Zäune und Häuser – und seien sie noch so bescheiden – baden in einem regenbogenfarbigen Lackrausch. Dies ist das sehenswerte Ergebnis eines überzeugenden heimischen Künstlers.

Bei der Weiterfahrt wird man immer wieder die hellen Kakaosamen sehen, die zum Trocknen auf Plätzen und Straßen, auf dem Pflaster und in Höfen ausgebreitet sind. Dieser Vorgang ist normalerweise nach vier Tagen abgeschlossen. Die braunen, festen Samen-

kapseln werden in kleinen *conucos* im Familienbetrieb angebaut. Es ist keine leichte Arbeit. Die Kakaobauern erhalten etwa 550 Bolívares (etwa 1 €) für ein Kilo Kakaopulver, die Zwischenhändler verkaufen es für 1200 Bs weiter. Von der Armut künden auch die schäbigen Anwesen am Wegrand; die kleinen Ortschaften freilich wirken sauber und aufgeräumt. Für einen fairen Handel mit dem hochwertigen Kakao Venezuelas hat sich der Deutsche Wilfried Merle (s. S. 112 f.) eingesetzt. Nun lässt sich über seine Vermittlung auch eine Kakao-Hacienda besuchen. **El Bukare** (s. S. 312) stellt Anbauweise und Verarbeitungsmethoden vor, man kann die Pflanzungen besichtigen und in luftigen Zimmern übernachten, die im Stil der Jahrhundertwende eingerichtet sind.

Die Landschaft versinkt in einem Bett aus dem feuchten Grün der Küstenkor-

Straßenszene in Macuro

dillere, die Straße führt – von Farnen und Bambus überschattet – über deren hügelige Ausläufer. **Güiria** ist fast so verschlafen wie Río Caribe, aber als Hafen zu ein wenig mehr Munterkeit verpflichtet. Es gibt zwei Kneipen, einige preiswerte Unterkünfte und ab und an ein Schiff nach Puerto de Hierro und Macuro, dem Paradies des Kolumbus.

Wenn schon nicht paradiesische, dann aber wenigstens unverfälschte natürliche Zustände könnte man in dem 375 km² umfassenden **Parque Nacional Península de Paria** 13 vermuten, denn er blieb seit seiner Einrichtung im Dezember 1978 unerschlossen. Winzige, weit verstreute Siedlungen säumen seine Küsten. Ein einziger Pfad durchstreift von Macuro aus in nördliche Richtung den Nationalpark, seine Strände sind ausschließlich per Boot zu erreichen. Das Kordillerenmassiv erreicht

hier Höhen von bis zu 1000 m, und die oft steilen Abhänge sind mit Nebelwald bedeckt. Kapriziösester Bewohner ist ein seltener Kolibri mit einer Art Schwalbenschwanz. Annähern kann man sich ihm über **San Juan de las Galdonas**, einem von den Stränden Barlovento und Sotovento flankierten Fischerort. Seit ein paar Jahren führt eine Straße dorthin. Die touristische Ausstattung besteht aus zwei Hotels, einigen Restaurants und einem Kunstgewerbeladen. Zum Standardausflug hat sich eine Kombination aus Bootstour und Wanderung nach Santa Isabel gemausert. Der kleine Ort ist wie so viele an der Nordküste nur auf diese Weise zu erreichen.

Er könnte als Symbol für den naturnahen Tourismus auf der Halbinsel gelten. Die Höhepunkte muss man sich schon selbst erschließen, erwandern, erfahren.

Nueva
Esparta

Boote am Strand von El Tirano, im Hintergrund der Matasiete

Im nationalbewussten Venezuela muss man nicht lange forschen, um herauszufinden, warum der bekannteste Karibik-Archipel den Namen ›Neu-Sparta‹, Nueva Esparta, trägt. Eine Überlieferung aus den Unabhängigkeitskämpfen gegen die Spanier bezeichnet die *margariteños,* die Bewohner der Isla de Margarita, als besonders tapfer und wagemutig, eben so, wie es den Spartanern zugeschrieben wird. Auch die Hauptinsel Margarita verweist mit ihrem Namen auf einen griechischen Wortstamm, denn *margaritari* ist die griechische Bezeichnung für Perle, und Perlen gab es einstmals rund um Margarita, Coche und Cubagua im Überfluss.

In den Händen von Despoten

Doch kaum waren die Inseln Margarita, Coche und Cubagua 1498 von den spanischen Karavellen gesichtet worden, wurde ihnen dieser Reichtum zum Verhängnis. Kolumbus hatte auf der Halbinsel Paria den Perlenschmuck der Eingeborenen bestaunt, und ein Jahr später machten Alonso Niño und Cristóbal de la Guerra, der Erbe einer Dynastie von Schiffszwiebackherstellern, die Fundstelle aus: das wasserlose Eiland Cubagua, wo rasch die Siedlung Santiago de Cubagua, das spätere Nueva Cádiz, aus dem Boden gestampft wurde. 50 Glücksritter aus Santo Domingo tyrannisierten bald diese Insel. Deren Einwohner starben wie die Fliegen unter den mörderischen Arbeitsbedingungen des Perlentauchens, die Bartolomé de Las Casas später entsetzt beobachten und be-

◁ *An der Playa El Agua*

schreiben sollte. Die Spanier schwärmten zu wahren Menschenraubzügen nach Margarita und auf das Festland aus, um den Nachschub an Sklaven zu sichern.

Margarita-Perlen, so groß wie Taubeneier, füllten auch die Schatztruhen der spanischen Könige, ihr Wert über-

stieg die Einnahmen aus den Goldminen von Peru um ein Vielfaches. Die
strapazierten Perlengründe von Coche
und Cubagua waren bereits leergefischt,
als ein Seebeben am 24. Dezember 1541
Santiago de Cubagua vernichtete.

Danach fiel Nueva Esparta anderen
spanischen Despoten und Piraten in die
Hände, Tyrannen – wie Lope de Aguirre
(s. S. 122 f.) – allesamt. Man begann,
Margarita mit Befestigungsanlagen zu
überziehen; zwei davon kann man heute
noch besichtigen. Diese spielten auch
während der Unabhängigkeitskriege eine Rolle. Die *margariteños* sind stolz auf
ihren ruhmreichen und lang andauern-

Lope de Aguirre –
Der Fürst der Freiheit

Er war der frühe Schrecken der trüben Kolonisationswellen und er ist der ›Schwarze Mann‹ in der venezolanischen Kindererziehung, er war der Titelheld eines Filmes von Werner Herzog und Gegenstand heftig geführter Debatten in der Literatur, er wandelte sich in seiner Rezeptionsgeschichte vom blutrünstigen Mörder zum Freiheitshelden, der sogar von Simón Bolívar gelobt wurde: Lope de Aguirre, der Fürst der Freiheit, der Zorn Gottes, *El Tirano,* der Tyrann.

Hochgeehrt und schnell gefallen, erinnert die Geschichte von Lope de Aguirre an den Sturz des bösen Engels Satan: Ein baskischer Haudegen erobert an der Seite der Brüder Pizarro das Inkareich Peru und wird zum Teilnehmer einer Expediton von Pedro de Ursúa bestellt, die den Zweck verfolgte, El Dorado zu finden, das sagenhafte Goldland. Der Beginn der Reise liegt im mythischen Gebiet des Amazonenstromes, der damals noch als Marañón bekannt war, umgeben vom Dickicht des kolumbianischen Urwaldes. Von Anfang an war dieser Eroberungsfeldzug von Unglück und Schrecken überschattet, die Stimmung von Misstrauen, Angst und Neid zerfressen. Die bei Santa Cruz de Saposoba bereitgestellten Schiffe sanken sofort, rasch musste Ersatz gezimmert werden, doch der konnte die umfangreichen Ladungen nicht aufnehmen. Zunehmend gewann unter den Konquistadoren der sogenannten zweiten Eroberungsphase der Eindruck die Oberhand, dass man sich bloß als Kanonenfutter zur Verfügung stelle, nicht entsprechend seiner Leistungen entlohnt und gewürdigt werde und dass das Land am Ende unter Adligen aufgeteilt werde. Man finanziere mit den Reichtümern aus den Schatzkammern der indianischen Gottesfürsten, die man der spanischen Krone unter Einsatz des eigenen Lebens erkämpfe, deren Kriege gegen Protestanten in Deutschland und den Niederlanden. Während Profite und Ruhm aus der ersten Eroberungsphase noch an die Eroberer selbst fielen, sei man jetzt zum bloßen Kampfkörper degradiert.

Dieser Hintergrund, den sämtliche Quellen vermitteln, bestimmt den Verlauf der unglückseligen Expedition. Königsmord folgt auf Königsmord, Ursúa wird erschlagen, seine Geliebte Inés de Atienza zunächst unter der Patronage des Günstlings Saldueno verschont, später zusammen mit ihm ebenfalls getötet. Kein Führer des Eroberungszuges hält sich länger als ein paar Wochen am Leben. Als Drahtzieher sämtlicher Morde wird Lope de Aguirre ausgemacht. Bis er schließlich selbst zum Führer gewählt wird.

Die Romane, die seine Biographie thematisieren, beschwören eine Stimmung, die der einer herannahenden Naturkatastrophe ähnelt. Mit einem undurchdringlichen Gestrüpp aus Intrigen und Morddrohungen hält Aguirre seinen Trupp in Angst und Schrecken: Jeder fürchtet, als nächster von der Garotte erwürgt zu werden. Der Wahnsinn breitet sich aus: Ein der Untreue Verdächtigter rettet sich, indem er das Gehirn eines Erschlagenen aufleckt.

Lope de Aguirre sagt sich vom spanischen König los und unterwirft sich allein der Kirche. Seine Mission, auf die er seine Mitstreiter einschwört, lautet, das geheimnisvolle Dorado aufzugeben und Peru den Royalisten zu entreissen. Nach Verlassen des Marañóngebietes reist er hinauf zur Isla de Margarita, die er am 21. Juli 1561 betritt und sich unterwirft. Von dort aus sollte ihn der Weg nach Peru eigentlich über das Meer führen. Doch dann werden seine Absichten von geflüchteten Teilnehmern seines Feldzuges an die Spanier verraten. Die Kolonialmacht blockiert die venezolanischen Gewässer. Aguirre beschließt, zusammen mit den ihm verbliebenen *marañones,* wie er seine Mitstreiter nach dem Strom nennt, den sie so lange befuhren, den aberwitzig anstrengenden Landweg nach Peru zu wählen. Ihm gelingt die Flucht von Margarita. Mit etwa 160 Getreuen fällt er über Barquisimeto her, erzwingt ein letztes Gefecht mit dem Statthalter der Provinz, Don Pablo Collado. Reihenweise laufen die *marañones* zu den Spaniern über, die ihnen Straffreiheit versprechen. Aguirre wird von seinen eigenen Leuten erschlagen und geviertelt, sein Kopf ausgestellt.

Der Mythos des grausamen Lope de Aguirre indes konnte nicht vernichtet werden. Für die Venezolaner manifestiert sich seine ruhelose Erscheinung in Irrlichtern. Bis 1883 veranstaltete man in Barquisimeto Umzüge, in deren Verlauf eine Puppe, die Aguirre symbolisierte, zunächst auf einen Esel gebunden und anschließend verbrannt wurde, um die *fuegos fatuos* zu bannen. In der Nähe von Puerto Cabello gibt es einen riesenhaften Baum, an dem sich Vorübergehende bekreuzigen, weil man annimmt, dass Aguirre dort Mitstreiter aufhängen ließ. Die irrlichternde Seele von Aguirre, dem Untoten, bekämpft man in einigen Provinzen mit Prozessionen und Weihwasserbesprengungen. Man erzählt sich, dass diese Seele immer präsent sei, wenn jemand sterbe.

Der Mythos des Aguirre irrlichtert auch durch die Literatur des Landes. Simón Bolívar veranlasste auf seiner Schiffspassage ins kolumbianische Cúcuta, dass der Brief Lopes, in dem er sich vom spanischen Königreich losgesagt hatte, 1821 im ›Correo Nacional‹ von Maracaibo veröffentlicht wurde. Den Titel verfasste der ›Pater Patriae‹ selbst: ›Acta Primera de la Independencia de América el Año de 1560‹ – ›Die erste Unabhängigkeitserklärung Amerikas im Jahr 1560‹. Die berühmten Schriftsteller Arturo Uslar Pietri und Miguel Otero Silva haben Aguirre Biographien gewidmet; der eine psychologisiert ihn als Dämon, der andere betrachtet ihn als Freiheitshelden und Rebellen gegen die Kolonialmacht.

Doch nicht nur seine kleine, gebückte, grauhaarige Gestalt wandert durch die Geschichte. Auch der Ruf, er habe auf Margarita Perlen, Gold und Silber erbeutet, haftet ihm an. Und so machte sich im Jahre 1954 die gesamte Stadtverwaltung von Barquisimeto, bewaffnet mit Schaufel und Spitzhacke, auf zum Cerro Manzana und stocherte fleißig in der Erde herum. Dort sollte Aguirre seinen Schatz vergraben haben. Der Stadtverwaltung blieb der Erfolg leider versagt. Wer den Schaden hat, braucht für den Spott nicht zu sorgen. Und so ist der Ausflug im Stadtarchiv protokollarisch verewigt.

den Widerstand gegen die Kolonialmacht; beide Parteien, Republikaner und Royalisten, betrachteten die Insel als strategischen Brückenkopf und deswegen als unverzichtbares Terrain.

Das bestgehütete Geheimnis der Karibik

Auf welchem Weg man sich der Inselgruppe Nueva Esparta auch nähert, ob per Schiff oder mit dem Flugzeug, die Strände aller drei Inseln leuchten in den schönsten Sandtönen, das Wasser schimmert türkis- und jadegrün. Das, laut Eigenwerbung, ›bestgehütete Geheimnis der Karibik‹ ist eine einzige Einladung an Strand- und Sonnenliebhaber. 167 km Küstenlinie und mindestens 50 Strände allein auf Margarita lösen dieses Werbeversprechen angenehm

und überzeugend ein. Und so wandelten sich die Inseln – die nach einer bewegten Vergangenheit bald ruhige Fischerrefugien und kleine Landwirtschaftszentren geworden waren – in jüngster Zeit zum touristischen Goldstück Venezuelas.

Ihre Schönheit hat sie in den vergangenen Jahren zu einem Traumziel der Urlauber hochkatapultiert, und die Touristenzahlen auf der Isla de Margarita sind immens gestiegen. Den lokalen Tourismus hatte seit 1973 hauptsächlich die Möglichkeit stimuliert, in der neuen Freihandelszone Porlamar billig einzukaufen und ein paar Tage Urlaub damit zu verbinden. Der internationale Tourismus setzte später ein. Er forderte eine Infrastruktur, die sich nun als Netz beherrschend über der Insel zusammenzieht. Hauptattraktion – wie nicht anders zu erwarten – bilden Strand und Sonne.

La Isla de Margarita und ihre Nachbarinseln

Tipps & Adressen: Isla de Margarita 297 ff., Coche S. 292 f.

■ Die venezolanische Lieblingsdestination deutscher Urlauber scheint aus zwei Welten komponiert zu sein. Kommerz und Rummel schillern in der Touristenhochburg Porlamar und an den Stränden El Agua und Manzanillo, Ruhe und Abgeschiedenheit findet man dagegen auf der westlichen Hälfte der Insel, die wüstenhaft und windumtost ist wie Coche und Cubagua. In einigen der Bilderbuchbuchten thronen teure Hotels. Das Inselinnere hingegen ist mit tropischen Feuchtwäldern bedeckt und hat hübsche Ortschaften aufzuweisen.

Porlamar

Wer mit der Fähre von Puerto La Cruz oder Cumaná kommt, legt in dem windigen, wenig attraktiven Hafen Punta de Piedras an. Die Straßenverbindungen nach Porlamar sind bestens.

Die turbulente Touristenhauptstadt **Porlamar** 1 genoss bei den Venezolanern als Freihandelszone einen guten Ruf, die mit dem Ziel geschaffen wurde, Armut und Isolation der Insel zu mildern. Die inländische Nachfrage konzentriert sich auf Elektrogeräte. Die Europäerinnen und Argentinierinnen schlendern da eher mit kleinen, feinen Papiertüten am Handgelenk durch die

Einkaufsmeilen Avenida 4 de Mayo und Avenida Santiago Mariño, wo man in eiskalt klimatisierten *centros comerciales* Produkte von Exklusivmarken wie Versace, Bluemarine und Prada recht preisgünstig erwerben kann.

Das rapid auf 200 000 Einwohner angewachsene Porlamar widmet sich zuverlässig und fast rund um die Uhr der Bedürfnisbefriedigung touristischer Ansprüche. Diskotheken, Friseure, Hot-Dog-Stände, Kioske mit internationaler Presse, Eissalons, Cafés mit Croissants, teure Goldläden, chinesische, italienische, französische, arabische Restaurants, Salsakonzertschuppen, Dart- und Hardrockkneipen, Hotels, turnhallengroße Bademodenanbieter, Spielhöllen, Kasinos, die 24 Stunden lang geöffnet haben, Souvenir- und Kunstgewerbeläden, Postkarten, Freiluft-Parilladas – alles ist in großer Auswahl vorhanden. Nur eines hat Porlamar nicht zu bieten: einen hübschen Strand.

Die Strände von Porlamar, so sichelförmig schmal wie zwei gerade zunehmende Monde, die von einer Landspitze getrennt werden, können es mit den anderen der Insel nicht aufnehmen. Besonders schön sind sie nicht, sicher sind sie auch nicht, und abends sollte man sie meiden. Aber die Umgebung schafft reichlich Abhilfe.

Das alte Porlamar, so wie es unter venezolanischem Publikum noch vor einigen Jahren ausgesehen hat, konzentriert sich um die **Plaza Bolívar** und den **Boulevard Guevara** entlang, vier Blocks von den internationalen Zentren am Paseo La Marina am Meer und acht Blocks von der Avenida Santiago Mariño entfernt: Die Häuser dort entstammen den Anfängen des 20. Jh., und sie gehörten einmal den besseren Familien der Insel, die häufig im Perlengeschäft tätig waren. Hinter den unscheinbaren Portalen verbergen sich flache, aber ausgedehnte Häuser mit großen, blu-

La Isla de Margarita und ihre Nachbarinseln

Gemütliche Pause an der Playa El Tirano

menbestandenen Patios, die eine ganze *cuadra* einnehmen. Das volkstümliche Gewühl der vielen *buhoneros,* die mit Plastiktaschen und Haarbändern handeln, der Kranz an Parfümerien und preiswerten Schmuckgeschäften prägen das Bild des Zentrums. Einem Ruhepol gleich thront die Kathedrale von Porlamar in einem mit Bäumen bestandenen Garten an der Plaza. Die Parallelstraße Boulevard Gómez führt auf den alten Fischmarkt zu, der mittlerweile von billigen Kleider- und Sportartikelständen umringt wird. Unter Pergolas aus Beton schlendert man auf dem Boulevard Rómulo Gallegos am Meer entlang, vorbei an einigen öffentlichen Gebäuden wie der Stadtbibliothek und der Fischerorganisation. Er geleitet zum **Faro de la Puntilla** und zum westlichen Teil der Stadt. Der Leuchtturm, mit 100 Jahren ein richtiger Oldtimer in der schnell sich verjüngenden Textur der Stadt, ist das Wahrzeichen von Porlamar.

Einzige Sehenswürdigkeit ist das **Museo de Arte Contemporáneo Francisco Narváez,** das den Namen eines der wichtigsten Maler und Bildhauer seiner Epoche trägt. 1905 auf der Insel als Sohn eines Holzschnitzers geboren, der Kirchenplastiken schuf, verließ er während der Gómez-Diktatur Venezuela und lernte in Paris Rodin kennen. Sein Werk reflektiert vor allem *criollo*-Themen, von 1950 an widmete er sich der abstrakten Darstellung. In dem ungewöhnlich konstruierten Museum ist eine interessante Werkschau zusammengestellt.

Für alle etwas dabei: Die Strände

Zu den Hauptanziehungspunkten der Insel, den Stränden, kommt man mit dem Taxi (nach Playa El Agua etwa 7000 Bs, 11 US-$) oder dem Por Puesto. Manche Stadthotels bieten auch einen

Fischer beim Verkauf ihres Fanges an der Playa El Tirano

Shuttle-Service an. Die Playa El Agua ist der längste, schönste, umtriebigste und am besten erschlossene Strand; auf der Halbinsel Macanao gibt es noch einige menschenleere Sandbuchten, doch es sei wegen der wachsenden Kriminalität auf der Insel davor gewarnt, vollkommen allein dorthin zu fahren. Die *margariteños* bevorzugen die Playas Caribe und Pedro Gonzalez.

Gehen wir bei unserer Inselrundfahrt gegen den Uhrzeigersinn vor. Porlamar, im Südosten von Margarita, bildet den Ausgangspunkt. Der nächstgelegene Strand ist die beliebte, schmale und lange **Playa Guacuco** 2, die von dem Ex-Hotel Tamarindo und einigen Ferienhäusern dominiert wird. Eine Stichstraße führt von der gut ausgebauten Ruta 1 dorthin, die Porlamar mit La Asunción verbindet.

El Tirano 3, ›der Tyrann‹, ist ein ungewöhnlicher Name für einen Strand. Er liegt am Südrand der Landspitze Punta Cabo Blanco und verewigt den Konquis-

tadoren Lope de Aguirre, der 1561 mit einer Handvoll gedungener Gefolgsleute über Margarita herfiel und die Insel seiner Schreckensherrschaft unterwarf (s. S. 122 f.). Der Strand freilich kann nichts dafür, dass Aguirre hier an Land ging, er ist friedlich und ruhig, das Wasser recht tief. Am dem recht schmalen, langgezogenen Sandstreifen hat das Hotel Pueblo Caribe seine Pforten geöffnet, und die Fischer, die ein paar Meter weiter ihre Netze flicken, werden nun oft von den Touristen bestaunt. Den unfreundlichen Namen hat man übrigens offiziell in Puerto Fermín umgewandelt, aber die Bezeichnung Tirano hat sich nun einmal eingebürgert.

An Obstgärten und kleinen, freundlichen Ortschaften in sanft gewellter, tropisch sattgrüner Hügellandschaft vorbei erreicht man nach insgesamt 23 km den berühmtesten aller Strände von Margarita, die 3 km lange **Playa El Agua** 4. Der beliebteste Strand der Insel ist auch sein lebhaftester: Die Wellen rasen flott auf die Küste zu, und eine Unterströmung macht das Baden manches Mal gefährlich. Doch der Anblick des goldenen Sandes und der tosenden Gischt ist einfach hinreißend. Und die venezolanischen Gäste baden auch nicht. Sie surfen, springen in die Wellen oder stehen einfach im Wasser und plauschen. Trubelige Strandrestaurants im *churuata*-Stil, die Beachclubs der All-Inclusive-Hotels, Souvenirhändler und Verkäufer marinierter Muscheln und frischer Austern sorgen für eine lebhafte Atmosphäre. Das Unterhaltungsangebot ist zu Saisonzeiten groß und reicht von Strandpartys bis zum Jetski und Paragliding.

Die **Playa Manzanillo** 5 hinter der Nordspitze der Insel ist da wesentlich ruhiger und immer noch ein Fischer-Domizil. An ihrem klippenreichen Ostrand überragt die dreifingrige Konstruktion des Hotels Isla de Margarita die **Playa Pedro González** 6 – so auffällig, als wäre sie selbst eine Sehenswürdigkeit. Das Hotel ist eine der *top locations* der

Bankette und Hochzeiten der oberen Zehntausend Venezuelas, was schnell die Klatschspalten der ›Sol de Margarita‹ füllt. Ganz mit rosa Marmor verblendet, wirkt das Hotel fremd, glatt und unberührt. Ein schöner, breiter und nicht überfüllter Sandstrand mit bewegtem Wasser schließt sich an. Den Westrand nimmt, recht geschickt unter Palmen versteckt, die Bungalowanlage des Hotels Las Dunas ein. Es gibt Strandrestaurants und Liegestühle, in einer *churuata* werden Kanu, Kajak und Wasserski angeboten.

Knallgelbe Bananenboote kreisen auf dem sanft bewegten Wasser vor der **Playa Caribe** 7. Kenner halten sie für den schönsten Strand der Insel. Sie ist zwar nicht so lang wie die Playa El Agua, aber schön breit und feinsandig. Geschützt von einer Landzunge, ist das Meer hier gut für Schwimmer geeignet. An die beliebte, nur in Maßen quirlige Strandzone (mit Sonnenschirmen und Liegestühlen zuverlässig ausgestattet)

An der Playa El Agua

Playa La Galera bei Juangriego

schließen sich einige schöne Restaurants an, darunter auch das Mosquito Coast. Im Hinterland haben Italiener eine attraktive *posada* eröffnet.

Der Fischerort **Juangriego** 8 hat keine so schönen Strände, aber dafür hochgelobte Sonnenuntergänge. Romantiker seien gewarnt: Vor dem besten Platz, den Ruinen des **Fortín La Galera,** reiht man sich in Warteschlangen ein, und die Sonne versinkt nicht in der schöngeschwungenen Bucht, wie die meisten sich das vorstellen, sondern über den Küstenfelsen. Pfiffige kleine Jungs haben die Belagerungsgeschichte der Befestigungsanlage auswendig gelernt und leiern sie für Touristen gerne atemlos gegen ein paar Bolívares hinunter. In den Restaurants kann man zu niedrigen Preisen hervorragende Langusten essen. Juangriego – der Name soll von einem schiffbrüchigen Griechen herrühren, der Hans hieß – mit seinen Hotels und Pensionen am Fischerhafen entwickelt sich zum familiäreren

und preiswerteren Kontrapunkt zum moderner aufgemachten Porlamar und ist über die Ruta 1 direkt mit diesem verbunden. Eine ausgedehntere und mit malerischen Ausblicken gesegnete Alternative ist die hügelige Küstenstrecke.

Das Landesinnere von Margarita

Hinter der Brillanz der Strände verblassen schnell die weiteren landschaftlichen Besonderheiten der Isla de Margarita. Leider völlig zu Unrecht, denn sie hat ein spannungsreiches Kontrastprogramm zu bieten. Der größere östliche Teil ist stark hügelig und mit dichten, kühlen, tropischen Wäldern bedeckt, der höchste Gipfel erreicht nahezu 100 m Höhe. Der westliche Teil, die Halbinsel Macanao, ist fast so flach wie ein Brett und so trocken wie die Wüste.

Wer von Juangriego aus La Asuncion ansteuert, erreicht bald **Santa Ana,**

Die Iglesia de la Virgen del Valle

eine kleine karibische Schönheit mit anmutigen, pastellfarben gestrichenen Häuschen unter üppigen Mangobäumen. So sicher wie das Amen nach dem Gebet steht hier eine kleine Kirche auf der Plaza Bolívar. In ihr wurde 1817 der *Libertador* zum Befreier Südamerikas ausgerufen, und man zeigt gerne den schlechterdings recht wackligen Stuhl, auf dem er damals saß.

Über einen kurzen Abstecher zu erreichen liegt südlich von Santa Ana **El Cercado.** Dort widmet sich nahezu jedes zweite Haus der Töpferei. Auch in der Schule wurde Töpfern zum Unterrichtsfach erklärt. Hier findet man allerdings keine dekorierten Geschäfte, sondern man muss bei Interesse schon selbst in die Hauseingänge schauen und nachfragen. Das hübsche mit den charakteristisch hohen Bordsteinen gegen die Wasserflut bei Regenfällen ist für seine Hängematten berühmt. Auch anderes Kunstgewerbe wird für die Touristen auf den Straßen feilgeboten.

La Asunción 9, Hauptstadt von Nueva Esparta, lagert hell zwischen dichtbewaldeten Gebirgszügen in einem fruchtbaren Tal zu Füßen des Cerro Copey. Moderne Ferienhäuschen sprenkeln das saftige Grün der Umgebung; es gilt neuerdings in gewissen Kreisen als schick, die als proletarisch verschrienen Strände zu meiden. Die Ausstrahlung von La Asunción (16 500 Einw.) leidet darunter nicht; es wirkt schlicht wie von der Zeit vergessen. Die sanfte, beharrliche Luftfeuchtigkeit der Tropen löst langsam den Putz von den Mauern. Nicht einmal mehr Ausflugsbusse stoppen auf der langgezogenen Plaza Bolívar. Alle Sehenswürdigkeiten befinden sich in einem Radius von 200 m. Der alles andere als hochherrschaftlich wirkende Sitz der Kolonialverwaltung, die Casa Capitular, beherbergt **Museo y Biblioteca Nueva Cádiz.** Es trägt einen stolzen Namen: Neu-Cádiz war einst mächtiger Verwalter des Perlenreichtums des gesamten Archipels. Heute zeigt das Museum einige Fotos der Ausgrabungsarbeiten von Nueva Cádiz, das sich auf Cubagua befand, und zwei verrostete mächtige Anker, die nach Schiffsunglücken geborgen wurden.

Sie soll die erste Kirche des gesamten Landes gewesen sein (die Konkurrenz steht in Coro): **La Catedral de Nuestra Señora de la Asunción,** eine koloniale Schönheit aus dem 16. Jh. Über die Calle Matasiete zwischen Museum und Kirche gelangt man nach wenigen Schritten zum ehemaligen **Franziskanerkonvent,** ebenfalls aus dem 16. Jh. Heute tagt die Inselverwaltung darin.

Das am meisten besuchte Bauwerk von Asunción thront einen Kilometer entfernt über der Stadtsilhouette: das **Castillo Santa Rosa.** Gegen Piratenüberfälle 1681 hoch auf einem Plateau errichtet, bietet herrliche Weitsichten über das Tal. Gerne erzählt wird die heroische Geschichte der 16 Jahre alten Luisa Cáceres de Arismendi, Gattin des Unabhängigkeitskämpfers Juan Bautista Arismendi, die im Verlies der Fes-

tung gefangengehalten wurde und dort ein Kind gebar.

Den **Parque Nacional Cerro El Copey** 🔟, getauft nach dem Clusiabaum, der hier in reichlichem Maße gedeiht, kann man über eine gepflasterte Abzweigung von La Asunción aus erreichen. Schnell nebeln feuchte Wolken die aufragenden, mit dichten Wäldern überzogenen Bergflanken ein. Die tropische Frucht *pamaluca* – rot-weiß, vom Aussehen her ein Radieschen, vom Geschmack eine erfrischende Mischung aus Stachelbeere und Erdbeere – besternt üppig ihre Fruchtbäume, und eine ehemalige Zuckerrohrmühle steht zu besichtigen. Die spanischen Eroberer kannten keine Gnade: In die Drehmühlen wurden Sklaven eingespannt. Wer im Park wandern will, kann sich bei INPARQUES in Porlamar nach Routen erkundigen oder mit Wanderführern die Gegend durchstreifen.

Von der neuen zur alten Hauptstadt ist es nicht weit. **El Valle del Espíritu Santo** 🔟, ein winziger, sehr hübscher in

Kakteen, typische Vertreter der Trockenvegetation auf der Halbinsel Macanao

La Asunción

duftende Hibiskussträucher gebetteter Ort, zerbröselt förmlich vor der Kulisse der im neogotischen Stil errichteten **Iglesia de la Virgen del Valle.** Zusammen mit der Schutzpatronin Venezuelas, der Virgen de Coromoto, steht *La Virgen del Valle* auf dem obersten Treppchen der Marienskala. Ihr Bildnis und das der doppeltürmigen Kirche kann man in den Andenkengeschäften der Insel kaufen, und in denen auf dem Festland rangiert sie gleich neben José Gregorio Hernández und María Lionza (s. S. 53 f.). Wie alle anderen Marien ist auch sie an einem bestimmten Datum erschienen, in ihrem Fall ist es der 8. September, und die Feierlichkeiten dauern eine Woche. Die Geschichte des Bildes ist weitgehend unbekannt: Guaiquerí-Indianer sollen die kleine Statue in einer versteckten Höhle des Dorfhügels aufgefunden haben. Eine weitere Variante behauptet auch von der Virgen del Valle, sie sei, wie so viele Marien, fälschlicherweise in Venezuela aufgestellt worden. Die Zielbestimmung bei ihrer Ausreise aus Spanien lautete eigentlich Lima.

Wird schon die Kirche jedes Jahr in eine neue Pastellfarbe getaucht, so fallen auch die Inneneinrichtung und die Ausstattung der Marienfigur pompös aus. In einem angeschlossenen Museum kann man die Schätze begutachten, die ihr zu Ehren angehäuft wurden. Goldene Miniversionen diverser Körperteile, Eheringe und güldene Babybetten weisen auf den Zuständigkeitsbereich der Virgen del Valle hin.

Der Ort El Valle del Espíritu Santo war die erste Hauptstadt von Margarita und blieb es bis 1594. Schön schläfrig ist die Plaza Santiago Mariño mit Regenbäumen *(samanes)* vor der Kirche. Warum sie nicht Plaza Bolívar heißt? Weil in El Valle der Freiheitsheld Santiago Mariño geboren wurde, in dessen Geburtshaus neben der Plaza ein Museum mit Memorabilia und Möbeln aus der damaligen Zeit eingezogen ist. Kunstgewerbehändler und Eisverkäufer buhlen um die Aufmerksamkeit der Kirchenbesucher.

Die Halbinsel Macanao und die Laguna de La Restinga

Der westliche Teil der Isla de Margarita, Macanao, ist wesentlich flacher. Die sich abrupt aus einer Ebene auf 130 m emporhebenden **Tetas de María Guevara** an der südlichen Verbindungsstelle zwischen den beiden Margarita-Hälften haben ihrer harmonischen und schönen Formen wegen die Bezeichnung ›Busen der María Guevara‹ vollauf verdient. Die Identität der Besitzerin des Busens indes

ist noch nicht ganz gelüftet. Eine Indianerin im Kampf gegen die Spanier soll sie gewesen sein, oder auch eine Freiheitsheldin im Kampf gegen die Kolonialmacht. Vermutlich aber hat die prosaischste Version den größten Wahrheitsgehalt. Eine Geschäftsfrau aus Cumaná namens María Guevara handelte mit ihren Gütern bis nach Porlamar, und die Schiffe brauchten eine Orientierung für die Hafeneinfahrt. Dafür mussten die Hügel herhalten.

Macanao ist kaum besiedelt, nur einige Fischerdörfchen zerstreuen sich entlang der Küsten. Der einzige größere Ort, Boca del Río, befindet sich am Eingang zum **Parque Nacional Laguna de La Restinga** 12, der wie eine germanische Fibel die Inselhälften zusammenzuhalten scheint. Der schillernde Strand an der Nordseite der Nehrung besteht wie die Playa Colorada aus einem Teppich feinzermahlener Muscheln. Er ist riesig, aber nicht ganz so malerisch wie die palmenbeschatteten auf der Ostseite der Insel, denn hier wächst nicht viel, und aufgewühlter Sand macht das Wasser undurchsichtig. Wer Hunger hat und noch ein Souvenir braucht, wird hier aber fündig. In urigen Kneipen werden gebratener Fisch und Muscheln serviert, und der Handel mit Ketten aus Süßwasserperlen blüht.

Die vogelreiche Lagune kann man mit dem Boot erkunden, eine organisierte Fahrt nimmt etwa eine Stunde in Anspruch. Ein Labyrinth voller mangrovenbestandener Kanäle unter dichten Pflanzentunneln, die sich an einigen Stellen zu Seen erweitern, kennzeichnet etwa die Hälfte des 100 km² umfassenden Parkes, der im Süden durch eine Kanalöffnung mit dem Meer verbunden ist. Wer nah genug an eines der Ufer gelangt, sieht kleine Flusskrebse an den Mangrovenstämmen herumkrabbeln.

Auf den Küstenebenen wachsen Agaven, Säulenkaktus, Sterndistel, Oregano und Mäusedorn. Die Freude an Vögeln – Flamingos, Scharlachsichler und Reiher – wird durch die permanente Präsenz der Motorboote stark beeinträchtigt.

In **Boca del Río** 13 tobt der Wind zwischen den bunt gestrichenen, ordentlich an der Promenade aufgereihten Fischerhäusern. Das Museo Marino hat sich zu einer Attraktion der Insel entwickelt. Auf zwei Stockwerken sind fossile Schätze ausgebreitet, eine Fülle von Muscheln und anderen Meeresbewohnern, eine Sammlung von Schiffsmodellen und Fotos zur Geschichte der Insel. Dazu laufen Videos. Das ausgestellte Skelette eines Wals zieht besonders Kinder an.

Der bekannteste Strand auf der Westhälfte Margaritas liegt an der **Punta Arenas** 14. Langgestreckt und flach, ist seine von leichten Sanddünen geformte Küste dem Wind preisgegeben. Natürlichen Schatten gibt es nicht, aber Stühle und Schirme zum Mieten. Für Verpflegung muss man selbst sorgen. Die Entfernung zu den Touristenzonen beschützt die Punta Arenas vor allzu heftiger Umtriebigkeit; sie ist vor allem bei Venezolanern beliebt und wird erst voll, wenn die Jeep-Safaris der Reiseveranstalter am Nachmittag heranstürmen.

Ausflug auf die Nachbarinseln Coche und Cubagua

Das 10 km vom Flughafen Santiago Mariño entfernte **El Yaque** 15 besteht aus einigen wenigen bequemen, luftigen Hotels für Windsurfer, ein paar Strandbars und einer Anlegestelle für die Fähren nach Coche, die nach halb-

Surfer vor dem Strand von El Yaque

stündiger Passage anlegen. In El Yaque selbst ist das Wasser wegen der Hafennähe nicht gerade verführerisch sauber.

Ein Saum aus Traumsand umgibt das ganz zart gewellte Minieiland **Coche** 16 – 10 km lang, 5 km breit –, auf dem sich einige Hüttchen zu kleinen Fischersiedlungen zusammentun. Die größte heißt San Pedro. Die Windverhältnisse hier locken vor allem Surfer an, und an den Wochenenden schaukeln Jachten von der Isla de Margarita auf dem glasklaren, smaragdgrünen Wasser. Es gibt nicht viel zu tun auf Coche. Im Inneren der Insel liegen einige *quebradas* in bunten Sandsteintönen, eine Art Spielzeugausgabe des Grand Canyon. Man erreicht sie über eine Saline. Im Südwesten hat die zerklüftete Küste einige bemerkenswerte Steilabhänge, in denen sich Vögel ihre Nester bauen.

Nach **Cubagua** 17 gelangt man nicht mit öffentlichen Verkehrsmitteln, dort gibt es auch keine Ansiedlungen. Das erste spanische Dorado, Santiago de Cubagua, ist aber Ziel von Ausflugsschiffen; und man verbringt einen Tag an den Stränden. Das Meer eignet sich hier hervorragend zum Tauchen.

Als die Perlengründe entdeckt wurden, begann 1521 Cubaguas Geschichte, und 23 Jahre später war alles schon wieder vorbei. Die kärgste und abweisendste Insel von Nueva Esparta verwandelten die Konquistadoren in einen mörderischen Markt für Perlen und Sklaven. Nueva Cádiz tauften sie ihre erste Ansiedlung auf südamerikanischem Boden. Sie wuchs auf 1000 Bewohner an, bevor sie 1541 von einem Seebeben verschlungen wurde. Zwei Jahre später gab man sie endgültig auf. Fundamente im Sand wurden von den mit den Ausgrabungen beauftragten Archäologen als Überreste sakraler Bauten und der Hafenanlage identifiziert.

Das Orinoco-delta

Der nach Amazonas und Río de la Plata drittmächtigste Strom des Kontinents endet in einem grandiosen Finale. Der Orinoco mäandert auf 2140 km Länge von den kaum erforschten Tiefen der Sierra Parima an der Grenze zu Brasilien quer über das gesamte südliche, dschungelhafte Venezuela, durchstößt als silbriges Band den Estado Amazonas bis hinauf nach Puerto Ayacucho, windet sich, bereits von majestätischer Fülle, durch Guayana und den Estado Bolívar und verwandelt den Estado Delta Amacuro in ein Labyrinth aus Wassern, Kanälen und Flüssen. An seiner weitesten Stelle breitet er sich seengleich auf 20 km aus. 70 % aller Flüsse des Landes entwässern in ihn. Das eigentliche Delta – größer als Baden-Württemberg – spreizt sich in 80 größeren *caños* und ungezählten kleinen Wasserkanälen auf 40 000 km² dem Meer entgegen – ein riesiges Areal, das in seiner Ausdehnung nur noch vom Amazonasdelta übertroffen wird. Über eine Küstenlänge von 370 km verteilt der Strom seine Mündungen ins Meer.

Die Inseln existieren nicht

Der Orinoco hat seine Richtung geändert: Er mündete in erdgeschichtlicher Vorzeit, als die Kontinente Afrika und Südamerika noch eine einzige Landmasse bildeten, nicht in den Atlantik, sondern in den Pazifik. Als sich die Anden emporfalteten, musste der Fluss umkehren – dies erklärt seinen paradoxen Lauf: Bei seiner Mündung ist der Orinoco nur 750 km von seiner Quelle entfernt.

Die Lage des Deltas ist genauso wenig fixiert wie die Anzahl seiner Inselchen oder seine Küstenlinie. Sie wandert jährlich etwa 40 m ostwärts ins Meer hinein, hat der Grandseigneur der Venezuela-Landeskundler, Volkmar Vareschi, herausgefunden. 80 % der Inseln existieren eigentlich gar nicht, sind zufällige Zusammenballungen von Vegetation, weiche Erdschichten, die schnell überflutet sind.

Genau 443 Jahre nach der Entdeckung der Mündung – 1498 durch Kolumbus – fand ein französisch-venezolanisches Forscherteam die Quelle des Orinoco am Cerro Delgado Chalbaud. Dieser Strom ist auch ein Weg: Der Orinoco diente Venezuela als bedeutendste Handelsverbindung bereits im 18. Jh. und schlug gleichzeitig eine Brücke zum Rest der Welt. Kolumbus betrat das Delta auf seiner dritten Reise; seine exponierte Lage erhob es zur Eingangspforte des Kontinents. Aber ohne die eigentlichen Landesherren ging hier gar nichts: Die dort siedelnden Warao waren als Führer durch die Irrgärten aus Wasser unentbehrlich.

Bewohnt war und ist das Delta von Gruppen der Warao, die mit etwa 25 000 Mitgliedern neben den Guajiro in Zulia die größte indianische Ethnie bilden. Die ›Bootsleute‹, wie sie in ihrer eigenen Sprache heißen, führen ihre individuellen Lebensweisen und Traditionen fort, sofern sie unbehelligt von Berührungen mit Weißen bleiben können. Doch ihre selbstgenügsame Lebensform ist stark bedroht. Flexibel und tolerant im Kontakt zu Fremden seit den ersten Begegnungen, sei es mit anderen Ethnien, mit den Kariben oder den Europäern, vermochten sie dennoch Teile ihrer Kultur zu schützen. Mag man sich bei der heutigen touristischen Erschließung des Deltas noch damit beruhigen, dass durch den Verkauf lokalen Kunstgewerbes an Besucher ein bisschen Geld in die Kassen der Einheimischen wandert

◁ *Auf einem Caño im Orinocodelta*

Warao-Schule im Orinocodelta

und im Allgemeinen eine recht behutsam gestaltete Begegnung gepflegt wird, so bedroht die nun in Angriff genommene *Apertura Petrolera* im Orinocodelta ihren Lebensraum (s. S. 144 f.), ihre Lebensgrundlage: den Fluss. Man vermutet in dieser ursprünglichen Wasserlandschaft die drittgrößten Erdölvorkommen der Welt.

Das sich ständig verändernde Landschaftsrelief des Deltas bilden *moriche*-Palmen-Haine und Mangrovendickichte. Die Landflächen bestehen aus puren Sedimenten des Flusses. Ein großer Teil des sumpfigen Geländes ist mit Mischwäldern und Dschungeln aus Drachenblut- und Boroborobäumen, Sumpfmimosen, Aaronstabgewächsen und Clusiabäumen bedeckt. Kaum zu erkennen: Einige der kleinen Inselchen sind in landwirtschaftlich genutzte Flächen, in *conucos,* Fruchtgärten, aufgeteilt, wobei das Multitalent *moriche*-Palme (Mauritiuspalme) die Hauptrolle spielt. Sie werden je nach Entfernung von der Küste von den Gezeiten überschwemmt; ein Großteil des Deltas ist ein Tidensumpf und hat keine feste Erde.

Eine prachtvolle Vogelwelt bevölkert die Ufer. Allein die Artenvielfalt der Stelzvögel ist enorm. Von den heimischen Moschusenten kommen mehrere Arten vor: die *cotúa aguajita* z. B. breitet in Ermangelung einer natürlichen Fettschicht auf ihren Federn die Flügel zum Trocknen an der Sonne aus, die sehr gesellige *cotúa zamura* ähnelt einem kleinen Geier. Die Sonnenralle ist grazil wie eine Ballettänzerin und baut riesige Baumnester.

Im Delta ist es feucht-heiß. Es herrscht eine Durchschnittstemperatur von 26 °C und eine Luftfeuchtigkeit von 60–80 %. Die Regenzeit fällt in die Monate April bis August mit Regenfällen von mehr als zehn Stunden täglich. Auch während der übrigen Monate kommt es zu ergiebigen Niederschlägen. Am trockensten sind die Monate Januar bis März, und dann hat der Orinoco auch den niedrigsten Wasserstand.

Reisen in das Delta

Tipps & Adressen: Maturín S. 307 f., Tucupita S. 320 f.

Die Organisation eines Deltabesuchs hängt nicht unbedingt von Reiseveranstaltern ab, man kann es durchaus auch auf eigene Faust versuchen. In Tucupita ist es am einfachsten, Touranbieter zu finden, doch hier ist das Risiko, betrogen oder enttäuscht zu werden, am höchsten. Die Nachfrage hat sich in den Straßen der Hauptstadt des Delta Amacuro schnell herumgesprochen, und dementsprechend schnell haben die Bootsbesitzer reagiert. *Piratas* schelten die Venezolaner unseriöse Tourguides, die nichts von dem halten, was sie versprechen, aber gerne im voraus kassieren. Die Preise liegen unter dem Niveau der eingeführten Reiseveranstalter, aber man muss damit rechnen, dass die *piratas* mangels profunder Ortskenntnisse nur auf den Hauptkanälen herumschippern, auf denen man nichts sieht, dass die Mahlzeiten aus vertrockneten Sandwiches bestehen und die Übernachtungsmöglichkeit der nackte Boden ist, wenn nicht vorher noch der Motor kaputtgeht. Generell ist man besser bedient, wenn man ein paar Dollar mehr investiert, dafür aber auch wirklich eine Deltareise bekommt.

Maturín

1 Maturín ist nett, flach, latinisch, recht gepflegt und ein bisschen langweilig,

Das Orinocodelta

Dorf im Orinocodelta

Studentenstadt und nicht arm. Seine angenehme Lage etwa auf halbem Wege zwischen der Küste und Ciudad Bolívar, also zwischen den Badeorten und dem Eingangstor zur Gran Sabana, hat seine touristische Attraktivität erhöht. Flughafen und Hotellerie sowie der Busbahnhof der 250 000-Einwohner-Stadt verzeichnen lebhaften Verkehr.

Hübsch ist die von dichten Baumkronen beschattete Avenida Bolívar, Einkaufszone und Flaniermeile sowie Bankenzone in einem. Drumherum gruppieren sich die Wohnviertel. An ihrem nördlichen Ende stößt sie auf die Avenida Raúl Leoni, wo sich einige familiäre Freiluftrestaurants aneinanderreihen. Maturín verfügt sowohl über das Aussehen als auch über die Annehmlichkeiten, um einen bequemen Stopover einzulegen.

Tucupita

2 Anders Tucupita. Es liegt am Rand der Welt, denn dahinter gibt es nur noch Wasser, Deltaland und Missionsstationen. Die Straße durchschneidet, von Maturín oder Ciudad Guayana aus kommend, eine monotone, ärmliche Gegend und mündet in eine ebensolche Stadt. Aber sie lebt von der Besonderheit, am Ende Venezuelas zu liegen. Das Idyllischste sind ihr Paseo Mánamo am Orinoco, dessen warme Schönheit unbeschadet einer touristischen Vermarktung friedlich und träge sich ausbreitet, und die Warenlager, die eher alten Handelskontoren gleichen, obwohl sie als Supermärkte entworfen worden sind. Vollkommen bar weiterer aufsehenerregender Reize – es gibt in der Hauptstadt des Estado Delta Amacuro trotz 60 000

Einwohnern nicht einmal ein Kino –, trifft man sich abends an der großen, von hohen Bäumen verdunkelten Plaza Bolívar. Aber dort treffen sich auch wirklich alle, und das ist dann wieder schön.

Im Jahr 1920 wurde die Stadt von Kapuzinern gegründet, welche die Warao missionieren wollten und ihr eine mausgraue, hässliche Betonkirche hinterließen. Tucupita bildet aufgrund seiner Lage den ›natürlichen‹ Ausgangspunkt für Exkursionen in das Orinocodelta. Die touristische Infrastruktur hat sich erstaunlicherweise nicht der Qualität dieses attraktiven Naturspektakels angepasst. Hotels und Restaurants sind eher von bescheidenem Zuschnitt, und es gibt auch nicht viele davon. Wer von Maturín aus nach Tucupita kommt, überquert den Orinoco mit einer Flussfähre, der *chalana*.

Touren ins Orinocodelta

In den beiden Bundesstaaten Monagas und Delta Amacuro, auf deren Gebiet das Delta liegt, herrschen ähnliche landwirtschaftliche Nutzungsformen vor. Die fruchtbaren, flachen, nur leicht gewellten Böden eignen sich für den Anbau von Obst, Maniok, Mais, Sorghum, Zuckerrohr und für die Viehzucht; wichtigster Erwerbszweig ist der Holzeinschlag für die Zelluloseherstellung. Auf dem Weg von Maturín in südöstliche Richtung nach San José de Buja, einem in der Sonne brütenden, von Futtersilos umstandenen, kleinen Flecken, säumen Pipelines die Straße. Das Erdöl aus El Tigre im Bundesstaat Anzoátegui strömt durch die Metallrohre.

Der Warao-Ort **San José de Buja** 3 mit zweisprachiger Schule ist einer der Einstiegshäfen der Veranstalter von Reisen in das Delta und über die Ruta Nacional 10 von Maturín, anschließend auf der *carretera* 4 zu erreichen. Wer von Tucupita aus aufbricht, hat den Hafen am Paseo Mánamo buchstäblich gleich vor der Hoteltür. Für beide Varianten gilt: Erst einmal befährt das Boot eine breite Wasserstraße, den Caño Mánamo, um

Orinocodelta

in die wesentlich attraktiveren Veräste-
lungen des Deltas zu gelangen.

Mit den Gezeiten ändert sich alle
sechs Stunden die Strömungsrichtung
des Flusses. Ablesen lässt sich das an
den grünen Teppichen aus *bora,* den
weiß und fleischig blühenden Wasser-
hyazinthen, die sich zu dichten Inseln zu-
sammenbündeln und im Laufe von

Jahrzehnten ihre Wasserwurzeln zu
einem festen, elastischen Untergrund
verstricken. Die von Pflanzenwänden
eingefassten Ufer wirken unbewohnt,
nur selten erblickt man Bootsstege und
einzelne Gehöfte, denn die Warao siedeln nicht unbedingt an den Flussrändern. Das salzhaltige Wasser des Orinoco färben mineralische Schwebstoffe,

Apertura Petrolera – Ölbonanza im Delta

Der Erdölreichtum Venezuelas ist noch lange nicht erschöpft. Probebohrungen im Orinocodelta haben ergeben, dass unter der Wasseroberfläche noch umfangreiche Reservoirs des Schwarzen Goldes lagern; und wenn Hochrechnungen Recht behalten sollten, dann könnte es sich um die drittgrößten Erdölvorkommen der Welt handeln.

Im Jahr 1976 wurde die Erdölindustrie unter dem damaligen Regierungspräsidenten Carlos Andrés Pérez von der Acción Democrática verstaatlicht, doch nun sollen Möglichkeiten für ausländische Investoren geöffnet werden. Man hofft, dass bis zum Jahr 2006 etwa ein Drittel der gesamten venezolanischen Erdölproduktion vom Ausland übernommen wird, und zwar unter verschiedenen Beteiligungsmodellen, die die staatliche Gesellschaft PDVSA einschließen. Französische, argentinische und nordamerikanische Gesellschaften sind seit Januar 1996 bereits in den venezolanischen Bundesstaaten Portuguesa und Cojedes tätig.

Doch das Orinocodelta steht stärker im Rampenlicht der Öffentlichkeit. Es ist das traditionelle Siedlungsgebiet der Warao, der ›Bootsleute‹, die neben den Guaijiro im Bundesstaat Zulia die größte indianische Ethnie Venezuelas bilden. Venezuela hat seinen indianischen Verbänden schon früh mehr Rechte in seiner Gesetzgebung zugeschrieben als beispielsweise Mexiko, das seine aztekische Vergangenheit

Wurzeln und Pflanzen undurchsichtig braungelb.

Ein Teil des Deltas wurde 1991 zum Nationalpark deklariert. Der 2650 km^2 umfassende **Parque Nacional Mariusa** 4 reicht bis an die Atlantikküste und malt einen weißen Fleck auf die Landkarte Venezuelas, denn weder Flora noch Fauna sind bislang richtig katalogisiert. Dschungel und Mangroven bilden den Löwenanteil der Vegetation. Besonders reich sind Vogel- und Insektenwelt. *Águila negra,* der schwarze Adler, *tiganas* (Sonnenrallen) und eine stattliche Anzahl verschiedener Kormoranarten beleben die Ufer.

Die Besuche des Deltas schließen normalerweise einen Spaziergang mit einem Warao-Führer ein, der in knappen Worten Lebensweise und Kultur seines Verbandes erläutert. Der Verzehr eines Wurmes, der unter der Rinde der *moriche*-Palme lebt, ist nicht nur folkloristisches Spektakel. Die dicken Würmer liefern tatsächlich das in der Ernährung der Warao notwendige Eiweiß. Die *moriche* erweist sich so einmal mehr als Lebensgrundlage. Aus den Zapfen wird Stärke gewonnen, die Rinde lässt sich zu Seilen verarbeiten, aus den getrockneten Palmblättern flicht man Hängematten, das Holz stützt die üblichen Stelzen-

stets stolz betont, eine die Ethnien schützende Gesetzgebung (z. B. vor Landraub) aber erst in den 80er Jahren verabschiedete. Im Dezember 1996 wurde vom Obersten Gerichtshof in Caracas eine Landbesitzklage zugunsten der indianischen Gemeinden im Bundesstaat Amazonas entschieden, was als Hinweis darauf gedeutet wird, dass die Judikative durchaus im Sinne der *indígenas* handeln kann.

Doch was passiert, wenn private ausländische Gesellschaften im erdölreichen Orinocodelta arbeiten und sich gegen eine staatliche Einflussnahme wehren? Diese empfindliche Frage bewegt seit den Menschenrechtsverletzungen und dem Mord an Bürgerrechtlern in Nigeria die Öffentlichkeit, und die Organisation Amigransa (Amigos de la Gran Sabana), der internationalen Oilwatch angeschlossen, reagiert alarmiert.

Der ökologisch ausbalancierte Lebensraum der Warao, obwohl riesig, könnte von den Schädigungen der Umwelt, die eine Erdölförderung stets begleiten, bedrohlich verändert werden. Dieser Raum garantiert seit Jahrtausenden die Versorgung mit Nahrungsmitteln. Die Warao ernähren sich vom Fischfang und von der Bebauung ihrer schwimmenden *conucos*. Was passiert, wenn die Bohrlöcher lecken und Öl ausströmt? Wie wirkt sich der Zusammenprall mit der industrialisierten Kultur aus? Könnte er einen Identitätsverlust einleiten? Könnte die Erschließung bedeuten, dass die Warao umgesiedelt, d. h. ihres traditionellen Siedlungsgebietes beraubt würden? Könnte dies einen Präzedenzfall schaffen für die übrigen an Gold, Uran, Diamanten und Holz reichen Gegenden, in denen indianische Verbände leben?

Die ›Bootsleute‹ leiden zur Zeit ›nur‹ unter der Verschlechterung der Wasserqualität des Orinoco, weil sein Quecksilbergehalt durch die fragwürdigen Methoden zur Goldreinigung in den Bundesstaaten Bolívar und Amazonas gestiegen ist. Ob die Erschließung weitere Beschädigungen ihrer Lebensbedingungen einleitet und wenn ja, wie diese gegebenenfalls kompensiert werden könnten, darüber lässt sich noch nicht urteilen.

bauten *(palafitos)* und liefert das Brennmaterial. Von den zarten weißen Spitzen trennt man das Delikateste ab und schält ein elfenbeinweißes Palmherz heraus. Die gewohnte Nahrungsergänzung: die Knollenfrucht *ocumo*, Krebse und Fische. Das müssen nicht Piranhas sein, die den Orinoco unsicher machen und die man allerorten von den Flussrändern aus angelt, sondern in der Regel handelt es sich um *morokotos*. Der Orinoco ist ein Paradies für Tiere, und die Warao-Führer kennen die trefflichsten Plätze zu deren Beobachtung. Die Brüllaffen, deren dröhnendes, fauchendes Organ die stummen Wälder zur Morgendämmerung erfüllt, die Flussdelphine *(toninas)*, die Papageien, Reiher, Kormorane, Scharlachsichler und Tukane lassen sich nur an bestimmten Plätzen und zu bestimmten Stunden beobachten.

Den bedeutendsten Verbindungsweg zum Golfo de Paria und damit zum Meer stellt der breite Caño Mánamo dar, der auch von regulär verkehrenden Linienbooten von Tucupita aus befahren wird. Er mündet in **Pedernales** 5. Dort gibt es eine Thunfischfabrik und einen Flughafen, einige Missionsstationen befinden sich im Osten des Deltas. Reiseveranstalter bieten Besuche der Stationen an.

Die Gran
Sabana

Das Land der Legenden

Das Bereisen der Gran Sabana und Canaimas gleicht einem Hinabsteigen in eine rätselhafte Welt. Überwältigend ist der Anblick der uralten Tafelberge *(tepuis)*, die, als sei es eine Laune der Natur, sich oft in Nebelschleier hüllen und nur schattenhaft ihre blauen Silhouetten am Horizont erkennen lassen. Gold- und Diamantenadern lagern dicht unter der dunklen Erde der Urwälder, kostbare Wasserfälle sprühen ihr glitzerndes Taulicht in die feucht-heiße Luft. Blüten, Pflanzen und mit schillernden Schildpanzern wie Käfer bedeckte Tiere lebten und leben dort unberührt von den Begegnungen mit der Zivilisation. Nicht alle sind bis heute benannt und erforscht. Geheimnisvolle Märchen und Legenden spielen auf ihren Terrains, so geheimnisvoll, dass Sherlock-Holmes-Erfinder Sir Arthur Conan Doyle noch vor hundert Jahren Dinosaurier auf den Gipfelplateaus der Tafelberge spazieren und eine Forschungsmannschaft in Angst und Schrecken vor angreifenden Flugechsen verharren ließ. Alles schien möglich, und die Landschaft mit ihrer urweltlichen Ausstrahlung hört immer noch nicht auf, die Phantasie zu reizen.

Doch waren und sind Canaima und die Gran Sabana auch Orte unverziehener Ausbeutung der Natur und Erniedrigung der Menschen, die darin leben. Rómulo Gallegos hat das unverwechselbare Spannungsfeld dieses Landstrichs in seinem Roman ›Canaima‹ eingefangen. Er entwirft ein atmosphärisch reiches Bild von der Majestät der Flüsse Orinoco, Caroní und Yuruarí, erzählt von den zahlreichen Wasserläufen, welche die sattrote, aber humusarme Erde unter den dichten Dschungeln nicht be-

◁ *Yuruaní-Fälle und Yuruaní-Tepui*

fruchten können, malt eine Landschaft auf das Papier, »wie nach einem Schiffbruch«, auf der »der frühlingshafte Schrecken des ersten Weltenmorgens liegt«. Eine Welt, die still bereits bestand, als noch keine Tierlaute sie mit Leben erfüllten, nur »pflanzliche Kräfte herrschten« und Sternschnuppen Wege in das Dickicht bahnten. Wirklichkeit und Phantasie schieben sich in seinem Roman ineinander, bis sie ein einziges festes Bild ergeben: Südamerika, der Kontinent des magischen Realismus – hier in Canaima könnte seine Wiege stehen. Wieso sollte hier nicht der versunkene Indianerstamm der Tarangué beheimatet gewesen sein, der unergründliche Schriftzeichen in den Granitfelsen hinterließ, die nur die Tararana, der Stamm, der noch kommen wird, entziffern können. Eine Membran aus Rätselhaftigkeit verschleiert die Landschaft der Gran Sabana, und kein Weißer ist in der Lage, ihr diesen Schleier zu entreißen. Dieses Bild entwirft Gallegos, und die Landschaft macht mit ihrem seltsamen Aussehen alles glaubhaft.

Gold und Kautschuk

In der realen Geschichte aber waren die Weißen durchaus imstande, dieses Land als den Ort zu identifizieren, in dem El Dorado herrschen sollte, der Goldene, Gottkönig über ein reiches Imperium. Die ersten Konquistadoren rückten in die Nähe dieses Gebietes vor und später jene Männer, welche den Ruf von Gold- und Diamantenvorkommen in der Gran Sabana und in Canaima verbreiten sollten: die Glücksritter und Vagabunden. »Ein wundersamer Spieltisch war Guayana, auf den ein großartiger Zufall die Würfel warf und an dem alle kühnen Männer spielen wollten«, schreibt Gallegos. Mit Reichtum be-

schenk wurden die Goldsucher indes
nie, reich wurden die Plantagenbesitzer,
die den Kautschuk aus den Gummibäu-
men pressen ließen und ihre Arbeiter-
heere mit unerträglichen Bedingungen
knebelten.

Es ist das Land, das nie konsequent zi-
vilisiert wurde und über das der finstere
Canaima gebietet. Er ist der böswillige
Geist der Guaicas und Maquiritares, das
Prinzip des Bösen und des Übels, der
sich mit Cajuña, der Herrscherin über
das Gute, in ewigem Streit um die
Weltherrschaft befindet. Die aus erdgeschichtlicher Vorzeit, als Afrika und Südamerika noch den Großkontinent Gond-
wana bildeten, stammenden 2000 Tafelberge sind Göttersitze, welche die
indianische Bevölkerung aus Ehrfurcht
nicht zu besteigen wagte. Der Roraima,
auf dem die Wasserscheide zwischen
Orinoco, Amazonas und Essequibo
liegt, ist ihnen die Mutter allen Wassers.

Wasser sorgt auch für einen Reichtum, der auf das gesamte Land ab-
strahlt: Der mächtige Guri-Stausee, mit
einer Fläche von 4250 km² der zweit-
größte der Welt, versorgt halb Venezuela mit Energie und hat sich in letzter
Zeit wegen seines Fischreichtums auch
als beliebtes Anglerziel etabliert. Der
Damm staut seit 1978 die Wasser des
mächtigen Caroní auf. Wiederum ist
dies ein Beweis für den Antagonismus
zwischen Natur und Zivilisation, der das
Land prägt: In dem nicht ›zu Ende‹ zivili-
sierten Land herrscht gleichzeitig die
modernste Technik vor.

Schätze, wohin man blickt: Hier befindet sich der höchste Wasserfall der Welt,
gibt es Orchideen, die nirgendwo sonst
auf der Erde zu finden sind, kleine
Städte, die so frisch sind wie die Missionen, die erst in den 1930er Jahren in das
Land der drei Pemones-Verbände ein-
drangen: Die älteste Erde der Welt ist

Im Parque Nacional Canaima

noch nicht der Welt einverleibt. Eine
ganz junge Straße durchschneidet sie.
Aus den undurchdringlichen Dschungeln entlassen, in denen die Sägewerke
kreischen und der *pajaro minero* mit seinem Schrei die Goldsucher anlockt, die
ihm vertrauen, entrollt sich eine riesige
Savanne, bebändert mit Streifen aus
moriche-Hainen und überthront von
den mythischen *tepuis*.

Ciudad Bolívar

Stadtplan: S. 152
Tipps & Adressen: S. 290 ff.

■ An dieser Stelle sind die Fluten des mächtigen Orinocostroms gezähmt: Der Fluss, der gebieterisch das Land durchschneidet, rollt hier über ein felsiges Bett aus festem, schwarzem Granit, das ihn auf einen Kilometer Breite zusammenpresst. An dieser, seiner schmalsten Stelle gründete der Gouverneur Joaquín Sabas Moreno de Méndez 1764 eine Siedlung und nannte sie Santo Tomás de la Guayana de Angostura, nachdem eine frühere Niederlassung der Spanier flussabwärts – strategisch ungünstiger gelegen – von holländischen Piraten überfallen worden war.

Von dem sperrigen Namen überlebte das anschauliche Angostura: ›schmale Stelle‹, ›Enge‹. Diese schmale Stelle adelte die Dritte Republik der Nationalisten während der Unabhängigkeitskriege gegen die spanische Kolonialmacht von 1817 bis 1821 zur Hauptstadt des revolutionären Venezuela, nachdem General Manuel Carel Piar bereits 1817 Guayana den Spaniern abgetrotzt hatte. Eines der historischen Glanzlichter, auf die sich die Landesgeschichte mit großem Pomp bezieht, erstrahlte unweit des Orinocoufers: Der zweite Republikanische Kongress wurde 1819 in Angostura abgehalten, und Simón Bolívar präsentierte hier sein Konzept von einem zentralistisch gelenkten Groß-Kolumbien. Ihm zu Ehren wurde Angostura 1846 in Ciudad Bolívar umgetauft.

Hauptstadt, Handelsstadt, Kaufmannsstadt: Im nahezu straßenlosen Venezuela bestanden die wichtigsten Verbindungen zu Wasser. Der Orinoco eignete sich wegen beständig wehender Winde zum Gütertransport; Segelschiffe fuhren in alle Welt und erhoben das damalige Angostura zum kaufmännischen Zentrum von Venezuela. Waren aus den Llanos, Felle und Vieh, nahmen von hier aus ihren Weg nach Europa. Eine Reisedauer von 18 bis 20 Tagen hinüber nach Cádiz

Kolonialhäuser in der Calle Bolívar

hatte Alexander von Humboldt ermittelt, als er 1800 in Angostura sechs Wochen lang ein Fieber auskurierte, das er sich bei früheren Expeditionsfahrten auf den Amazonaszuflüssen zugezogen hatte.

Heute spiegelt sich die Wohlhabenheit, die der Handel erzeugte, in einer Reihe restaurierter historischer Bauten rund um die Kathedrale und in den Handelshäusern am Flussufer, die hauptsächlich von syrischen Einwanderern betrieben werden. Das Surren der Ventilatoren ist die Musik der Ciudad Bolívar (270 000 Einw.), die in der Hitze

schwimmt und flirrt. Ohne die sanft zugefächelte Luft des Flusswindes würde sogar das Flanieren entlang der Uferpromenade **Paseo Orinoco** 1 zu warm. Niemand würde hier die Hänge hinaufhetzen, die zur Stadtmitte führen, nur zwei Blocks vom Orinocoufer entfernt. Beschaulichkeit ist ein bestimmendes Element des hauptstädtischen Lebens.

In der Mitte des langgestreckten, schattigen Paseo Orinoco bietet die Aussichtsplattform **Mirador Angostura** 2 den besten Blick über den Fluss. Als ob ein Riese zu urweltlichen Zeiten willkür-

lich granitene Halbkugeln und Ellipsen auf die Erde habe plumpsen lassen, wirken die schwarzen Steine *(lajas)* im Flussbett. An ihnen misst der *ciudadano* den Wasserstand des Orinoco, der erheblich variiert. Zwischen Regen- und Trockenzeit ergeben sich Differenzen von 20 m. An der **Piedra del Medio** lernte Humboldt den Wasserpegel zu lesen und taufte sie um in Orinocometer. Etwa 5 km flussaufwärts überspannt die einzige, 1967 erbaute Brücke, **Puente de Angostura,** den Orinoco. Die Bewohner auf beiden Flussseiten sind ansonsten auf *chalanas* angewiesen, und

zur Rush-hour steht man sich an den Fähren die Beine in den Bauch.

Zurück zum Paseo mit seinen rohgezimmerten Ständen der ambulanten Uhr- und Schuhmacher, die aus einer anderen, wundervollen Epoche entstammen zu scheinen. Er führt im Osten zum **Mercado de la Zapaora** 3 (*zapaora* ist ein Flussfisch), einem geräumigen, grün angestrichenen Bau mit Lebensmittelpavillons, einem interessanten Kunstgewerbeladen und stimmungsvollen Fischrestaurants direkt am Flussufer. In den kleinen Ladenpassagen auf dem Weg dorthin konzentrieren sich

Das Zentrum von Ciudad Bolívar

die Schmuckgeschäfte. Die Erzeugnisse aus den legendären Gold- und Diamantenminen des Staates Bolívar finden in der Landeshauptstadt ihr natürliches Handelszentrum. Anmutig geschnitzte Holzbalkone umlaufen die Stockwerke der pastellfarben gestrichenen Handelskontore am Paseo. In ihrem Innern schlummern hinter weitgeöffneten, hohen Flügeltüren Reste überseeischer Atmosphäre, die an eine Zeit erinnern, als hier noch Pflanzenfarbstoffe, Gummi, Kakao und spanische Kolonialmöbel gemakelt wurden. Das Warensortiment besteht heute profanerweise aus handelsüblichen Matratzen, Reisetaschen, Hängematten und billigen chinesischen Schmuckschatullen, doch in dieser Umgebung wirken die Dinge wie Beutestücke aus der Flusspiraterie, die den Orinoco lange beherrscht hat.

An der Uferstraße (Ecke Calle Igualdad) befindet sich in dem ehemaligen Gefängnisgebäude das **Museo Etnográfico** 4. In Venezuela sind die ethnologischen Museen spärlich gesät, und dieses hier hat eine relativ lange Tradition, aber wenig Material. Alle in der Gegend lebenden Indianerstämme sind mit Fotografien und Ausstellungsstü-

cken erfasst; die Pemones der Gran Sabana, die Warao des Orinocodeltas, die Yanomami und Piaroa aus dem tiefsten Süden des Landes.

Zwei Blocks die Calle Igualdad hinauf entfaltet sich der Liebreiz der sommerlich bunt und fröhlich gestrichenen Kolonialhäuser um die Plaza Bolívar, Kern des historischen Viertels, des **Cuadrilátero Histórico.** Sienarot, Azurblau und Sonnenblumengelb leuchten die Fassaden mit ihren weißgemalten Fenstereinfassungen. Die meisten von ihnen beherbergen städtische Einrichtungen, Oberschulen, Bibliotheken. Die blaue, mit grünen Fensterläden geschmückte **Casa de Piar** 5 beispielsweise fungiert als *Casa de la Cultura.* In ihrem luftigen, säulenumstandenen Innenhof erblickt man ein modernes *mural,* ein Wandgemälde, das Karriere und Tod des Bolívar-Mitstreiters Manuel Piar symbolhaft porträtiert. Piar wurde mit 35 Jahren als Verräter an der Revolution festgenommen und zwölf Tage in diesem Haus gefangengehalten, bevor er am 16. Oktober 1817 an der Kirchenmauer füsiliert wurde. Die fensterlose Kammer ist zu sehen, ebenso ein schlichtes Holzkreuz, das Piar bei seiner letzten Beichte be-

nutzte. Das benachbarte Gebäude befindet sich heute in Stadtbesitz und war die erste Kirche von Angostura.

Die **Plaza Bolívar** 6 selbst ist ein Schmuckstück von neoklassizistischer Gestaltung aus dem Jahr 1869 und entstand in der Amtszeit des Juan Bautista dalla Costa, eines Gouverneurs der Provinz Guayana. Allegorien rahmen die Bronzestatue des *Libertador* ein. Sie tragen die Namen der Länder, die er zu einem Groß-Kolumbien zusammenzuschließen beabsichtigte: Ecuador, Peru, Kolumbien, Bolivien und Venezuela – ein Plan, der, wie man weiß, bei seinen Mitstreitern auf große Skepsis stieß. Zum einheitlichen Gesamteindruck tragen die symmetrische angelegten Pflanzen- und Bauminseln bei.

Für die weiß leuchtende **Kathedrale** 7 mit dreigestuftem Glockenturm an der östlichen Seite des Platzes brauchten die Arbeiter 70, durch die Unabhängigkeitskriege beeinträchtigte Baujahre – mit dem Ergebnis, dass ihr Stil trotzdem mit dem Datum des Baubeginns 1765 korrespondiert. Sie mag eine der wenigen Kirchen sein, für die die armen Sünderlein direkt zur Kasse gebeten wurden, denn der 1766–1777 regierende Gouverneur Manuel Centurión verfügte eine Steuerabgabe für den Zuckerrohrschnaps *guarapo* und den Hahnen-

kampf, mit der er die Kathedrale bauen ließ. Und Zuckerrohrschnaps und Hahnenkampf dürften die herausragenden, weil einzigen Unterhaltungsmöglichkeiten gewesen sein. So reichte die eingenommene Summe noch für den Bau eines Krankenhauses und des Regierungssitzes Casa del Gobierno.

In der **Casa del Congreso de Angostura** 8 an der gegenüberliegenden Seite der Plaza Bolívar ruhen die Schätze des Archivo Histórico de Guayana, die der Besucher allerdings nicht zu sehen bekommt; einzig eine kleine Auswahl von Dokumentenkopien hängt in den Gängen des Patio. Weitaus bedeutungsvoller ist der historische Charakter des 1766 erbauten, luxuriösen Kolonialhauses mit imposanter schwarzer Holzgalerie. An diesem Ort wurde am 15. Februar 1819 der Kongress von Angostura abgehalten. Die entsprechende **Sala Histórica** mit Originalmobiliar schmücken Porträts der Kongressteilnehmer. Die Dachterrasse bietet den idealen Standort für einen Panoramablick über Fluss- und Stadtlandschaft.

Wieder zurück auf dem Paseo Orinoco und vorbei an den verführerischen Warenkontoren gelangt man zu der unaufgeräumten, kuriosen **Casa Ciudad Bolívar** 9 (Paseo/Calle Carabobo). Das mit Kunstwerken und Kunstgewerbe

Puente de Angostura bei Ciudad Bolívar

aller Art vollgestopfte Patio-Haus gehörte der mit Bolívar befreundeten Familie Cornieles, die von hier aus das erste offizielle Presseorgan der Regierung der Dritten Republik von 1818 bis 1821 hinaus in den Rest des Landes flattern ließ. Der ›Correo del Orinoco‹ verbreitete sein revolutionäres Gedankengut in englischer und spanischer Sprache. »Die Presse ist die Artillerie der Gedanken« formulierte der *Libertador,* und dieser Satz ziert einen der schummerigen Säle. Die berühmte Druckerpresse ist im Archivo Histórico de Guayana verschwunden, dafür gibt es Kunsthandwerk und einen indianischen Petroglyphen zu bestaunen. Wie es sich zwischen den Orinoco-lajas wohnt, veranschaulicht ein Besuch des Parque El Zanjón westlich der Plaza Bolívar. Dort gibt es die **Casa de las Tejas** 🔟.

Im damaligen Angostura verbrachte Simón Bolívar seine Nächte bei besagtem Freund Andrés Roderick Cornieles auf dessen Familiensitz **Quinta de San Isidro** 11. Den tief beschatteten Garten gab es damals schon, denn mit Stolz wird auf den riesigen Tamarindenbaum hingewiesen, an dem der *Libertador* sein Pferd festzubinden pflegte. Das Landhaus hat keinen Patio, sondern nach Gutshofmanier eine säulengestützte Veranda an der Längsseite, hinter der

sich die in Dämmerlicht getauchte Zimmerflucht öffnet. Alle Möbel entstammen der Kolonialzeit, Museumsstolz ist selbstverständlich das – kleine, schmale – Bett, in dem Bolívar übernachtete.

Die Qualität der modernen Museen in Venezuela ist ungewöhnlich hoch, und das **Museo de Arte Moderno Jesús Soto** 12 ist eines der interessantesten. Hier fehlen weder die Konstruktivisten noch Man Ray, weder Roy Lichtenstein noch die Nagelbilder von Günther Uecker, weder Vasarély noch Niki de Saint-Phalle. Intelligent und lustig sind die kinetischen Spielereien von dem namengebenden berühmten Sohn der Stadt und von Carlos Cruz-Díez. Ein Muss!

Mit der jüngeren Stadtgeschichte auf eine verwunderlichere Art verknüpft ist ein kleines Flugzeug, welches man sinnigerweise vor dem Flughafen aufgebaut hat. Es ist die Propellermaschine des Buschpiloten Jimmy Angel. Das wäre nun nicht weiter erwähnenswert, hätte nicht Jimmy Angel zufällig den höchsten Wasserfall der Welt entdeckt, den Salto Angel, heute ein Naturheiligtum im Parque Nacional Canaima (s. S. 174 f.). Das Maschinchen wurde ausgeweidet: Den Originalmotor gibt es im Museo Aeronáutico in Maracay zu sehen.

Von Ciudad Guayana in die Gran Sabana

Tipps & Adressen: Ciudad Guayana S. 292, El Dorado S. 296, Las Claritas S. 303, El Pauji S. 296, Santa Elena de Uairén S. 318 f.

Ciudad Guayana

121 km Autobahn verquicken Ciudad Bolívar mit **Ciudad Guayana** 1 am Zusammenfluss von Orinoco und Río Caroní. Der rasante Aufstieg von Ciudad Guayana, welches die Landeshauptstadt als ökonomische Größe längst überflügelt hat, spiegelt die jüngere Wirtschaftsgeschichte Venezuelas wider. Ein Plan hat es zusammengefügt, denn eigentlich besteht es aus zwei verschiedenen Städten, San Félix und Puerto Ordaz. San Félix war ein schlichtes Goldgräberstädtchen, arm und verwahrlost, Startpunkt der Maultierpfade für die Versorgung der Goldminen bei El Callao, auf dem Boden des ursprünglichen Santo Tomás de la Guayana. Bis 1950 zählte es nicht mehr als 4000 Seelen. Puerto Ordaz hingegen legte die Orinoco Mining Company, eine Tochtergesellschaft der United Steel Corporation, als Werkssiedlung für die Arbeiter in den Eisenerzvorkommen bei El Pao und am Erzberg Cerro Bolívar an. Es entstand 1950: modern, großzügig, mit breiten, im Schachbrettmuster angelegten Straßen. Der beabsichtigte Zwei-Klassen-Effekt blieb nicht aus. San Félix konzipierten Stadtplaner beim Neuaufbau 1960 als Arbeiterstadt und Auffangbecken für mittellose Zuwanderer und schrieben somit seinen proletarischen Charakter weiter fort, Puerto Ordaz sollte mit angenehmen Grünzonen zwischen weitläufigen Wohnsiedlungen die Ansprüche einer City-Gesellschaft, die sich aus höheren Angestellten und Ingenieuren zusammensetzte, befriedigen.

Noch heute fühlt sich niemand der auf 520 000 Einwohner angewachsenen Stadt als Bürger einer einzigen Ciudad Guayana. San Félix ist die Welt der kleinen Leute mit dreckigen Straßen und einem unsicheren Busbahnhof, Puerto Ordaz hingegen verfügt über einen lebhaften Flughafen, elegante, baumbestandene Avenidas, schicke Apartmenthäuser und eine Alltagsorganisation wie in den Vereinigten Staaten. Der Triumph des kleinen Mannes liegt in der Avenida Castellito in San Félix: Alles, was man im teureren Puerto Ordaz nicht findet, gibt es dort in den Ladenhöhlen und abgewrackten Großmärkten auf einer Avenida, der die Bäume fehlen, dafür aber gewiss nicht die Stimmung einer Ausfallstraße ins Nirgendwo.

Größter Anziehungspunkt von Puerto Ordaz sind zweifellos seine gepflegten, frischen Parkanlagen am Río Caroní. Der **Parque Cachamay** schließt die Stadt praktisch östlich zum Fluss ab. Er wurde auf einer Siedlung der Cachamay-Indianer angelegt. Neben angenehmen, von üppigen Baumkronen beschatteten Spazier- und Joggingwegen und kleinen Ausflugsrestaurants enthält er den Botanischen Garten **Parque Loefling** mit einem nahezu unberührten, für den Ufersaum des Caroní typischen Galeriewald. Seinen fremdländischen Namen verdankt er dem schwedischen Botaniker Peter Loefling, der als erster Europäer 1754 die Flora Venezuelas erforschte. Zwei Aussichtspunkte hat man

Die Gran Sabana

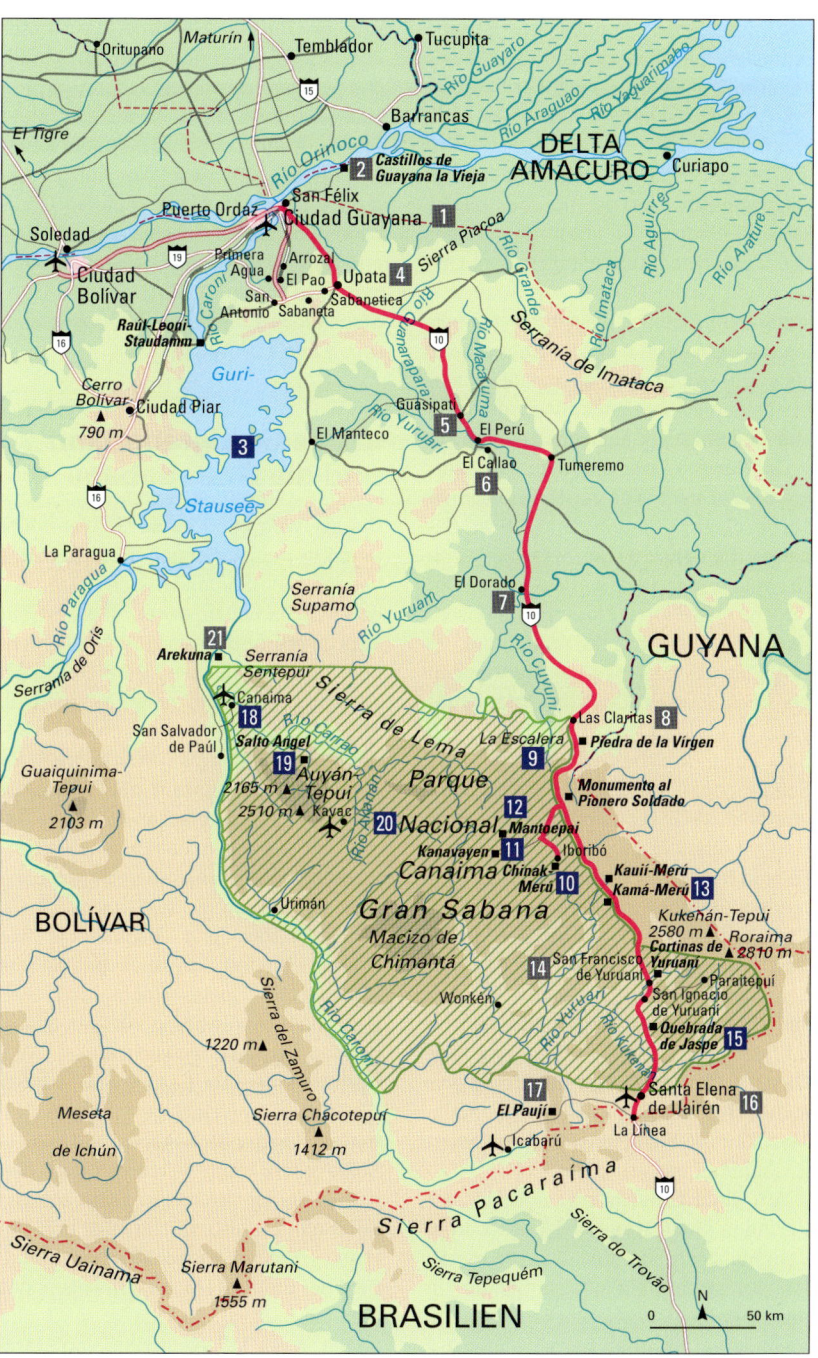

Orituano
Maturín
Temblador
Tucupita

El Tigre

Rio Guayaro

Barrancas

Rio Orinoco
Castillos de
Guayana la Vieja
2

Puerto Ordaz
San Félix
Ciudad Guayana
1

DELTA
AMACURO

Curiapo

Rio Aguirre

Rio Araguao

Rio Yaguarinabo

Rio Araure

Soledad

Ciudad
Bolívar

Primera
Agua
Arrozal
El Pao
San
Antonio
Sabaneta
Sabanetica
Upata
4

Sierra Piacoa

Rio Grande

Serranía de Imataca

Rio Imataca

Raúl-Leoni-
Staudamm

Cerro
Bolívar
790 m

Ciudad Piar

Guri-

Stausee

3

Rio Caroní

Rio Paragua

Rio Yuruari

Guasipati
5
El Perú

El Manteco

El Callao
6

Tumeremo

La Paragua

Serranía de Orís

Serranía
Supamo

Rio Paragua

Rio Yuruani

El Dorado
7 10

GUYANA

Serranía de Lema

Rio Cuyuni

Arekuna
21

Serranía
Sentepur

Canaima
18

San Salvador
de Paúl

Salto Angel
19

Rio Carrao

Rio Aponwao

Auyán-
Tepui
2165 m
2510 m
Kavac

Las Claritas
8
Piedra de la Virgen
La Escalera
9

Monumento al
Pionero Soldado

Guaiquinima-
Tepui
2103 m

20

Parque

Nacional

Kanavayen

Mantoepai
12
11

Chinak-
Merú
10

Iboribó

Kauii-Merú
Kamá-Merú
13

Uriman

Canaima

Gran Sabana

Kukenán-Tepui
2580 m
Roraima
2810 m

BOLÍVAR

Macizo de
Chimanta

Wonken

14
San Francisco
de Yuruani

Cortinas de
Yuruani

Rio Yuruani

Rio Kukenán

Paraitepui

San Ignacio
de Yuruani
Quebrada
de Jaspe
15

Sierra del Zamuro
1220 m

Sierra Chacotepui
1412 m

El Pauji
17

Icabarú

16
Santa Elena
de Uairén
La Línea

Meseta
de Ichún

Sierra Uainama

Sierra Marutani
1555 m

Sierra Tepequém

Sierra Pacaraima

Sierra do Trovão

10

BRASILIEN

N
0   50 km

gegenüber den imposanten Strom-schnellen und Wasserfällen des Caroní angebracht, der genau wie der Orinoco mit rundgewaschenen, schwarzen *lajas* angefüllt ist.

Café con leche beschreibt in Ciudad Guayana nicht (nur) den üblichen Milch-kaffee, sondern ein Naturphänomen: den Zusammenfluss nämlich von Ori-noco und Caroní. Die braunen Fluten des ersteren mischen sich nicht mit den hel-len Wassern des Caroní. So sieht es aus, als würde ein überdimensionales Lineal die beiden schäumenden Wasserfarben fein säuberlich voneinander trennen.

Der **Parque Fundación** an der Stadt-grenze auf dem Weg zur Ruta Nacional 10, der Strecke hinunter in die Gran Sa-bana, thematisiert die wirtschaftliche Grundlage des reichen Estado Bolívar: Bodenschätze und Wasserkraft, Eisen, Bauxit, Elektrizität, Gold, Aluminium.

Als ein Wahrzeichen der Stadt gelten die restaurierten **Castillos de Gua-yana la Vieja** 🔟, 40 km nordöstlich von San Félix, welche die Spanier zum Schutz gegen niederländische Piraten-überfälle 1678 erbauten. Zu erreichen sind sie über die Av. Manuel Piar in San Félix in Richtung Upata. Die beiden Fes-tungen überthronen eine der engsten Stellen des Orinoco; das **Castillo de San Francisco de Asís** erhebt sich an der Stelle eines ehemaligen Franzis-kanerkonvents auf einem Felsen und umfasst eine kleine Stadtanlage, das **Castillo de San Diego de Alcalá** ent-stand 1747 auf einem Hügel oberhalb. Man kann sie mit einem Por Puesto vom Busbahnhof aus erreichen.

Am eindrucksvollsten zeigt sich der mächtige **Guri-Stausee** 🔟 des Caroní vom Flugzeug aus: Wie sich die metal-len schimmernden Wasserbänder in dem riesigen Wasserbecken versam-meln ist ein wahrhaft bemerkenswerter

Anblick. Ohne die Meisterleistung dieser hydroelektrischen Anlage stünde sämtli-che Schwerindustrie in Ciudad Guayana still, verharrte halb Venezuela ohne Strom. Zum Zeitpunkt ihres Erweite-rungsbaus 1990 war die Anlage die größte der Welt. Einen schönen Über-blick über den See liefert der *mirador* am **Raúl-Leoni-Staudamm.** Von San Félix verkehren Por Puestos zum Guri-Stausee, dort bietet die Betreibergesell-schaft Edelca Führungen an.

In das Goldgräberland und die Gran Sabana

Die am Weg von Ciudad Guayana hin-unter in den äußersten Südosten des Landes nach Santa Elena de Uairén lie-genden Städtchen gehen allesamt auf Kapuzinergründungen zurück. Die recht unscheinbare Sägewerkstadt **Upata** 🔟, nach 56 km erreicht, datiert aus dem 18. Jh., hat aber keine architektonischen Bil-der ihrer Gründung erhalten können, als Missionare gemeinsam mit Einwande-rern von den Kanarischen Inseln die Re-gion zu besiedeln begannen. Sie ver-wandelten sie in fruchtbare Ackerfläche und kultivierten Kaffee, Indigo, Reis, Tabak, Kakao und Baumwolle; die Böden eigneten sich auch gut für die Rinderzucht. Upata bildete rasch den wirtschaftlichen Mittelpunkt der umlie-genden, schnell anwachsenden Mis-sionsstationen am Caroní, hier wurden die Waren umgeschlagen. Seinen Sta-tus als Landwirtschaftszentrum hat es beibehalten: Heute versorgt Upata den halben Bundesstaat und seine prospe-rierenden Erdölstädte mit Obst und Ge-müse. Zweites wirtschaftliches Stand-bein der Stadt ist Holz aus Brasilien, das hier zu Brettern verarbeitet wird und später in die Möbelindustrie von Mara-

Das Maniokbrot Casabe

Man nennt es *pan de la selva*, Dschungelbrot. Besonders in Guayana, im Estado Amazonas und auch im Orinocodelta gehört die *casabe* zu den Grundnahrungsmitteln, aber sie wird auch auf der Península de Paria hergestellt. Ihr unüberbietbarer Vorteil: Sie hält sich lange frisch, so dass man sie nicht täglich zu bereiten braucht.

Wir könnten sie mit Brot vergleichen, tun es aber besser nicht. Denn Marmelade oder Käse gehören nicht zu den Alltagsbegleitern der *casabe,* man tunkt sie eher in eine scharfe Soße, in der auch schon mal des pikanteren Geschmackes wegen Blattschneiderameisen schwimmen. Auch sind ihre Rohstoffe nicht unbedingt gesund: die hochgiftige Blausäure muss erst einmal aus dem Grundstoff, der *yuca brava* (Maniok), verschwinden, bevor man ihn weiterverarbeiten kann.

Casabe ist indianischen Ursprungs, und sie wird in den venezolanischen Gebieten mit hohem indianischen Bevölkerungsanteil auch am häufigsten verzehrt. Für die präkolumbische Zeit lässt sich die Herstellung von *casabe* anhand von Keramikfunden am Unterlauf des Orinoco nachweisen. Die ausladenden Pfannen von etwa 1 m Durchmesser waren schon damals in Gebrauch. Diese *budares* werden aus Ton hergestellt, den die Frauen in den *queb-*

radas der *selva* finden. Sie töpfern das Gefäß mit der Hand und versehen es mit einem etwa 10 cm hohen Rand.

Ein weiteres Hilfsmittel zur *casabe*-Produktion ist der *sebucán* aus Baumrinde oder aus *caña de sitira,* einem Bambusgewächs. Mit dem 2 m langen, elastischen Schlauch wird die Blausäure aus dem grob gemahlenen, geschälten und gewaschenen Maniok gepresst, der zuvor über Nacht in einem Keramikgefäß fermentiert ist. Auf den *rallador,* ein mit scharfkantigen kleinen Steinchen besetztes hölzernes Reibeisen, wandert die gemahlene, ausgepresste *yuca* zur weiteren Zerkleinerung; das so gewonnene feine, leicht feuchte Mehl wird auf die *budares* verteilt und erhitzt. Durch seine besondere Beschaffenheit backt das Mehl ohne weitere Zusätze zu festen, dünnen, eiweißfarbenen Fladen zusammen. Zum Verzehr bricht man diese in Stücke.

Überall am Wegesrand wird man bei einer Fahrt durch die Gran Sabana hölzerne Unterstände sehen, in denen *casabe* angeboten wird, manchmal zusammen mit dem *queso guayanés,* einem schmackhaften, milden, recht mageren Käse. Probieren lohnt sich – man braucht sich ja nicht gleich ein ganzes Wagenrad zu kaufen –, denn die indianische, leicht säuerliche *casabe* taucht in den Speisekarten der Restaurants und Hotels nicht auf.

Goldgräber in der Gran Sabana, dem ›Dorado‹ Venezuelas

cay und Valencia wandert. An den Straßenrändern gibt es das Maniokbrot *casabe* (s. S. 159), den milden Guayanakäse und Wassermelonen zu kaufen.

Die Ruta Nacional 10, ›El Troncal‹ (›Stamm‹), zerschneidet in einer schnurgeraden Linie die flach gewellte Landschaft, und die Aussicht dehnt sich bis zum Horizont. In **Guasipati** 5 sind die Minenarbeiter aus El Callao eingezogen und haben es reich und glücklich gemacht – und das schon vor einem Jahrhundert. Guasipati bedeutet ›schönes Land‹ und erwies sich zunächst als kapuzinischer Flop, weil im Gegensatz zu Upata die Erde äußerst unfruchtbar war. Die reichen Goldminen 18 km südöstlich katapultierten Guasipati allerdings schnell mitten in die Neuzeit. So wohlhabend wurde es, dass es sich früher als Caracas, nämlich bereits 1857, mit einer glitzernden Nachtbeleuchtung aus elektrischen Glühlampen schmücken konnte. Und die war nicht den Goldgewinnern vorbehalten, sondern

für die Allgemeinheit auf den Straßen gedacht. Auch das mittlerweile recht schläfrig gewordene Guasipati vermag nicht mit Baudenkmälern zu entzücken, aber insgesamt erweckt die Stadt einen ordentlichen, soliden Eindruck.

Goldgelb blühende Araguaneybäume begleiten die Straße hinüber zu der in der Mitte des 19. Jh. reichsten Goldmine der Welt, **El Callao** 6. In Hamburg, New York, Paris und London hatten damals Untersuchungen des Guayanaquarzes rekordverdächtige Resultate erbracht. In den Bergen jenseits des Ozeans konzentrierten sich 50 Unzen Gold pro Tonne Gestein – das bisher erzielte Maximalergebnis lag bei 4 Unzen pro Tonne. Im Jahr 1849, zeitgleich mit dem kalifornischen Goldrausch, brach das Fieber in Venezuela aus. Angezogen fühlten sich hauptsächlich Schwarze aus den britischen Kolonien Trinidad, Guyana und von den Karibischen Inseln.

Sie haben El Callao in ein schwarzes Städtchen mit dem lebenslustigsten

Karneval von ganz Venezuela verwandelt. Schließlich ist der Karneval von Trinidad weltberühmt, und der von El Callao versucht sich als getreue Kopie davon. In den engen, von buntbemalten Steinhäuschen mit Zinkdächern gerahmten Gassen ist dann derart die Hölle los, dass die Stadtautoritäten ein Regelwerk für den Ablauf zusammengestellt haben: Besonders beliebt ist das Anmalen und Nassspritzen der Teilnehmer – und das wird ausschließlich zwischen zwei Uhr nachts und acht Uhr morgens toleriert und darf nicht die treffen, die sich in kunstvolle Masken und Kostüme gehüllt haben – da wäre ja die ganze Arbeit für die Katz.

Wieder zurück über den Río Yuruarí, hinein in das Land, von dem Rómulo Gallegos in seinem Roman ›Canaima‹ das Schreckensbild einer verrohten Zivilisation malte, des Goldrausches, des Kautschukbooms, der Unwissenheit, der brutalen Ausbeutung, der niedersten menschlichen Instinkte. Die Straße teilt sich nach weiteren 110 km zwischen Wänden aus tiefgrüner, tropischer Dschungelvegetation, zwischen Farnen und Bromelien. Eine kleine Stichstraße führt in das 7 km entfernte **El Dorado** 7. Man möchte, seiner angesichtig, das Hohe- und ein Hohnlied gleichzeitig darauf anstimmen: Der Menschheitstraum El Dorado, das vergoldete Land, hat eine wirklich schäbige Heimstatt gefunden. Das Gold wird hier längst nicht mehr im großen Maßstab abgebaut, die Minen sind erschöpft, nur aus den schlammigen Urwaldflüssen Yuruán und Cuyuní lässt sich noch etwas holen. Dementsprechend desillusioniert wirkt das Dörfchen, wirken die Menschen. Ganz in seiner Nähe wurde eines der Gefängnisse für Venezuelas Schwerverbrecher errichtet; Vergewaltigung und Raubmord sind noch die geringsten Vergehen in **Las Colonias,** umgeben von Flüssen voller Zitteraale, die eine Flucht zum tödlichen Risiko werden lassen.

Hastig gerodete Flecken, billige Holzhütten mit altersfeuchter Patina durchbrechen die grünen Pflanzenwände auf dem Weg hinunter nach Las Claritas. El Dorado markiert den Kilometer 0, hier fängt man wieder von vorne an zu zählen, was symbolisch durchaus verständlich erscheint. **Las Claritas** 8 liegt 85 km südlich: ein kläglisches Dienstleistungsörtchen für die Arbeiter in den Goldminen und -flüssen. Wie ein Gebilde von einem anderen Stern liegt das ordentliche Camp des Tourveranstalters Anaconda genau in seiner Mitte, umgeben von einem grellen Kranz aus *licorerías,* Vergnügungszelten, bunten *comedores.* Die Frauen tragen knappste Kleidung. An den Straßenböschungen kauern *mineros,* warten auf eine Mitfahrgelegenheit.

Nur die Siedlung Santo Domingo bei den Minen von Las Claritas ist noch erbärmlicher; etwas ähnlich Verwahrlostes mag man sich kaum vorstellen, denn zur Armut gesellen sich Aggressivität, Resignation und Lethargie. Die Häuser bestehen aus erdverschmierten schwarzen Müllsäcken, die auf Lattengestelle gezogen wurden, und die Huren sind unwahrscheinlich jung.

Kurz vor dem Ort Las Claritas zweigt links eine Erdstraße nach Santo Domingo und zu den Goldminen ab, die nach etwa 7 km erreicht sind. Davor erstreckt sich die Zone für unabhängig arbeitende *mineros,* die von der staatlichen Corporación Venezolana de Guayana je etwa 400 m^2 Boden zur Exploitation für monatlich 30 000 Bolívares (zur Zeit etwa 60 Dollar) erhalten haben. Zum Vergleich: 4500 Bolívares erbringt ein Gramm gereinigtes Gold, dafür ist in einem Restaurant in Caracas ein Steak zu haben. Das Gold ruht in einem Bett aus Quarz und Kaolin, einem feinen hellen Ton. Die *minero*-Faustregel lautet: Etwa 10 kg Kaolin enthalten ein Gramm Gold. Wo das Gold verborgen liegt – so glaubt man, so hofft man –, enthüllen die durchdringenden Schreie des *pájaro minero,* des Minenvogels; sein ›pi-pi-yó‹ ist der Lockruf der Minenarbeiter.

Die Reinigung des Goldes ist elend, eine gesundheits- und umweltschädliche Arbeit. Sämtliche Gold- und Diamantensucher, staatlich und privat, verpflichtet zwar ein Gesetz zur Beseitigung der Schäden und zur Wiederaufforstung. Doch eine Spur unwideruflicher Verstümmelungen und Schädigungen, welche die Chemikalien und das Quecksilber erzeugen, durchzieht die Wälder. Die Goldquarze werden aus Gruben geborgen, die mit wackeligen Gerüsten aus Holzlatten abgestützt sind. Sämtliche Vorrichtungen – Gerüste, Flaschenzüge – wirken improvisiert und ärmlich. Der zu Pulver gemahlene Quarz

kommt in große Wasserbecken. Minenarbeiter stehen mit aufgekrempelten Hosenbeinen darin und vermischen in einer Schale Quecksilber mit Wasser. Das Quecksilber löst das Gold aus dem Gesteinsstaub und schließt es ein. Das dauert lang; immer wieder muss die Schale herumgeschleudert und bewegt werden, damit sich das flüssige *mercurio* erhärtet. Die *mineros* wissen um die Gefahren der Arbeit mit Quecksilber, doch das sei ihnen egal, sagen die Mühlenbesitzer. In ihren Körperhaltungen zeigt sich die Sucht, die irgendwann einmal in ihrer Berufskarriere an die Stelle von Entsagung und Herausforderung getreten ist, so, wie es Rómulo Gallegos beschrieben hat. Sie erkranken an Hautkrebs, Cholera und Malaria.

Das Kaolin übrigens, welches in ihrer Sprache *tava* heißt, ›weiße Erde‹, benutzten die Pemones, um ihre Körper damit für den Kolibri-Tanz zu bemalen. Der Kolibri wohnt in den hohen Domen dichter Vegetation aus Palmen und Farnen.

Las Claritas, eine typische Ortschaft an der Straße durch die Gran Sabana

Pflanzenpolster überwuchern die ewig feuchten Straßenränder hinauf zur **Escalera** 🄷. Dort, am Sockel des Rema-Tepui, beginnt die Sierra de Lema. Auf einer Strecke von 43 km schwingt sich die Straße von 180 auf 1400 m Höhe hinauf. Die Steilabbrüche in diesem Abschnitt überwanden die Pemones früher mit Hilfe von geländerlosen Brücken aus Lianen und Binsen, die schwingenden, schwankenden Leitern glichen. Daher rührt die spanische Bezeichnung *escalera,* ›Leiter‹, für diesen Streckenabschnitt. Gleichzeitig tritt man in die Gran Sabana und in den Parque Nacional Canaima ein, den wohl berühmtesten Nationalpark Venezuelas.

Bei der Haarnadelkurve an der **Piedra de la Virgen,** gleich hinter der Escalera, hält jeder venezolanische Wagen. Auf der glatten Fläche des dunklen, hohen ›Jungfrauensteins‹ in der Kurvenrundung erscheint eine helle Färbung, die von verschiedenen Winkeln aus betrachtet die Silhouette einer verschleierten Frau vorspiegelt. Der Name hat aber auch eine weitere Bedeutung, denn dieser Stein widerstand bei den Straßenbauarbeiten hinunter nach Santa Elena de Uairén sämtlichen Sprengversuchen, auch denen eines extra herbeigerufenen japanischen Spezialistenteams. Er blieb unbeschädigt, jungfräulich, konnte nicht entfernt werden. Für die Venezolaner konnte das nicht mit rechten Dingen zugegangen sein, und folglich sprechen sie der Umgebung des Felsens besondere Vibrationen zu. Das Wasser des sprudelnden Quells gleich darunter erfreut sich, mit weiteren Essenzen versetzt, in spiritistischen Geschäften großer Beliebtheit als Liebeselixier. Ohne Essenzen eignet es sich für jedermann zum Trinken, es ist frisch und klar, und die Venezolaner füllen sich die Wasserflaschen damit.

Wunderschön teilt sich die dichte *selva* nach etwa 7 km und lässt rechter Hand das Panorama der Gran Sabana durchschimmern: die weiten Fluren, die Streifen aus *moriche*-Palmen, die schwarzen Felsen zerteilen einen Dschungel, wie es ihn auch im Bundesstaat Amazonas gibt. Im fernen Dunst glaubt man die Silhouetten der Tafelberge schimmern und zittern zu sehen. Die 30 000 km^2 große Gran Sabana ist die geologische Wiege des Landes: Sie formte sich vor über 300 Mio. Jahren. 2000 *tepuis* ragen aus den Savannen der Gran Sabana und des Estado Amazonas empor.

Nachdem nun schon 136 km seit El Dorado auf der Ruta Nacional 10 absolviert sind, wird es Zeit, ihrer Erbauer zu gedenken. Die uralte Erde durchschneidet nämlich eine ganz neue Straße; ihr Geburtsdatum fällt auf den 20. Februar 1973. Von El Dorado und von Santa Elena de Uairén ausgehend, arbeiteten sich Absolventen von militärischen Ingenieurschulen gleichzeitig hinauf und hinunter durch den Nebelwald und die weiten Grünflächen der Gran Sabana. Das **Monumento al Pionero Soldado** erinnert an diese Leistung.

Ein weiteres Datum hat sich in das Bild der Gran Sabana eingeschrieben, ein grausames und schreckliches. Acht Monate lang wütete 1927/28 ein sich immer wieder selbst entzündendes Feuer, das, so sagen die Venezolaner, in British Guyana entstand, sich über die *tepuis* Roraima und Kukenán fraß und die Täler von Yuruaní, Kamá, Arapán, Kamoirán und Apongwao verschlang. Ein Chronist berichtete, man habe die Rauchwolken noch in dem 580 km entfernten Ciudad Bolívar wahrnehmen können, und der Ascheregen habe die Sichtverhältnisse auf dem Orinoco behindert, wodurch die Schifffahrt in Mitleidenschaft gezogen worden sei.

Gran-Sabana-Landschaft mit den typischen Moriche-Palmen

Grünes, saftiges Gras, vom Wind onduliert, rote Erde und Maniokpflanzungen, *moriche*-Palmen und von Flüssen durchzogenes Weideland prägten ursprünglich das Bild der Gran Sabana, aus der sich die gewaltigen Silhouetten der Tafelberge eindrucksvoll emporheben. Das Land gehört dem Staat, so wie ihm auch die Bodenschätze, alle Flüsse und Wasserreservoirs gehören, und nur Pemones dürfen im Parque Nacional Canaima wirtschaften, als Führer und Träger arbeiten, die Badeanstalten versorgen und Restaurants betreiben. Ihre Gemeinde zählt etwa 23 000 Mitglieder. Ihnen wird ein Sonderstatus zugebilligt, und sie akzeptieren die ›weiße‹ Gesetzgebung nur unter Vorbehalt, was wiederum Ressentiments bei der ›weißen‹ Bevölkerung hervorruft. Die Pemon-Gesellschaften der Kamaracoto, Arekuna und Taurepanes führen große Teile ihrer Löhne an die *comunidad* ab. Diese lebt also direkt von den Tourismuseinnahmen, sagen die Venezolaner. Doch die *caciques* setzten sich nicht für ihre *comunidades* ein, verwendeten das erwirtschaftete Geld nicht für Investitionen in das Dorfbild. Außerdem, so ein oft gehörter Vorwurf, seien sie vom Feuer besessen und fackelten zu Taufen, Totenfeierlichkeiten und weiteren Festen die Wälder ab. In diesem Vorwurf spiegelt sich lediglich Unkenntnis, denn die Erde in der Gran Sabana ist aufgrund ihres beträchtlichen Alters nicht mehr so nährstoffreich wie die der erdgeschichtlich jungen Anden. Nur eine dünne Humusschicht bedeckt den von Felsen und Sand durchsetzten Untergrund, und so versuchen die Pemones, die Felder durch Abbrennen fruchtbar zu machen, was die Bodenqualität langfris-

tig weiter verschlechtert. Als Halbnomaden mit spärlich über die Große Savanne gestreuten Verwaltungszentren ist ihnen diese Form der Bodenbestellung nicht fremd.

Auf dem etwa 80 km langen Weg zu dem außergewöhnlich hohen Wasserfall des Apongwao, **Chinak-Merú** 🔟, zum Missionsstädtchen **Kanavayen** 11 und in das Indianercamp **Mantoepai** 12, passiert man ein Pinienwäldchen, das von einem agrarischen Forschungsprojekt mit dem Ziel angelegt wurde, herauszufinden, welche landwirtschaftlichen Nutzungsmöglichkeiten, die nicht den indianischen Traditionen entspra-

chen, der Boden der Gran Sabana zulassen würde. Das Ergebnis war niederschmetternd: Kaum eine, die dessen Teilnehmer in Erwägung gezogen hatten. Die einzige Pflanze, die gedieh, war die Ananas. Eigens ausgesätes Elefantengras sollte als Viehfutter dienen, doch die Tiere erkrankten und mussten geschlachtet werden. Eine Kuh weidet noch im Schatten der Eukalyptusbäume, die das Wasser in der von Erosion bedrohten Savanne halten sollen.

Die Straßen ist bis zu dem Airstrip der Militärstation Luepa asphaltiert, danach windet sie sich recht abenteuerlich durch den Nationalpark und erfordert Unerschrockenheit und einen Four-Wheel-Drive. In der Pemon-Gemeinde Iboribó wird der Besuch des Wasserfalls organisiert, die Gruppen aufeinander abgestimmt. Ein lokaler Führer begleitet zum Chinak-Merú. Zunächst wird der Apongwao mit dem Boot überquert, dann gelangt man zu einer sandigen Ebene, in der die fleischfressende Pflanze Brocchinie und die scharfkantige *espada de Bolívar* wachsen. Im Hintergrund ruht der riesige Felsen des ›Schlafenden Indio‹, des Tepui Sororopan, der an einen liegenden Menschen erinnert und unter dem die Pemones das Lager Mantoepai aufgebaut haben.

Der Chinak-Merú rauscht fotogen etwa 120 m über Farne, Moose, Lianen und schwarze Felsen in die Tiefe. Ein schmaler, mit einem Geländer ausgestatteter Pfad klettert hinunter zum Auffangbecken. Der Weg lohnt sich und ist nicht schwierig, Baden ist wegen der starken Strömungen strengstens verboten. Oben am Ausgangspunkt kann man in einem aus der Chinak-Liane geflochtenen Pavillon Getränke und indianisches Kunstgewerbe kaufen.

Weiter in Richtung Kanavayen wird die Fahrt meist zum Abenteuer. Der Untergrund gibt nach, die Spurrillen sind ausgewaschen und so schlidderig, dass sich der Region kundige Autofahrer oft neue Wege suchen muss.

Im Jahr 1951 entstand die Missionssiedlung der Kapuziner Kanavayen. Die Gran Sabana bis hinunter nach Santa Elena de Uairén, in dem sich 1931 die Franziskaner niederließen, war praktisch bis zur Fertigstellung der Pionierstraße 1973 reines Indianergebiet gewesen.

Einige Viehzüchter hatten sich dort niedergelassen, das war alles.

300 getaufte Pemones leben jetzt in Kanavayen. Im Gegensatz zu den aus Pflanzenfasern und -stämmen gebauten indianischen, kreisrunden oder ovalen *churuatas* sind die Häuser aus Steinen und Zement gebaut, die Straßen wirken wie mit dem Lineal gezogen. Es gibt einen Sportplatz, gut ausgestattete Lebensmittelgeschäfte, eine Schreinerei und drei Schulen mitsamt einer landwirtschaftlichen Fachschule. Im Missionsgebäude sind Werkstätten untergebracht, und man kann dort auch übernachten. Hier befindet sich das einzige Telefon des Ortes. Und sein Ruf hallt weit. Was immer in der Umgebung gebraucht wird: Medizin, Fleisch, Seile, Glühbirnen – in Kanavayen lässt sich das alles auftreiben. Das Städtchen liegt umgeben von Diamantenfeldern, die die Indios aber nicht maschinell ausbeuten.

Die kurze Strecke nach Mantopai führt über roten, ockerfarbigen, grauen und

Die Quebrada de Jaspe

lila Sandstein und durch das Flussbett des Sororopan. Das Pemoncamp liegt direkt am Fluss. Mantopai, auf Pemon ›Haus aus Stein‹, imitiert die Architektur von Kanavayen. Es dient als Standort für Wanderungen durch den Saisonregenwald am Fuß des ›Schlafenden Indio‹. Unter Baumkuppeln haben die Pemones ihre *conucos* mit Tomaten, Yucca, Ananas und Bananen bepflanzt und bearbeiten sie gemeinschaftlich. Man lernt wasserspeichernde Lianen kennen, deren Flüssigkeit man trinken kann, und die nützliche Regel, dass ein von Termiten gefällter Baum keineswegs als Katastrophe betrachtet wird, denn er bringt neuen Humus.

Zurück zur Hauptstraße nach Santa Elena. Kaskaden und Wasserfälle schmücken sie. Von einem wird zu recht behauptet, er mache der Quebrada de Jaspe Konkurrenz. Nur 100 m vom Straßenrand entfernt, durch einen Mini-Fußmarsch von fünf Minuten erreicht, sprudelt das Wasser des **Kauií-Merú** über ein Bett aus dunkelrotem Stein, der an Jaspis erinnert.

Bei Kilometer 200 gebührt dem schönsten Wasserfall der Gran Sabana die volle Aufmerksamkeit, dem **Kamá-Merú** 13. Ein Wasservorhang segelt in perfekter, ungehemmter Linie 55 m in die Tiefe. Und weil dieser Ort so schön ist, ist er auch sprudelnder Quell einer Menge von Legenden und Mythen. Die Arekuna-Göttin der Musik und der Berge, Zonda-Tiká, hatte sich den Kamá-Merú zum Geburtsort gewählt; und früher wurden ihr zu Ehren phantasievolle Tanzfeste gefeiert. Allerdings herrscht hier auch Rató, der Todesgott in Gestalt eines Riesenkraken, der die *curiaras* der Indios kentern lässt und sich der Körper der Unglücklichen bemächtigt.

Der Fluss ist voller Anacondas, besonders in den Staubecken rund um den Wasserfall herum. Er teilt die Hoheitsgebiete zweier Pemon-Gruppierungen. Im Norden siedeln die Arekuna, im Süden die Taurepanes. Der Platz ist mit zwei Restaurants, deren Besitzerinnen auch kleine Bootsausflüge mit *curiaras* anbieten, einem Kunstgewerbemarkt, indianischen Palmenhäusern und Picknickplätzen für Touristen ausgestattet.

Eine Badeanlage in der Gran Sabana entspricht sicherlich nicht den mitteleuropäischen Vorstellungen von einer Badeanlage. Das nach 244 km erreichte **Balneario Suruapé** ist ein urweltlicher Ort. Wassergeschliffene, flache Steine formen Becken, die von hellen, kleinen Sandstränden gesäumt werden. Bei niedrigem Wasserstand schliddert man über die *lajas,* um zum nächsten Becken zu gelangen; zum Schwimmen ist es nicht tief genug. Ein kleines Restaurant und *churuatas* für die Hängematte bilden die touristische Infrastruktur.

Die zahlreichen Flüsse der Gran Sabana entspringen auf den Gipfelflächen der *tepuis,* so auch der Río Yuruaní. Auch er sprudelt über ein Bett aus Jaspis. Von der Ruta Nacional 10 aus lässt sich bequem ein hübscher Wasserfall beobachten, die **Cortinas de Yuruaní,** und davor spannt sich eine der malerischsten Eisenbrückenkonstruktionen der Gran Sabana über den schäumenden Fluss. Natur und Technik ergeben hier ein harmonisches Bild.

Das auf 890 m Höhe gelegene **San Francisco de Yuruaní** 14 gilt als bestorganisiertes indianisches Dorf der gesamten Gran Sabana. Neben den *churuatas* überwiegen die durch das Regierungsprogramm für besonders arme Regionen finanzierten Indafe-Häuser, und auf den Speisekarten der drei einfachen Restaurants findet man neben dem gesottenen Wurm der *moriche*-Palme und dem Maniokbier *kachirí* auch Cordon bleu und Kamillentee. Sollte es daran liegen, dass die Taurepanes hier nicht an Zonda-Tiká, sondern an Gott glauben und Adventisten sind? Dies jedenfalls ist die Meinung der Venezolaner.

Es ist eine merkwürdige Straße über unsicheren Grund hinauf nach **Paraitepui,** dem Ausgangspunkt für die Besteigungen des Roraima, die von San Francisco in östlicher Richtung abzweigt. Das steile Gelände wird für die – spärliche – Viehzucht genutzt, kleine *conucos* mit Maniok und Bananen klammern sich an die Hänge. Bei feuchtem Wetter ist diese brückenlose, von wasserführenden *quebradas* zerschnittene Erdstraße nur mit Allradantrieb zu bewältigen. Die indianische Gemeinde auf kühlen 2000 m Höhe vermittelt einen ausgesprochen trostlosen Eindruck. Zwei unwirtliche große Steinhäuser nehmen die Bergsteiger auf, die Pemon-Behausungen sind verwahrlost. In Santa Elena findet man mittlerweile eine Reihe von Reiseveranstaltern, die Trekking-Touren auf die ›Mutter allen Wassers‹, den 2810 m hohen Roraima, organisieren. Auf seiner Tafelplatte entspringen die drei Flüsse, deren Verläufe die Ländergrenzen zu Guyana und Brasilien bestimmen. Fünf bis sieben Tage nimmt eine solche Tour in Anspruch, und ein Spaziergang ist sie nicht. Doch was man dort sieht, sieht man nirgendwo sonst auf der Welt, denn in der Abgeschiedenheit der uralten Gipfelplatten zwischen den erodierten Klüften und Überhängen des dunklen Granits konnten eine besondere Flora und Fauna überleben. Wie frisch gefallene Schneekristalle wirken ganze Felder aus leuchtendem Quarzgestein.

Interessant ist die Geschichte von **San Ignacio de Yuruaní.** Seine Bevölkerung stammt aus British Guyana und wurde aus politischen Gründen ausgewiesen. Die damalige Regierung unter Rafael Caldera siedelte die Familien 1969 in San Ignacio an.

Gut ausgeschildert ist ein Höhepunkt der Strecke, die **Quebrada de Jaspe** 15, bei km 273 etwa 500 m nordöstlich der Hauptstraße zu finden. Sie ist ein Naturwunder, eine geologische Besonderheit. Der aus Silizium, Eisenerz und Vulkanasche gebildete Jaspis verläuft normalerweise in subterranen Adern, hier tritt er an die Oberfläche und wird von den Wassern der *quebrada* überspült. Metalloxide schenken ihm die rote Farbe, die Nässe lässt ihn kostbar glänzen. Für die Pemones ist der Jaspis ein heiliger Stein, der Stein des Feuers, Kakó-Parú. Wenn die Sonne um die Mittagszeit ihre Strahlen durch das dichte Blattwerk des Urwaldes auf die *quebrada* schickt, funkelt die Jaspisader wirklich in einem leuchtenden Feuerrot.

Ein ganz anderes Spektakel bietet **Agua Fría,** nach weiteren 5 km erreicht. In den Falten eines langgestreckten Hügels verbergen sich fünf Wasserfälle, Jaspisadern, *lajas,* dichte Wälder und die Quebrada de Jaspe II oder Puerta del Cielo, die ›Himmelspforte‹. In einem malerischen Becken aus weißem Jaspis sammelt sich dort das Wasser des **Uakuy-Merú,** der über einen steilen Hang aus rotem Jaspis hinunterstürzt. Diese Gegend sollte man mit einem Führer erkunden, da die landschaftlichen Schönheiten schwer aufzufinden sind, wenn man den Weg durch die teilweise dichten Wäldchen nicht kennt.

15 km vor Santa Elena de Uairén endet der Parque Nacional Canaima an der Brücke über den Río Kukenán, der auf dem Kukenán-Tepui entspringt. Vor Santa Elena ereignet sich nun nichts Großartiges mehr, aber dem **Rancho Tukumurruko** kann man noch einen Besuch abstatten. Die Tochter des Grün-

ders von Santa Elena höchstpersönlich, Doña Minerva Panyella, betreibt dieses Kunstgewerbegeschäft. Die beste und größte Auswahl an regionalen Produkten, auch Korbflechtereien aus Tucupita oder Halbedelsteine aus Brasilien, sind bei ihr erhältlich.

Santa Elena de Uairén

Das 1925 von Lucas Fernández Peña gegründete **Santa Elena de Uairén** 16, am Endpunkt der 1973 fertiggestellten Pionierstraße, mausert sich seit einigen Jahren zu einem touristischen Knotenpunkt. Das hat es zwar nicht schöner, aber umtriebiger und größer gemacht. Die Nähe der Grenze (15 km) nutzen die Brasilianer zu ausgiebigen Einkäufen, denn im eigenen Land sind Turnschuhe, Lederwaren, Frottiertücher und Modeartikel wesentlich teurer – mit dem Ergebnis, dass die Hauptstraßen von Santa Elena (16 000 Einw.) Warenlagern gleichen. Es ist ein interessantes, lebhaftes Städtchen mit allen wesentlichen Niederlassungen touristischer Infrastruktur, das sich allmählich aus seiner Pionierphase herausschält. Die Nähe zu Brasilien hat es auch für Backpacker zum lohnenden Ziel gemacht, und die Panadería in der Calle Bolívar ist ihr Treffpunkt und ihre Informationsbörse. Santa Elena werden – wie könnte es auch anders sein in dieser uralten Erde – besondere kosmische Vibrationen nachgesagt, was Sekten und Esoteriker veranlasste, hier ihre Zelte aufzuschlagen. Prunkvoll ist die **Missionsstation** am Rande der Stadt in der Calle Manakru, die Franziskaner 1931 erbauen ließen: aus robusten, braunroten Steinquadern errichtet, mächtig und gotisch inspiriert, liefert sie ein Gegenkonzept zur ungezähmten Natur ihrer Umgebung.

Bevor der Tourismus die Gran Sabana entdeckt hatte, konzentrierten sich in Santa Elena die Diamanten- und Goldsucher. Man sagt heute, sie seien die ›unsichtbaren Bewohner‹, denn montags bis freitags arbeiten sie in den Minen, um am Wochenende die billigen Hotels und Vergnügungsstätten aufzusuchen. Etwa 20 000 sollen es sein und ihre Bedürfnisse prägen das Stadtbild: Nicht jedes Hotel, das sich so nennt, ist auch eines. Der Besuch eines ihrer Camps gehört denn auch zu den Spezialitäten des Ortes.

Das brasilianische Grenzörtchen **La Línea** ist in einer Viertelstunde erreicht, an der Straße dorthin liegt auch der winzige, aber bedeutsame Flughafen von Santa Elena. Hauptattraktionen dieses Ausfluges: der Einkauf von Halbedelsteinen und brasilianischem Bier, vielleicht ein Foto an der Grenze.

Wie weit entfernt Santa Elena von allem liegt, besonders von den städtischen Zentren Venezuelas, verdeutlicht der Zustand des Flughafens. Es gibt nicht einmal ein Abfertigungsgebäude, sondern nur ein winziges Rollfeld, einen Tower und ein Café. Piloten und Stewardessen tragen Safarianzüge, Tropenhüte und Tigerschals, ein Outfit, das hier ganz und gar nicht fehl am Platz ist, auch wenn es zunächst erheiternd wirken mag.

Am Flughafen vorbei führt eine Straße in das Niemandsland der Minencamps und nach El Paují sowie Icabarú nahe der Grenze zu Brasilien. Die Strecke ist etwas für Abenteuerlustige, denn einfach zu fahren ist sie nicht. Über Jahrzehnte hinweg wanderten die für die Ausbesserung der Verbindung bereitgestellten Gelder in falsche Taschen. Nur wenige Familien siedeln hier, und die Diamantenschürfer haben keine politische Lobby, die ihre Interessen stützen könnte. Die Gesellschaft fühlt sich eher zu deren Duldung verpflichtet, weil es eben arme Hunde seien, die Pioniergesetze und das Recht des Stärkeren in diesen Landstrich eingeführt hätten. Geldgierige Flintenweiber und illegal eingewanderte, drogensüchtige Brasilianer bevölkern am häufigsten die Geschichten, die man sich von den Minenarbeitern erzählt.

Deren Camps kann man mit dem Einverständnis der *mineros* gegen ein kleines Trinkgeld besuchen. In blank gerodeten Flächen sind Erdlöcher gegraben, die unter Wasser gesetzt und leergepumpt werden. Der Schlamm kommt in feine Siebe und wird hartnäckig geschüttelt. Eine Form der staatlichen Überwachung gibt es nicht, wer seinen Platz gefunden hat, kann ihn plündern, und wer eine vielversprechende Stelle kennt, tut gut daran, sie nicht zu verraten. Die Männer arbeiten gemeinschaftlich zwölf Stunden am Tag und bezahlen die Maschinen und den Sprit aus gemeinsamer Tasche. Und so sind die häufigsten Gäste, die diese Strecke befahren, Laster mit teurem Benzin, Maschi-nenteilen und Lebensmitteln für die Minenarbeiter.

Der kleine Flecken **El Paují** 17 konnte sich wegen der schlechten Verkehrsanbindung nicht halten. Ende der 1960er Jahre von einer jungen intellektuellen Schicht aus Caracas gegründet, die zwischen den Tafelbergen ein naturnahes Leben führen wollte, machte es bald Karriere als Sommerfrische, denn in El Paují herrscht ein gesundes Klima. Seitdem unter der Regierung Chávez an der Straße gearbeitet wird, nimmt der Ausflugstourismus im bescheidenen Maße wieder zu. Wo man früher elf, zwölf Stunden brauchte oder überhaupt nicht ankam, ist das Örtchen von Santa Elena heute in vier, fünf Stunden erreichbar.

Drei Camps stehen den Gästen momentan offen. Wer nach El Paují kommt, will vor allem eines: Natur, Ruhe und Wandern. Eine Route führt hinauf zum Abismo, von dessen Gipfel man hinüber nach Brasilien winken kann, weitere Wanderungen zu Wasserfällen wie **Pozo Esmeralda** mit einem verführerischen Badebassin oder zu dem **Wasserfall Catedral.**

Magie pur: Canaima

Karte: S. 157
Tipps & Adressen: Canaima S. 279

■ Nach einer effektvollen knappen Flugstunde von Santa Elena landet man in **Canaima** 18, nordwestlich des **Auyán-Tepui.** Unter den Tragflächen entrollt sich – falls die Wetterverhältnisse dies zulassen, Santa Elena beispielsweise hat ein Minimum von 76,6 % Luftfeuchtigkeit! – eine Landschaft von zauberischer Anmut und Größe. Bis hinauf in die Wolkenpolster ragen die dunklen Silhouetten der *tepuis* aus einem Meer von Grün empor. Gleißende Farbtupfer setzen die Wasserfälle, die von den Tafelbergen stürzen. Canaima, die indianische Gottheit des Bösen, hat diesem Landstrich voll seltsamer Schönheit seinen Namen gegeben. Es gibt keine Straße nach Canaima. Die Abgeschiedenheit erhöht noch den Reiz.

Der schönste Strand des Landes liegt weder an der Karibikküste noch säumt er die Isla de Margarita. Der schönste Strand liegt in Sichtweite des Salto Hacha am Bassin des tanningefärbten Río Carrao, etwa fünf Geh-Minuten von der Ankunftsterrasse des Flughafens entfernt. Er ist nicht besonders breit oder lang oder weiß, aber er befindet sich, durch ein Becken schäumenden Wassers davon getrennt, vor einem Bilderbuch-Tafelberg. Über Terrassen und Stufen sprudelnde Wasservorhänge produzieren einen permanenten Nebel aus Gischt und flirrendem Licht. An diesem Bild kann man sich nicht sattsehen.

Diese spektakuläre Stelle des Nationalparks Canaima (30 000 km²) bündelt die Schönheiten seiner Umgebung: undurchdringliche Waldstücke, die zerzausten Kronen der Morichalpalmen, rote, feuchte Erde, ein brausender Fluss unter einem *tepui*, dottergelbe Schmetterlinge und azurblaue Libellen.

Wünsche, dieses Füllhorn an Seltsamkeiten zu erkunden, werden erfüllt. Viele kleine Reiseveranstalter und ein großer streiten sich bereits auf dem Rollfeld um den Gast. Ob die Wahl zur Qual wird, hängt auch von der Aufenthaltsdauer ab. Geradezu ein Pflichtprogramm besteht aus einem Flug über den **Salto Angel** [19], den höchsten Wasserfall der Welt, einer Fahrt über die Lagune des Carrao hinüber zu einem Dschungelspaziergang an Bromelien und Riesenfarnen vorbei, unter einem Netzwerk von Lianen, und einem Durchgang hinter dem Wasserschleier des Salto Sapo. Dieses Programm füllt leicht einen Tag, wobei der Flug den Höhepunkt bildet, denn man schliddert in die tiefen *cañones* des Auyán-Tepui, rast auf nebelverhangene Felswände zu und überstreift schwarzsteinerne Schriftbilder auf den flachen Gipfelplateaus, die aus den wasser- und luftgeformten Granitfelsen emporschimmern. Diesen Flug spektakulär zu nennen, wäre fast zuwenig; er ist so fremd-schön wie ein Besuch auf einem anderen Stern.

Genauere Erkundungen schließen eine zweitägige Bootsexkursion zum Salto Angel ein, wobei man auf der Isla Orquídia in Hängematten übernachtet. Diese Insel kann man auch in einem Tagesausflug von Canaima aus besuchen. Die namenspendenden Orchideen blühen nur im Mai, also nicht während der Regenzeit zwischen Juni und November, wenn die Bootsausflüge wegen des ausreichenden Wasserstands angeboten werden. Die Gäste werden in motorbetriebenen *curiadas* transportiert. Dieser Ausflug ist ebenfalls schön; denn die Fahrt zwischen den steil aufragenden Felswänden des mächtigen Auyán-Tepui vermittelt – obwohl so prächtig durchorganisiert – immer noch das Gefühl, an einer Expedition teilzunehmen. Ein abschließender Fußmarsch führt zum Aussichtspunkt am Fuß des *tepui*.

Am südöstlichen Rand des herzförmigen Tafelbergs liegt **Kavac** [20], ein steiler Aufsteiger im Tourismusgeschäft. Der Veranstalter Aerotuy unterhält dort ein attraktives Camp im *churuata*-Stil und bietet lohnenswerte Ausflüge an. Standard, ein wenig anstrengend und schön ist die Durchwanderung der Kavac-Schlucht zu den Tabanarempa-Fällen, aber auf Wunsch werden auch mehrtägige Trekkings in die Tafelberglandschaft organisiert. Mit **Arekuna** [21] ist ein drittes Ziel am Auyan-Tepui entstanden. In einem 20 Minuten-Flug ist es von Canaima aus erreichbar. Die wasserreichen Ströme der Region bilden die Wege zu den Zielen der Umgebung.

Der Salto Hacha, einer der spektakulärsten Wasserfälle Venezuelas ▷

Jimmy Angel, der Wasserfall und die Kinder des Mondes

Es war im August 1923, und er war pleite. James Crawford ›Jimmy‹ Angel aus Missouri saß in einer Hotelbar in Panama City und besaß nichts außer seiner viersitzigen Propellermaschine vom Typ Flamingo G2W und schlechten Aussichten, als ihn der folgenreichste Auftrag seines Lebens ereilte. Ein Bergbauingenieur wollte ihn als Piloten anheuern, um einen Goldfluss in Venezuela zu finden, von dem er schon viel gehört hatte. Er bot ihm dafür die damals sagenhafte Summe von 5000 Dollar. »Für so viel Kohle wäre ich sonstwohin geflogen«, sagte Jimmy Angel später, aber damals konnte er ja noch nicht wissen, worauf er sich eingelassen hatte.

Der Abenteurer und Pilot transportierte normalerweise Material und Lebensmittel für Glücksritter, die der sagenhafte Ruf des Goldes verführt hatte, in die Dschungel von Südamerika. Insofern bedeutete der Auftrag nichts Ungewöhnliches. Doch der Ingenieur leitete ihn auf eine neue, unbekannte Strecke weiter östlich nach Guayana. Wolkenfetzenverhangene Tafelberge streiften fast die Tragflächen, aber die Besatzung war an materiellen, nicht an landschaftlichen Kostbarkeiten interessiert.

Jimmy Angel und der Ingenieur fanden den Goldfluss. Wie die vom Gold besessenen Konquistadoren beflügelte auch den Piloten von da an ausschließlich die Suche nach dem Dorado. Er hatte sich damals die Kisten mit goldhaltigem Kies vollgepackt und wollte immer mehr davon. Denn in dem Gewirr aus tiefen Schluchten, nebelverhüllten Steilflanken und den von der Erosion prägnant schraffierten Granitplateaus hatte er nur mit Mühe und Not die Flamingo wieder zum Starten bringen können. In dieser noch so unerforschten Landschaft eine Orientierung zu finden, war alles andere als einfach. Zwölf Jahre sollte er noch alleine nach dem Goldfluss suchen, ohne die Hilfe des Ingenieurs entdeckte er ihn nicht.

Schließlich fand er etwas anderes. Bei seinem letzten Versuch im März 1935 blieb die Flamingo in den marschigen Böden des Auyán-Tepui stecken. Zu seinem großen Glück befand sich Jimmy Angel in Begleitung des damals berühmtesten Entdeckungsreisenden Venezuelas, des Biologen Félix Cordona Puig, und der kannte den einzig möglichen Weg hinab vom flachen Gipfel des Tafelberges, weil er ihn für seine botanischen Exkursionen bereits erkundet hatte. Elf Tage brauchte die Gruppe, um die Siedlung Kamarata zu erreichen. Jimmy Angel aber hatte den höchsten Wasserfall der Welt gefunden, der heute seinen Namen trägt: Salto Angel.

Für die Pemones, die in dieser Gegend siedeln, heißt die fast 1000 m vom Gipfel des Auyán hinunterstürzende Kaskade Churún-Merú, und der Auyán-Tepui, wie alle anderen Tafelberge in ihrem Glauben ein Göttersitz, ist der Berg des Gottes des Übels.

Die Yanomami nennen die *tepuis* ›Kinder des Mondes‹. Ihr seltsames Aussehen lässt die indianische Bezeichnung durchaus verständlich erscheinen. Die Tafelberge entstanden vor über 300 Mio. Jahren, als der Großkontinent Gondwanaland noch Afrika und Südamerika miteinander vereinte.

zenwelt, und noch immer sind erst 20 % der Flora katalogisiert. Glocken und Becher, Trichter und Rosetten, Vasen und Pflanzen, die aussehen wie kleine geöffnete Fischmäuler, Orchideen, Bromelien und Gewächse, die hundert Jahre brauchen, um etwa 50 cm hoch zu werden, übersäen die Granitfurchen wie re-

Tafelberge finden sich bis auf Südafrika nirgendwo anders in der Welt. Den Indianern waren sie heilig, und so bestiegen sie sie nicht. Die Berge verharrten unberührt von Begegnungen mit der Zivilisation. Auf ihren Gipfeln und in ihren Schluchten lagerten Schätze von bis dahin unbekannter Tier- und Pflan-

genbogenbunte Sterne. Sie versetzen Forscher in Entzücken, Bergsteiger in ehrfürchtiges Erstaunen. Die Welt der Tafelberge bildet einen eigenen Kosmos, und nun ist diese geheimnisvolle Schönheit – auch durch die Entdeckung des Salto Angel – eine der größten Touristenattraktionen des Landes.

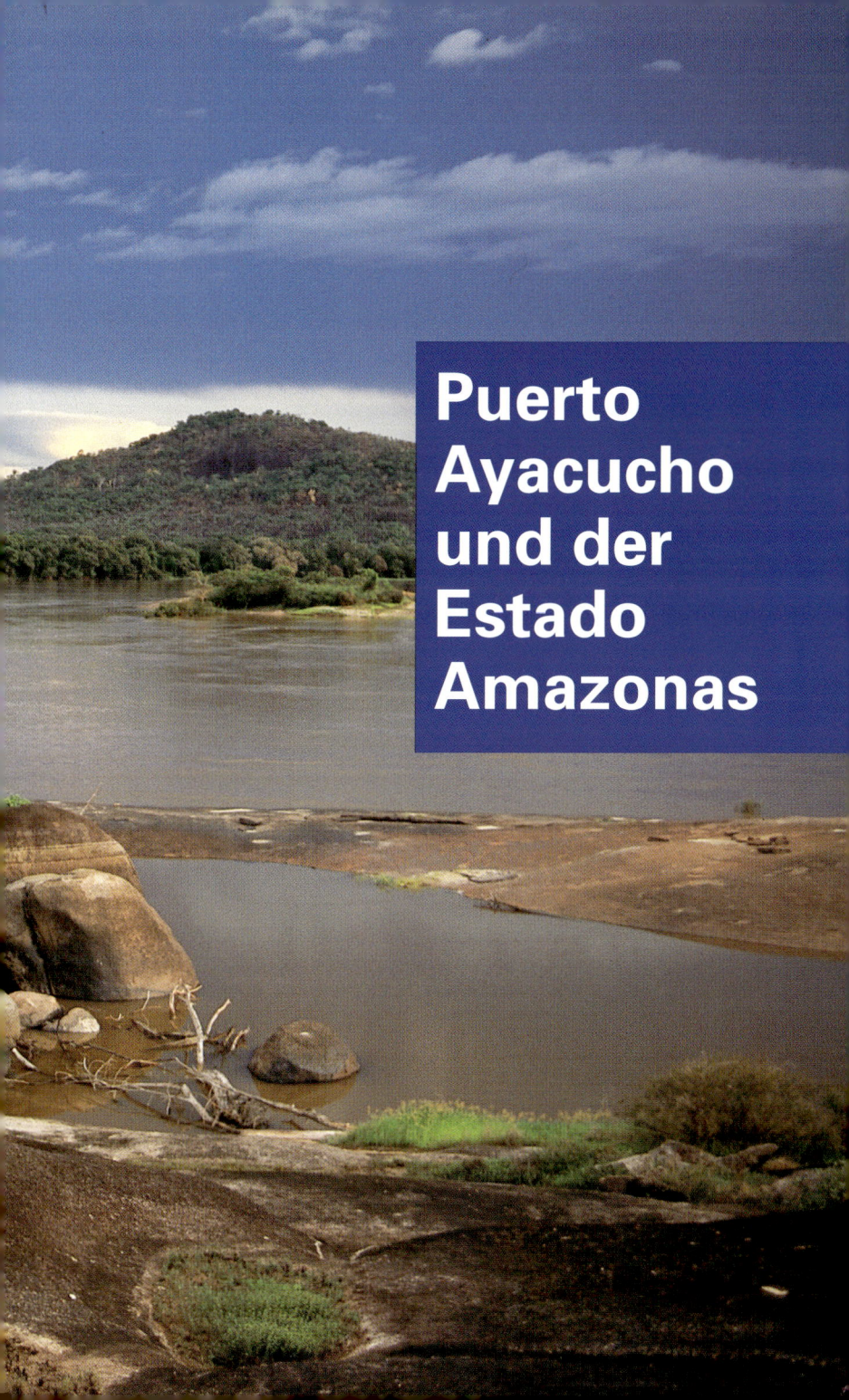

**Puerto
Ayacucho
und der
Estado
Amazonas**

Das Oriniquia Camp bei Puerto Ayacucho

Der Bundesstaat Amazonas führt seinen Namen zu Unrecht. Der mächtigste Strom Südamerikas berührt den venezolanischen Bundesstaat nicht, der in seinem tiefen Süden von dichtesten Dschungeln bedeckt ist, in dem sich die weitverstreuten Runddörfer der Yanomami wie auf die Erde gefallene Sternschnuppen in einem Meer aus Brokkoli ausmachen. Durch den Río Negro ist der Amazonas jedoch mit dem Orinoco verbunden, was kein anderer als der berühmteste Entdeckungs-Reisende Südamerikas, Alexander von Humboldt, erkundet hatte. Der von Legenden umwitterte Strom durchläuft also keineswegs den Estado Amazonas, er speist sich vielleicht ein wenig aus seinen Wassern. Doch jede wissenschaftliche

◁ Der Orinoco bei Puerto Ayacucho

Exaktheit verblasst angesichts der Größe und der Majestät dieser Landschaft.

Auch hier blitzt der urweltliche Zauber wieder auf, und er wirkt noch stärker als in Canaima, denn der Bundesstaat Amazonas verfügt weder über dessen fixierte Geschichte noch dessen Vermarktung. Flüsse und Kanäle dienen hier als Wege. Aus den wahrhaft undurchdringlichen Gebieten der *selva* dringt keine Kunde nach Draußen, sie versiegeln Pflanzenwände.

An den milchigbraunen Wassern des südlichen Orinoco wurde 1924 in einem fast unbewohnten Dschungelgebiet die Siedlung Puerto Ayacucho eingerichtet, um die Bauarbeiter der etwa 30 km langen Straße hinunter zum Orinocohafen Samariapo aufzunehmen. Diese Verbindung sollte eine Doppelfunktion erfüllen: Die unüberwindlichen Stromschnellen in diesem Abschnitt, Raudales de Atures und Maipures, machten den Orinoco nur schwer schiffbar und behinderten damit den Gütertransport aus dem Amazonasgebiet. Außerdem war es in der kaum zugänglichen und deswegen sehr schwer kontrollierbaren Region zu politischen Unruhen gekommen, welche die Diktatur des Juan Vicente Gómez nicht tolerieren wollte. Mit der Straße ließ sich das vorher nahezu weglose Gebiet nun leichter überwachen.

Die *Carretera Périco-Morganito* blieb dann die einzige asphaltierte Straße im gesamten Bundesstaat und Puerto Ayacucho die einzige Stadt. Über sie wird Organisation und Verwaltung sowie der Handelsverkehr für das Amazonasgebiet abgewickelt. Ihr Flughafen fungiert als Sprungbrett für die im tiefen Dschungel angelegten Missionsstationen und Militärbasen im nahezu unerschlossenen Süden, der von Indianervölkern wie den Yanomami (etwa 10 000 Mitglieder), den Piaroa (etwa 7000 Mitglieder), Guajibo und Maiquiritares bewohnt wird.

Geographisch rechnet man die Gegend zur Gran Sabana, weil sie dieselbe landschaftliche Komposition aufweist. Attraktivster Beleg dafür ist der Cerro Autana, den viele für den schönsten Tafelberg halten, weil er vollkommen isoliert steht. Savannenstreifen und dichte Palmenwälder sowie subtropische Vegetation mustern den Grund. 53 % der Waldmenge des gesamten Landes konzentriert sich im Estado Amazonas. Doch seine besondere Schönheit erhält der Landstrich durch die urzeitlich wirkenden, dunklen und glatten Granitfelsen, die aus der dünnen Vegetationsdecke ragen, und die hellen, auf schwarzen Granitterrassen ruhenden Sand-

bänke am Orinoco. Keine ordnende Macht hat ihm die Hoheit seiner Ursprünglichkeit geraubt, die trotzdem einer ganz speziellen, eigenen Geometrie gehorcht. Der Estado Amazonas ist eine wahrhaft unglaubliche Mischung aus Wildheit und landschaftlicher Sanftheit.

Eine spezifische Pionierstimmung brütet bis heute über der Umgebung von Puerto Ayacucho, Venezuelas jüngster Hauptstadt, wie sie nur der Zusammenprall zwischen ›vernünftiger‹ Planung und chaotischer Natur hervorbringen kann. Samariapo liegt recht unbelebt am Ende der Asphaltstraße – nicht mehr als eine Blechhüttensiedlung mit einer Kneipe. Seine ursprünglich geplante Funktion hat Samariapo nicht erfüllt – von El Venado aus beginnen heute

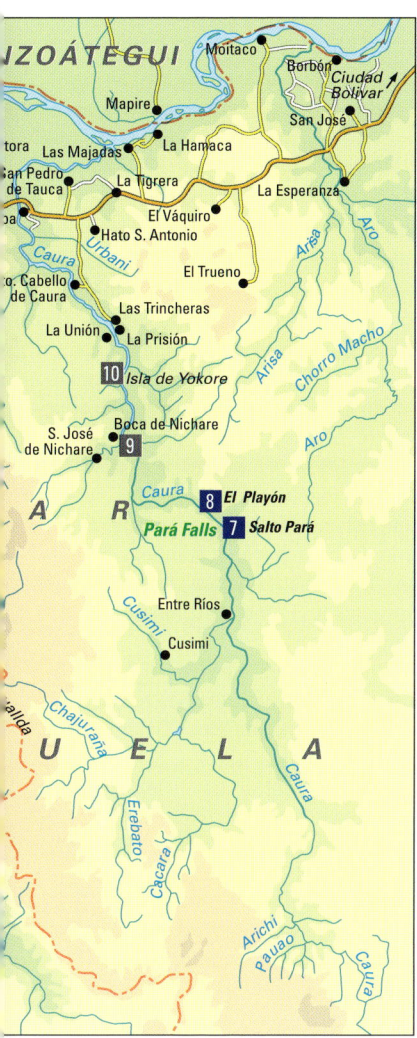

Von Puerto Ayacucho nach Ciudad Bolívar

Das touristische Potenzial des weitgehend unberührt wirkenden Estado Amazonas scheint genauso unerschöpflich wie sein Ozean aus dichtesten Baumkronen. Kleinste, auf der Landkarte verzeichnete Flecken wecken bald das Interesse der Besucher. Wie kommen sie überhaupt dahin? So scheinbar ohne jede Verbindung zur Außenwelt außer den Strömen? San Fernando de Atabapo, rund 300 km südlich von Puerto Ayacucho, war zu Zeiten des Südamerika-Reisenden Alexander von Humboldt die Hauptstadt dieser Region, in diesem Falle die Koordinationsstelle der weiter im Land sich verlierenden Missionsstationen, und dies bedeutete damals genau genommen das Gleiche. Hier vereinten sich seinerzeit der Präsident und der oberste Missionsleiter ein und dieselbe Person.

Und wie hat man sich eigentlich San Juan de Manipiare vorzustellen? Später ist festzustellen, dass es fast mehr Buchstaben zählt als Einwohner ...

Alexander von Humboldt wird gerne bemüht, um mit seinem klangvollen, berühmten Namen den Programmen diverser Veranstalter ein wenig Glanz zu verleihen. Man scheint sich in dieser Region immer ein wenig auf seinen Spuren zu bewegen; er stellt gewissermaßen die Klammer dar, mit der die Bausteine der touristischen Angebote zusammengehalten werden. Da nähert sich die Metapher von der Humboldt-Fährte auch tatsächlich ein bisschen der Wirklichkeit an. Die Mücken plagen wie damals vor über 200 Jahren, und vom Gast wird erwartet, dass er Landschaft und Menschen Entdeckerlust entgegenbringt und die Geschmeidigkeit der Organisatoren bei der Durchführung einer Reise delektiert.

die Bootsfahrten auf dem Orinoco: sowohl die touristischen als auch die alltäglichen Bootspassagen zu den seltenen indianischen Siedlungen am Oberlauf des Flusses. Zum Bootsbau für die charakteristischen Einbäume *(curiaras)* verwenden die Einheimischen die hellen, glatten und festen Stämme des *palo de arco*, die ein besonders dichtes Holz haben.

Puerto Ayacucho

Karte: S. 180/181
Tipps & Adressen: Puerto Ayacucho
S. 313 f.

Das permanent in Hitze und Schwüle gebadete **Puerto Ayacucho** 1 ist innerhalb von zehn Jahren von 10 000 auf 100 000 Einwohner angewachsen und hat ein weit auseinandergezogenes Straßenbild: Platz gibt es genug. Locker und laut, latinisch, immer ein bisschen unaufgeräumt. Im Prinzip ist ganz Puerto Ayacucho ein einziger Markt, denn es gibt an allen Ecken und Enden etwas zu kaufen oder zu essen: *Empanadas, perros calientes,* Säfte, Kleidungsstücke, Musikkassetten, Bananen, Tomaten, Yucca, Flussfische, Auto-Ersatzteile. Gemüse und Obst kommt immer dienstags aus Caracas auf der Landverbindung über San Fernando de Apure. Dann bereiten die Hausfrauen in Puerto Ayacucho Obstsaft für die gesamte Woche zu, und montags steht normalerweise nur Mineralwasser auf dem Mittagstisch. Der originellste Speiseeishersteller ist Ungar und verarbeitet Maniok und die Früchte der *pijigüao-* und der *moriche-* Palme zu ungewöhnlichen Kreationen. Was aber nicht heißen soll , dass man in den Optikergeschäften keine Giorgio-Armani-Sonnenbrillen findet. Die Plaza Bolívar mit einer Kopie der aus Caracas bekannten Reiterstatue des *Libertador* sowie einige Straßenzüge sind verschwenderisch mit Mangobäumen geschmückt.

Wesentliche Attraktionen bilden der **Mercado de los Indígenas** und das **Museo Etnológico.** Beide liegen benachbart an der Plaza Rómulo Betancourt. Auf dem Markt der indianischen

Stämme werden tatsächlich neben Industrieware lokale Schnitzereien, Webereien und Flechtereien feilgeboten; aber auch Stempel zur Hautbemalung und die scharfe Würzsauce *guachaco picante* mit Körpern von Blattschneiderameisen finden ihre Kundschaft. Das Ethnologische Museum liefert einen oft gerühmten Überblick über die indianischen Kulturen des Amazonasgebietes – jedem Stamm seinen etwas trüb erleuchteten Saal: Yanomami, Arawak, Ye Kwana, Piaroa, Guajibo (auch Guahibo) und Maiquiritares werden mit Ritual- und Gebrauchsgegenständen, Bauweise, Musikinstrumenten und Schmuck vorgestellt. Fotos dokumentieren ihre Jagdmethoden.

Eine weitere Sehenswürdigkeit ist die **Casa de Tarzan,** wobei es sich um einen leichten, von einer Galerie umgebenen Bungalow handelt, der auf einem hohen Granitfelsen balanciert. Den Aufstieg bewältigt man über eine schmale Eisentreppe. In dieses merkwürdige Haus wird die Touristeninformation einziehen. Wer die seltsame Schönheit der näheren Umgebung betrachten möchte, erklimmt den **Mirador Périco** oder den *mirador* auf dem **Cerro El Zamuro.**

Ausflüge von Puerto Ayacucho

Höheren touristischen Stellenwert als der Ort selbst genießen die äußerst attraktiven Exkursionen, deren Beliebtheit mitverantwortlich für das rapide Wachstum der Stadt ist. Mehrere Reisebüros haben sich im Stadtinneren etabliert; die *campamentos* der Umgebung veran-

Haus auf dem Felsen: die Casa de Tarzan in Puerto Ayacucho

stalten eigene Ausflüge – bei speziellen Interessen (z. B. Ornithologie) werden besondere Führer engagiert. Der unspektakulärste dürfte der Grenzübertritt ins kolumbianische **Casuarito** sein, für den man lediglich die Fähre über den Orinoco zu besteigen braucht. Casuarito hat sich seinen Namen in der Lederverarbeitung gemacht, entbehrt aber größerer Reize. An dem Anlegeplatz für die Fähren nach Casaurito machen auch die Katamarane halt, die man für eine Tour auf dem Orinoco besteigt, dort, wo er am ungezähmtesten ist: zur **Isla Sardinata** 2. Sie liegt zwischen den Stromschnellen Atures und Maipures. Das Ankommen ist eine kleine Sensation der Sinnestäuschungen, denn zunächst wird man zwischen den strudelnden und fauchenden Becken hin- und hergeschleudert, später dann scheint die Insel sich zu bewegen und nicht das Boot. Auf der Sardinata wartet die nächste Überraschung: Meterhohe Granitsteine lagern hier wie im Lauf gestoppte, überdi-

mensionale Murmeln, und als Zugabe stößt man auf indianische Petroglyphen, die noch nicht entschlüsselt sind. Deuten sie auf einen Friedhof hin?

Für die Stromschnellen haben die Indianer eine Legende parat. Ein unglücklicher Fischer hat sie errichtet, der, als er ein ihm von den Göttern anvertrautes Geheimnis verriet, mit der Verwandlung seiner Söhne in Delphine bestraft wurde. Um sie daran zu hindern, sich von ihm zu entfernen, griff er zu allem, was er finden konnte, um im Orinoco Barrieren zu errichten. Doch die Strömung verstärkte sich dadurch noch weiter. Am Ende hatten die Götter ein Erbarmen mit ihm und ließen ihm die Delphine in seiner Nähe.

Auch eine weitere Attraktion der Umgebung beruht auf einer Vor-Spiegelung: 8 km südlich von Puerto Ayacucho erheben sich zwei immense schwarze Granitkuppeln. Im Innern der größeren soll sich ein Indianerfriedhof befinden; der Zugang freilich ist nicht gestattet,

Wie kommt der Feminismus in den Estado Amazonas?

Sobald man sich mit der ethnographischen Hinterlassenschaft der ersten Eroberer beschäftigt, greift man mit beiden Händen in eine wahre Schatztruhe. Es gab buchstäblich nichts, was die fiebrigen Gemüter der Europäer nicht zu sehen geglaubt hätten, was die erhitzte Phantasie ihren Nerven nicht vorgegaukelt hätte. Von ihnen stammen die außergewöhnlichsten Natur- und Menschenbeschreibungen. Der apokalyptische Kosmos des Malers Hieronymus Bosch aufersteht in den menschlichen Gebilden, welche sie gesehen zu haben vorgaben. Logisch erscheint das schon: Man war so weit gefahren, hatte äußerste Entbehrungen und Belastungen kennengelernt, da durfte die Wirklichkeit gar nicht so sein – wie sie wirklich war.

Doch diesmal war alles anders. Die beiden Spanier Francisco de Orellana und der Bruder des Peru-Bezwingers, Gonzalo Pizarro, beide siegreich in Lima eingezogen, begannen ihre Expedition auf der Suche nach El Dorado und dem Zimtland La Canela in dem von Orellana gegründeten Quito 1540 mit 300 Soldaten. Doch die Unpassierbarkeit des Flusssystems zwang sie, sich zu trennen: Pizarro, der später in dem verrufenen Haufen des Lope de Aguirre (s. S. 116 f.) mitmarschieren sollte, beauftragte Orellana, Hilfe zu holen. Orellana verlor sich in den reißenden Strömungen des Río Coca und steuerte auf den Amazonas zu, den die Indianerverbände *Amaçunu* nannten, Wasserwolkenlärm, und der bei den Spaniern damals noch Marañón hieß. Sie stießen auf erbitterten Widerstand der indianischen Verbände, und die kämpferischsten unter ihnen waren Frauen. Diesen erstaunlichen Fakt umkleideten die Spanier mit einer quasi-ethnologischen Bestandsaufnahme. Was ist Wahrheit, was Fiktion?

Der Schreiber Orellanas, Fray Gaspar de Carvajal, hielt die Kunde von den Frauenheeren, die er flugs Amazonen taufte, in den Tagebüchern und Reisechroniken fest. Bei den Spaniern hinterließen sie offenbar einen nachhaltigen Eindruck: Sie waren mutig, hochgewachsen, von heller Hautfarbe und flochten ihr langes Haar fest um den Kopf. Sie bewohnten ein Dorf aus 70 Steinhäusern und belegten alle, die ihr Gebiet passieren wollten, mit einer Tributzahlung. Männer duldeten sie nur in ihrer Gesellschaft, wenn sie Lust danach verspürten, und schickten sie wieder heim, sobald sie schwanger waren. Gebaren sie Söhne, so konnten diese von ihren Vätern aufgenommen werden. Die Herrscherin der Amazonen hieß Coñori und verfügte über einen großen Reichtum an Gold und Silber. Der Sonnentempel Caranain soll mit einer Vielzahl goldener Statuen geschmückt gewesen sein. So lautet die Geschichte aus der Feder des Gaspar de Carvajal, der auch das Datum der folgenreichen Flusstaufe notierte: Am

24. Juni 1542 bekam der Marañón den Namen Amazonas.

Ein Jahr nach seinem Aufbruch und seiner Trennung von Gonzalo Pizarro erreichte Orellana den Ozean und kehrte nach Spanien zurück. Das Vorhaben war gescheitert, aber er kam wenigstens mit dem Leben davon. Der nun umgetaufte Amazonas blieb sein Schicksal: Bei einer neuerlichen Flussexpedition verscholl er 1546.

Die südamerikanische Variante einer eigentlich griechischen Sage indes ging nicht verloren. Selbstbewusste Kriegerinnen vermutete man aber nicht nur am Amazonas, sondern auch in den Savannen von Guayana. Die Akawoyo erzählen sich dort das Märchen der stolzen, schönen, untreuen Häuptlingin To-eyza, die sich einen Mann in Gestalt eines schwarzen Jaguars zum Liebhaber nahm. Die eifersüchtigen Männer des Dorfes erschlugen den ungebetenen Geliebten unter Führung ihres eigenen Häuptlings To-eyborori. Die Rache der Frauen ließ nicht auf sich warten: Sie töteten die Männer mit *casabe*-Brot (s. S. 151), aus dem sie die hochgiftige Blausäure nicht entfernt hatten, und gründeten einen eigenen Staat, in dem Männer nur als Liebhaber, aber nicht als Gefährten und schon gar nicht als Beherrscher geduldet wurden.

To-eyza wird in dieser Sage mit wahrhaft feministischen Worten zitiert, die so erfrischend sind, dass wir sie gerne wiedergeben wollen: »Manche sagen, die Ehe sei ein Schutz. Ich halte sie für eine gemeine Unterwerfung. Lieber wäre ich tot. Was können wir, die von den Eltern weggegeben werden, von Liebe wissen? Alle unsere Tage verleben wir in Plage. Arbeit heute und Arbeit morgen, immer Arbeit und Leid. Widersetzt Euch dieser schmachvollen Knechtschaft!«

der Besuch wird über eine Niederlassung der INPARQUES geregelt. Von einem bestimmten Blickwinkel aus erscheinen die beiden Kuppeln wie Kopf und Körper einer Schildkröte, und so kamen sie auch zu ihrem Namen **Piedra de La Tortuga.** Diese Steine sind so ungewöhnlich, dass man sie 1992 zum *Monumento Natural* erklärt hat.

Verfolgt man die Straße weiter, wölbt sich eine Zinkbrücke über den schönen, durchsichtig blauen Río Cataniapo, der das **Balneario La Culebra** speist. Die entsprechende Abzweigung rechter Hand ist nicht sehr auffällig ausgeschildert. Gleich am Eingang der Badezone befindet sich eine Picknickanlage. In den schwarzen, von Felsen unterbrochenen Mulden und Becken sammeln sich die Flusswasser. Landschaftlich ist das sehr hübsch, doch man sollte die entlegeneren Stellen nur mit Ortskenntnis aufsuchen, weil der Cataniapo auch starke Strömungen hat. Schlangen *(culebras)* sind dagegen nicht zu befürchten.

Weiter in Richtung Samariapo, 35 km südlich der Hauptstadt, liegt **Tobogán de la Selva** 3, umgeben von reichen, schattigen Wäldern. Dieser Platz gehört zu den beliebtesten Attraktionen in der Umgebung von Puerto Ayacucho und ist gut ausgeschildert. Ist schon La Culebra ein ungewöhnlich schöner, weil natürlicher Badeplatz, so gibt es hier die entsprechende Ergänzung: Über einen 100 m langen, in einem Winkel von 45 Grad geneigten, wassergeschliffenen, spiegelglatten Felsen ergießt sich ein glasklarer Bach und verwandelt ihn in eine wunderbare natürliche Wasserrutschbahn. Die hübschen Naturbecken am Ende sind geradezu prädestiniert als Swimmingpools à la Ayacucho. Am Ufer laden *churuatas* zum Picknick ein.

An den beiden Orinoco-Flusshäfen **Samariapo** 4 und **El Venado** endet die Straßentrasse. Es sind herbe, winzige Abenteurerörtchen am Ende der Welt. Auch wenn keine Bootsfahrt beabsichtigt ist, lohnt es sich, dort eine Cola zu trinken, den schläfrigen Bootsbauern zuzuschauen, die ihre *curiaras* verzieren, und in die dunkelgrünen Vegetationswände zu starren, die den Fluss so geheimnis- und verheißungsvoll umgeben.

Pozo Cristal heißt das Konkurrenzbad auf der Strecke in den Norden. Es ist ein nicht erschlossener, besonders idyllischer Abschnitt des Parhueña-Flusses, der von Bambusgewächsen überwölbt wird. Die vielleicht malerischste Bademöglichkeit bietet jedoch **Las Pavas** 5 am Río Cataniapo: Glattpolierte, schwarze Granitfelsen rahmen und grundieren ein Wasser so blau wie aus dem Tuschkasten, und dicht herabhängende Palmblätter tauchen es in ein ewiges, träges Dämmerlicht.

Am Pozo Azul

Der weitere Weg zu den Indianergemeinden ist breit und gut, die von *moriche*-Palmen eingefassten Felder werden für die Viehwirtschaft genutzt, welche 50 % der (geringen) landwirtschaftlichen Produktion einnimmt. Der Boden ist wie in der Gran Sabana nicht besonders nährstoffreich. In den Gemeinden sieht man neben den *churuatas* die typischen Indafe-Häuser der Regierung. Ein Besuch der *comunidad* **El Limón** macht mit einer Keramikfabrik bekannt, die von Piaroa betrieben wird. Der Lehm entstammt dem Fluss. In der Nähe des Tortuga-Felsens lagert er in etwa 2 m Tiefe. Zwölf Frauen schneiden in der geräumigen Halle kleine Fische und Glocken aus dem weichen Material, die später zu Mobiles zusammengesetzt werden. Das gesamte Dorf kann sich von der Kunstgewerbeproduktion ernähren.

Eine besondere Gelegenheit, Pflanzenwelt, Anbaumethoden und Lebensweise der indianischen Gemeinden kennenzulernen, bieten Wanderungen mit indianischen Führern. Denn erst beim genaueren Betrachten der Palmen- und Galeriewälder fallen die winzigen *conucos* auf, landwirtschaftlich genutzte Flächen, die in die üppige Vegetation geschnitten sind. Die indianischen Gemeinden leben von der Subsistenzwirtschaft und bauen weiter ihre traditionellen Früchte und Gemüse an. Das Multitalent *moriche*-Palme liefert dazu eine Lebensgrundlage: Aus den Blattfasern werden Körbe und Hängematten geflochten, das Holz zum Hausbau benutzt, die Früchte zu Mehl verarbeitet. Die Wurzeln des federblättrigen Maniok dienen der Zubereitung des extrem haltbaren ›Indianerbrotes‹ *casabe* (s. S. 151). Erntet man die Wurzel, stirbt zwar die Pflanze, aber die Stiele werden einfach wieder in die Erde gesteckt, und es entsteht ohne großes Zutun eine neue

Tobogán de la Selva – natürliche Wasserrutschbahn bei Puerto Ayacucho

yuca, wie die Venezolaner Maniok nennen. Die biegsamen, hohen Stengel der Papaya und die feurigroten Lanzenblätter der Ananas wirken in den kleinen Fruchtgärten fast so schön wie Ziergewächse, die hohen Mangobäume mit ihren üppigen Kronen sowieso. Doch das idyllische Bild täuscht, denn diese pflanzliche Harmonie liefert nicht die nötigen Nährstoffe für eine ausgewogene Ernährung.

Um das wirtschaftliche Potential des Amazonasgebietes zu erweitern, wird über die staatliche Gesellschaft CODE-SUR ein Programm zum Anbau von Kakao, dem Pflanzenfarbstoff *onoto,* Paprika und *ají dulce* (kleine, scharf-süße Paprikaschoten) abgewickelt, in der Region der Yanomami gedeihen die von ihnen selbst eingeführten Bananen und Kochbananen; Zuckerrohr und die stärkehaltige Knollenfrucht *ocumo chino* sind dort importierte Lebensmittel. Die Piaroa und Guajibo um Puerto Ayacucho herum begnügen sich hingegen mit den traditionellen Erzeugnissen,

Eiweiß liefern Fisch und Geflügel. Auch wenn sie in *comunidades* leben, sich von dem Kunsthandwerk ernähren, das auf dem Indianermarkt oder in den Souvenirgeschäften von Puerto Ayacucho verkauft wird, und die Indafe-Häuser bewohnen: Ihre eigene Lebensweise ziehen sie immer vor. Stolz wölben sich die charakteristischen kreisrunden Palmdächer der *churuatas* über die durch den Sozialplan der Regierung bereitgestellten Häuschen, und José Morales aus der Gemeinde El Limón, der kundige Führer der Spaziergänge durch die *selva,* macht jedes Jahr mit seiner Familie Urlaub im Dschungel, um den Bezug zu seiner natürlichen Umwelt nicht zu verlieren. Sie werden sich von dem ernähren, was zu jagen ist, er zeigt, wie man Fallen baut, wie man die Erd- und Baumverstecke der gefährlichen Vogelspinne *(tarántula)* entdeckt, welche die *selva* bevölkert, und die Wege der *hormiga venticuatro* vermeidet, einer Ameise, deren Biss 24 Stunden lang starke Schmerzen bereitet.

Der Urwald gleicht einem natürlichen Markt, auf dem man sich bedienen kann. Die riesigen, smaragdgrünen Blätter der Platanillopflanze benutzen die Hausfrauen zum Abdecken von Gerichten oder kleiden eine Erdgrube damit aus, die ihnen als natürlicher Ofen dient. Aus den Chitinpanzern der Blattschneiderameisen gewinnen sie ein Gewürz, das, vom Geschmack an Zitronenpfeffer erinnernd, einer würzigen Sauce beigemischt wird.

Über den wunderbaren, unvermittelt zu einer Höhe von 1208 m aufragenden Tafelberg Autana mit einem Saum dichtester Vegetation weiß Señor Morales die Sage zu berichten, dass der Gott des Berges ein schönes Indianermädchen raubte, in das er sich verliebt hatte. Das Mädchen willigte in sein Begehren ein, doch nur unter der Bedingung, dass er auch das gesamte Dorf, aus dem sie stammte, in dem Autana wohnen lasse. Der Berggott, überglücklich, richtete dem Dorf eine Heimstatt ein und machte alle Dorfbewohner unsterblich.

Der **Cerro Autana** 6 wurde 1978 zum *Monumento Natural* erklärt. Die Flussläufe des Orinoco und Autana geleiten zu seinem Fuß. Eine 395 m lange und 40 m hohe Höhlengalerie in seinem Innern besteht aus purem Quarzgestein. Unterhalb der Tafelplatte hat die Erosion ein riesiges Loch gebohrt, durch das die kleinen Flugzeuge, die ihn zwecks Besichtigung umflattern, glatt hindurch passen würden. Der Autana am Rande der wilden Sierra Maigualida liefert einen außergewöhnlichen Anblick, und um ihn zu beschreiben, greift jeder zu religiösen Metaphern. Für die Katholiken ist er ein Dom, für die Piaroa der

Die Fähre nach Kolumbien

Heilige Berg. Von surrealem Zauber ist diese Landschaft, und man könnte Salvador Dali für den Architekten halten.

Zwei mehrtägige Bootsausflüge nähern sich den Tafelbergen. Drei Tage dauert es, bis die Piaroa-Gemeinde erreicht ist, die zu Füßen des Autana siedelt. Wer will, kann auf einen Nachbarberg klettern. Zum Cuao-Massiv, das wie ein kaum wahrnehmbarer Schattenriss von Samariapo und El Venado aus zu erahnen ist, entrollt sich die Flusslandschaft wie ein Lehr-Bilderbogen des Dschungels. Mückenplagen sind auf beiden Schwarzwasserflüssen nicht so sehr zu befürchten wie auf dem Orinoco, denn sie bieten – auch das eine Erkenntnis des preußischen Universalgenies Alexander von Humboldt, nicht deren Lebensraum.

Von Puerto Ayacucho nach Ciudad Bolívar

Karte: S. 180/181
Tipps & Adressen: Las Trincheras S. 303 f., Caicara del Orinoco S. 279

Von Puerto Ayacucho nach Ciudad Bolívar ist es eine staubige, ermüdende Tagesreise mit dem Bus. Wer durch diese Gegend einfach nur fährt, sieht nicht viel. Am schönsten sind die üppigen Mangobäume und die aus der Erde heraufgebrochenen Granitkuppeln, die von grünen Flechten wie mit einem pflanzlichen Muster überzogen sind. In der Ferne schimmern die Silhouetten der Tafelberge, doch dann folgt grenzenlos scheinendes, monotones Weideland: Über Hunderte von Kilometern ziehen sich die Zaunpfähle, unterbrochen von einigen wenigen Hinweisschildern. Die Erde ist alt hier und nicht reich an Humus, deswegen wird extensiv gewirtschaftet. Die Umgebung wirkt wenig einladend.

Was Interesse erheischen könnte, liegt jenseits der Straßenränder. Die Carretera 19 bewegt sich am Rande einer ungezähmten Natur und eines umfangreichen Indianergebietes. Seit in den 1960er Jahren dort Bauxit-Vorkommen entdeckt und ausgebeutet werden, gibt es eine Straße, die sich heute in gutem Zustand präsentiert. Praktisch auf der Hälfte des Weges liegt Caicara del Orinoco, eine geräumige, saubere Handelsstadt, in der abends das latinische Leben erwacht. Wer dieses von wasserreichen Strömen durchzogene Gebiet näher kennen lernen will, muss hinein. Man kann das per Flugzeug und Boot oder mit dem Wagen tun. Beide Varianten sind neu zu entdecken.

Für die erste steht zunächst der Flug über den Cerro Autana auf dem Programm, dann, wenn genügend Sprit vorhanden ist, die Sierra de Maigualida. Seines lieblichen Mädchennamens zum Trotz ist der mit Dschungel überzogene Gebirgszug bei schwierigen Wetterverhältnissen ziemlich diabolisch, und aus den feuchten Wäldern steigt der Dampf und vernebelt die Sicht. San Juan de Manipiare besteht aus einigen propperen Hausreihen und einer trotz des verwahrlosten Aussehens funktionstüchtigen Piste. Für die in Entre Rios braucht man einiges Geschick, denn die Vegetation überwuchert sie schnell, der Schwarzwasserfluss Caura überschwemmt sie während der Regenzeit. Entre Rios befindet sich bereits in dem

Gebiet der Curyuani. Sie sind für die Infrastruktur zuständig und halten den Airstrip in Ordnung. Bezahlt werden sie dafür von staatlicher Stelle offenbar nicht, aber die Benutzer pflegen immer etwas mitzubringen. Schließlich sind alle auf den Erhalt der Piste angewiesen. Einen der eindrucksvollsten Wasserfälle des Landes bildet der Caura mit dem **Salto Pará** 7 etwa eine halbe Bootsstunde von Entre Rios entfernt. Ein bequemer Fußweg erreicht den oberen Rand der hufeisenförmigen Fälle. Die Curyuani haben genau an dieser Stelle einen Picknick-Platz gebaut. Der Blick ist umwerfend. Kleine Pfade führen zwischen Granitfelsen an Aussichtspunkte heran. Der Pará erweist sich als ein Wasserfall zum Anfassen...

Der Abstieg zu **El Playón** 8 führt durch Regenwald und ist nicht zu verfehlen, weil die Strecke auch von den Curyuani frequentiert wird. Gekennzeichnet freilich ist sie nicht, und das letzte Stück ist recht steil und rutschig. Unten an dem feinsandigen, hellen Flussstrand des Caura haben die Indianer ein sehr sauberes Hängemattencamp aufgebaut und servieren den köstlichen, in Bananenblättern über dem Feuer gegarten Flussfisch *morocoto*.

Dass sich an den Rändern des Caura spärlich gestreute Siedlungen befinden, nimmt man vom Boot aus kaum wahr. Geruhsam gleitet die *curiara* durch das klare dunkle Wasser zwischen *lajas* und gelinden Stromschnellen hinein in das Gebiet der Makiritare. Wie produktiv sich indianische Wertvorstellungen mit technologischer Effizienz verbinden lassen, beweist die überraschende Solarenergie-Anlage in **Boca de Nichare** 9 , einem ihrer Dörfer. Ein Besuch lohnt sich. Die Makiritare arbeiten und leben gemeinschaftlich, bauen Bananen, die indianische Tomate *tupiro* und Yucca an

und angeln Flussfische. Das Casabe-Brot wird kollektiv für das Dorf zubereitet und trocknet in wagenradgroßen Scheiben auf den Dächern der Pflanzenhäuser. Hinter dem Dorf liegen die *conucos*. Im Kulturhaus aus Lehm gibt es einen kleinen Markt mit heimischem Kunsthandwerk, der von geflochtenen Glasperlenhalsbändern bis zu originellen Möbeln, dekorativ verzierten Vorratskörben und stilisierten Jagdspeeren reicht. Gefärbt wird mit Pflanzen, beispielsweise mit dem tiefroten *onoto,* der gleich hinter dem Haus wächst. In Boca de Nichare wohnen 90 Makiritare.

Wasserschildkröten und Flussdelphine begleiten die Reise. Der Franzose Philippe Lesne wollte sich hier einen Traum verwirklichen und hat auf der **Isla de Yokore** 10 ein bequemes Hängemattencamp aufgebaut. Die Landschaft ist genauso attraktiv wie bei Puerto Ayacucho: Mit zartem Sand bedeckte, helle Flussstrände werden von Granitfelsen in sämtlichen Tönungen von Les Anthrazit gerahmt, aus der die Erosion Kugeln, Schildkröten und Fächer gezaubert hat. Yokore ist so surreal schön wie einsam; die schillernd gefiederten *grullas* mit ihren dünnen Stelzenbeinen stolzieren elegant zwischen den mit Bromelien behängten Bäumen. Für Liebhaber dieser Gegend: Bald wird das Hängematten-Camp in ein ›richtiges‹ mit Zelten verwandelt.

Das von Sarrapia-Bäumen beschattete Campamento Caura baut sich über dem Flussufer auf. Ein Kolonialstilbau, ein Baumhaus, ein kleines Chalet, zwei bequeme *churuatas* und wundervolle Aussichtsterrassen versammeln sich hier an einem romantischen Platz. Im Fluss kann man baden.

Auf der Felseninsel gegenüber breiten die Frauen aus **Las Trincheras** ihre Wäsche zum Trocknen aus. Dieser Ort ist ein weit auseinander gezogener Flecken, einer der wenigen, die sich in dieser Gegend befinden. Hier verläuft die Grenze zwischen Regenwald und Urwald, doch davon ist nicht viel zu erkennen, seit in dieses Gebiet Guajibo gezogen sind. Sie kommen aus südlicher gelegenen Regionen und haben von dort ihre Form der Urbarmachung mitgebracht: das Abbrennen der Böden. Sie tun es aber auch, um Tiere besser jagen zu können, die das Feuer aufschreckt.

Wanderungen durch den tropischen Urwald, Flussfahrten auf dem Caura hinunter in seinen wilden amazonischen Süden, wo sich der Nationalpark Jaua-Sarisarinama mit seinen Tafelbergmassiven ausbreitet, die eingesackte Plateaus haben, bieten die Betreiber dieser Unterkünfte an. Da darf man sich dann wirklich wie ein Entdecker fühlen.

Eine asphaltierte Straße führt hinauf bis nach Maripa. Von dort schlägt man den Weg in die Carretera 19 nach Ciudad Bolívar ein. Wer die Straße wählt, bricht mit gefülltem Tank auf, denn sicheren Nachschub gibt es erst wieder bei Caicara. Die Tankstelle bei Pijiguaos nach 225 km wird nicht immer versorgt.

Die Strecke führt an den sanft gerundeten, flachen Granitfelsen vorbei, die so charakteristisch für die Staaten Amazonas und Bolívar sind, kleinere Schwestern der Piedra La Tortuga, und wie auch sie erstarrte und kristalline Massen, die durch den Guayana-Schild emporgeschossen waren und welche die Erosion abgeschliffen hat. In den kleinen Becken und Mulden entstand neues Leben. Bromelien und Orchideen haben sich verankert, und manchmal entdeckt man sogar einen Kaktus. Am Orinoco- Zufluss Río Parguaza, der in der gleichnamigen Sierra entspringt, liegen winzige indianische Dörfchen. Nordöstlich davon beginnen bereits die Bauxit-Vorkommen. Bekanntester Platz dafür ist das Valle de los Colorados.

Von Maniapure aus führt ein Abstecher über eine abenteuerliche Piste in das Siedlungsgebiet der Panare. Die Mission Nuevos Estribos arbeitet seit über 30 Jahren in dieser Region. Die Panare leben vom Fischfang und vom Ackerbau; weite Teile des Geländes sind gerodet; für die Touristen, die sich in ihre Gegend verirren, gibt es bunte Glasperlenkolliers, Ketten aus Federn und Stempel für Körperbemalungen. Sie haben weder Kleidung noch Haarschnitt den venezolanischen Vorstellungen angepasst. Die Männer tragen einen korallenroten Lendenschurz, den *guayuco*, die Frauen ein Tuch um die Hüften und Perlenschnüre als Oberteil.

Das Gebiet jenseits von Maniapure durchfurchen wenige, sehr schlechte Pisten. Ihr Ziel: die Minas de Guaniamo, ein großes Gelände von Diamantenminen, die hier zwischen den Tafelbergen ruhen. Von der Abzweigung sind es noch 11 km nach **Caicara del Orinoco.**

Früher war die angenehme, ein wenig nüchtern wirkende und von breiten Avenidas durchschnittene Stadt bedeutsamer als heute, denn die Fähre über den Orinoco nach Cabruta stellte die einzige Verbindung des nördlichen Bereiches des Estado Amazonas in den Norden her. Man gelangte praktisch bis nach Caracas. Immer noch ist der Paseo am Orinoco von Caicara sehr hübsch; und man kann in einem attraktiven Freiluft-Restaurant Platz nehmen. Besonders schön ist das zum Sonnenuntergang.

Hinter Caicara beginnt das Land der Viehzüchter. Von dem 130 km entfernten Maripa fädelt sich die Straße nach Las Trincheras ein. Man kann die Route unterbrechen, hinunter an den Río Caura fahren und sich erneut vom Zauber des Dschungels einfangen lassen.

Die Llanos

Was das Außergewöhnlichste an Venezuela ist? Für viele Venezolaner steht fest, dass dies nur die Llanos sein können, die gigantisch großen Tiefebenen, welche sich über die Mitte des Landes breiten. Von Barinas am Fuß der Anden im Westen bis hinüber nach El Tigre, der Erdölstadt im Osten, umfassen sie mit circa 300 000 km^2 ungefähr ein Drittel der gesamten Landesfläche und dehnen sich weiter bis hinüber nach Kolumbien aus. In Venezuela unterscheidet man zwischen den Llanos Altos, die sich als etwa 50 km breiter Streifen am Andenrand von Barinas über Guanare nach Acarigua hinziehen, und den Llanos Bajos. Sie erstrecken sich hinter Calabozo hinunter zum Río Meta im Süden und zum Orinoco im Osten.

Unendlich grün, unendlich flach, unendlich monoton: Die Llanos Bajos sind von rätselhafter Schönheit. Spärlich über die große Weite gestreute Galeriewälder und Vegetationsbänder entlang der Flüsse, Haine mit *moriche*-Palmen, kleine Wäldchen wirken wie Stecknadelköpfe in einem Meer aus Gras. Es gibt nur eine Stadt darin, die sich so nennen kann – San Fernando de Apure –, aber unendlich viele sich auseinanderspreizende Wasserläufe.

Während der Regenzeit gleichen die Llanos Bajos, die den Löwenanteil dieser Landschaft bilden, der spiegelnden Oberfläche eines riesigen Sees, weil die Flüsse über die Ufer treten und das Land überfluten. Während der Trockenzeit brennt eine unerbittliche Sonne auf die Erde nieder, die ihre Elastizität und Fruchtbarkeit aber wegen der Wasserdepots, welche sich während der Regenzeit bilden, nie ganz einbüßen muss. Spekulationen über die Lage des legendären Goldsees von El Dorado bringen immer wieder die Llanos ins Gespräch. Kann es sein, dass die Konquistadoren auf der Suche nach diesem sagenhaften See, dem Guativita-See in Kolumbien, auch die überfluteten Llanos dafür hielten? Und sie dann nicht mehr fanden, weil sie sich im jahreszeitlichen Wechsel zur Steppe gewandelt hatten?

Der erste Reichtum des Landes: Die Viehzucht

Die Llanos, untauglich für alles andere, erwiesen sich als halbwegs geeignetes Gelände für die Viehzucht. Im Gegensatz zu den Konquistadoren, die vom Gold besessen waren, entdeckten 1548 einige andalusische Familien den wahren Wert dieses unzugänglichen Gebietes: Bereits Mitte des 18. Jh. war der Rinderbestand beachtlich angewachsen. Die Vegetationsdecke ist allerdings wegen der extremen Wetterwechsel nährstoffarm. Man braucht einen Hektar Land, um ein Stück Vieh durchzubringen, lautet eine Faustregel. Kleinbauern konnten hier nicht Fuß fassen; der Landbesitz konzentriert sich in wenigen Händen. *Hatos* nennt man hier die Gutshöfe.

Aber die abgeschiedenen Llanos verhalfen dem Land bereits im 18. Jh. zur ersten wirtschaftlichen Blüte, weil Vieh und Leder in Europa reißenden Absatz fanden. Flussläufe kompensierten den Mangel an Straßen, deren Bau auch viel zu aufwendig und kostspielig geworden wäre. Über Ciudad Bolívar und Barcelona konnten die Waren verschifft werden.

Daran hat sich bis heute nichts Wesentliches geändert. Die wenigen asphaltierten Straßenachsen von San Fernando de Apure nach Barinas und von Guasdualito nach San Cristóbal befinden sich in schadhaftem Zustand, die geschotterten Stichstraßen lassen sich

Pferde – immer noch ein wichtiges
◁ *Transportmittel in den Llanos*

während der Regenzeit nicht passieren, und auch sonst ist oft Vierradantrieb empfehlenswert, um in die Viehzuchtzonen zu gelangen. Schnell stellt sich heraus, dass die Llanos auch heute noch trotz ihrer Verbindung zu den wichtigen landwirtschaftlichen Zentren vollkommen abgeschieden liegen.

Die Wiege des Landes

Nicht jeder, der von ihnen schwärmt, kennt sie auch. Aber sie haben sich ähnlich wie der Wilde Westen für die USA zu einem nationalen Mythos verdichtet. In den Llanos könnten die Wurzeln von Venezuela liegen. Ihre Weglosigkeit symbolisiert Unabhängigkeit und Unregierbarkeit, die Nicht-Unterwerfung. Das Vieh, das frei im Gelände herumsprang, gehörte dem, der es als erster zu seinem Besitz erklärte und brandmarkte, Zäune existierten nicht. Die Ebenen nähren den Mythos vom starken, einsamen Mann, der sich seiner Arbeit mit dem Vieh widmet und Strapazen erträgt, weil er sich damit ein Stück anarchischer Freiheit erkauft. Die venezolanischen *llaneros (vaqueros)* ähneln von ihrer Ikonographie her den argentinischen *gauchos*. Ihre Musik ist leicht und balladesk, und der arabeske Gesang wird mit einer ungewöhnlichen Kombination aus einer viersaitigen Gitarre und einer Harfe begleitet. Die beliebtesten Sänger des Landes sind nicht die Salsa-Stars, sondern die *llanero*-Größen Reinaldo Armas und Carlos Díaz.

In der multikulturellen und toleranten Gesellschaft Venezuelas, die immer stark europäischen, später nordamerikanischen Einflüssen ausgesetzt war und sie auch gerne adaptiert hat, versinnbildlichen die Llanos und der *llanero* die unverwechselbare Eigenständigkeit, die Verwurzelung im eigenen Land. Das Leben war schwer darin, aber es war auch ungebunden. Rómulo Gallegos,

Rinderherde – Ursprung des Reichtums in den Weiten der Llanos

dem wir schon einmal als wichtigem Buchautor begegnet sind, hat auch für die Llanos einen Schlüsselroman geschrieben: ›Doña Bárbara‹ (s. S. 202 f.).

Tierparadiese für Touristen

Die Llanos rücken aber nicht als Heimstatt der *llanero*-Romantik – das höchstens als Zugabe –, sondern als natürliche Tierreservate immer mehr in den Mittelpunkt touristischen Interesses. Die Entfaltungsmöglichkeiten der exotischen Tierwelt in einer scheinbar wilden, unzerstörten Natur, auf die die Industrialisierung noch keinen Zugriff hat, sind groß, wenn auch nicht uneingeschränkt. Einige *hatos* haben den Tourismus als Nebenerwerbsquelle entwickelt, andere leben ausschließlich davon. Die Betreiber der Touristenfarmen möchten sich denn auch als Tierschützer verstanden wissen, was nur logisch ist, denn der Zugang zu ›unzivilisierten‹ Tierparadiesen ist ihr Kapital. Man kann natürlich darüber streiten, ob die Exkursionen zu den Nistplätzen der Vögel – dem größten Schatz der Llanos – unbedingt deren Erhaltung dienen oder ob es sinnvoll ist, sich nachts mit aufgeblendeten Suchscheinwerfern auf Tierbeobachtung zu begeben …

In Anlehnung an kenianische Gepflogenheiten werden die Touristen in sogenannten Safari-Jeeps, die rundherum fotografier-freundlich offen sind, zu den lohnendsten Plätzen gefahren. Ornithologen staunen angesichts der kleinen Paradiese, welche die Llanos hüten. Elegante Sonnenrallen, Orinocogänse, Reiher, Scharlachsichler, Ibisse, Wasserhühner, Rohrdommeln und Adler bevölkern die Region. Tausende von Kaimanen und Wasserschlangen vermitteln den Reiz gefährlicher Exotik. Die Wasserschweine *(chigüires)* sorgen für einen lustigen Anblick: Mit stacheligem, dunkelbraunem Fell bedeckt und ausgesprochen plumpschnäuzig, hoppeln ganze Familien augenscheinlich dreiviertelblind über die Spuren, welche die Jeeps in flache, ausgetrocknete Sümpfe gegraben haben.

Empfehlenswert ist ein Besuch zur Trockenzeit, dem sogenannten Sommer, während der Monate November bis Mai. Dann ist die Anzahl der Wasserstellen zusammengeschmolzen, und die durstigen Tiere treffen sich nur an den wenigen schlammigen Ufern, die schnell aufgefunden sind. Die Reiseveranstalter nehmen Rücksicht, aber nicht nur auf die Gäste: Wegen des leicht auf über 35 °C ansteigenden Thermometers finden die Exkursionen morgens und am späten Nachmittag statt. Ohnehin verdammt die Mittagssonne auch die Tierwelt zu purer Lethargie.

Während der Regenzeit sammeln sich die Tiere nicht in vergleichbarer Anzahl an den nun reichlicher vorhandenen und größeren Tränken, ihnen steht schlicht ein größeres Angebot zur Verfügung; dafür können Bootsausflüge unternommen werden. Die Tagesgestaltung der Anbieter ähnelt sich: Zwei Ausflüge pro Tag, Vollpension; auch die Preise sind vergleichbar hoch. Die Gäste verweilen auf den klassischen *hatos* im Durchschnitt zwei bis drei Tage.

Mittlerweile gibt es eine Reihe von *hatos* mit teils luxuriöserer, teils familienfreundlicherer Ausstattung. Swimmingpool, Klimaanlage, Spielplatz, Bartheke mit *happy hour* und abendlicher *llanero*-Musikdarbietung sind den klassischen *hatos* fremd. Verschämt veranstalten sie höchstens einmal *piraña fishing* als Konzession an den Publikumsgeschmack und tischen anschließend die grätenreiche, aber nicht übel schmeckende Ausbeute auf.

Reisen in die Llanos

Tipps & Adressen: San Fernando de Apure S. 317, Hato El Frío S. 297, Hato El Cedral S. 297, Hato El Piñero S. 297, Hato Doña Bárbara S. 296, Barinas S. 277

Der Ausgangspunkt: San Fernando de Apure

1 Im Antlitz der Hauptstadt des namengebenden Bundesstaates spiegelt sich ihre Funktion: Handelsstadt, nichts sonst. Flach auseinandergezogen am Südufer des Río Apure, bietet sie 85 000 Einwohnern Platz. San Fernando wurde im 18. Jh. als Missionsstützpunkt der Franziskaner angelegt und blieb mangels Straßenverbindungen lange isoliert. Als Verkehrsweg fungierte der Fluss, über den der Handel mit Krokodilleder sogar mit europäischen Städten abgewickelt wurde.

Das einzige sehenswerte Stück der Stadt entstammt dieser Zeit: der **Palacio Barbarito** an der Carrera 2, ein von italienischen Einwanderern errichtetes

Die Llanos

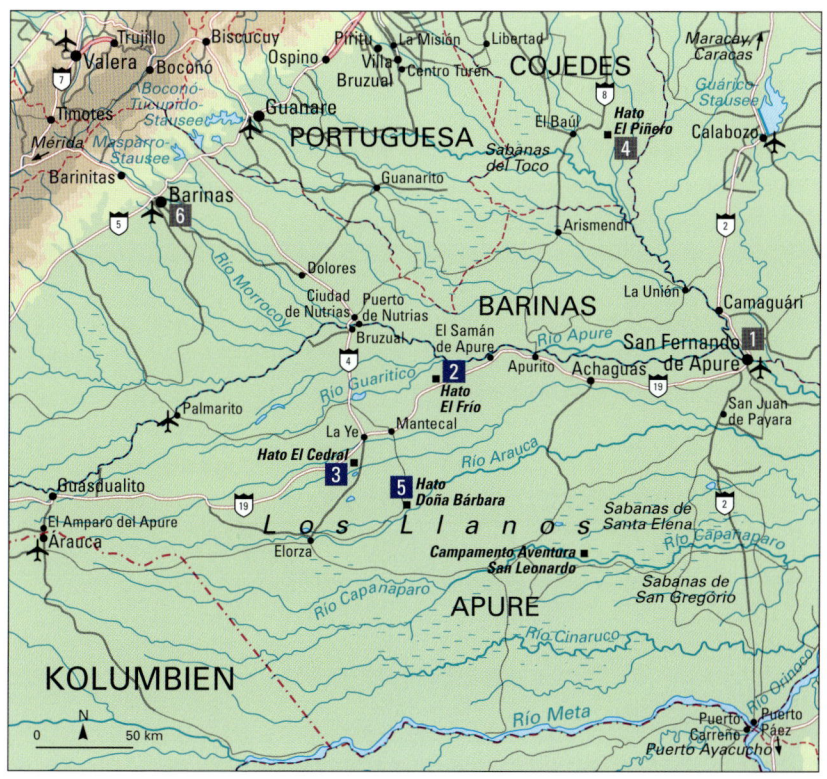

Handelshaus. Kostbarstes Handelsgut stellten Reiherfedern dar, die in Europa so heiß begehrt waren, dass im entfernten Venezuela Mord und Totschlag deswegen ausbrachen. Zumindest entspinnt Gallegos eine solche Geschichte in seiner ›Doña Bárbara‹.

Der **Paseo Libertador** durchzieht die Stadt in Nord-Süd-Richtung und liefert eine angenehme Orientierungshilfe im Schachbrettmuster der Straßen. San Fernando bildet einen guten Ausgangspunkt für Touren zu den *hatos* und ist ein lebhafter Verkehrsknotenpunkt mit einer für einen solch isolierten Platz ansprechenden Hotellerie.

Die Hatos

Die Ausnahme gleich zu Beginn: Die Betreiber des touristischen Programms des **Hato El Frío** 2 sind nicht Venezolaner, sondern Spanier. Sie gehören der Asociación Amigos del Coto del Doñana

an, die weitere Tierversuchsfarmen in Südamerika unterhält. Der Coto del Donaña an der andalusischen Costa de la Luz ist ein vom Tourismus in Bedrängnis gebrachtes Naturschutzgebiet im Marsch- und Schwemmland des Guadalquivir, und die Mitglieder des Freundeskreises wechseln sich in der Betreuung der *Estación Biológica* auf dem Hato El Frío ab.

Diese verdankt ihre Existenz dem Verantwortungsbewusstsein des steinreichen Großgrundbesitzers Iván Darío Maldonado, der einen Teil seines 80 000 ha umfassenden *hato* den Naturschützern zur Verfügung stellte. Dort züchten die Betreiber Orinoco-Kaimane und *morrocoy*-Schildkröten – letztere allerdings mit wenig Erfolg. Der Orinoco-Kaiman war wegen seines Leders verfolgt und fast ausgerottet gewesen, die *morrocoys* gelten bei vielen Venezolanern als wesentliches Nahrungsmittel, und obwohl ihre Tötung mittlerweile verboten ist, gehört der Verzehr einer Schild-

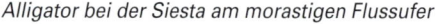

Alligator bei der Siesta am morastigen Flussufer

Wasserschweinfamilie am ausgetrockneten Flussufer

krötenpastete zu den festen Traditionen an Ostern: In Rezeptbüchern findet man immer noch Angaben zu deren Zubereitung.

Der Hato El Frío liegt auf halbem Weg zwischen El Samán de Apure und Mantecal und ist das ganze Jahr über erreichbar. Auf Wunsch wird der Transfer vom Flughafen in San Fernando organisiert. Der Platz ist sehr gut geeignet für die Vogelbeobachtung, die Bestände an Kaimanen, Ameisenbären, Brüllaffen und Wasserschweinen sind die größten aller *hatos*.

Der **Hato El Cedral** 3 eine etwa 50 000 ha große Viehfarm, befindet sich zwischen La Ye und Elorza, im Herzen der Llanos Bajos. Der Tierbestand ähnelt dem des Hato El Frío, auch hier sind exzellente Möglichkeiten zur Tierbeobachtung vorhanden. Die Vegetation ist typisch für die Llanos: Galeriewald, Palmen und die schirmakazienförmigen Regenbäume *(samanes)* bestimmen das Bild. Die Lage lässt auch Bootsausflüge

und die Beobachtung von Kaimanen zu. Auch El Cedral ist ganzjährig über Straßen erreichbar.

Weil er in den Llanos Altos östlich von El Baúl liegt, verfügt der **Hato El Piñero** 4 über eine ganz andere Flora und Fauna. In den Wäldern leben auf 80 000 ha Tapire, Leguane, Ozelots, Füchse, Ameisenbären und Affen, besonders artenreich fällt die Vogelwelt aus. El Piñero ist mit über 45 Jahren im Geschäft der älteste unter den *hatos* und Pionier in Sachen Ökotourismus, was allerdings nicht ausschließt, dass Nachtfahrten mit Suchscheinwerfern angeboten werden.

Die Titelheldin des berühmten Romans stand Pate für den **Hato Doña Bárbara** 5 im Süden von Mantecal, der während der Regenzeit nur per Boot in einer anderthalbstündigen Fahrt erreicht werden kann. Das Grab der Doña Bárbara – im richtigen Leben hieß sie Francisca Vásquez de Carillo – wird von den Betreibern gerne gezeigt. Neben

Tierbeobachtungen widmet man sich auf dem *hato* auch der Pflege eines touristischen Vollzeitangebotes mit Badebesuchen und geführten Ausritten. Die Viehfarm umfasst etwa 40 000 ha.

Den jahreszeitlichen Wechsel erlebt man im **Campamento Aventura San Leonardo** (derzeit geschlossen) wohl am schroffsten, denn seine Lage 160 km südwestlich von San Fernando de Apure prädestiniert ihn für die winterlichen Überschwemmungen. Dann schließt der Transport eine fünfstündige Bootsfahrt auf dem Río Capanaparo ein. Am Ufer des Alambrito gelegen, kann man sich hier auch dem Fischen widmen (aber nicht von Papageienfischen, denn die stehen unter Naturschutz!); es

gibt Tierexkursionen auch zu Fuß – das wäre z. B. auf dem Hato El Frío nur in Begleitung eines Führers an ausgewählten Stellen gestattet – und Bootsausflüge.

Barinas

6 In reisetechnisch günstiger Lage breitet sich das feucht-heiße, ländliche Barinas aus: Landwirtschaftliches Zentrum für die Vermarktung der Produkte aus den Llanos, bildet es die Pforte zu den Anden und zum Valle de Santo Domingo mit der Panamericana (s. S. 243). Die Hauptstadt des gleichnamigen Bundesstaates ist genauso flach ausgefallen wie die Ebenen: Jedes Gebäude mit

mehr als drei Stockwerken fällt ins Auge. Barinas, mit einer Viertelmillion Einwohnern nicht klein, ist so verschlafen, dass die *Santa Marías* (benannt nach der ersten Fabrik, die sie herstellte), die bemalten Rolläden vor den Geschäften, oft den ganzen Tag unten bleiben. Die Hitze drückt die Einwohner buchstäblich in den Mauerschatten.

Das war nicht immer so. Ende des 18. Jh. rangierte Barinas als Mittelpunkt einer intensiv agrarisch genutzten Region der Bevölkerung nach an zweiter Stelle hinter Caracas; Tabak, Zuckerrohr, Bananen und Kakao brachten wirtschaftlichen Reichtum.

An die von Jacarandas und Tamarindenbäumen beschattete **Plaza Bolívar**

Reiher und Scharlachsichler

grenzt der zur Stadtverwaltung umfunktionierte **Palacio del Marqués del Pumar** aus dem 18. Jh. und liefert ein Beispiel luxuriöser Kolonialarchitektur. Schön modellierte weiße Steinsäulen flankieren das reich geschnitzte Portal und strukturieren die beiden Patios. Die Kathedrale fällt durch ihre hübsche koloniale, leuchtend weiße Gestalt auf.

Hinter den Fassaden der meist würfelförmigen Häuser verbergen sich oft altertümliche Druckereien und Schuhmacherbetriebe. Die Politikerköpfe der Region sind – abrisssicher – an die Mauern gemalt. An der **Plaza Zamora** werden Orangen- und Zuckerrohrsaft angeboten.

La Devoradora – Doña Bárbara

Sie ist die Sphinx, von der Ödipus annahm, sie geschlagen und beherrscht zu haben, indem er ihre Fragen beantwortete, sie ist ein Mythos und sie ist – wie die Sphinx – derart gewaltig, dass in ihrer Person die üblichen Geschlechtsstereotypen zu verschmelzen scheinen. Die Doña Bárbara des Rómulo Gallegos, die berühmte Romanfigur, über die es eine kongeniale Verfilmung mit der wunderbaren María Félix gibt, hat archetypische Qualitäten.

Doña Bárbara hat keinen Vater und keine Mutter, als sie von Missionaren als ganz junges, wildes Mädchen irgendwo in den Tiefen der namenlosen Flusslandschaften der Dschungel aufgenommen und erzogen wird. Ihre starke sexuelle Ausstrahlung und ihre makellose Schönheit werden ihr zum Schicksal. Sie wird geraubt, vergewaltigt, muss dem Mord an ihrem Geliebten beiwohnen, der sie zu schützen versucht – und schwört ewige Rache.

Jahre später beherrscht sie die Llanos mit einer undurchsichtigen Mischung aus Willkür, Hexenzauber und unfehlbarer Schönheit. Sie verfügt über riesige Ländereien, die sie unerschrocken zusammengeraubt hat, über eine Schar domestizierter *machos,* deren Rauheit sie abstößt, die sie aber zugleich verehrt und in ihre Dienste gestellt hat, und über eine Legion zurückgelassener Liebhaber. Sie ist die *devoradora,* die Männerverschlingerin, und in jedem Mann bekämpft sie die erlittene Schmach. Aber sie besiegt sie nicht.

Der gebildete Hauptstädter Santos Luzardo schafft Ordnung. Mit den Mitteln der an Hochschulen erlernten westlichen Zivilisation reist er in die Llanos, um eine Erbschaft anzutreten. Sämtliche Warnungen, dort ginge er unter, aufgesogen von der Barbarei der Doña Bárbara, schlägt er in den Wind. Die schier unbegrenzten Weiten der Llanos verwandeln sich unter der Feder von Gallegos zum Symbol des unbeherrschten und unbeherrschbaren Venezuela, dessen Wirkung fesselt und gleichermaßen erschreckt. Santos Luzardo pflanzt tapfer Zäune in die bis dahin unvermessene Landschaft und will sein Recht vor einem korrupten Richter erstreiten. Mit Briefen und Paragraphen tritt er gegen Naturgesetze an. Er arbeitet mit Vernunft gegen die Aura von undurchschaubarer Mystik, die Doña Bárbara umhüllt, und er entlockt ihr die Gefühle einer liebenden Frau, doch seine Mittel, ihr zu begegnen, sind konventioneller und weniger mutig als ihre. Sie löst ihre strengen Konturen auf, er nicht. Im Bewusstsein, die richtige Arbeit zu tun und die richtige Anschauung zu vertreten, also durch die Untadeligkeit seines Auftrages legitimiert, nähert er sich ihr nicht an. Er will die Unschuld, personifiziert in der noch rettbaren Tochter.

Und das ist das Wundervolle an der Argumentation des Rómulo Gallegos. Sicherlich wirbt er für Aufklärung kontra Unwissenheit, für geregelte Verhältnisse, Ordnung und Justiz kontra angemaßte, nicht legitimierte Herrschaftsansprüche, für Arbeit kontra Feudalmentalität – und dies alles verkörpert Santos Luzardo –, aber er zeigt auch dessen Angst vor der tellurischen Doña Bárbara, in der er nur die Mutter der halbwüchsigen Tochter Marisela

den Schulen und in unzähligen Ausgaben erhältlich. In der Populärsprache symbolisiert die Doña Bárbara die starke, unabhängige, sexuell aktive Frau, die weiß, wo es langgeht, Macht ausüben will und kann. Das offensichtliche Schreckensbild der *machos* wurde

María Félix (rechts) in der Rolle der Doña Bárbara im gleichnamigen Film

sehen kann, von der er wünscht, dass sie – vor seiner beabsichtigten Heirat mit ihr – im Kloster (!) erzogen wird. Er wird dann ein Mädchen heiraten, das gewaschen, belesen, ehrfürchtig und gläubig ist, mit anderen Worten: vollkommen domestiziert. So bleibt am Ende der Geschichte der Wunsch nach Aussöhnung der beiden Elemente unerfüllt. Und das ist gut so.

Die Doña Bárbara ist zweifellos eine der wichtigsten literarischen Figuren des Landes, das Buch Pflichtlektüre an

ersonnen von einem Präsidenten – Rómulo Gallegos übte dieses Amt von 1947 bis 1948 aus – über ein Macho-Land. Vielleicht ist es aber auch nur dessen Kehrseite, ein Traumbild?

Die Doña Bárbara übrigens soll es tatsächlich gegeben haben. Einer der dem Fremdenverkehr zugänglichen *hatos* in den Llanos Bajos trägt ihren Namen. Dort befindet sich das Grab der *devoradora,* die im wirklichen Leben (angeblich) Francisca Vásquez de Carillo hieß.

Die westliche Küsten- region

Die Reise geht in die Wüste: Wo hochaufgeschossene Bambusfedern mit herabhängenden Lianen pflanzliche Tunnel bilden und das grüne Dämmerlicht des Dschungels kaum bis auf den Boden dringt, führt sie zu windgetriebenen Sanddünen, in deren Nachbarschaft die Sonne das Meersalz zu Salinen zusammenbackt. Ein Wechselspiel zwischen gartenhafter Natur und ausgedehnten Industriezonen, boomenden Ferienzentren, Nationalparks unterschiedlichster Ausprägung, eine ehemalige heimliche Hauptstadt, das bedeutendste Schlachtfeld der Unabhängigkeitskämpfe, der einzige Vogelpass in Südamerika, die älteste Stadt des Landes und die größte Erdölraffinerie der Welt – aus diesen unterschiedlichen Ingredienzen speist sich die Attraktivität der westlichen Küstenregion. Diese Gegend gehört zu den frühesten von den Spaniern und auch Deutschen (s. S. 220 f.) besiedelten und befestigten Landstrichen. Das Cabo de la Vela bei Coro bildete praktisch die Eingangspforte Venezuelas – und das hieß damals immer auch: von El Dorado.

Baumwoll-, Kakao- und Tabakplantagen großer Haciendas musterten bald die fruchtbaren Täler zwischen Maracay und Valencia, eine natürliche Hafenanlage von bestechender Qualität bot die geeignete Ausfuhrmöglichkeit. Piratenüberfälle allerdings zerstückelten die aufgebauten und bald vernachlässigten Siedlungen, und eine lange, unbeschädigte Tradition kann keine der Gründungen aufweisen. Einzig Coro sonnt sich im Ruhm seiner echten Kolonialarchitektur.

Von Maracay zum Parque Nacional Morrocoy

Tipps & Adressen: Maracay S. 306 f., Choroní S. 290, Puerto Colombia S. 315, Valencia S. 321, Chichiriviche S. 289 f.

Maracay

1 Die Industriezonen und ausgefransten Wohnviertel rings um die 500 000-Einwohner-Stadt lassen kaum die netten Straßenzüge in ihrem Inneren erwarten: San José de Maracay de Tapa Tapa, Hauptstadt des Bundesstaates Aragua, entstanden im Jahr 1710 aus einer Kirche, einem Friedhof und dem Wohnhaus des Priesters, war Lieblingsaufenthalt des Diktators Juan Vicente Gómez (1908–1935), der aus Verachtung für die intellektuelle und liberale Einwohnerschaft von Caracas – die übrigens auf Gegenseitigkeit beruhte – die Stadt zu seinem Regierungssitz bestimmte. Mit architektonischen Produkten seiner Zuwendung hat er das Stadtbild von Maracay überzogen, und es hat darunter nicht gelitten.

Als Kontrapunkt zu den langen Zeiten der Diktatur hat die Universitätsstadt Maracay zusammen mit Caracas und Mérida wohl die unbequemsten Studenten des Landes. Aufruhr herrscht auch unter der Armee: Die Militärbasis von Maracay geriet in den vergangenen Jahren häufig in die Schlagzeilen. Prominentester Kopf von Maracay ist zweifelsfrei Hugo Chávez, der 1991 mit seinem

◁ *Die Médanos de Coro*

Von Maracay zum Parque Nacional Morrocoy

linken Putsch scheiterte und seiner Präsidentschaftskandidatur 1998 mit einiger Zuversicht entgegenblickt.

Trotz seiner für venezolanische Verhältnisse langen Existenz – viele Gründungen wurden rasch wieder aufgegeben oder zerstört – stimulierte die Fruchtbarkeit der umgebenden Landschaft das schon früh angelegte Dörfchen Maracay nicht unbedingt zum Wachstum. Indigo und Tabak wurden zwar in großem Maßstab angebaut, Basken und Bewohner der Kanarischen Inseln verdienten sich auf den Weizen-, Kakao- und Baumwollfeldern der umfangreichen Haciendas ein Auskommen, und fortschrittliche Bewässerungssysteme wurden während der Kolonialperiode erprobt, doch Maracay wuchs sehr langsam und wies bis zur Jahrhundertwende nur 10 000 Einwohner auf. Vermächtnisse kolonialer Architektur hat es folglich nicht zu bieten.

Wie viele weitere Städte, rechtfertigt Maracay einen ausgedehnteren Aufenthalt insofern, als lohnende Ziele in der Umgebung liegen. Mit dem Parque Nacional Henri Pittier, den Stränden von Puerto Colombia und Cata sowie dem Ort Choroní gibt es genügend landschaftliche und kulturelle Schönheiten, die schnell zu erreichen sind.

Mit dem Bus von Maracay nach Choroní

Wer selbst mit dem Auto fährt, kommt schneller an, aber: Unterhaltsamer ist – für Abgebrühte und Liebhaber der Volksnähe – zweifelsfrei die Variante, den eigenen Wagen stehenzulassen und den Bus zu nehmen. Denn die rutschigen Straßenwindungen in den tropisch-feuchten Dickichten der Küstenkordillere mit Pässen bis hinauf auf 2300 m sind beträchtlich und wecken bei den Chauffeuren der Busgesellschaften Appetit auf Abenteuer. Sie kennen keine Angst. Und das teilt sich sofort den Mitfahrern mit. Ihre halsbrecherische Fahrweise kann es durchaus mit der ebensolchen Streckenführung aufnehmen. Der technische Zustand steht im krassen Gegensatz zur grellen Buntheit ihrer bemalten Geschosse.

Eine Fahrt von Maracay in den Kolonialort Choroní verlangt gute Nerven, einen stabilen Magen und eine unerschütterliche Sympathie für *salsa eró-* *tica*. Während die Aufforderung »Verschling mich noch einmal, bestrafe mich in deinen feuchten Bettlaken« unmissverständlich aus den Lautsprechern plärrt, seufzen poröse Reifen unter Überbeanspruchung, ächzen stressgeplagte Sitze unter den hüpfenden Gewichten der Reiseteilnehmer. Probleme mit zwischenmenschlicher Nähe sind schnell abgebaut, denn man fällt hier in jeder zweiten Kurve übereinander und sowieso immer dann, wenn der Kapitän der Landstraße mal wieder vor einem wartenden Fahrgast hält, der sich aus den tiefen, bambusgesäumten Wäldern zur Straße durchgekämpft hat und nun noch ins Innere des Busses gequetscht werden möchte. Das Recht auf einen eigenen Sitzplatz schmilzt dahin angesichts der Notwendigkeit, alle Bedürftigen unterbringen zu müssen. Das leuchtet ein. Der Bus ist ein äußerst demokratisches Fortbewegungsmittel. Wir sind ja auch an Bord.

La Ciudad Jardín – trotz Industrieabgasen und staubiger Luft hat sich Maracay den Titel der Gartenstadt voll verdient. Die **Plaza Bolívar** beispielsweise, so schön wie ein Park, ist die größte des Landes. Goldfarbene Sitzbänke und Fontänen gliedern die palmenbestandene und von Hecken gerahmte Fläche. Sie wird im Süden von dem schönen weißen Gebäude des ehemaligen **Hotel Jardín** begrenzt, in dem heute die Provinzregierung tagt. Das Hotel sollte unter Vicente Gómez als Repräsentationsbau der Unterbringung hoher Gäste dienen und Maracay einen Hauch weltstädtischer Atmosphäre karibischer Färbung verleihen. Schattige, ausladende Wandelgänge rahmen erfrischend bepflanzte Patios ein, drinnen ist es so grün und kühl wie in einem Wintergarten. Die augenschmeichlerische Komposition ist eine Mischung aus üppig dimensionierter Großbürgervilla und ruhigem Landhaus.

Wer am Wochenende kommt, hat Glück, dann nämlich steht das interessante und einzige **Museo Aeronáutico** des Landes, jenseits der Avenida Bolívar, offen. Sarganto Eloy Pinto begleitet den Spanisch sprechenden Gast aber gerne und sehr kundig auch an den übrigen Wochentagen durch die Ausstellung, wenn seine Zeit es erlaubt. Von den ersten kleinen, stoffbezogenen Fluggeräten aus dem Besitz der französischen Post, die nach dem Ende des Ersten Weltkriegs erworben wurden, über das Konferenzflugzeug, die sogenannte Heilige Kuh, und die Maschine, die offenbar Drogen transportierte und auf den Namen Frank Sinatras eingetragen gewesen sein soll, weiß Sarganto Pinto so amüsant zu erzählen, dass man fast darüber vergisst, dass man an Kriegsflugzeugen vorbeispaziert. Ein Motor, der es zu einiger Berühmtheit gebracht hat, gehört außerdem zu den Ausstellungsstücken. Er trieb die Maschine an, mit der Jimmy Angel den höchsten Wasserfall der Welt, den Salto Angel am Auyán-Tepui, Hauptattraktion des Parque Nacional Canaima, entdeckte (s. S. 174 f.).

Schräg gegenüber, an der Avenida 19 de Abril, ist in einem Neubaukomplex das **Museo de Arte Contemporáneo Mario Abreu** untergebracht: Wanderausstellungen in den unteren beiden Stockwerken, Stadtgeschichte mit Gebäudemodellen und Fotografien sowie der Schreibtisch des Naturwissenschaftlers Henri Pittier mit präparierten Schmetterlingen und einem ausgestopften Gürteltier in den darüberliegenden Etagen.

Weiter in Richtung Westen prangt die neobarock-maurische **Stierkampfarena,** die aussieht wie ein direkt aus Andalusien importiertes Ausstellungsstück, 1933 erbaut und dem bekanntesten unter den venezolanischen Toreros, César Girón, gewidmet. Eine gusseiserne Skulptur würdigt den Spanier Manolete. Die Größen des spanischen Stierkampfes machen der Arena ihre Aufwartung; zuletzt wurde die Torera Cristina Sánchez erwartet, welche die venezolanischen Machos allerdings zu manch herablassenden Kommentaren verleitete.

Ein Theater wie ein Schatzkästchen ist das **Ateneo de Maracay,** vom Aussehen her eine Jugendstil-Bonbonschachtel. Leider hat es kein festes Ensemble, so dass man während der im April beginnenden Saison nur Gastspiele sehen kann. Die schmale Calle Michelena entführt in vergangene Zeiten, weil sie von hübschen renovierten Häusern der Jahrhundertwende gesäumt wird.

Die **Plaza Girardot** bildete ursprünglich das Zentrum der Stadt. Sie befindet sich südlich der Avenida Bolívar in einem Netz aus Gassen mit preiswerten Geschäften und wirkt etwas vernachlässigt, genauso wie die beiden Museen unter den Arkadengängen, das **Museo de Arqueología** und das **Museo de Historia,** die nur der Unentwegte besuchen sollte: Die wenigen, kunterbunt zusammengewürfelten Exponate und Vitrinen werden kaum erläutert. Einziges Gebäude Maracays aus der Kolonialzeit ist die **Kathedrale** mit frisch weiß getünchter und renovierter Fassade.

Die Umgebung von Maracay

Um in den **Parque Nacional Henri Pittier 2** zu gelangen, stehen zwei Ausfallstraßen zur Wahl. Über die Avenida Las Delícias, schattig, schön, von großbürgerlichen Villen gerahmt, erreicht die Ruta 6 die Biologische Station und Choroní; über El Limón verläuft die Ruta

Die Playa Grande bei Puerto Cabello

7 nach Ocumare de la Costa und Cata. Es gibt keine Querverbindung über den hohen Kordillerengrat.

Ein Schweizer in Venezuela zündete den Initialfunken. Der Botaniker Henri François Pittier kam 1917 in das Land, klassifizierte 30 000 Pflanzen und begründete den ersten Nationalpark 1937 unter dem Namen Rancho Grande, der später ihm zu Ehren umgetauft wurde. Die geschützte Fläche bedeckt 1070 km² zwischen Meeresküste und der Kordillere hinter Maracay, der höchste Gipfel ist der Pico Cenizo (2430 m). Seine extremen Höhenunterschiede bringen die vielfältigsten Vegetationsformen hervor: Mangrovenwälder an der Küste, wüstenhafte Polsterpflanzen, Savannenvegetation ab 400 m, später die heimische Kastanie *(copey)* und Feigenbäume. Der tropische Nebelwald in Höhen ab 1500 m blättert das fantastischste Pflanzenlehrbuch auf. Verschiedene Palmengewächse, Orchideen, Farne und Bromelien verbinden sich mit Lianen zu üppigen grünen Vorhängen, die von meterhohen Bambusgräsern gerahmt werden. Ein außergewöhnlich großblättriges Kraut, die *Gunnera pitteriana,* wächst ausschließlich hier.

Noch überbordender fällt die Tierstatistik aus. Etwa 520 verschiedene Vogelarten leben im Parque Nacional Henri Pittier; sie repräsentieren über 40 % der in Venezuela beheimateten und 6,5 % der weltweit vorkommenden Arten. Mit dem V-förmig tief eingeschnittenen Paso Portachelo (1130 m) verfügt dieser Abschnitt der Küstenkordillere über einen einzigartigen Durchgang für Zugvögel, der ihnen erlaubt, vom Meer bis hinunter nach Argentinien zu gelangen.

Die von Pittier gegründete **Estación Biológica Rancho Grande** bietet geführte Wanderungen an, die über IN-PARQUES gebucht werden können (dort auch Erlaubnis zur Übernachtung im Park). Picknickplätze und kleine natürliche Schwimmbecken findet man in Guamitas und Cocuizas, 6 km hinter Maracay auf der Strecke nach Choroní. Tagesausflüge in den Park und Besuche von Kakaoplantagen lassen sich auch in Caracas buchen (z. B. bei Orinoco Tours).

Das Kolonial-Dörfchen Santa Clara de **Choroní** **3** ist nach etwa 45 km und zweieinhalb Stunden (mit dem Bus, mit dem eigenen Auto etwa anderthalb Stunden) erreicht. Der Ort ist winzig und von überraschender architektonischer Geschlossenheit. Pastellfarbene Häus-

chen mit schmiedeeisernen Fenstergittern und imponierenden schweren Holztüren verbergen blühende Patios in ihrem Innern. An der zierlichen, idyllischen Plaza Bolívar wurde unter malerischen Baumwipfeln ein Gedenkstein für die momentan berühmteste Tochter der Stadt errichtet: La Beata Madre María, die am 25. April 1875 in Choroní geboren wurde, 1901 die *Augustinas Recoletas de Corazón de Jesús* gründete und als erste Venezolanerin überhaupt 1995 seliggesprochen wurde. Selbstverständlich schmiegt sich an die Plaza eine kleine Kathedrale, und die Farbgebung ihrer Innenausstattung lässt an Sommerkleider denken: bunt, fröhlich, himbeerrosa, himmelblau, gelb und weiß.

Während in den Gässchen von Choroní eine entspannt-gelassene Stimmung herrscht und die Hunde schlafen, bebt das 2 km entfernte **Puerto Colombia** 4 förmlich unter dem Ansturm der Badegäste. Ganz in der Nähe des abgenutzten kleinen Hafenörtchens liegt einer der attraktivsten Strände im Westen Venezuelas, die **Playa Grande** 5. Ihre Ausmaße ironisieren den Namen, denn es ist eine recht intime Mondsichelbucht mit Palmenhainen, dicht eingerahmt von steilen, dunkel bewaldeten Ausläufern der Küstenkordillere. Die enge Bucht lässt das Meer in gemäßigten Wellenbewegungen hereinrauschen, doch es gibt eine gefährliche Unterströmung. In den Imbissbüdchen wird Fisch serviert, und im kleinen Flusshafen warten buntbemalte Boote auf Gäste, die zu jenen Stränden gebracht werden möchten, die nicht per Straße erreichbar sind. Im Ort selbst gibt es preiswerte Unterkunftsmöglichkeiten und Apartments, die schöneren *posadas* und Hotels liegen abseits der Hauptstraße zwischen Choroní und Puerto Colombia und vermitteln Bootsausflüge und Wanderungen.

Wer **Cata** 6 besuchen möchte, nimmt von Maracay die Ruta 7 über El Limón zur Küste. Die Straße erreicht nicht solche Höhen wie die nach Choroní und ist auch weniger schlecht ausgebaut, weshalb man nur anderthalb Stunden für 48 km braucht. Die Meinungen sind geteilt, ob nun die kleine Playa Grande oder die weitgeschwungene, mit feinem, hellem Sand bedeckte Bucht von Cata hübscher sei. Türkisgrünes Karibikmeer haben beide. Cata wirkt gepflegter, d,as Wasser ist flach und ruhig, und im Gegensatz zum leicht verkommenen Puerto Colombia schließen sich eine Ferienwohnanlage und zwei Apartmentblocks an den Strand an. In Cata gibt es keine Hotels – dafür aber in dem lärmenden, recht proletarischen **Ocumare de la Costa.**

Valencia und Umgebung

Wer weiter nach Valencia reist, kehrt zunächst nach Maracay zurück. Eine der besten Autobahnen des Landes, die Ruta Nacional 1, verbindet die *Ciudad Jardín* schnell mit der Hauptstadt des Bundesstaates Carabobo.

Von Maracay bis zum 100 km entfernten Valencia legt sich einer der bedeutendsten Industriegürtel über das Land.

Die zur Entlastung von Caracas vorgenommene Massierung der industriellen Ansiedlungen verwandelte den 370 km^2 großen **Lago de Valencia** in eine Müllhalde. Das liebliche Aussehen des abflusslosen Sees – besonders von Kordillerenrouten aus – steht im traurigen Kontrast zur Wasserverseuchung; Baden und Fischen sind schon lange nicht mehr möglich. Alexander von Humboldt hatte 1800 für den See noch eine größere Ausdehnung notieren können, seine Länge ist in nicht zwei Jahrhunderten von 56 auf 35 km geschrumpft, der Wasserspiegel stand, als dort vor seiner spanischen Sichtung 1547 noch Indianer siedelten, 17 m höher.

Wegen der fruchtbaren Umgebung erwählte Alonso Arías de Villacinda 1553 die Talsenke des heutigen **Valencia** 7 zur Gründung einer Siedlung und taufte sie nach seinem spanischen Geburtsort. Doch die Häuser standen auf unsicherem Boden. Erdbeben, Überfälle und Plünderungen legten sie über Jahrhunderte hinweg immer wieder in Schutt und Asche. Lope de Aguirre, die Kariben-Indianer und französische Piraten zerstörten Valencia komplett. 1812 dann, nach dem verheerenden Erdbeben, das Caracas, Barquisimeto und die Landstriche bis hinunter nach Mérida vernichtete, kürten die Republikaner Valencia zu ihrer Hauptstadt. Zwei weitere Male noch wurde der Stadt diese Funktion während der Kriegswirren nach der Unabhängigkeit übertragen.

Als Bestätigung der herausragenden Position innerhalb des Landes wurde das erste Elektrizitätswerk des Subkontinents hier gebaut. Valencia erstrahlte als eine der ersten Städte Südamerikas 1876 im Licht elektrischer Straßenbeleuchtung.

Entscheidende wirtschaftliche Impulse erhielt die Stadt nach dem Zweiten Weltkrieg, als sie sich zum bevorzugten Standort für Industrieanlagen entwickelte. Ein Areal von über 2000 ha mit schnellen Straßenanbindungen zum Meer und zur Hauptstadt wurde zu diesem Zweck geschaffen. Kaum ein Industriezweig, der sich hier nicht niedergelassen hätte: Zementfabriken, Holzverarbeitung, Autoindustrie, Tiernahrung, Elektronik, Lebensmittelproduktion, keramische Betriebe.

Der dadurch stimulierte rapide Bevölkerungszuwachs und ein darauf zugeschnittenes Stadtkonzept lassen kaum ein homogenes, gewachsenes Stadtbild erwarten. Valencia ist modern und relativ gesichtslos, aber es ist ein wichtiger Verkehrsknotenpunkt und verfügt über eine gute touristische Infrastruktur.

Auf engstem Raum sind einige Sehenswürdigkeiten rund um die **Plaza Bolívar** konzentriert. Zehn Meter efeuumrankte weiße, klassisch kannelierte Marmorsäule und ein Meter lorbeerbekränzter *Libertador* in Cäsarenpose – so

sieht das obligatorische Bolívar-Denkmal aus. Die **Kathedrale** ist ein architektonisches Relikt der Kolonialzeit, aber der Baukörper wurde oft umgestaltet. Die pomphafte Innenausstattung entstammt verschiedenen Epochen und vermittelt kein einheitliches Bild. Wertvollstes Inventar ist ein Bildnis der ›Nuestra Señora del Socorro‹ von 1590, welches ursprünglich die Kathedrale von Lima schmücken sollte.

Südöstlich der Plaza Bolívar liegt die koloniale **Casa Páez,** Wohnhaus des ersten Präsidenten der unabhängigen Republik Venezuela und Herrn über die sagenhaften *llanero*-Armeen. Schindeldach und schmiedeeiserne Fenstergitter verleihen ihm ein stilechtes Aussehen. Die Front ist mit Sentenzen des Unabhängigkeitskämpfers geschmückt: *Nada es dificil a los mortales* (›Nichts ist schwierig für die Sterblichen‹) oder *Mi amigo es otro yo* (›Mein Freund ist ein zweites Ich‹). Das Haus kann besichtigt werden und ist mit acht Wandgemälden

Straßenszene im Zentrum von Valencia

ausgestattet, die Kampfszenen darstellen. Die Möblierung entstammt der Páez-Periode, aber nicht seinem Besitz.

Ansprechend renoviert geben die Gebäude um die von glänzenden, saftigblättrigen Mangobäumen beschattete **Plaza Sucre** der Stadt einen frischen Impuls. Eine kleine Kopie der Pariser Oper, das **Teatro Municipal,** neoklassizistisch und vanillegelb, und das **Capitolio** mit ausladender, antikisierender Säulenfront spielen mit europäischen Stilen. Im Capitolio hängt ein Bolívar-Porträt von Arturo Michelena. Neben dem Theater liegt die alte **Iglesia de San Francisco,** eingeklemmt zwischen Verkehr und Fußgängerzone. Gegenüber proben Mitglieder der Theaterhochschule in einem renovierten Kolonialhaus mit Patio und Arkadenumlauf, und der Hof dient als Kulisse für Freilichtaufführungen.

Richtig hübsch aufgemacht ist das Museo de Arte e Historia in der **Casa de los Celis,** südlich der Plaza Sucre in der leicht ansteigenden Avenida Soublette. Das imposante koloniale Herrenhaus, einst im Besitz einer der führenden Familien der Stadt und während der Unabhängigkeitskämpfe Lazarett der Republikaner, bietet den stilechten Rahmen für eine Reihe sakraler Kunstgegenstände, Möbel und Gemälde.

Stolz betet der nationalbewusste Straßenpolizist die Geschichte der **Casa de la Estrella** herunter, jenes Ortes, an dem 1830 die erste Verfassung der jungen venezolanischen Nation erarbeitet wurde. Er hat ihren Eingang an der Ecke Soublette/Colombia zu bewachen. Ganz in warmes Ockerrot getaucht, imponiert die Casa de la Estrella durch ihre monumentalen Säulengänge.

Viel enger noch als Valencia ist der 32 km südwestlich gelegene **Campo de Carabobo** 8 mit der Geschichte der Unabhängigkeit verknüpft. Die Lanzenreiter des *llanero*-Generals Antonio Páez stürmten am 24. Juni 1821 zur Unterstützung Simón Bolívars herbei, der mit der Schlacht von Carabobo eine kriegstaktische Meisterleistung abliefern und die Unabhängigkeit Venezuelas besiegeln konnte.

Die Feierlichkeit der Gedenkstätte ist unermesslich: Weißer kann ein Triumphbogen gar nicht leuchten als der auf dem *campo,* der 1921 zur Erinnerung an das historische Datum aufgestellt wurde. Zwei rotgewandete Soldaten mit Grenadiermützen bewachen das darunterliegende Grabmal des Unbekannten Soldaten, und eine ausladende, prächtige Allee geleitet an Bronzebüsten der bedeutendsten Kämpfer vorbei. Ein voluminöses Stein- und Bronzedenkmal von Manuel Rodríguez de Villar mit einem Fries aus Kampfszenen wird von der Reiterstatue des *Libertador* gekrönt. Von einem *mirador* aus überblickt man, wie einst der glorreiche Feldherr, das Schlachtfeld.

Rund um Puerto Cabello

Auf dem Weg durch die Kordillere nach Puerto Cabello führt eine Abzweigung der Ruta Nacional 1 nach 18 km zum bekanntesten Thermalbadeort Venezuelas, **Las Trincheras** 9. Nirgendwo in der Welt schießt schwefelhaltiges Wasser derart heiß aus seiner Quelle, nämlich mit satten 92 °C. Die heilenden Effekte auf Rheuma, Allergien und Atemwegserkrankungen beurteilt die Fachwelt einhellig überschäumend. Die Bäder sollen auch die Gewichtsreduzierung anregen, auf alle Fälle aber verwandeln sie die Haut in Samt.

Lange Zeit recht bescheiden und wenig attraktiv aufgemacht, verfügt Las

Trincheras nun über den Rahmen, der seiner Heilkraft gebührt. Das in der Gómez-Ära (1930) gebaute Hotel für Kurgäste wurde renoviert und bekam einen neuen Anbau, es gibt ein Restaurant und im Bad drei Heilbecken mit verschiedenen Temperaturen, ein Schlammbad und eine Sauna.

Aus den engen und wilden Tälern der Kordillere entlassen, breitet sich zum Meer hin eine flache und stinkende, von Straßenschneisen durchschnittene Industrielandschaft aus. Sie endet nach 68 km bei **Puerto Cabello** 🔟, das sich wegen seiner nahezu perfekten Lage sehr früh schon für eine Hafenanlage qualifizierte. Man baute es am westlichen Rand einer fast geschlossenen, dreieckigen Bucht auf. Seit dem 16. Jh. ist dieser Hafen in Betrieb. Handelsbeziehungen bestanden zu den Niederländischen Antillen, doch das historische Puerto Cabello war auch Spielball der vor der karibischen Küste operierenden Piraten, bis die spanische Kolonialmacht im frühen 18. Jh. mit der Errichtung der Casa Guipuzcoana (s. S. 31) ihren Besitzanspruch auf die Kolonie Venezuela manifestierte.

Die feucht-heiße 140 000-Einwohner-Stadt bietet alle für ein Hafen- und Handelszentrum notwendigen Dienstleistungen. Bunte, kleine Gaststätten der Lastwagenfahrer säumen die Einfahrt. Und wo sie einkehren, sollte man es im übrigen auch tun, denn die Küche in den von ihnen ausgewählten Buden ist meist erstklassig.

Eine Schicht uninteressanter, gewöhnlicher Fassaden beschützt eine kleine, aufwendig restaurierte Altstadt. Die hübsche, mit Palmen geschmückte Uferpromenade **Paseo Valbuena** begrenzt sie zum Meer hin. An ihrem nördlichen Ende steht das **Monumento El Águila,** eine schlanke Säule mit einem

Adler auf der Spitze. Sie wurde zu Ehren der nordamerikanischen Freiwilligen errichtet, die sich in den Präludien der Unabhängigkeit von Francisco de Miranda rekrutieren ließen und von New York aus in See stachen.

Es gibt noch ein bisschen abgeblätterten Putz in den Calles Anzoátegui und Democrácia. Ansonsten wurde alles runderneuert. Die architektonische Geschlossenheit von pastellfarben gestrichenen Kolonialhäuschen mit überhängenden, schweren, dunklen Holzbalkonen und Kugellampen-Laternen überrascht. In die niedlichen Häuschen der verschwiegenen Calles Comercio und Bolívar sind Maler und Bäcker eingezogen. Die Calle Lanceros weist mit ihrem Namen auf die Lanzenreiter der Unabhängigkeitsarmee des *llanero*-Generals Páez hin.

Als das **Castillo Libertador,** so genannt nach dem Befreier Simón Bolívar, 1935 endgültig geschlossen wurde, versenkte man 14 t Ketten und Eisenfesseln ins Meer. Die grobe, als Fächer konzipierte Befestigungsanlage, während der Kolonialzeit zum Schutz der Handelsschiffe erbaut, diente unter dem Diktator Juan Vicente Gómez ganz im Gegensatz zu ihrem Namen als Gefängnis für politische Häftlinge, die Schwerverbrechern gleich behandelt wurden.

Dort, wo der *Camino Real* der spanischen Kolonialherren beginnt, inmitten der überschwenglich grünen Natur rund 7 km südlich von Puerto Cabello, befindet sich das sommerfrischlerische Örtchen **San Estéban** (Abzweig kurz vor Puerto Cabello), welches schon der berühmte deutsche Landschaftsmaler und Venezuela-Reisende Ferdinand Bellermann 1844 skizzierte. Die extrem fruchtbaren Böden kultivierten zunächst die Arawak und Caiquetíos, die ihre Bilderschrift in schwarze Felsen eingravierten.

Cayo Peraza im Parque Nacional Morrocoy

Als der Kakao-, Zuckerrohr- und Kaffee-
handel den Hafen Puerto Cabello aufblühen ließ, zog das Geschäft auch Deutsche an. Aus Hamburg, Schlesien und
Preußen wanderten in den ersten Jahrzehnten des 19. Jh. die Familien Starke,
Römer und Kolster ein. Sie tüpfelten
San Estéban mit ihren Sommervillen
und Landhäusern, und diese Gebäude
sind, wohlkonserviert, auch heute noch
zu bestaunen.

Der gleichnamige Nationalpark reicht
bis hinunter nach Valencia. Er bedeckt
440 km² und wurde 1987 etabliert. Seine
Gestalt entspricht der des Parque Nacional Henri Pittier, da er ähnliche Zonen
der Küstenkordillere bedeckt: Mangroven und Palmenhaine an der Küste,
dann Busch- und Savannenvegetation,
in höheren Lagen Dschungelpflanzen
und Lianen. Er ist durch stark ausge-
prägte Abhänge gegliedert, höchster
Gipfel ist mit 1830 m der Cerro Villa-
longa. Besondere Schätze lagern in seinem Inneren: zum einen die indianischen Petroglyphen, zum anderen
Brücken und Überreste von Straßen-
pflasterungen des alten *Camino Real* der
Spanier. Die Puente de los Españoles
aus dem Jahr 1807, einem gotischen
Spitzbogen gleich über einem tief eingeschnittenen Flussbett, wurde zum Symbol des Nationalparks.

Der Parque Nacional
Morrocoy

Die Ruta Nacional 3 nach Tucacas und
zum Parque Nacional Morrocoy schmiegt
sich an die Küste, die dort aber nicht besonders schön ist. Hohe, lichte Palmenwälder säumen sie, doch die Gegend

wirkt arm und vernachlässigt, mit einigen wenigen Einzelgehöften. Um den
tief eingeschnittenen Golfo de Cuare herum zieht sie sich nach Sanare. Die Zu-
fahrt nach Chichiriviche (nach ca. 75 km)
wird von ausgedehnten Lagunen flankiert, aus denen sich bei Einbruch der
Dämmerung himbeerfarbene Ibisse wie
flatternde Blütensäume emporheben.

Seinen Ruhm versteht nur, wer länger
verweilt: **Chichiriviche** ⑪, Eingangspforte zum hochgelobten Parque Nacional Morrocoy, ist so beliebt, dass man in
Ferienzeiten um jedes Bettlaken ringt,
aber es hat mit einem idyllischen Fischerort oder mit einem exklusiven Fe-
rienwohnungszentrum rein gar nichts

gemein. Chichiriviche mit seinen 50 000 Einwohnern ist heute so hässlich und mückenverseucht, wie es vermutlich schon immer gewesen ist, dennoch strahlt es einen gewissen rauhen Charme aus. Zehntausende von venezolanischen Gästen verschenken ihre Gunst schließlich nicht umsonst.

Weniger die Straßenzüge, die wirken, als seien sie Risse in einem auseinandergelaufenen Hefeteig, noch die brütende Schwüle, weder die klägliche Auswahl an Bademoden noch die himmelschreiend dürftige Ausstattung mit öffentlichen Telefonzellen, weder die nachlässige Machart der Hotels noch die improvisierten Molen können nur annähernd erläutern, warum sich ausgerechnet in Chichiriviche die Jugendlichen allnächtlich an der überhaupt nicht erschlossenen, hässlichen Meerespromenade und dem unattraktiven flachen Strand die Beine in den Bauch stehen. Vermutlich liegt es einfach daran, dass alle anderen auch da sind.

Die Attraktion von Chichiriviche kann also nicht im Ort selber liegen, der einem wegen seiner Ungeschminktheit im Lauf der Zeit aber auch ans Herz wächst, sondern sie liegt in den *cayos,* den Inseln vor seiner Küste, denen der Umstand, dass sie ein einzigartiges wertvolles System von Korallenriffen bilden, heute zum Nachteil gereicht. Zusammen mit den Mangrovendickichten und vogelreichen Lagunen wurden sie 1974 durch ein Dekret als **Parque Nacional Morrocoy** 12 geschützt, die damals ansässigen Fischer wurden vertrieben. Doch mit unberührter Natur hat dieser Nationalpark schon lange nichts mehr zu tun. Die wachsende Beliebtheit der Inselchen als Ferienziel und die Möglichkeit, dort zu zelten, hat die ökologische Balance verletzt. Und die Zentren der *cayos* ähneln in Hochsaisonzeiten trotz eindringlicher Appelle großen Müllkippen. Eigentlich heißt es in den Statuten der INPARQUES, dass für Übernachtung und Zeltaufbau Sondergenehmigungen einzuholen sind, doch während der Ferienzeiten schwellen die Gästezahlen ins Unkontrollierbare an.

Zwischen Tucacas, das aber noch unattraktiver ist, und Chichiriviche dehnen sich am sogenannten Golfo Triste 320 km² Nationalpark aus. Drei unterschiedliche Vegetationszonen charakterisieren sein Relief: der 250 m hohe Cerro Chichiriviche, die Buchten und Mangrovenwälder der Küste und die Inseln. Kalk- und Sandsteinfelsen kennzeichnen das Landstück, und obwohl es nur selten regnet und die Luftfeuchtigkeit dementsprechend gering ist, findet man 300 unterschiedliche Farnarten, die *hierba de vidrio* und die *campanilla de plata* (Silberglöckchen), Sträucher und den *uvero de playa* (Meertraube). Am vielfältigsten fallen die Mangrovenarten aus. In den salzhaltigen Buchten wachsen heimische Akazienarten wie die *cují yaque* und *cují torcida* und auf dem Cerro Chichiriviche Eichen sowie die heimischen *cruceto* und *copito*. Füchse, Hasen und Brüllaffen bevölkern den Trockenwald, und die Fluss- und Meerwassersysteme beleben Ibisse, Reiher, Fregattvögel, Seeschwalben, Pelikane und Flamingos. Kolibris und der venezolanische *cristo-*

fué (Christusvogel) schwirren in den Mangrovendickichten herum. Insgesamt beheimatet der Parque Nacional Morrocoy 79 % aller venezolanischen Wasservogelarten und 66 % aller Waldvogelarten.

Mit der Meeresfauna ist es hingegen nicht mehr so üppig bestellt. Umweltschützer sprechen davon, dass 80 % der Korallenriffe abgestorben sind und deswegen auch der Fischreichtum von einst nur noch Legende ist.

Mit Taxibooten, die von den beiden Molen Chichiriviches ablegen, erreicht man die unterschiedlich großen Cayos Pelón, Peraza, Los Muertos, Sal und Borracho. **Cayo Pelón,** der ›kleine Glatzkopf‹, ist eine winzige, mit goldenem Sand ausgekleidete, sanfte Rundung, auf der keine einzige Pflanze gedeiht. Den Schatten muss man sich selbst mitbringen. Am weitesten draußen liegt der palmenbestandene **Cayo Borracho,** ›der Betrunkene‹ – die Fahrt übers aufgeweckte Meer sorgt für diesen Effekt. Er ist bewirtschaftet, ebenso die Cayos Los Muertos und Sal. Fischer und pfiffige Tourveranstalter kombinieren mehrere Inselchen mit einem Besuch der Halbinsel Varadero und einer kleinen Höhlenwanderung zur Tagestour.

An ausgefransten Palmenwäldchen entlang, zwischen friedlichen Bananen- und Kokosplantagen hindurch, überwindet die rissige Ruta Nacional 3 leicht ansteigende Abhänge und mündet in eine hübsche Savannenlandschaft mit Schirmakazien und sanften Bergrücken. In **San Juan de los Cayos** bietet sich ein unüblicher Anblick: In dem einfachen, bäuerlichen Ort hält man Ziegen, Schweine und Schafe. Weiter im Inneren strukturieren Seen, Lagunen und Streifen von Wäldern die Gegend bis zu den blau schimmernden Gebirgszügen am Horizont.

Coro und die Península de Paraguaná

Tipps & Adressen: Coro S. 293 f., Adícora S. 274, Punto Fijo S. 316

Koloniales Erbe Coro

Als wahrhaft einziges koloniales Vermächtnis Venezuelas gilt das dekorative Städtchen **Coro** . Entsprechend wird es auch gepflegt und ähnelt ein wenig einem Freilichtmuseum, so als wolle man die Zeit zum Stillstand bringen.

Die Anmut der konservierten Straßenzüge täuscht über die herben, ruppigen Anfänge hinweg, denn Coro, 18 km von der Küste entfernt und 158 km von Chichiriviche (s. S. 216), war zwar schon 1527 von Juan de Ampiés gegründet, aber gleich danach wieder aufgegeben worden. Dann traten die Augsburger Kaufleute auf den Plan, Kolonialgeschichte zu schreiben. Es sollte ein interessantes, aber unrühmliches Kapitel werden. Ambrosius Alfinger betrat mit dem spanischen Titel des *adelantado* und als Repräsentant des Augsburger Handelshauses der Welser (s. S. 220 f.) den sandigen Boden des späteren Kolonialjuwels, aber zu dessen Aussehen hat er rein gar nichts beigetragen. Seine erste überseeische Kolonie schien ihn nicht sonderlich zu fesseln. Nach einer förmlichen zweiten Stadtgründung am

Coro und die Península de Paraguaná

Die Welser – Deutsche Konquistadoren mit Handelsverbindungen

An der Unterwerfung Venezuelas, der sogenannten Kolonisation, waren maßgeblich auch Deutsche beteiligt. In mehreren Feldzügen drangen sie bis tief ins Landesinnere vor, um wie alle anderen das sagenhafte Reich des Dorado zu finden, des vergoldeten Gottkönigs, des Herrschers über ein unermesslich reiches Gebiet. Sie waren Konquistadoren von Kaisers Gnaden, denn Karl V. hatte sie in den Rang von Statthaltern und Verwaltern spanischer Interessen erhoben.

Diese für die Geschichte der Konquista unübliche Episode gründet sich auf Geld. Kaiser- und Königstitel wurden im 16. Jh. nicht errungen, sondern erkauft. Und so hatte der damalige spanische König Karl I. und spätere Kaiser Karl V. aus dem Haus Habsburg Anleihen aufgenommen, um die Kurfürsten dazu zu bringen, für ihn und nicht für seinen französischen Konkurrenten Franz I. aus dem Haus Valois als Kaiser zu stimmen. Es ging um nichts Geringeres als die Hegemonie in Europa.

Die kaiserlichen Geldmengen reichten hierfür nicht aus. 850 000 Gulden investierte Karl V. in die – wenn man so will – Bestechungsaffäre. 143 000 Gulden zahlten die Welser direkt an ihn; für weitere 165 000 übernahmen sie die Bürgschaft. Das Augsburger Handelshaus war ein international arbeitender Bank-, Handels- und Minenkonzern mit Niederlassungen in ganz Europa. Er handelte mit Silber, Kupfer und Zinn und fungierte als Großaufkäufer ostindischer Gewürze, Farbstoffe und Textilien.

Am Golde hängt, nach dem Golde drängt doch alles. Als Dr. Faustus in die Alchimie vordrang, drangen die Welser in Hispaniola (Santo Domingo/Haiti) ein, besaßen dort Goldwäschereien und Zuckerrohrplantagen. Ihre neuerlichen Dienste für Kaiser Karl ließen sie auf noch höhere Ehren hoffen, die sie dann auch umgehend erhielten: ein ganzes Land zum Kolonisieren, vom Cabo de la Vela im Westen bis zum Cabo Maracapaná im Osten, das gesamte westliche Venezuela und ein Teil des Tieflands Kolumbiens.

In einem Kronvertrag, dem *asiento*, vom 27. März 1528 waren die Pflichten des Handelshauses festgeschrieben: innerhalb eines Jahres 200 bewaffnete Soldaten auf mindestens vier Schiffen nach Santa Marta im heutigen Kolumbien zur Befriedung der aufständischen Indios zu entsenden, diese zusammen mit weiteren 100 Europäern in der Nachbarprovinz Venezuela anzusiedeln und den Kolonisationsprozess in Gang zu setzen. Sie verpflichteten sich zur Gründung von mindestens zwei Siedlungen innerhalb von drei Jahren mit mindestens 300 Bewohnern und zum Bau von drei Festungsanlagen.

Im Gegenzug erhielten sie dafür die Titel Gouverneur und Generalkapitän auf Lebenszeit zugesprochen, dazu 200 000 bzw. 100 000 Maravedis als Lohn, das Amt des *adelantado*, des höchsten militärischen Befehlshabers mit richterlicher Funktion, und das Amt des *alguacil mayor,* des obersten Polizeichefs. Versüßt wurden diese Aussichten mit der Zusage, aus den gefundenen Goldminen nur 10 % der Erträge an die spanische Krone abliefern zu müssen. Das Kolonisieren war kein einträgliches, es war ein teures Geschäft.

Am 24. Februar 1529 landete Ambrosius Alfinger fast vorschriftsgemäß mit drei Schiffen beim Cabo de la Vela. Was nun bis 1556, dem offiziellen Datum des Entschlusses der spanischen Krone, den Welsern das Generalkapitanat wieder zu entziehen, geschah, ordnete sich einzig dem Ziel unter, an der Schatzsuche zu partizipieren. Belegt wird das durch die wertvollen Zeugnisse, die die deutschen Konquistadoren hinterließen: die Briefe Philipp von Huttens und die ›Wahrhafftige Indianische Historia‹ von Nikolaus Federmann. Dabei war den Welsern offenbar nicht so sehr daran gelegen, in verlustreichen Kriegen unsichere Gebiete gegen Aufständische zu befestigen, sondern mit ihren Geschäften zu expandieren. Wesentlich intensiver betrieben sie die Suche nach Gold. Von den 17 Jahren ihrer tatsächlichen Anwesenheit in Venezuela waren die Amtsträger der Welser insgesamt 13 Jahre und vier Monate ausschließlich mit den *entradas* beschäftigt, den Entdeckungsfeldzügen, in deren Verlauf sie 20 000 km zurücklegten, fast ein halbes Mal um die Erde.

Die Liste ihrer Verfehlungen ist lang. Sie gaben kein Land an Siedler aus, sie rekrutierten keine Indios als Tributarbeitskräfte, sie legten keine Plantagen an, sie betrieben weder Viehzucht noch Bergbau, sie trieben weder Handel noch Gewerbe, sie trugen rein gar nichts dazu bei, die Kolonisten in die Lage zu versetzen, überhaupt zu überle-

ben. Sie handelten statt dessen mit Sklaven und stießen ins Herz des Kontinents vor.

Auf Ambrosius Alfinger, der sich – gesundheitlich von seinen *entradas* stark angeschlagen – nach Santo Domingo zurückzog, folgte Georg Hohermuth, später Nikolaus Federmann. Philipp von Hutten besetzte 1540 den Titel des *adelantado*. Inzwischen hatte Federmann die Welser beim spanischen Königshaus denunziert, sie würden den Fiskus hintergehen, und die spanische Konkurrenz für das satte Stück Venezuela wuchs in dem Maße, wie die Reisen anscheinend immer verlockendere Ergebnisse zeitigten. Pässe über die Anden wurden entdeckt, Flüsse gesichtet, riesige Seen ausgemacht. Philipp von Hutten schrieb an seinen Bruder, den Erzbischof Moritz von Eichstätt: »Ich fürcht mehr den Krieg mit den Christen als mit den Indiern, denn ich weiß wohl, wir werden auf Christen stoßen und vielleicht ohne Zwietracht nicht voneinander kommen.«

Als er 1546 von einer erneuten *entrada* schwerverletzt nach Coro zurückkehrte, fand er dort den Sonderbevollmächtigten Juan Pérez de Tolosa vor, der die Vorwürfe des Amtsmissbrauchs gegen die Welser untersuchte. Juan de Carvajal hatte sich in der Abwesenheit von Huttens selbst zum Gouverneur erklärt und die Hauptstadt von Coro nach El Tocuyo verlegt. Als Philipp von Hutten mit 20 Leuten El Tocuyo verließ, wurde er gemeinsam mit dem Welser-Spross Bartholomäus am 17. Mai 1546 von Spaniern ermordet. Zehn Jahre lang prozessierte das Handelshaus anschließend gegen die spanische Krone um das in Venezuela investierte Kapital. 1556 wurden ihm endgültig die Rechte auf Venezuela entzogen und die finanziellen Forderungen abgewiesen.

Kolonialhaus in der Calle Zamora in Coro

24. Februar 1529 verließ er Coro eilig und ließ einen Stellvertreter für ein paar Hüttchen im Sand zurück.

Sein Ziel war El Dorado, das sagenhafte Reich des goldenen Kaziken. Die Legende davon erregte Konquistadoren gleich welcher Nationalität. Im Inneren des Kontinents, wo ein goldener König am Rande eines großen Sees in einer goldenen Stadt mit Dächern aus Juwelen lebte, sollten unermessliche Schätze verborgen sein. Venezuela fieberte in einem Netz von Illusionen, und Coro entwickelte sich zur Hauptstadt und zum Umschlagplatz der Legenden und Gerüchte. Kein Wunder, dass Alfinger sich aufmachte, dieses Land zu suchen. Die Strapazen erhöhten die Glaubhaftigkeit der Anekdoten.

Die Spanier sind nicht gut zu sprechen auf diese deutsche Intervention, und als sich erwies, dass weder kolonisiert noch befriedet noch gegründet noch neue indianische Untertanen für Kirche und Krone gewonnen worden waren, fiel Coro wieder an die spanischen Adligen, Seefahrer und Abenteurer zurück. Aber auch sie kümmerten sich nicht um die erste Hauptstadt Venezuelas, die von Rom aus bereits als erster Erzbischöflicher Sitz der Neuen Welt deklariert worden war. 1546 zog die Kolonialverwaltung nach El Tocuyo um, und die Kirche ließ sich in der Kathedrale von Caracas nieder, als diese 1637 fertiggestellt wurde. Coro, was in der Sprache der Arawak-Indianer ›Wind‹ bedeutet, geriet in Vergessenheit.

Eine beschauliche, übersichtliche Neustadt umgibt mit beschatteten Avenidas das historische Viertel. Wer die **Calle Zamora** aufgespürt hat, und das ist nicht schwer, hat fast alle Sehenswürdigkeiten beisammen. Um sie scharen sich die hübschesten kolonialen Häuser, in die geschmackvolle Museen eingezogen sind. Sie ist die appetitlichste kopfsteingepflasterte Straße Venezuelas – stilecht, filmkulissenreif. Die Sonne lässt die hellen, leuchtenden Mauerfarben aufblitzen, die sich wie ein buntes Mosaik aneinanderreihen und von der Lust zur Farbenpracht barocker niederländischer Architektur künden.

Im Osten gibt es das ungewöhnlich reiche **Museo de Coro Lucas Guillermo Castillo** in den stillen Gebäudetrakten des ehemaligen Franziskanerkonvents zu sehen. Heiligenstatuen der verschiedenen kolonialzeitlichen Werkstätten aus Spanien, Mexiko und Ecuador, geschnitzte Truhen, Möbel, Bilder aus dem 17. Jh., Kirchenkanzeln aus dem 17. und 18. Jh. sowie wertvolle sakrale Schmuckgegenstände aus dem Besitz konvertierter jüdischer Familien, die zunächst auf den Niederländischen Antillen gelebt hatten, gehören zu den Kostbarkeiten des Diözesanmuseums.

Die benachbarte **Iglesia de San Francisco** stammt aus dem 18. Jh. und wurde im 19. Jh. im neogotischen Stil umgestaltet. Im Reigen der kolonialen Bauwerke nimmt sie sich eher bescheiden aus, hält aber einen kleinen Rekord: Sie hat den höchsten (50 m) Glockenturm der Kirchen Coros. Das **Cruz de San Clemente** aus dem Holz des *cují*-Kaktus in einem Glashaus soll das erste Kruzifix von Coro gewesen sein. Den gegenüberliegenden Paseo schmückt an Wochenenden ein Kunstgewerbemarkt. Die nächste Perle ist die **Iglesia de San Clemente,** deren Grundriss einem lateinischen Kreuz nachgeformt ist. Sie wurde ebenfalls im 18. Jh. erbaut.

Orange, weiß und azurblau leuchtet die **Casa de los Arcaya,** die in ihrem zweigeschossigen Inneren eine umfassende Keramiksammlung beherbergt. Sie beginnt damit, dass Gott den Menschen aus Lehm erschuf und endet mit deutschen Bierseideln. Gegenüber liegt die **Casa del Sol** mit schönen Sonnensymbolen an der strahlendweißen Fassade. Die **Casa de las Ventanas de Hierro** hat ein wundervolles Portal mit einem Jakobsmuschelmotiv und maurischen Pilastern. In ihrem Inneren ist die Ausstattung eines typischen Kolonialhauses aus den Anfängen des 19. Jh. zu sehen. Die **Casa del Tesoro** gleich nebenan, mit einem originalen Ladrillo-(Backstein-)Fußboden, schmücken wunderschöne, verblasste florale Arabesken über blaubemalten Wandsockeln. Sie dient als Galerie für Kunstgewerbe und Gemälde, in einem Nebenraum wird hübsches Kunsthandwerk verkauft.

Obligatorische Zier der Plaza Bolívar, zwei Straßenblöcke weiter südlich: die **Kathedrale** aus dem Jahr 1630, das älteste Gebäude der Stadt, eine stämmige Schönheit, die häufig umgebaut wurde. An der Fußgängerzone, der Calle Talavera, liegt in einem in Herbstfarben gestrichenen Kolonialhaus das **Museo de Arte de Coro** mit interessanten Wanderausstellungen heimischer Künstler und einem gut sortierten Geschenkladen.

Die Médanos de Coro und die Península de Paraguaná

Nicht nur, wer einen Ausflug zur Península de Paraguaná plant, sollte den **Parque Nacional Médanos de Coro** 2 besuchen, der die Stadt mit der Halbinsel verknüpft. Die Dünen von Coro sind die einzigen Zeugen der Wüste auf venezolanischem Boden. Schimmernder Sand türmt sich auf einer Fläche von etwa 410 km^2 zu bis zu 40 m hohen, imponierenden Wanderdünen auf, die, windgepeitscht, immer wieder über die Schnellstraße hinwegfegen. Räumfahrzeuge schieben permanenten Einsatz. Die Besucher krabbeln meist auf allen Vieren die rutschigen Berge hinauf, die beständig über den Straßenrand zurücksacken.

Die Sahara in Venezuela? Für dieses Naturphänomen sind die Gründe schnell gefunden. Meeressand von den Karibikstränden wird durch den starken Ostwind an den schmalen Landsteg zwischen Küste und Halbinsel transportiert, und der Landwind pustet ihn trocken. Hat man den Grat einer Düne erklommen, entfaltet sich vor den Augen eine Miniwüste aus sandigen Tälern und Senken, die mit niedrigen Dornenbüschen und Kakteen bewachsen ist. Auf der anderen Seite, zum Golfete de Coro hin, hat sich Meersalz durch Verdunstung in riesigen Salinen konzentriert.

Die tellerflache **Península de Paraguaná,** aus der unvermittelt der Cerro Santa Ana (830 m) aufragt, versammelt drei sehr unterschiedliche Welten. Es gibt die ereignislosen kleinen Orte im Inneren mit fast ausnahmslos hübschen Kolonialkirchen und einer von der Hitze ermatteten Einwohnerschaft, dann riesige flache Sandstrände, die sich wie ein Kranz um die gesamte Halbinsel winden, und die beiden Erdölraffinerien Cardón und Amuay, zusammen die weltweit größte Anlage ihrer Art. Ein Autobahngeflecht umschlingt sie – der Kontrast zu den geschotterten Sträßchen im Norden der Halbinsel ist eklatant.

Wer nur die Strände von Paraguaná besuchen will, sei gewarnt: In der Hochsaison, zu Weihnachten und Ostern, sind sie extrem voll und verschmutzt und bieten keinerlei Vergnügen. Krasse Unterschiede entstehen zwischen Ferienzeit und Nebensaison: Schläfrig gedehnt bis zur Langeweile sind normalerweise die Tage in den Küstenorten, um sich dann in den vier Wochen Ferien mit einem nicht endenden hektischen Spektakel anzufüllen. Das hübsche Örtchen Adícora gleicht dann einem *ocean drive* für Arme. Mit dem Auto gibt es kein Durchkommen, obwohl die kilometer-

langen Strände in Dreierreihen zugeparkt sind und man annehmen müsste, damit seien die Wagenbestände Venezuelas erschöpft. Etwa eine Million Gäste geben sich dann ein Stelldichein auf der Halbinsel. Dafür gleichen die Dörfchen im Hinterland Geisterstädten.

Die Ruta Nacional 4 verbindet auf 89 km Coro entlang der Südküste der Halbinsel schnell mit der modernen Erdölstadt Punto Fijo in unmittelbarer Nachbarschaft der Raffinerien. In Richtung Norden führt eine asphaltierte Verbindung auf etwa 60 km zu den schattenlosen Stränden um **Adícora** 🔳, die bei Windsurfern einen ausgezeichneten Ruf genießen. Die 4500 Einwohner des kleinen Küstenfleckens leben vom Fischfang und vom Tourismus; es gibt zwar nur eine Pension und ein etwas bequemeres Hotel, aber in der Saison vermieten viele ein Zimmer oder eines der Häuschen, die häufig im niederländischen Kolonialstil mit Tulpenfriesen bemalt sind. In der Nähe liegen die Salinen von Cumaraguas und Bajarigua. Die Strände von El Supí, Tiraya und Bucachea schließen sich an. Zum nördlichsten Punkt des südamerikanischen Kontinents, dem **Cabo San Román,** kommt man nur mit dem Geländewagen. Ein Vogelschutzgebiet liegt kurz davor bei Puerto Escondido: die von Bambusgewächsen gerahmte **Laguna del Caño.**

Quer über die Halbinsel flicht die Landstraße eine Reihe kleiner Kolonialörtchen zusammen. Über Adícora geht es zunächst nach **Pueblo Nuevo,** dem mit 7000 Einwohnern größten Ort der Halbinsel. Man steuert auf den dichtbewaldeten Cerro Santa Ana (830 m) zu, die einzige nennenswerte Erhebung, die von weitem betrachtet die kuriose Kontur eines Zwiebelturmhäubchens hat, um nach **Santa Ana** 🔳 zu kommen. In dessen Zentrum gibt es eine imponierende, strahlend weiße Kolonialkirche mit kreisrundem, freistehendem Glockenturm und eine freundliche Plaza Bolívar. Santa Ana befand sich schon 1546 auf der kolonialen Landkarte, und seine von den versklavten Indianern erbaute Kirche wurde im 17. Jh. fertiggestellt. Sie musste damals auch die Funktion einer Festung übernehmen.

Moruy hat eine ebensolche Festungskirche aufzuweisen, die das winzige Örtchen dominiert, vor allem, weil auch die von mächtigen Johannisbrotbäumen beschattete Plaza Bolívar davor recht überdimensioniert ist. Drumherum reihen sich in wenigen ländlichen Straßenzügen einstöckige Häuschen ordentlich aneinander. Höhepunkt der kulinarischen Extravaganz: ein Eissalon.

Die Ruta 4 – man hat sich keine Mühe gemacht, die Landstraße anders zu kennzeichnen als die Ruta Nacional – klettert über ein paar Hügelchen auf Punto Fijo zu. Der scharfe Wind zerfetzt alle Ansätze einer Vegetation, eine richtige Ziegen-Dornen-Landschaft kennzeichnet die Umgebung, und der Müll hängt kiloweise im Gestrüpp.

Punto Fijo [5] hat allen Platz der Welt, sich auszudehnen, denn einzig die Erdölraffinerien Cardón und Amuay engen es ein. Das moderne Punto Fijo wurde in den 1920er Jahren gebaut, um den Arbeitern und Ingenieuren einen angenehmen Aufenthalt zu bieten. Mit den Dörfchen im Innern der Halbinsel verbindet es nichts. Wichtig ist es als Verkehrsknotenpunkt; auf seinem Flughafen herrscht mehr Betrieb als auf dem von Coro. Punto Fijo, freundlich und ein bisschen langweilig, boomt mit über 100 000 Einwohnern und ist nicht gerade die billigste oder volkstümlichste Stadt Venezuelas, aber man übernachtet dort komfortabel und isst gut.

Im Süden von Coro liegt der **Nationalpark Sierra San Luis** mit 20 000 ha, der die meisten Wasserreservoirs für die Küstenzone schützt. Die Flora variiert nach Höhenlage: sind es in den niedrigeren Zonen Kakteen und der Cují, wachsen auf 900 m Trompetenbaum und wilde Baumwolle. Dieses Gebiet ist auch kolonialgeschichtlich interessant. In San Luis stösst man auf eine alte Kirche aus jener Zeit.

Maracaibo und die Laguna de Sinamaica

Bescheiden sind sie auf keinen Fall, die *maracuchos*, die schlagfertigen Bewohner von Maracaibo: Ihre Stadt sei die größte des Landes – Widerspruch wird nicht geduldet. Auch wenn sie mit zwei Millionen Einwohnern nicht an die offiziell geschätzten sechs von Caracas heranreicht: Flächenmäßig ist die Hauptstadt des Bundesstaates Zulia größer als Caracas. Was dort, bedingt durch die topographische Enge, zusammengepresst und in die Höhe geschossen ist, ergießt sich hier grenzenlos über eine haltlose Ebene. Maracaibo ist ein auseinandergelaufener Flatschen, hier und da glitzern sonnenbraune Hochhäuser in der Luft.

Womit wir beim zweiten Rekord wären. Die Stadt des emphatisch so genannten ewigen Frühlings, Caracas, die allerdings unter wenig frühlingshaften Gewittern und krassen Temperaturstürzen erbeben kann, hat in puncto Hitze keine Chancen gegen Maracaibo, denn es gibt im gesamten Land nichts Heißeres. Was die *maracuchos* aber wieder als handliche Metapher verstanden wissen wollen und keinesfalls als Nachteil, denn schließlich stellen Maracaibo und der Bundesstaat Zulia fast jedes Jahr die ›Miss Venezuela‹, was praktisch gleichbedeutend ist mit den meisten ›Miss World‹ und ›Miss Universum‹, denn Venezolanerinnen haben in den vergangenen zehn Jahren zuverlässig wie die Schweizer Präzisionsuhren unter den Spitzenplätzen bei der Wahl zur Schönsten der Welt mitgemischt.

Noch ein Rekord: Keine Stadt ist reicher, trägt mehr zum Unterhalt des Landes bei. Seitdem in der zweiten Regierungsperiode von Carlos Andrés Pérez 1989 der Zentralismus abgeschafft wurde und die einzelnen Staaten Gouverneure und Provinzregierungen erhiel-

ten, die nicht vom Präsidenten bestimmt wurden, haben sich die Gemüter etwas beruhigt, aber trotzdem steht für die *maracuchos* fest, dass sie zwar 80 % des Reichtums des Landes produzieren, ihn aber nicht verwalten dürfen. Die Schätze des Landes lagern unter dem Lago de Maracaibo und bestehen aus purem Schwarzem Gold: Erdöl.

Diesem Gold verdankte Venezuela in den 1920er Jahren seinen kometenhaften Aufstieg zum zweitgrößten Erdölexporteur der Welt und zum wohlhabendsten Land des Halbkontinents. Die Profite aus der Erdölgewinnung haben eine Infrastruktur überhaupt erst entstehen lassen und Straßennetze über das Land gebreitet. In den Anfangsjahren konnte der Philosoph und Schriftsteller Arturo Uslar Pietri 1936 noch kräftig und voller Recht schelten, dass die leicht erwirtschafteten Gewinne keinerlei entsprechende Produktivität nach sich zögen, dass nur eine Mentalität der Verschwendung provoziert werde. Man verhalte sich nicht kapitalistisch, man investiere nicht, man baue keine Schulen und Universitäten oder Krankenhäuser, man fröne ausschließlich dem Konsum. Sein Aufruf *sembrar el petróleo,* ›das Erdöl aussäen‹, wurde damals die meistzitierte politische Formel des Landes. Seine Kritik trifft heutzutage nicht mehr richtig zu. Jedenfalls verfügen die *maracuchos* über ausreichend verbale Munition, um ihren besonderen Stellenwert hervorzustreichen.

Nicht nur Maracaibo, auch der Bundesstaat Zulia verdient höchste Beachtung. Er ist zwar nicht der schönste, das geben die *maracuchos* gerne zu, aber ein produktiver. Neben Erdöl versorgen auch landwirtschaftliche Erzeugnisse das Land: Tomaten, Weintrauben, Mangos, Kokosnüsse, Wassermelonen, Papayas und Fleisch – alles *hecho en Zulia.*

◁ *Die Puente Rafael Urdaneta bei Maracaibo*

Maracaibo

Stadtplan: S. 230/231
Tipps & Adressen: S. 305 f.

■ Maracaibos Geschichte ist lang und von Widersprüchen geprägt. Auf Amerigo Vespucci, der die in der Nähe gelegene Laguna de Sinamaica 1499 nach Venedig benannte, *Veneciola,* folgte die (zweite) Gründung der Stadt 1574. Man sagt übrigens, das sei nicht an dem Platz geschehen, an dem sich Maracaibo heute befindet, sondern bei Mara, einem Ort an der Laguna. Mehr als einige wenig wehrhafte Hüttchen wurden trotz wiederholter Versuche, diese Gegend zu beleben, aber nicht daraus. Beziehungen pflegte Maracaibo zu den Niederländischen Antillen, später diente es als Piratenversteck.

Maracaibo erscheint auf den ersten Blick als ein langweiliges, endloses Geflecht von Stadtautobahnen, auf denen die Orientierung schwerfällt, weil sich die Straßenzüge und Wohnviertel ähneln wie ein Ei dem anderen. Es zerfällt deutlich in drei Segmente. Den weitaus größten Teil nimmt die moderne Stadt nördlich der Calle 85 ein, die von breiten

Die Basílica de Chiquinquirá, bedeutendste Kirche von Maracaibo

Avenidas und Calles – fußgängerfreund-lich durchnummeriert – großzügig zerlegt und in *barrios* zusammengefasst ist.

Eine ähnliche Ordnung hat man auch im alten Zentrum am See zu schaffen versucht. Unter der ersten Präsident-schaft von Rafael Caldera opferte man 1973 gegen lautstarken Protest das Ge-wühl einiger Altstadtgassen dem so ge-nannten Paseo de las Ciencias, einem grünen Parkrechteck, welches nun die beiden bedeutsamsten Kirchen von Ma-racaibo miteinander verbindet. Er misst einen Block in der Breite und acht in der Länge. Das Gute daran: schattiges Grün mitten in der Stadt und einige Skulptu-ren venezolanischer Künstler, darunter eine Plastik von Jesús Soto.

Das dritte Segment ist fast so winzig wie die Altstadt. Der *barrio* Santa Lucía grenzt im Norden an deren Kern und verblüfft durch allerbunteste betagte Häuslein.

Doch die Sehenswürdigkeiten der Stadt konzentrieren sich im Altstadtbe-reich um den Paseo de las Ciencias. Die wichtigste und mit Vorliebe vorgeführte ist die **Basílica de Chiquinquirá 1** am westlichen Rand des Paseo, denn sie ist die Kirche der zärtlich *Chinita* (›kleine Chinesin‹) gerufenen Schutzpatronin der Stadt. Die im 19. Jh. gebaute Kirche ist eine herausfordernde Interpretation des Neoklassizismus mit einem schwe-benden Dreiecksgiebel über dem Portal, der von kannelierten Säulen aus einem

grünlichen Stein gestützt und von zwei kuppelgekrönten Türmen flankiert wird; die gesamte Komposition leuchtet matt in Weiß, Zartgrau und Vanille. Im Inneren herrscht ewiges Dämmerlicht zwischen den komplett mit Arabeskenfriesen bedeckten Wänden, die einen Trompe-l'œil-Effekt erzeugen: nachtblaue Wände, Sterne, Stilisierungen.

Die ›kleine Chinesin‹, wie sie wegen ihrer orientalischen Augenform genannt wird, befindet sich in einer Nische, hoch über dem Altar, und misst etwa 40 cm. Die wundertätige Chiquinquirá wird inbrünstig verehrt, und jeder *maracucho* weiß eine andere Legende von ihr zu erzählen. Ihr Bildnis sei einer armen jungen Kaffeepflückerin auf einem Stück

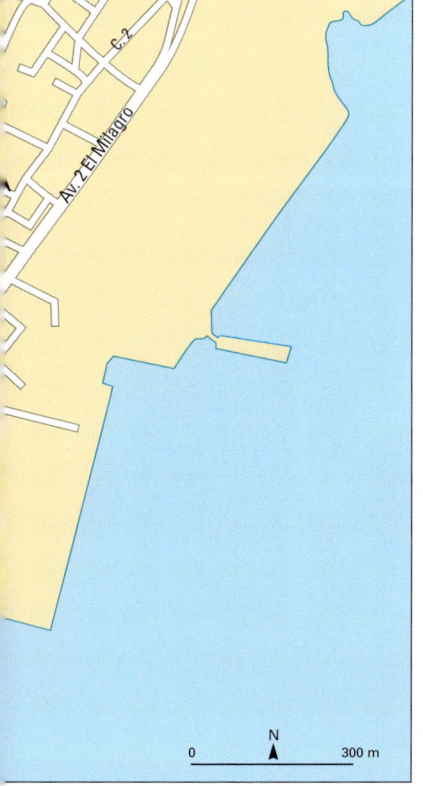

N
0 ▲ 300 m

Treibholz erschienen oder einer armen alten Bäuerin, die sich ein Feuer zum Kochen bereiten wollte, und plötzlich seien aus dem Scheit die Umrisse der Madonna gesprüht. Wie das so ist bei einer Legende: Es gibt immer viele verschiedene Versionen. Immerhin konnte man sich auf den Wohnort der beiden Frauen einigen, denen die *Chinita* erschienen war. Ob jung, ob alt, beide lebten in der Avenida 2 in der Nähe des Hafens, die seitdem und völlig folgerichtig den Beinamen *El Milagro,* ›das Wunder‹, führt.

Zum Tag der Erscheinung im November feiern die *maracuchos* eine ganze Woche lang. Und die Intensität der Feiern hat einen guten Grund, denn die *Chinita* war die einzige, die Maracaibo während seiner langen Isolation vom Rest des Landes beschützt hatte. Ihr zuliebe schufen die *maracuchos* eine ganz eigene Liedform, die *gaita* (s. S. 49), von der man sagt, dass sie eigentlich eine Protestliedform sei. Die Kirche übrigens hatte eine Vorläuferin: Sie wurde über einer kleinen Einsiedelei aus dem Jahr 1686 errichtet.

Am Paseo selber liegen das strahlendweiße Jugendstiltheater Baralt, die koloniale Casa de Morales und der neoklassizistische Palacio de Gobierno nebeneinander. Im einzigen übrig gebliebenen Kolonialhaus der Stadt, der **Casa de Morales** 2 mit ihren schmiedeeisernen Fenstergittern und einem dunkelgebeizten, umlaufenden Holzbalkon aus dem 17. Jh., wurde liebevoll ein historisches Stadtmuseum eingerichtet. Musikinstrumente, Puppen, nachgebildete Szenen aus der Geschichte Maracaibos und einige Fotografien machen es dem Museo Criollo in Caracas vergleichbar.

An die wirkungsvoll beschattete **Plaza Bolívar** 3 grenzt die eintürmige **Ka-**

Das Zentrum von Maracaibo

thedrale 4. Sie bezieht ihre schlichte Schönheit aus ihren klaren Proportionen und der kolonialen Farbenharmonie von dunklem Holz, rotbraunen Kacheln und weißen Mauern. Einziges verspieltes Detail im Interieur sind kristallene Kerzenleuchter. Besonders schön sind die eleganten Holzsäulen und die zarten, wie Spitzen wirkenden Schnitzereien in den Türfüllungen. Links vor dem Altar ist die neben der *Chinita* wichtigste Heiligenfigur der Stadt aufgestellt, der *Cristo de Gibraltar*. Dabei handelt es sich um eine rauchgeschwärzte, einprägsam schmucklose Darstellung Christi am Kreuz, die aus dem Spanien des 16. Jh. stammt. Sie wurde aus dem von Indianeraufständen bedrohten Gibraltar am südöstlichen Rand des Maracaibo-Sees nach Maracaibo evakuiert und sollte nach Beruhigung der Lage wieder zurückgebracht werden. Die *maracuchos* weigerten sich aber, dem Wunsch der *gibralteños* nachzukommen, und so ließ man die Statue selbst entscheiden, wie die Legende behauptet: Die Figur wurde in einem Boot mitten auf dem See ausgesetzt und steuerte gleich dreimal hintereinander Maracaibo an.

Eine der ältesten Universitäten des Landes wurde von Franziskanern in Maracaibo gegründet. An der Stirnwand des 1699 gebauten **Templo San Francisco** südlich des Paseo findet sich eine entsprechende Inschrift. Die angrenzende **Plaza Baralt** 5 bildet den originären und originellen Mittelpunkt des früheren Zentrums, aber auch an ihr wird ständig verbessert, geglättet und erneuert. Einige heruntergekommene, aber echte Jugendstil- und Art-déco-Zitate kleben an vernachlässigten Fassaden, in den Erdgeschossen kurbeln lärmige Rhythmen den Verkauf von Billigprodukten an.

In die aufsehenerregende, merkwürdige Farbkombination Olivgrün, Lavendel und Knallrot gehüllt, überragt die wunderschöne Glas- und Stahlkonstruktion des ehemaligen Marktgebäudes

Casa de Morales und Palacio de Gobierno am Paseo de las Ciencias

den südlichen Rand der Plaza. Das kunstvolle Äußere lässt auf ein kunstvolles Inneres schließen. Seit 1993 dient das Gebäude, gesponsert von der Bierbrauerei Polar, als multifunktionales **Kunstzentrum** (Centro de Arte Lia Bermúdez) **6** mit Ausstellungsräumen und Platz für Theater, Kino und Konferenzen. Eine anspruchsvolle Kunstgewerbehandlung vervollständigt den Komplex, den man durchaus in einer europäischen Großstadt vermuten könnte.

In den hohen Glasfenstern des Centro de Arte spiegelt sich die ehemalige Hafenpromenade am Lago de Maracaibo. Einige der Gebäude haben karibisches Handelskontorformat, sind pastellfarben, verwittert und tragen verblasste Aufschriften. Leicht angeschmuddelte Imbissbuden und preiswerte Kleidergeschäfte ziehen sich die Calle 100 und die Avenidas 8 bis 10 entlang, und man möchte sich am liebsten stundenlang in der unnachahmlichen Atmosphäre der erhitzten Ladenhöhlen herumdrücken.

Nördlich des Paseo de las Ciencias wurde ein winziger Straßenzug vor dem Eifer der Modernisierer verschont. Die Calle Carabobo – oder **Calle de la Tradición** **7** – bewahrt das kunterbunte, heitere Aussehen des niederländischen Kolonialstils und verdeutlicht, wie nahe die Antillen eigentlich liegen. Die putzigen Häuschen in Knallorange, Zitronengelb und Dunkelblau dienen unterhaltsamen Zwecken: Puppentheater, Kino, Kunstgewerbeläden.

Durch den staubigen Parque Rafael Urdaneta mit der modernen Skulptur des Unabhängigkeitshelden kommt man zum pompösen, ganz im Stil eines griechischen Tempels gehaltenen **Museo General Rafael Urdaneta** **8**. In den 1936 erbauten Hallen werden Erinnerungsstücke an den berühmtesten Sohn der Stadt in Ehren gehalten.

Zusammen mit Saladillo, das sich nördlich an den Park anschließt, gehört **Santa Lucía** **9** zwischen den Avenidas 2 (El Milagro) und 4 (Bella Vista) und den

Straßenzug im Viertel Santa Lucía mit Häusern im niederländischen Kolonialstil

Bananenverkäufer auf dem Markt der Guajiro

Calles 95 bis 90 zu den ältesten Vierteln von Maracaibo. In Santa Lucía lebt wie in der Calle Carabobo die bunte Leichtigkeit der niederländischen Kolonialarchitektur fort, und in den vergangenen Jahren wurde auch sie stärker herausgeputzt.

Saladillo 10 hingegen dämmert recht verlottert einer solchen Verschönerung noch entgegen. Trotzdem: die hübschen, farbigen, kompakten Häuschen, als kleine Modelle herausragende Stars in den wenigen Souvenirgeschäften der Stadt, beleben auch im Saladillo die staubigen, heißen Straßen und verleihen dem Viertel die unverwechselbare Maracaibo-Atmosphäre.

Sehenswürdigkeiten unkonventionellerer Art sind der **Markt der Guajiro** an der Avenida Libertador/Av. 12 und der **Mercado Municipal** 11 von Maracaibo an der Avenida Libertador/Avenida Las Delicias. Dabei handelt es sich um den größten Markt Südamerikas mit 15 000 Geschäften und 20 000 Händlern, die von der Nähnadel bis zum gestohlenen Auto alles im Sortiment führen. Er wird, so schätzt man, von einer halben Million Kunden täglich durchwandert.

Über die 8 km breite Verengung des Lago de Maracaibo (13 280 km²) verkehrten vor 1961 nur Fähren. Die kühne, unvergleichliche Konstruktion der **Puente General Rafael Urdaneta** 12 verbindet nun dort, wo der See wirkt wie der Hals einer Bocksbeutelflasche, Maracaibo tatsächlich mit dem Rest der Welt. Fest verankert im Grund, halten ihre mittleren Pfeiler einen Abstand von über 200 m, um Tankschiffe durchzulassen. Unter dem damaligen Präsidenten Marcos Pérez Jiménez auch als Flanierbrücke mit Imbisskiosken und Sitzbänken konzipiert, wurde sie nach seinem Sturz als reine Autobahnbrücke fertiggestellt. Zwei Jahre danach verwandelte sie sich schon in eine Todesfalle für die Insassen von 100 Autos, als ein Teilstück auseinanderbrach und in den See stürzte.

Ausflüge von Maracaibo

Die Laguna de Sinamaica

Neben Macuro auf der Halbinsel Paria liefert auch die Laguna de Sinamaica Anekdoten zur Eroberungsgeschichte Venezuelas. Das weitverzweigte Flusssystem des Río Limón soll den 1499 in Südamerika auf Entdeckungsreise befindlichen Florentiner Amerigo Vespucci zu der Bemerkung angestiftet haben, dies Land sehe wie Klein-Venedig aus, wie *Veneci-ola*. Und so hat der Italiener gleich doppelt nachhaltig in der Neuen Welt gewirkt. Sein Vorname benennt stolz den gesamten Kontinent, seine – zugegeben unerschrockene – landschaftliche Assoziation verschaffte Venezuela den Namen.

Auf dem Weg zur Laguna de Sinamaica über die Ruta Nacional 6 beulen neue Viertel den Norden der Stadt aus. An der Stierkampfarena und einer mutigen modernen, elfenbeinfarbenen Gotteshauskonstruktion, die die *maracuchos* nicht minder mutig *Los Huevos de Dios* (›Gottes Eier‹) nennen, führt die Avenida Guajira in eine recht hässliche Gegend, windzerzaust und voller Salzsümpfe.

Inmitten der struppigen Vegetation haben sich eine Reihe von Billigfleischanbietern niedergelassen, an deren Verkaufsständen sich die ärmere Bevölkerung gütlich tut, denn das Fleisch kommt direkt vom Bauern und wird nicht von der Gesundheitspolizei in den Schlachthöfen kontrolliert; entsprechend preiswert kann es angeboten werden. Müll säumt die Straßenränder. Niedrige Wellblechdächer künden von Hühnerfarmen, und ein paar Trauben gibt es auch.

Als letzter Posten der Zivilisation begreift sich **El Moján** **1**, denn danach gibt es keine Tankstelle mehr und keine Post, danach führt die Ruta 6 hinein nach Kolumbien, und beim Nachbarn herrscht das Chaos. Das ist zumindest die Meinung der *maracuchos*. Schmuggel, Guerilla, alles verwebt sich zu einem undurchdringlichen Gestrüpp aus Vorurteilen und halbreifen Gerüchten. In El Moján breitet sich ein vielbe-

Die Umgebung von Maracaibo

Leben zwischen zwei Welten –
Die Guajiro

Sie gelten als die kulturell elastischste, widerstandsfähigste und umfangreichste indianische Ethnie auf venezolanischem Boden: die hauptsächlich auf der Halbinsel Guajira siedelnden Guajiro, die sich selbst Wayú nennen. Die Größe ihrer Population wird mit etwa 24 000 angegeben. Die Halbinsel Guajira liegt nördlich von Maracaibo, nur ein schmaler Streifen gehört zum Bundesstaat Zulia, die weitaus größere Landfläche zu Kolumbien.

Die Guajiro fallen auf. Wer in Maracaibo durch die Straßen schlendert oder den Markt besucht, wird vor allem die selbstbewusst agierenden Frauen wahrnehmen, die, in bodenlange bunte Kleider gewandet, ihre Käufe tätigen oder selber Handel treiben. Ihre Offenheit und Selbstverständlichkeit im Umgang mit den *civilisados* signalisieren Stolz und Unbefangenheit. Die Wayú verhalten sich weder devot noch scheu.

Doch allmählich kippt die Situation, denn die traditionellen Lebensbedingungen geraten immer mehr ins Wanken: Die Böden ihres Siedlungsgebietes veröden. Das Wasser wird knapp in der halbwüstenhaften Vegetation auf Guajira, die sich für die Viehzucht so gut eignete. Und die Viehhaltung ist es, die den Mittelpunkt der materiellen Kultur der Guajiro bildet, die als Halbnomaden leben. Gegen die ungenügende materielle Absicherung und die Ausbreitung der Städte, die Voraussetzungen und Auslöser für einen allmählichen kulturellen Auflösungsprozess sind, können sie sich nicht mehr schützen.

Vor Ankunft der Spanier Jäger und Sammler, übernahmen sie von den Eroberern das Großvieh, welches bald ins Zentrum ihrer sozioökonomischen und religiösen Organisation rückte. Insofern vollzog sich in ihrem Lebensrhythmus kein einschneidender Bruch. Die Gier der Konquistadoren nach Gold, welche die Eroberer zu Expeditionen ins Landesinnere anstachelte, ersparte den Wayú das Schicksal der übrigen indianischen Stämme.

Über Rinder zu verfügen bedeutet in der Lebenswelt der Guajiro wesentlich mehr als einfach nur Reichtum: Die Viehhaltung bildet ein Netz aus Sicherheiten, ersetzt das Geld, fungiert als Grundlage des sozialen Lebens. Ein Viehdieb muss mit derselben hohen Bestrafung rechnen wie ein Vergewaltiger.

Die Guajiro leben in matrilinearen, exogamen Gemeinschaften. Kinder gehören zur mütterlichen Familie, ihr nächster männlicher Verwandter ist der Bruder der Mutter, nicht ihr Vater. Die Frauen in polygamen Ehegemeinschaften leben in der Regel voneinander getrennt in oder nahe dem *rancho* ihrer Mutter. Sie sind durch den Brautpreis in der Ehe besonders geschützt und abgesichert. Dieser Preis besteht aus Vieh und Schmuck, d. h., eine betrogene oder geschiedene Frau verbleibt nie mittellos, wenn der Mann sie verlässt. Er darf zwar ihre Herden verwalten, falls sie sich nicht selbst darum kümmern kann, aber er darf nicht mit ihnen handeln. Besitzt er ebenfalls Vieh, darf seine Frau die Herden genauso verwalten wie er. Falls es zu Verstößen gegen diese Regeln kommt, muss gezahlt werden. Sogar Kinder sind dazu berechtigt, Zahlungsforderungen bei Vergehen zu stellen.

Bei der Hochzeit wird der Brautpreis an die mütterlichen Verwandten gezahlt. Stellt sich in der Hochzeitsnacht heraus, dass die Braut ihre Jungfräulichkeit nur vorgetäuscht hat, oder lässt sie während der Ehe einen Schwangerschaftsabbruch vornehmen, kann der Ehemann den Brautpreis teilweise oder in voller Höhe wieder zurückfordern. Da der aber die Grundlage der Versorgung der Frau darstellt, wird sie sich an die Regeln halten. Jungfräulichkeit treibt den Brautpreis in die Höhe, und die Mütter achten in dieser Hinsicht streng auf ihre Töchter – zu deren eigener Absicherung.

Die Frauen nehmen einen bedeutsamen Platz in der Guajiro-Gesellschaft ein. Ihre Gebärfähigkeit sichert den Fortbestand des Verbandes, und dies wiederum sichert ihnen Ranggleichheit mit dem Mann. Sie überwachen die zeremoniellen Abläufe bei Geburt, Menstruation, Heirat und Tod und vermitteln zwischen ihrer Familie und der ihrer Männer. Gesellschaftlicher und religiöser Bereich obliegen also der weiblichen Gestaltung.

Die Riten der weiblichen Heranwachsenden sind demnach stärker formuliert. Sobald ein Mädchen ›Fleisch weitergeben kann‹, also das gebär- und heiratsfähige Alter erreicht hat, wird es von dem üblichen geselligen Leben ausgeschlossen und verbringt zwei Monate bis zwei Jahre im *encierro* in einer abgedunkelten Hütte. In dieser Zeit darf es sich ausschließlich abends einmal im Freien aufhalten, damit seine Haut weiß wird, denn das gilt als Merkmal von Attraktivität. Unterrichtet wird die Heranwachsende von weiblichen Familienmitgliedern in der Haushaltsführung, im Weben und Flechten, sie erhält auch eine sexuelle Unterweisung, denn geschlechtliche Attraktivität gilt als das sicherste Mittel für eine dauerhafte Bindung. Gleichzeitig wird sie mit den Riten und Regeln des täglichen Zusammenlebens vertraut gemacht, die sie später beherrschen muss.

Verständlich, dass das Eindringen des ›westlichen‹ Kulturkreises der *civilisados* in die indianische Lebenswelt Konflikte auslöst. Junge Mädchen, die in die Städte abwandern, z. B. nach Sinamaica, Paraguaipoa oder in die Viertel Ziruma oder Callejuelo in Maracaibo, und dort Arbeit finden, kritisieren den Brautpreis als Frauenkauf, empfinden die voreheliche sexuelle Enthaltsamkeit als Bevormundung und mögen auch nicht mehr den *encierro* aufsuchen. Für sie repräsentiert die Guajiro-Kultur ein Hindernis auf dem Weg in die Selbständigkeit. Die Nomaden-Ausstattung der Hütten auf der Halbinsel – Schemel, Hängematte, Steine als Kochstelle – möchten sie durch Betten, Schränke und Esszimmer ersetzen.

Die wachsende Urbanisierung und auch die bessere Anbindung an städtische Zentren leiten im Zusammenhang mit der sich verschlechternden wirtschaftlichen Situation auf der Halbinsel eine Abwanderung ein. Doch einige Stimmen vermelden optimistisch: Nach 500 Jahren engen und beständigen Kontaktes mit Weißen haben sich die Wayú ihre Sprache und ihre Sozialorganisation weitgehend erhalten können, was für ein starkes ethnisches Selbstbewusstsein spricht.

Moderne Pfahlbauten mit Bretterwänden in der Laguna de Sinamaica

suchter Markt mit kolumbianischer Kleidung aus. Bemerkenswert sind auf jeden Fall die merkwürdig leblose Kathedralenfassade und die leere, unbeschattete Plaza Bolívar mit dem überdimensionalen Kopf des *Libertador* auf einer Schale, der aussieht, als gehöre er eigentlich Johannes dem Täufer und wäre frisch abgeschlagen. Die Bewohner von El Moján lieben diese künstlerische Interpretation ihres Volkshelden überhaupt nicht und sollen sie auch schon mehrfach beschädigt haben.

Beim Ortsausgang in Richtung Norden liegt ein Friedhof der Guajiro (s. S. 220 f .). Sie lassen ihre Toten nur etwa ein Jahr an diesem Ort, daran schließt sich ein Ritual zur Befreiung der Seele des Verstorbenen an. Ein Verwandter muss nach Ablauf dieser Frist die Knochen ausgraben, reinigen – meist mit dem Maniokschnaps *chirinche* – und nach Hause bringen. Abschließend wird zwei Tage lang ein Fest gefeiert, denn es gibt gute Nachrichten: Der Verstorbene ist in einer anderen Welt angekommen.

Für einen Besuch der **Laguna de Sinamaica** 2 stehen zwei Einstiegshäfen zur Wahl: der staatlich geschaffene Puerto Cuervito und der regionale Hafen von Corpozulia, Mara. Dort übrigens soll Maracaibo 1528 zum ersten Mal gegründet worden sein, und zwar von einem Deutschen, Ambrosius Alfinger (s. S. 205). Beide Häfen können mit einem Ausflugsrestaurant und einer kleinen Bootsflotte für Gäste aufwarten. Die Fahrten über die Lagune nehmen etwa anderthalb Stunden in Anspruch.

Zwischen den Wasserarmen leben etwa 3500 Paraujanos in Pfahlbauten auf einem Gelände, das etwa 50 km^2 umfasst. Wie groß die Anzahl der Mestizen ist, die sich dort niedergelassen haben, weil der Grund so preiswert ist, lässt sich wohl nicht exakt ermitteln. Die aus dem natürlichen Material der Umgebung gebauten *bohios* mit den handgeflochtenen Mattenvorhängen über einer stabilen hölzernen Rahmenkonstruktion befinden sich gegenüber den neuzeitlichen Wellblech- und Holzversionen eindeutig in der Minderzahl. Einige der Häuser sind richtig ordentlich-bürgerlich mit ihren hübschen Gärten, den gepflasterten Stiegen und bunten Zäunen, es gibt Bodegas, eine Schule, eine Krankenstation, Kindergärten und sogar ein Gefängnis. Gegenüber einer interessanten zweitürmigen Kirche auf schwankendem Stelzengrund liegt das im traditionellen Stil errichtete Restaurant Parador Turístico, das schwarze Bohnen und Fischbällchen mit Kokosnussfleisch *(mojitos de coco)* serviert. Eine indianische Idylle ist Sinamaica also wahrlich nicht, es ist kein Museum, kein Reservat, über das eine dünne Decke der Zivilisation gebreitet worden wäre. Es ist einfach ganz normal.

Die Paraujanos leben vom Fischfang. Etwa 700 von ihnen bieten ihre Boote für Touristen an, einige bestellen Felder mit Kokospalmen. Das Holz der Mangrovenwälder der Flussufer steht unter Naturschutz und darf zum Hüttenbau nur von ihnen geschlagen werden.

Castillo de San Carlos

Einer weiteren Annäherung an die kolumbianische Grenze stehen die Venezolaner derzeit skeptisch gegenüber. Man kann von Maracaibo aus aber noch eine der wenigen Festungsanlagen besuchen, die von dem ehemals dichten Ring übriggeblieben sind, das **Castillo de San Carlos** 3 an der Südspitze der gleichnamigen, weit vorgestreckten Halbinsel, die gleichsam den Eingang zum Meer bewacht. Es liegt in einem armen, kleinen Fischerhafen am Rande der Welt.

San Carlos de Barra wurde 1667 nach dem gleichen Grundriss errichtet, den auch die übrigen venezolanischen Anlagen aufweisen: Sternförmig mit vier runden Wachtürmen und einem rechteckigen Innenhof. Am gegenüberliegenden Ufer stand ursprünglich auch eine Festung, schließlich erzwangen die häufigen Piratenüberfälle – unter anderem von Henry Morgan – diese Vorsicht der Spanier. Zur Restauration des geräumigen, hellen Forts soll der spanische König Juan Carlos angestiftet haben. Die Originaltüren und Ladrilloböden sind noch erhalten. Im Museum hängen Plakate der übrigen Forts, ein Bild von Henry Morgan und alte Landkarten, die auf faszinierende Weise verdeutlichen, wie das unbekannte Venezuela in Bilder gebannt wurde und in den Köpfen der Konquistadoren Gestalt gewann.

Der Parque Nacional Ciénagas de Catatumbo

Der **Parque Nacional Ciénagas de Catatumbo** 4 passt zu Zulia und Maracaibo, denn in ihm blitzt und donnert es unentwegt. Das Fluss- und Lagunensystem im Delta des Catatumbo befindet sich zwar am südwestlichen Rand des Lago de Maracaibo, aber es produziert eine Naturerscheinung, die man in bestimmten Nächten, z. B. während der Regenzeit, auch in Maracaibo wahrnimmt: ein Wetterleuchten ohne Ende, zittrige Blitze zucken im dunklen Himmel. Die *relámpagos de Catatumbo* erfreuen sich großer Beliebtheit und zieren auch die Flagge des Bundesstaates. Der 1991 gegründete Nationalpark umfasst 2 700 km^2 und verfügt über keinerlei Einrichtungen zum Campieren oder Übernachten. Weder Flora noch Fauna wurden bislang erschöpfend erforscht und inventarisiert. In den Kräuterwiesen, Strauchwäldern und Mangroven leben Königsreiher, Enten, Möwen und Wasserschweine.

Die Anden

Terrassierte Kartoffel- und Zwiebelfelder in den Anden

Auf den Stiegen der Welt

In stille Schönheit eingebettet, geleiten die Wege zu den Stiegen der Welt. So nämlich *(anden)* tauften die Spanier die Feldterrassen der Timotes, welche immer noch kühn die Flanken des Hochgebirges mustern. Die venezolanischen Anden sind keine Rekordhalter. Weder verzeichnen sie die höchsten Gipfel noch die bizarrsten Ansichten dieses ganz Südamerika wie ein Rückgrat durchziehenden Gebirgsmassivs, aber sie ragen aus einem Saum warmer, tropischer Vegetation empor, sie vereinen karibische Färbung mit eisglitzernden Gipfeln und atemberaubenden Pässen. Zwei gut ausgebaute und nur in wenigen Abschnitten etwas problematische Straßenführungen präsentieren sich typisch andinisch: Viele Kurven schrauben sich durch das malerische Auf und Ab,

◁ *Reiter im Parque Nacional Sierra Nevada*

und rasch auftretende Nebel können die Sicht stark behindern. Luftfeuchtigkeit und Frost reißen öfter als gewohnt Löcher in die Asphaltdecke. Die in Streckenabschnitten parallel geführten Transandina und Panamericana sind recht frisch: Die eine erschließt das Gebirge erst seit den 1920er Jahren, die andere wurde vor 35 Jahren gebaut.

Ihre Abgeschiedenheit verlangte von den wenigen, wie vom Himmel zwischen die Bergfalten gesunkenen Städten besondere Autarkie. Nach Mérida beispielsweise flüchteten sich viele Venezolaner vor den Schrecknissen der lange währenden Bürgerkriege im 19. Jh. Andere kleine Ortschaften, die oft auf indianischen Gründungen beruhen, entwickelten eigene Ökonomien, folgten den früheren indianischen Handelswegen oder trieben bescheidenen Tauschhandel mit den *caseríos* (Einzelgehöfte) der unmittelbaren Umgebung. So flicht sich ein Kranz kleiner, hübscher Dörfer um die Gipfel und durch die Täler, und alle haben etwas Besonderes aufzuweisen: eine schöne barocke Kirche, eine eigentümliche Architektur, Volksheilige, eine außergewöhnliche Lage …

Ein Teil des Bundesstaates Mérida ist von dem aufsehenerregenden Parque Nacional Sierra Nevada bedeckt (2 765 km²); der Parque Nacional de La Culata nimmt noch einmal 2 000 km² ein. Beide vereinen Regen- und Nebelwald mit dem *páramo,* einer typischen Vegetationszone, die bei etwa 2500 m Höhe einsetzt.

Durch das Valle de Santo Domingo nach Mérida

Karte: S. 248
Tipps & Adressen: Barinas S. 277, Altamira de Cáceres S. 274, Santo Domingo S. 319, Apartaderos S. 274 f., Tabay S. 319 f.

Von Barinas nach Apartaderos

Die Straße ist wie eine Ouvertüre: Sie bahnt den Weg zu dem reizvollen Spektakel aus Gipfeln, Gletscherseen und Tabakpflanzungen. **Barinas**, der heiße Ort am Rand der Llanos Bajos, franst in Richtung Westen in bäuerliche Siedlungen aus. Mangobäume beschatten das Weideland, das die Panamericana durchstreift, bis hinauf in das 27 km entfernte **Barinitas** auf der Meseta Moromoy. Der ›eigentliche‹, von den spanischen Konquistadoren erwählte Siedlungsplatz für Barinas inmitten von Kaffee- und Kakaoplantagen ist zur Sommerfrische umgewandelt: Ferienvillen und touristische Einrichtungen säumen die Hauptstraße.

Schnell gewinnt die kurvige Strecke zwischen Bananenpflanzungen und flammend roten Weihnachtssternbäumen an Höhe, und tief in die hoch aufragenden Massive der Serranías Santo Domingo und Culata schneidet das Tal des schimmernden **Río Santo Domingo** ein. Eine halbe Stunde Fahrtzeit nur liegt zwischen den heißen Llanos und dem ersten Restaurant, das in kühler Höhe die andinischen Forellen *(truchas)* anbietet. Ausflugslokale flankieren die Ruta 1, und wo ausreichend Platz herrscht, haben die Besitzer Terrassen vorgebaut, damit man die Aussicht auf die schöne dunkelgrüne Gebirgskulisse genießen kann. In dieser Region verlief der alte Camino Real der spanischen Kolonialmacht. Ein Ort knapp neben der Hauptstraße war vor 500 Jahren dazu auserwählt, der Mittelpunkt und die Hauptstadt zu sein: **Altamira de Cáceres** [1]. Er liegt im Tal des Río Santo Domingo inmitten üppiger Kaffeeplantagen auf einem Plateau und überblickt stolz die Llanos. Traditionen beherrschen den Alltag: Die Frauen von Altamira sind für ihre Korbflechtereien und bunten Webdecken bekannt; Ostern wird alljährlich mit Passionsspielen begangen. In der Umgebung gibt es noch eine funktionierende Zuckermühle und den schönen Kolonialort Calderas.

Spazierwege erschließen die interessanten Waldgebiete. Für Ornithologen liefert die Gegend des *Pie de monte andino* besondere Attraktionen. Der seltene Felshahn lässt sich hier noch manches Mal blicken.

Santo Domingo **2**, nach 73 km erreicht, weisen Hotelanlagen, Bungalows und Restaurants als Feriendomizil aus. Auf einem Meseta-Abbruch über dem Río Santo Domingo breitet es sich weit und großzügig zwischen steinbestreuten Mattenhängen auf 2179 m Höhe aus. Schindeldächer, weißgetünchte Häuser und eine kleine Kolonialkirche vermitteln altspanisches Kolorit, das Städtchen selbst freilich ist neu. In den Hotels kann man sich nach Wanderrouten erkundigen.

Gleich hinter Santo Domingo beginnt erneut ein drastischer Anstieg. Die Panamericana verlässt das Flusstal, knickt nach Südwesten zum Río Chama ab und erklimmt die trockenen, kalten Hänge, auf denen sich gleich Teppichen Pflanzen entrollen, die nur hier in den Anden gedeihen: die *frailejones,* ›große Mönche‹. Von den 300 weltweit bekannten Espletienarten wachsen allein 45 in Venezuela. Die polstrigen Gewächse entfalten ihre ockerfarbenen, dolchförmigen, fleischigen Blätter an einem niedrigen, trockenen Stamm. Sie blühen strahlend gelb und himbeerrot. Der Mangel an weiteren natürlichen Vegetationsformen in dieser Höhe verlangt ihnen Multifunktionalität ab: Die harten, widerstandsfähigen Stiele werden als Brennmaterial genutzt, die Blätter dienen als Matratzenfüllung. Aus den Beeren bereitet man eine wohlschmeckende Marmelade. Auch die besondere Hochgebirgsgegend hat einen Namen: *páramo.*

Eines der bekanntesten Hotels des Landes liegt eingekapselt zwischen Matten aus *frailejones* und einigen angelegten Kiefernhainen: Das **Los Frailes** ist in ein Konvent aus dem Jahr 1642 eingezogen, die angefügten Trakte folgen treu der architektonischen Vorgabe. Die Zimmer sind klösterlich karg und klein; zum Essen wird mit einer Glocke gerufen.

Den Eintritt in den zweitältesten venezolanischen Nationalpark, den **Parque Nacional Sierra Nevada** **3**, markiert die Laguna de Mucubají etwa 70 km vor Mérida. Die besonderen klimatischen Verhältnisse – heiße Luft aus den Llanos steigt auf und trifft auf kalte Luftmassen der Anden, was eine starke Nebelbildung hervorruft – lassen es ratsam erscheinen, vor der Mittagszeit dort einzutreffen, weil sich dann noch nicht die dichten Wolkenschleier zusammengeballt haben, welche die gesamte Landschaft verhüllen können. Direkt an der Laguna informiert ein kleines, aber gut ausgestattetes naturwissenschaftliches Museum unter Einsatz modernster Medien über die Entstehung der Anden, über Nebelwaldbildung und über Flora und Fauna der Region.

Die **Laguna de Mucubají** ist der größte der 200 tiefen, dunklen Gletscherseen des Bundesstaates Mérida. Verwunschen und still ruht sie auf 3550 m Höhe inmitten der hochandinen Vegetation, die an die Tundra erinnert. Ein lohnender Spazierweg von 3 km – Pferde kann man aber auch mieten – erschließt die zauberhafte **Laguna Negra** im Innern des Parks. Pflanzungen von Nadelbäumen sollen die natürliche Erosion vermindern; ursprünglich gedieh hier nur bodennahe Flora. Agaven und Opuntien wechseln mit andinen Kiefern, deren Zapfen dem Rotwild Nahrung liefern. Ausgerichtet wie Zinnsoldaten paradieren die Koniferen die steilen Abhänge hinauf, welche sich dicht um den See schmiegen.

Kurz vor Apartaderos liegt ein beliebter Rastplatz in eisiger Höhe. Einige kleine Geschäfte und ein Restaurant bieten *embutidos* (Wurstspezialitäten) und Kunstgewerbe an.

Bei **Apartaderos** 4 vereinigen sich auf 3473 m die Panamericana und die Transandina, die in Richtung Valera und Trujillo weiterführt. Diese Straßenkreuzung hat Karriere als Ferienort gemacht: Es gibt einige größere Hotels im Chaletstil und eine Kirche wie aus einem Puppendorf: weiß mit blauem Rand und Blümchenfriesen. Diese Formen der Zivilisation kontrastieren scharf mit den sichtbaren Manifestationen der indianischen Kulturen der Timotes-Cuica. Die Andenhänge sind mit steingefassten Terrassenfeldern übersät, und daher, so heißt es, haben die Anden auch ihren spanischen Namen. Der Pass bei Apartaderos ist eine Wasserscheide: Die Flüsse entwässern entweder nach Osten zum Orinoco oder nach Westen zum Río Chama und weiter in den Maracaibo-See.

Von Apartaderos nach Mérida

Sämtliche Ortschaften auf dem Weg hinunter nach Mérida reihen sich wie Perlen an einer Schnur in einem Abstand von jeweils etwa 14 km aneinander, und dieses Maß korrespondiert mit den früher üblichen Haltepunkten der Maultierhandelsroute; längere Strecken ließen sich in dieser unwegsamen Gegend pro Tag nicht bewältigen.

San Rafael de Mucuchíes 5 auf 3140 m gilt als das höchstgelegene Dorf

Plausch vor der Kirche in Mucuchíes

Juan Félix Sánchez –
Der Herr der Steine

Ein kleines Gotteshaus machte ihn zur Berühmtheit auch außerhalb der Landesgrenzen: Die steinerne Kapelle von San Rafael de Mucuchíes auf 3140 m Höhe in den Anden lockt alle Blicke an, weil sie so ungewöhnlich ist und dabei doch so ganz gewöhnlich. Juan Félix Sánchez, dem Architekten, Kunsthandwerker und Bildhauer, ist damit eine Demonstration von Volkskultur gelungen, die aus ihrer landschaftlichen Umgebung gewonnen ist und mit ihr zu verschmelzen scheint. Denn diese winzige Kirche besteht nicht aus Mauern mit Putz, verzierender Tünche und kolonialstilistischer Ornamentik, sondern ausschließlich aus groben Steinen, mit denen die Hänge der Umgebung von San Rafael bestreut sind. Mit ihrer unbeirrten Logik verwirrt sie den Blick; so etwas hat man noch nie gesehen.

Zartgrau, ocker, sandfarben, mit einem Schmuckband aus anthrazitgetönten Steinen und kleinen Skulpturen von Heiligen, die dem Glockenaufbau aufsitzen und nicht geformt, bearbeitet, sondern schlicht aus aufeinandergetürmten Steinen gebaut sind, stellt sich diese Konstruktion weit abseits der herkömmlichen Muster der ländlichen Andenkirchen. Entweder huldigen jene dem barocken Kolonialstil oder dem Neoklassizismus, diese hier ist unverfälscht, rein, andinisch – eine Skulptur aus scheinbar vollkommen naiv zusammengesuchten Felsbrocken.

Das Künstlertalent blieb zunächst in den unzugänglichen Falten der Anden verborgen. Juan Félix Sánchez verließ 1943 zusammen mit seiner Frau Epifanía San Rafael und ließ sich in Tisure nieder, das nur auf einem recht beschwerlichen Fußweg in fünf Stunden von San Rafael aus zu erreichen ist (im Ort werden heute Führungen organisiert). Dort errichtete der tiefreligiöse Künstler 1954 eigenhändig eine Kapelle für die Schutzheilige Venezuelas, die Virgen de Coromoto, später dann eine für den Arzt José Gregorio Hernández. Das Kirchlein in San Rafael entstand 1984. Seine Außergewöhnlichkeit sprach sich schnell herum und hat das ruhige Dörfchen mit einem Hauch Touristenrummel überzogen.

Den Künstler focht dies nicht an. Ebenso wie in Tisure, wo ihn junge *merideños* besuchten, hielt er auch in San Rafael bescheiden Hof. Besucher waren in seinem – ebenso wie die benachbarte Kapelle aus Steinen zusammengefügten – Patio-Haus zu jeder Zeit willkommen. Er hörte sich ihre Geschichten an, man konnte Fotos, Auszeichnungen und Bilder in den Gängen des Patios bewundern. Juan Félix Sánchez selbst thronte im selbstgefertigten Poncho in seinem Rollstuhl, den er in den letzten Lebensjahren benutzen musste, und strahlte Güte und Ruhe aus. Für mitgebrachte Steine – er war ein fanatischer Sammler und zeigte gerne kleine Felsbrocken, die aus dem Rhein stammen sollten – kredenzte er den heißen Kräuterschnaps *calentado*.

Als er im April 1997 verstarb, widmeten ihm die großen Tageszeitungen Venezuelas ganze Seiten voller liebevoller Nachrufe. Félix Sánchez war der Architekt des *páramo,* voller menschlicher Wärme und Würde, der Volksverbundenheit und Liebe zum eigenen Land vermitteln wollte.

Venezuelas. Über seine besondere Attraktion stolpert der Blick sofort: Es ist eine aus den typischen groben, graubraunen Steinen der Region ohne Mörtel zusammengefügte Kapelle, deren drei Arkadenbögen von einem hübschen Glockenaufsatz gekrönt werden. Ihr Erbauer Juan Félix Sánchez (s. S. 246 f.) ist landesweit berühmt. Sánchez hat weitere Kapellen im weit abgelegenen El Tisure gebaut, doch benutzt werden sie nie. Sie gleichen eher Gedenkstätten, sind Beispiele einer lebendigen Volkskultur.

Der blühende Andentourismus hat der Panamericana einen Saum von Kunstgewerbegeschäften beschert, aus denen gesamtsüdamerikanische Produktion quillt. Webteppiche, Sonnentücher, Papageien-Mobiles und Peru-Pullover flattern im Wind. Auch oft zu haben: Hundebabies, deren Anbieter versichern, dass sie einmal zu Bernhardinern heranwüchsen. Cafés laden zu Erdbeeren mit Schlagsahne *(fresas con crema)* ein.

Mucuchíes – ›kalter Ort‹ in der Sprache der Timotes – liegt auf mehrere Terrassen ausgebreitet auf 2980 m Höhe, unterhalb einer attraktiven Kulisse aus schneebedeckten Berggipfeln. Sie bewachen das hübsche Bild einer auffälligen weiß-blauen Kirche mit einer blumengeschmückten Plaza Bolívar davor. Auch **Mucurubá** ist indianischen Ursprungs. Die Straße hat nun endgültig an Höhe verloren, und davon zeugt auch der Name des Fleckens: ›Ort, wo Obst wächst‹ – beispielsweise Maracujas.

Das gesamte tief eingeschnittene Tal des Chama nimmt nun immer stärker die Aromen und Vegetationsformen der Subtropen an. Es versorgt das gesamte Land mit Kartoffeln, Knoblauch, Tomaten und Zwiebeln, aber hier gedeihen auch Bananen, Papayas, Tabak und der

Rizinusbaum. Palmwälder beschatten kleine Weiler wie **Escagüey** mit winzigen Häusern und einem Weizenmuseum (Museo de Trigo). Mit einem potemkinschen Effekt verwirrt **Cacute** 6 zunächst den Besucher, aber dann ist es doch das, was es scheint, nämlich ein richtiges Dorf, kein Kunstprodukt. Hinter einem eleganten Torbogen öffnen sich einige bemalte, zierliche Hausreihen – und darin wohnen wirklich Menschen.

Eine getreue Rekonstruktion indes thront einige Kilometer weiter auf einer Bergkuppe. Das alte Mérida entstand in der Touristenattraktion **Los Aleros** 7 neu. Der Transport hinauf wird von den Betreibern besorgt. Um zur Sammelstelle am Parkplatz von Los Aleros zu gelangen, kann man sich ein Por Puesto in Mérida nehmen. Die Absicht des Initiators, Alexis Montilla, ursprüngliche Ansichten eines typisch andinen Dorfes zu bewahren, bringt dort oben auf dem Hügel eine Reihe von Kuriositäten hervor, etwa das Kino, in dem Filme aus der Stummfilm-Ära zu sehen sind, oder das

Fotostudio, das auf Wunsch Kleidung von der Jahrhundertwende bereitstellt, wenn man sich darin ablichten lassen möchte. Die Häuser sind aus Lehm gebaut, und in der Druckerei arbeitet man noch mit einer alten Zeilensetzmaschine.

Tabay 8 gedenkt mit seinem Namen eines indianischen Volkes. Es vermittelt einen ausgesprochen freundlichen und ländlichen Eindruck: *Vaqueros* in den Gassen, Sattelgeschäfte und eine attraktive, baumbestandene Plaza mit einem Kranz reizender Kolonialhäuser drumherum. Heiße Quellen liegen ganz in der Nähe; man erreicht sie in einem 45minütigen Spaziergang.

Bromelien *(barba de palo),* Spanisches Moos und Weihnachtssternbäume begleiten die Panamericana bei ihrer Einfahrt in die luftige Hauptstadt der Provinz. Der boomende Tourismus auch internationalen Zuschnitts ließ **Mérida** rasch anwachsen, ohne aber wesentliche Veränderungen im Stadtbild zu erzeugen.

Von Barinas nach Mérida

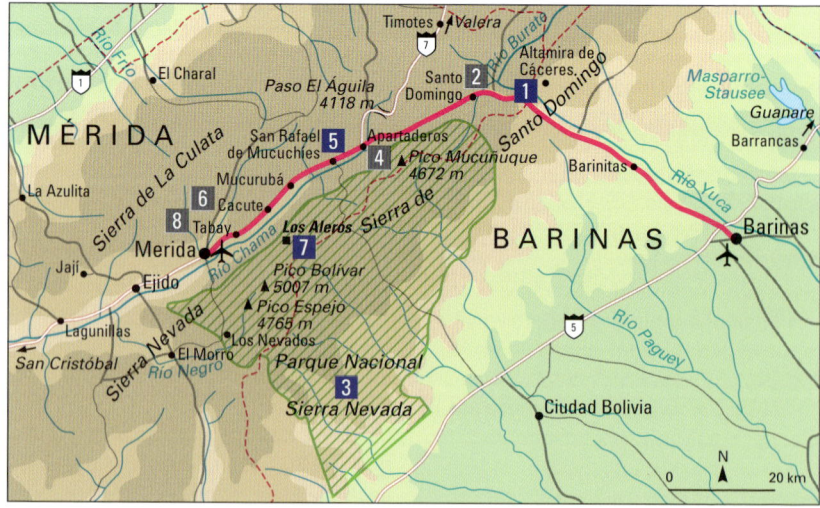

Mérida

Stadtplan: S. 251
Tipps & Adressen: Mérida S. 308 ff.,
Jají S. 302 f.

■ Mérida ist ohne Zweifel eine der angenehmsten Städte Venezuelas: Frisch und grün, lebendig und überschaubar, ein wundervoller Ausgangspunkt für Trekkingtouren, Wanderungen und Spaziergänge. Die zweitälteste Universität des Landes (von dem ersten Präsidenten nach der Unabhängigkeit, General Páez, 1832 als Nachfolgerin einer theologischen Hochschule gegründet) ist gleichzeitig auch eine der politisch aktivsten: Kaum ein Streik oder eine Demonstrationswelle landesweit, die nicht hier ihren Anfang – oder zumindest ihre Fortsetzung – genommen hätte. Die Gäste sind hauptsächlich junge Trekkingtouristen, Paraglider und neugierige Südamerika-Durchquerer. Die touristische Infrastruktur korrespondiert mit deren Bedürfnissen. Nirgendwo im Land gibt es eine ähnliche Ansammlung guter, preiswerter Pensionen und ebensolcher Restaurants und Treffpunkte. Das strahlt auf die Stimmung ab: Mérida mit seinen 270 000 Einwohnern ist ein bisschen *swinging.*

Straff eingerahmt von den Tälern des Chama und des Albarregas, dehnt sich die prosperierende Stadt in die Länge. Der nördlichere Teil ist alt und traditionsreich, von kleinen Plätzen geschmückt und ausgesprochen charmant, im Süden reihen sich hinter Fassaden von Supermärkten und Einkaufszentren recht gesichtslose Neubauviertel aneinander.

Konquistadorenschicksale verknüpfen sich mit Méridas Namen. Erstaunlicherweise vermuteten 61 spanische Invasoren unter dem Kommando des Capitán Juan Rodríguez Suárez Gold in der Sierra Nevada, vermutlich aus dem einfachen Grund, dass sie woanders nicht fündig geworden waren. Die indianischen Völker auf dem Weg hinunter vom Ausgangsort im heutigen Kolumbien sollten – so lautete der königlich-spanische Auftrag – unterworfen werden. Am 9. Oktober 1558 gründete Suárez Mérida an der Stelle des heutigen Lagunillas, aber das bisschen Siedlung hielt sich nicht einmal einen Monat, dann musste es, von indianischen Angriffen zerstört, neu aufgebaut werden. Die Timotes wussten die Lagune von Urao gut zu nutzen, da ihre erdölfarbenen Wassertiefen Schwefel bargen, der – stundenlang eingekocht – eine Substanz zur Herstellung von Kautabak freigab, dem *chimó,* der auch heute noch eine wichtige Rolle in der Ökonomie der Region spielt.

Capitán Suárez konnte sich seiner – nicht autorisierten – Stadtgründung nicht lange erfreuen, dann wurde er vom königlichen Gerichtshof in Bogotá zum Tode durch Vierteilen verurteilt. Er floh und war der erste politische Asylbewerber in den Annalen der Andenstadt Trujillo. Juan de Maldonado regelte 1560 die Stadtgründung neu und taufte sie La Ciudad de Santiago de los Caballeros de Mérida.

Mérida hat Tradition als aufrührerische Metropole. Schon 1810 unterstellte sich die Stadt den Kämpfern gegen die spanische Kolonialmacht, und bereits 1813, ein Jahr nach einem Erdbeben, das die Stadt verheerte, begrüßte es Bolívar als *Libertador.*

Rund um die Plaza Bolívar

Einer der hübschesten und lauschigsten Bolívar-Plätze markiert denn auch den Mittelpunkt der von Norden nach Süden leicht abschüssigen Schwemmlandterrasse, über die die Straßen Méridas quasi herunterzupurzeln scheinen. Der Länge nach durch acht Avenidas segmentiert, verjüngen sich die wie Querstreben einer Leiter angelegten Calles nach Süden. Die Stadtgeschichte ist lang, doch sie hat dem erdbebengeplagten Mérida keine historischen Bauwerke von auffallendem Wert schenken können, und so besteht der Kranz um die **Plaza Bolívar** 1 herum auch nicht aus kolonialen Erbstücken, sondern aus neueren Gebäuden, die ihr junges Alter kaschieren, indem sie eklektizistisch (Kathedrale) oder im Stil der Renaissance (Erzbischöflicher Palast) gestaltet worden sind. Von der **Kathedrale** 2 beispielsweise blieb nach zwei schweren Beben nur der Turm erhalten, aber in ihrem Inneren gibt es eine Statue der Jungfrau Maria aus dem 15. Jh. und in der Krypta die Gebeine des hl. Clemens. Das **Museo Arquidiocesano** 3 im Palacio Arzobispal zeigt neben einigen alten Gemälden eine Glocke aus dem Jahr 909. An der Kreuzung der Av. Independencia (oder 3) mit der Calle Vargas (oder 23), an der südwestlichen Ecke der Plaza, betreut in einem attraktiven Patio-Haus die Universidad de los Andes (ULA) das **Museo Arqueológico** 4 und bietet eine kleine, aber wertvolle Hilfe für das Verständnis der indianischen Kulturen.

Mit seinen Wanderausstellungen moderner venezolanischer Kunst interessant für Neugierige ist das **Museo de Arte Moderno** 5 im Parque Beethoven in einer Art Einfamilienhaus, weniger ergiebig das **Museo de Arte Colonial** 6 (Av. 4/Calle 20); die Schöpfer der sakralen Gemälde und Heiligenminiaturen sind fast durchweg anonym. Der Parque Beethoven ist eine optionale Kuriosität. Die Bundesregierung hat sich nicht gerade mit Ruhm bekleckert, als sie ihn ausstaffierte: Gartenzwerge sowie ein Glockenspiel, das die Ode an die Freude herausbimmelt, kann, muss man aber nicht sehen.

Vom recht unscheinbaren **Parque Las Cinco Repúblicas** 7 aus erhascht man bei gutem Wetter einen Blick auf die Gipfelkonferenz der Fast-Fünftausender, die Mérida schmückt. Die fünf Republiken, die dem Park den Namen gaben, sind natürlich die, die Bolívar befreite: Venezuela, Ecuador, Kolumbien, Bolivien und Peru.

Am entgegengesetzten Stadtrand in Richtung Südwesten hat das didaktisch aufgebaute **Museo de las Ciencias** 8 geöffnet. Es gibt einen guten Überblick über den Naturraum der Region inklusive Bodenrelief, und hat Abteilungen zur Seismographie und Bodenschätzen sowie eine Kletterwand.

Die Bergwelt um Mérida

Das Gros der Gäste ist weniger wegen der hübschen Stadt als wegen der Ausflugsmöglichkeiten hier und genießt den Kaffee in der Passage Los Libertadores bei der Plaza Bolívar, im Café Tía Nicota oder in den Fruchtsaftbuden um den **Parque Las Heroínas** 9 und in der Avenida 8 und plauscht, mit modischer Metallsonnenbrille, höhensonnensicherer Lippenpomade und Wanderstiefeln angetan, mit Gleichgesinnten über Trekkingziele und die besten Paragliding-Lehrer. Dutzende von alternativen kleinen Reiseveranstaltern mit einem recht

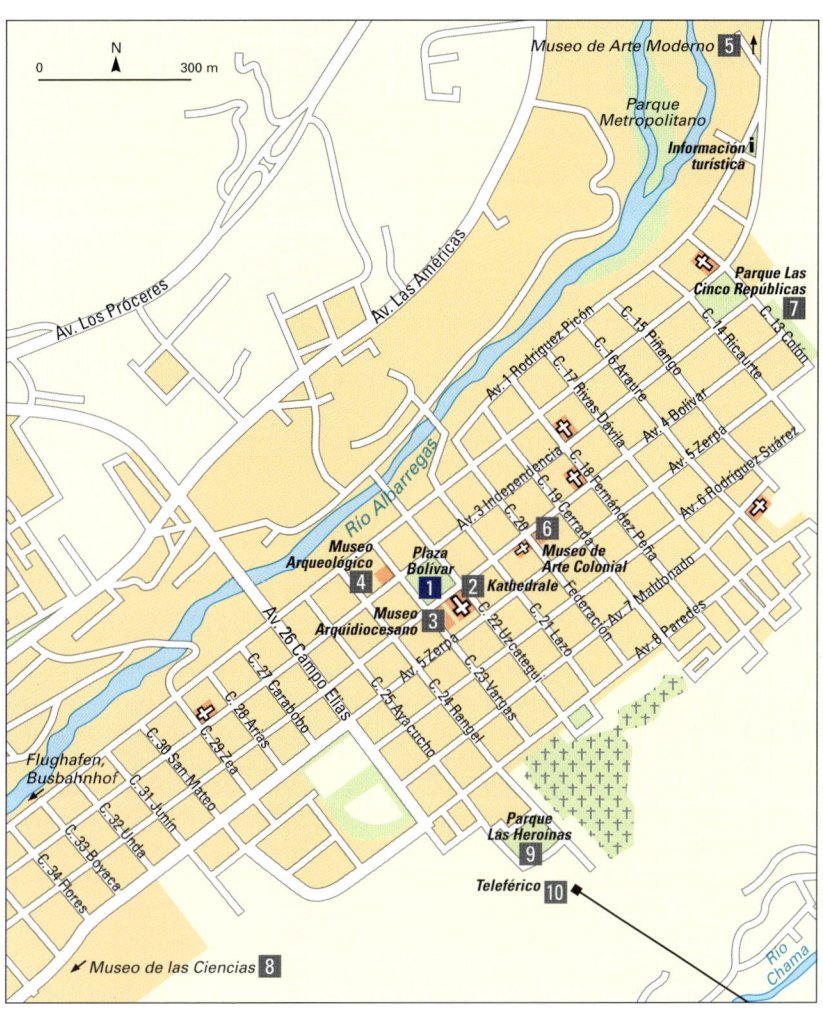

Das Zentrum von Mérida

homogenen Programm verteilen sich über die gesamte Stadt: Zu finden sind die Kombination Anden–Llanos, aber auch Mountainbike-Touren und Pferdewanderungen.

Der Stolz der Stadt und der gesamten Region liegt allerdings nicht auf dem Pferderücken, sondern in schwindelerregender Höhe: Die längste und höchste Seilbahn der Welt **Teleférico** 10 verankerte die Stadt fest im Rundfahrtprogramm. Distanz (12,5 km) und Höhe (von 1600 m auf 4700, Pico Espejo) sind eigentlich nebensächliche Daten, wäre diese Fahrt nicht ein Traum mit dem schönsten Biologieunterricht des Landes. Jetzt verkehrt sie wieder, aber nur bis zur vierten Station, Loma Redonda, auf 4045 m Höhe. Die abschließende Etappe zum Pico Espejo soll bald wieder fertiggestellt sein. Ein Unfall 1993 hatte den Teleférico außer Betrieb gesetzt. Die Distanz und die erreichte Höhe sind eigentlich nebensächliche Daten, wäre diese Fahrt mit einem Höhenunterschied von 3000 m nicht ein Traum mit dem schönsten Biologieunterricht des Landes. Andine Klimazonen, Agrartechniken, ackerbauliche Nutzformen, pflanzliche und landschaftliche Attraktionen ziehen wie ein Monumentalfilm vor dem Auge des Betrachters in majestätischer Langsamkeit vorbei. Zunächst überquert die Gondel das silberne Tal des schäumenden Río Chama inmitten von Obst- und Kakaoplantagen, es folgen Bromelien und Spanisches Moos, das wie Watte von den Bäumen fließt, und zum Finale nach einem außerordentlichen Panorama, das *páramo, frailejones* und die wie in die kahle Erde getropften Lagunen versammelt, erscheinen die fünf schneeweißen Gipfel Pico Bolívar (5007 m; nur 12 km von Mérida entfernt), Pico La Concha (4765 m), Pico Espejo (4765 m), Pico Humboldt (4942 m) und Pico Bonpland (4883 m). Der frühe Morgen empfiehlt sich für diesen Ausflug, weil so die Zwischenstationen zu Akklimatisierungspausen genutzt werden können und um die Mittagszeit dichte Nebelwände die Anden zu verhüllen beginnen.

Um diese Stationen herum konzentrieren sich eine Menge an Wanderungen und Pferdetouren, die von den zahlreichen, unkomplizierten Verbindungen zu Mérida profitieren. Durch die malerische *selva nublada* führt ein recht steiler, zweistündiger Marsch von der dritten Seilbahnstation, La Aguada (3452 m), zur zweiten, La Montaña (2442 m); ein kürzeres Vergnügen bereitet der einfachere Abstieg von der vierten, Loma Redonda (4045 m), zur dritten. Von La Aguada führt ein abenteuerlicher Maultierpfad zum kleinen Kolonialort **Los Nevados** auf 2700 m Höhe. Es ist ein Fünf- bis Sechs-Stundenritt, den man am besten schon in Mérida organisiert. Eingebettet in den Nebelwald, bietet Los Nevados einfachste Unterkünfte in sechs *posadas* (kein Telefon) und die Möglichkeit, weitere Lagunen bis zum Pico Espejo zu erkunden. Eine mehrtägige Tour verbindet El Morro mit Los Nevados auf einer abenteuerlichen Jeepfahrt, die anschließende Wanderung führt zur Station La Aguada.

Ausflug nach Jají

Das 1968 komplett restaurierte, 400 Jahre alte Kolonialdörfchen Jají, 38 km westlich von Mérida (Por Puestos ab Busbahnhof) an der idyllischen Straße in den Aussteigerort La Azulita zählt zu den beliebtesten Ausflugszielen in der Umgebung Méridas. Bananenplantagen dehnen sich unter dem dichtbewaldeten, zackengekrönten Andenpanorama, kleine *posadas* und Hotels säumen den Weg. 8 km vor Jají stoppen die Venezolaner an den **Chorrera de los Gonzalez,** um an den Wasserfällen ihre Trinkkanister aufzufüllen.

Eine Abzweigung führt hinauf zu **La Venezuela de Antier,** einem Museumsdorf vom Schöpfer von Los Aleros. Während sich Montilla nordöstlich von Mérida bloß mit den Anden beschäftigt hat, hat er sich südwestlich davon dem Kulturerbe des gesamten Landes gewidmet. Die Urdaneta-Brücke von Maracaibo liegt neben der Plaza Bolívar von Caracas, Guajiro spazieren zwischen Amazonasindianern und Juan Vicente Gómez umher – Montilla hat vor nichts haltgemacht.

Der Teleférico von Mérida auf den Pico Espejo, über Frailejones schwebend

Auf mehreren steilen Terrassen ausgebreitet, fällt das einheitlich in die Farben Blau und Weiß getauchte niedliche, wochentags stille **Jají** buchstäblich ins Tal. Hibiskusbäume beleben die kleine Plaza Bolívar und den Kranz der weißen Kolonialhäuschen mit schweren, dunklen Holzbalkonen und Schindeldächern. Es duftet nach Holzkohle und Blumen. In den Kunstgewerbegeschäften an der Plaza werden Postkarten und lokale Keramik verkauft, und die dem Kolonialstil nachempfundene Posada Aldea Vieja bietet atmosphärische, einfache Übernachtungsmöglichkeiten. Wer sich für den Kaffeeanbau interessiert, muss nur wenige Kilometer weiter zur **Hacienda El Carmen** fahren. Dort werden Führungen in die Kaffeeplantagen angeboten und übernachten kann man auch.

Die Weiterfahrt nach **La Azulita** führt auf traumhaft schöner, aber anstrengender Strecke durch dichten Nebelwald, in den die Sonne sparsame Streulichter setzt. Der Ort selbst hat nichts Spektakuläres zu bieten, weil er sich planlos vergrößert hat, aber er liegt, will man einer Astralkarte der Welt Glauben schenken, auf einem indischen Chakra, einem Energiefeld. Kunstgewerbe-Produzierende, Vogelkundler und Aussteiger treffen hier und in San Luis auf Trappistenmönche und Hare-Krishna-Anhänger, huldigen der natürlichen Ernährung und der alternativen Lebensführung. Am Weg nach Azulita verbirgt sich die **Cueva del Pirata** (›Piratenhöhle‹), die angeblich Seeräubern im 17. Jh. als Zuflucht und Versteck gedient haben soll. Die Geschichte besagt, dass ein Priester bei der Besichtigung der Höhle verrückt geworden sei, weil er drinnen so viele Dinge und Lebewesen gesehen habe, die er nicht identifizieren konnte. Die Polizei in La Azulita vermittelt gerne Führungen.

Von Mérida nach Barquisimeto

Karte: S. 240
Tipps & Adressen: Valera S. 321 f.,
Trujillo S. 320, Boconó S. 278 f., Quibor
S. 316, Barquisimeto S. 277 f.

Auf der Transandina nach Valera

Eine spektakuläre Route überquert die
Anden von Mérida in nordöstliche Richtung hinüber nach Valera, das sich zwischen grünen Höhenzügen bereits am
Gebirgssockel befindet. Es ist die am
höchsten gelegene asphaltierte Straße
des Landes. Diese Route kontrastiert
aufsehenerregend mit dem Andenzu-
gang über Barinas in den Llanos und
das Valle de Santo Domingo, der mittlerweile der üblichere und bequemere geworden ist. Panamericana contra Transandina: Beide Strecken stecken voller
Reize, die eine lieblich, die andere rauh.
Die ältere Transandina durchstreift eine
Gegend mit langer indianischer Tradition der Timotes-Cuica, was auch die
spanischen Kolonialörtchen erklärt, die
sich in dieser abgeschiedenen Gegend
in die Bergsenken betten.

Bei Apartaderos mit seiner blau-
weißen Kirche trennen sich auf 3200 m
Höhe die Wege. Westlich der Transandina klettert die gut ausgebaute Ruta
Nacional 7 zum höchsten Andenpass
Venezuelas, dem **Paso El Águila** 1 auf
4118 m hinauf. Kartoffeln werden an
den felsigen Bergflanken angebaut.
Graubraune Stoppelflächen, säuberlich
durch Steineinfassungen als Felder markiert, und tundragrüne *bofedales* mustern die Bergrücken. Ziegen und Kühe
finden in den Matten ihre Nahrung. Die
Luft ist schneidend kalt und feucht, und

Schwaden dichten Nebels ziehen unter
den Gipfeln vorbei – dasselbe Phäno-
men wie an der Laguna Negra (s. S. 228)
tritt in Erscheinung: Die heiße Luft der
tellerflachen Llanos trifft auf die kalten
Luftmassen der Anden. Die mannsho-
hen malerischen *piñangos,* sozusagen
Doppelstöcker – *frailejones,* übersäen
die erzgefärbten, nahezu unbewohnten
Gebirgszüge des **Páramo Piñango.** In
weiten Kehren ornamentiert ihn der
Straßenverlauf wie ein weiß gezacktes
Band. Auf diesem Streckenabschnitt liefern die gegen den dunkelblauen An-
denhimmel ragenden, bizarren Berggipfel ein Bild von seltsamer Majestät.

In einer Senke gegenüber dem imposanten Pass El Águila betreibt eine Familie ein gemütliches, kleines Restaurant und ein Souvenirgeschäft. Wer hier
herumstreifen möchte, kann im Restaurant eine kleine Pause einlegen, um sich
zu akklimatisieren. Die *carretera* klettert
anschließend wieder hinunter, diesmal
in agrarisch intensiv genutztes Land.
Verkaufsstände mit Bananenstauden,
Salatköpfen und Wassermelonen beleben bald wieder die Straßenränder. Weißblühendes Hirtentäschelkraut,
blaue Lupinen und die aristokratischen
calas tüpfeln die Berge.

Das friedliche Dörfchen **Chachopo**
(2601 m) lebt vom Anbau von Karotten,
Blumenkohl, Artischocken und Radieschen und ist Heimatort einer traurigen
Legende aus den Unabhängigkeitskriegen. Die Bäuerin Luz Caraballo wurde
wahnsinnig, nachdem sie ihre zehn
Söhne in den Kämpfen verloren hatte.
Man sagt, sie sei daraufhin zwischen
Chachopo und Apartaderos umhergeirrt
und habe nach ihren Söhnen gerufen.

In dem Dörfchen Chachopo, einem typischen Straßendorf in den Anden

Die ›Loca (Verrückte) Luz Caraballo‹ hat Venezuelas Nationaldichter Andrés Eloy Blanco mit einem Gedicht gewürdigt.

Von weiten Terrassen umgeben, liegt die Kleinstadt **Timotes** (12 000 Einw.) auf 2000 m Höhe 52 km hinter dem Pass. Sie ist eine spanische Gründung von 1691 und Handelszentrum für landwirtschaftliche Produkte. Etwas schmuddelig und bar jeder touristischen Reize, überrascht sie mit stürmischen Prozessionen, den *Giros de San Benito,* die am 29. Dezember zu Ehren des schwarzen Heiligen San Benito abgehalten werden. Tanzgruppen repräsentieren die Indios, Negros und die Gläubigen.

Als einer der atmosphärischsten Kolonialorte gilt **Jajó** 2 deswegen, weil sein Erscheinungsbild nicht restauriert oder stilgerecht neu erbaut, sondern nur ausgebessert wurde. Der Weg dorthin ist atemberaubend. Spanisches Moos tropft in langen Wattezapfen von den Bäumen, Eukalyptus parfümiert die Luft. Jajos ländliche Schönheit besteht aus rotgeschindelten Dächern, weißen Häuschen, dunklen Holzbalkonen und geschnitzten Türen. Die schmalen Gassen sind kopfsteingepflastert.

Vom Tor zu den Anden sprechen die Leute aus Valera, wenn sie das nur 20 km entfernte **La Puerta** beschreiben. Für sie bietet es eine hübsche Chance, dem schwül-warmen Klima Valeras zu entfliehen. Seine Lage inmitten eines fruchtbaren Tales macht La Puerta zusammen mit der reizenden Plaza und der Kolonialkirche zu einem erholsamen und lohnenden Ausflugsort.

In unmittelbarer Umgebung erstreckt sich ein erfolgreiches landwirtschaftliches Versuchsfeld um den Andenfluss Motatán. Es wurde 1926 auf 35 km Länge und zwischen 1500 und 3700 m Höhe eingerichtet, um Anbauflächen für Gemüse und Obst zu schaffen, welche die steigende Nachfrage aus den neuen Erdölstädten im Norden befriedigen sollten. Dem Projekt war Erfolg beschieden: Die Gebiete wurden schnell erweitert.

Valera und Trujillo

Stickig, laut und betriebsam ist **Valera** **3** das von sieben Hügeln umgebene wirtschaftliche Zentrum des Bundesstaates Trujillo, und mit 160 000 Einwohnern ist es auch noch dreimal so groß wie die Hauptstadt Trujillo. Dafür enthält es aber so gut wie gar keine Sehenswürdigkeiten. Das klebrige Klima lässt die Nähe zu den frischen Andenpässen schnell vergessen. *Valera valerá,* soll Landesvater Simón Bolívar über diesen Ort einmal gesagt haben, »Valera wird etwas wert sein« – und wirklich: als Verkehrsknotenpunkt leistet die Stadt gute Dienste. Busbahnhof und Flughafen vernetzen die Anden mit anderen Regio-

nen. Wenn in Mérida die Flugzeuge wegen schlechter Wetterverhältnisse nicht landen können, werden die Flüge nach Valera umgeleitet.

Valera liefert ein Beispiel für eine typische latinische Mittelklassestadt. Es fällt leicht, sich in ihr zu orientieren. Streng nach dem Schachbrettmuster ausgerichtet, durchschneidet die Avenida Bolívar in nord-südlicher Richtung die gesamte Stadt. An ihr versammeln sich die Geschäftszonen mit Einkaufsgalerien und die Straßencafés. Im Süden trennt sie die mittelständischen Wohnviertel ab. Schuhputzer und Zigarettenverkäufer umlagern die Plaza Bolívar, die hier ein Lieblingsplatz der müßiggehenden Männer ist und von einem neo-

Von Mérida nach Barquisimeto

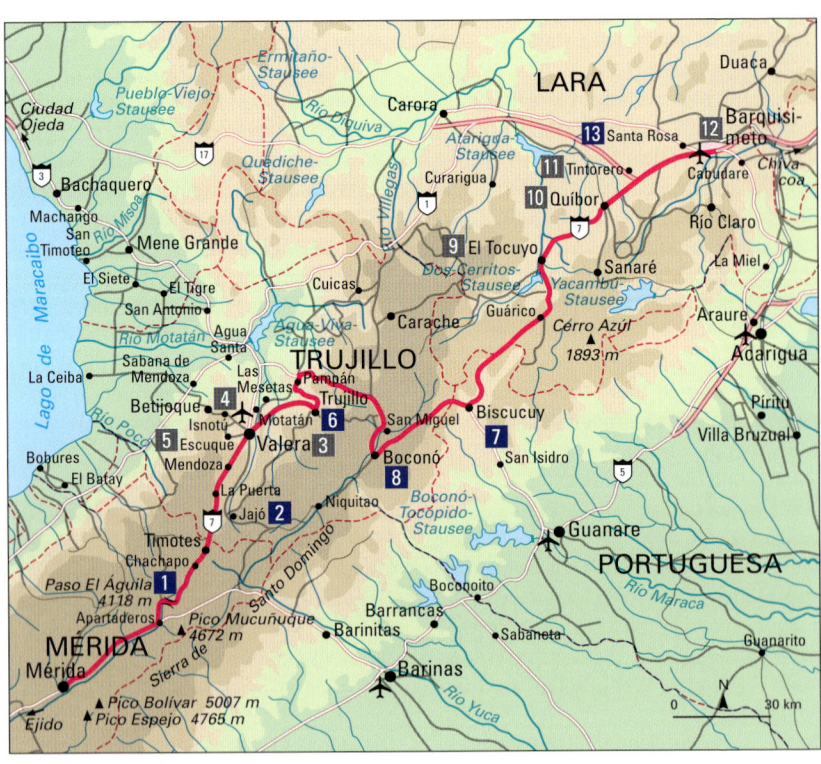

gotischen Monstrum von Kathedrale beherrscht wird.

Viele interessante Ausflüge lassen sich von Valera aus unternehmen, von der Avenida Bolívar verkehren Por Puestos in die nahegelegenen Andenorte.

Das winzige **Isnotú** 4 widmet sich hingebungsvoll der Verehrung des Arztes und Priesters José Gregorio Hernández und spiegelt damit die unglaubliche Popularität, die der hochbegabte und charismatische Arzt der Armen im gesamten Land genießt. Er wurde 1864 in Isnotú geboren und starb 1919 in den Straßen von Caracas. Man sagt, es kann gar nicht mit rechten Dingen zugegangen sein, als er vom ersten und einzigen Automobil Venezuelas überfahren wurde, und dieser heftig bedauerte und ungewöhnliche Tod hat seine Legende nur noch weiter genährt. Man spricht sogar von einem Attentat, weil seine Popularität so immens gewesen war, dass Politiker und Kirche gleichermaßen Gründe gehabt haben sollen, ihn aus dem Wege zu räumen. Seine Karriere verlief kometengleich. Aus großbürgerlichen Verhältnissen stammend, promovierte er bereits im Alter von 24 Jahren zum Doktor der Medizin und arbeitete anschließend in Paris. Später machte er mit seinem unermüdlichen Einsatz für die Armen auf sich aufmerksam. Ihm wurden schnell Wunderheilkräfte zugesprochen; sein Ruf wuchs ins Überlebensgroße. Es gibt im gesamten Land kein Bildnis, das so häufig angefertigt und verkauft wird wie das des Arztes im schwarzen Anzug, mit Hut und weißem Hemd und dem charakteristischen Schnauzbart. Man findet es in jedem Souvenirgeschäft, in jeder Devotionalienhandlung. Sogar Maria und Jesus stehen im Schatten des Volksheiligen. Gläubigkeit kennt keine ideologischen Begrenzungen: Obwohl er in Italien zum Priester geweiht wurde, hat das Volk ihm auch einen Platz im Hofstaat der María Lionza (s. S. 54 f.) zugewiesen, der venezolanischen Göttin des Waldes und der Quellen, und zwar als oberster und einflussreichster Begleiter.

In Isnotú gedenkt man seiner in seinem bescheidenen Geburtshaus-Museum. Daneben sticht die moderne Konstruktion einer Kapelle ins Auge. Auf der Straße nach Valera erblickt man eine weitere Gedenkstätte mit Denkmal, das ihn, eine Wand durchschreitend, mit Hirsch und Hund zeigt – Verweis auf die Transzendenz des Arztes. Die durchaus mystischen, aber auch handfesten Venezolaner haben daneben einen kleinen Picknickplatz gebaut, Feiern muss ja schließlich nicht feierlich sein. Wer in Isnotú übernachten möchte, kann dies in einer schönen, bequemen *posada* tun.

Escuque 5 liegt 10 km südwestlich von Valera schon in den Bergen. Es ist – 1558 gegründet – das älteste Kolonialdorf in den Anden. Seine pittoreske Ausstrahlung wurde mit dem Dekret erkämpft, alle neuen Bauwerke dem Kolonialstil anzupassen und die bestehende architektonische Harmonie nicht zu beeinträchtigen. Einen besonderen Anziehungspunkt hat es mit dem *Niño de Escuque,* einer barock-sinnlichen Kinderdarstellung von Jesus, die sich in der gleichnamigen Kirche befindet.

Die leicht ansteigende und sehr gut ausgebaute Straße zwischen Valera und Trujillo (35 km) durchschneidet eine fruchtbare, liebliche Gegend. Trujillo markiert praktisch den Endpunkt der Strecke. Etwa 10 km davor zweigt bei La Consección linker Hand die Straße nach Boconó und Barquisimeto ab.

Steil umrahmen dichtbewaldete Bergrücken die Quebrada de los Cedros mit dem Río Castán, in dessen Tal sich die Landeshauptstadt **Trujillo** 6 in die

Länge zieht. Viel Ausdehnung lässt dieser Platz nicht zu, und so besteht das 1557 gegründete Trujillo im wesentlichen aus zwei Parallel-Avenidas in der Altstadt und einem latinischen, bunten, neuen Teil nördlich des Zentrums in Richtung Valera, in dem auch der Straßenmarkt abgehalten wird. Ein üppiges, sanftes Bananen- und Mangoklima umfächelt das hübsche, lebhafte Kolonialstädtchen.

Trujillos Hauswände gleichen einem aufgeblätterten Geschichtsbuch. Es ist die einzige Stadt in Venezuela, in der die sonst überall üppig angebrachten *murales* nicht wild an den Wänden wachsen, sondern von einem Komitee ordentlich verwaltet werden. »Trujillo ist die einzige Stadt der Welt, die ihre Wände benutzt, um ihre Gedanken, die Poesie, die Legende, den Mythos und die Geschichte darzustellen« liest man gleich beim Eintritt, wenn man von Valera aus kommt. Nicht nur die bedeutenden Ereignisse finden Eingang in diese sympathische Form der öffentlichen Galerie. Verdienten Söhnen und Töchtern der Stadt wird ebenfalls in der charakteristisch naiven Darstellung gedacht. Zum Beispiel der ersten graduierten Lehrerin von Trujillo, Ámparo Briceño Perozo, die ihr Examen 1926 mit 20 Jahren bestand und deren Porträt und Legende ein *mural* in der Avenida Independencia zeigt. Dem Unabhängigkeitskämpfer und Lehrer Cristóbal Mendoza, der Simón Bolívar zuerst als *Libertador* bezeichnete und der 1772 in Trujillo geboren wurde, gilt ein Wandgemälde an seinem Geburtshaus an der Kreuzung Avenida Independencia/Calle Carillo. Weitere regionale Persönlichkeiten werden auf den Mauern der im ländlichen Kolonialstil gehaltenen Häuser verewigt, was den Stadtspaziergang richtig unterhaltsam macht.

Die reichste Darstellung gebührt, wie immer in Venezuela, dem *Libertador* selbst, der in Trujillo am 15. Juni 1813 das berühmte, folgenreiche *Decreto de Guerra a Muerte* ausrief: Krieg der spanischen Kolonialmacht bis zum Tod. Eine entsprechende bildliche Darstellung findet man im unteren Bereich der Avenida Bolívar kurz vor der Plaza Bolívar; das Haus, in dem diese Maxime aufgestellt wurde, liegt an der Avenida Independencia (Nr. 529). Selbstredend fungiert es als Museum, als **Centro de Historia,** das mit Historiengemälden geschmückt ist. Ansonsten herrscht hier ein kurioses Sammelsurium: Eine Kopie der Totenmaske des Diktators Juan Vicente Gómez wetteifert mit der ersten Druckerpresse von Trujillo aus dem Jahr 1864, ägyptische Statuetten konkurrieren mit präkolumbischen Gefäßen. Mit rotem Baldachin und goldenen Fransen ist das Bett Simón Bolívars verziert, das hier der Nachwelt bewahrt wurde.

Zwei weitere Sehenswürdigkeiten von Trujillo liegen sozusagen diametral entgegengesetzt am Anfangs- und Endpunkt der Stadt. 3 km vor der eigentlichen Einfahrt (nördlich, von Valera aus kommend) beschwört das zwischen 1980 und 1983 liebevoll restaurierte Kolonialdörfchen **La Plazuela** vergangene Zeiten herauf. Es besteht aus nicht viel mehr als zwei Straßenzügen, die in schlichter Schönheit schwelgen: Efeu lugt aus den schmiedeeisernen balkonartigen Fenstervorbauten, die Bauweise ähnelt unseren Fachwerkhäusern: weiße, dicke Wände mit eingezogenen dunkelbraunen, stämmigen Stützbalken. Eines dieser Häuser steht als lohnende Touristeninformation offen.

Schlendert man schnurgerade durch die steilen Gässchen Trujillos, vereinen sich die beiden Altstadt-Avenidas zur Avenida Carmona. Von dichten Wäldern

Anden-Landschaft bei Boconó

gerahmt, beginnt schräg gegenüber dem Hotel Trujillo der Anstieg zur **Virgen de la Paz.** Sie zu besichtigen ist ein gehöriges Stück Arbeit, denn die recht hässliche und fast 50 m hohe Monumentalstatue thront auf 1600 m Höhe über Trujillo, das auf 800 m liegt. Zwischen 9 und 17 Uhr verkehren Por Puestos vom Hotel Trujillo zum Cerro de la Virgen. An klaren Tagen soll der Blick von den Aussichtsplattformen vom Maracaibo-See bis zu den Picos Nevados von Mérida schweifen können.

Von Trujillo nach Barquisimeto

Zurück auf die Verbindungsstraße zwischen Valera und Trujillo. Nach etwa 10 km führt rechts eine Abzweigung nach Barquisimeto. Zunächst erreicht sie das lebhafte Straßendorf **Flor de Patria.** Der folgende malerische Abschnitt nach Boconó vereinigt auf seinen 85 km sehr hübsche Ansichten der venezolanischen Anden mit karibischem Flair. Tomaten, Wassermelonen, Bananen und Avocados werden am Straßenrand verkauft; die fruchtbare Erde der Region wird zum ausgedehnten Tabak- und Zuckerrohranbau genutzt. Zwischen Berghängen und dichten Wäldern schraubt sich die asphaltierte, aber nicht immer in gutem Zustand gehaltene Straße auf eine Höhe von über 1800 m. Aus den feuchten Wäldern quillt oft satter Nebel, der die Landschaft, die einzelnen Gehöfte und die Straße gleichermaßen verschluckt.

Ein traditionelleres Ausflugsziel befindet sich in dem winzigen Kolonialörtchen **San Miguel** 7. Etwa 25 km vor Boconó weist ein Schild den schmalen, aber geteerten Weg zu einer der hübschesten Kolonialkirchen des Landes. Stämmig, ländlich, von einem strahlenden Weiß, das in der Sonne schillert, wurde die **Iglesia de San Miguel** 1760 erbaut und wirkt wie mitten in die Anden gefallen. Das Aufsehenerregendste an dem eindrucksvoll restaurierten Bauwerk ist zweifellos sein Retabel: eine wundervoll heitere, farbensprühende Manifestation andin-barocker höchster Kunstfertigkeit und Phantasie. An die Stelle kostbarer Goldüberzüge oder ehrfurchtgebietender Monumentalität treten zierliche florale Arabeskenfriese, mit dem Jakobsmuschelmotiv übersäte Säulchen und eine überzeugende Engel- und Heiligenparade: Erzengel Michael beim Bewachen der Himmelspforte (Mittelnische der zweiten Reihe), die Heiligen Gabriel, Rafael und Lucia. Auch die Kanzel ist schön. Sie zeigt Darstellungen der vier Apostel mit ihren Symbolen: Johannes mit dem Adler, Lukas mit dem Stier, Markus mit dem Löwen und Matthäus mit dem Engel.

Boconó 8 ist zwar seit Jahrhunderten das Zentrum der intensiv landwirtschaftlich genutzten Region, aber es verharrte seit seiner Gründung 1560 zunächst fast vier Jahrhunderte in absoluter Isolation. Erst 1930 wurde die Verbindung zwischen Trujillo und Boconó geschaffen. Das heutige Stadtbild ist lebhaft und freundlich und nicht besonders spektakulär mit einer angenehmen, von hohen Bäumen eingefassten Plaza Bolívar als Mittelpunkt.

Eine hier gegründete umtriebige, sozial engagierte Bürgergruppe bringt frischen Wind in die Anden. Die Asociación Civil Amigos de Boconó widmet sich hingebungsvoll und mit erstaunlichen und erfreulichen Ergebnissen der Brauchtumspflege und der Bewahrung des Kulturerbes – und das ohne jede Spur von musealer, rückwärtsgewandter Denkmalpflege. Vor dem Ortseingang, kurz hinter der Eisenbrücke über den Río Boconó, liegt gegenüber dem städtischen Hospital an der Calle Jaurétegui eines der Vorzeigeprojekte der

Gruppe. **El Trapiche de los Clavo** ist eine ehemalige Zuckerrohrmühle und Hacienda aus dem Besitz der stadtbekannten Familie Clavo Carillo, die ohne Erben geblieben war. Das herrenlose, ungenutzte Gelände wurde von der Stadt 1987 an die Asociación gegeben, nachdem die Bürger lauthals gegen die offiziellen Pläne protestiert hatten, dort einen Busbahnhof einzurichten. Die Asociación – ehrgeizig und detailverliebt – restaurierte das Gebäude originalgetreu und mit originalen Handwerkstechniken des 19. Jh. und etablierte darin mehrere didaktisch gut aufbereitete Museen. Kaffee- und Zuckermuseum widmen sich den wirtschaftlichen Grundlagen der Region. Ein Botanisches Museum enthält unter anderem ein Herbarium der regionalen Medizinalpflanzen und engagiert sich für biologisch-dynamische Landwirtschaft. Werkstätten, ein kleines Kunstgewerbemuseum und ein Café mit purer andinischer Speisekarte haben die Planer noch konzipiert, am liebsten würden sie auch noch Kochkurse anbieten, damit die Zubereitung des *mojito andino,* einer Kräutersahnecreme, nicht in Vergessenheit gerate.

In der **Casa Artesanal,** gegenüber der Brücke, werden Kissenhüllen, Bettüberwürfe, Stofftaschen und Tischdecken in feinster Handarbeit hergestellt. Auch bei diesen Produkten stehen die Naturverträglichkeit und die Bewahrung von Traditionen im Mittelpunkt.

Ein weiteres erstaunliches Beispiel für die Initiative der Leute aus Boconó ist **Tiscachic** am Flussufer. *Tiscachic* bedeutet in der Sprache der Cuica-Indianer, die hier ursprünglich lebten, ›Wir sind alle Brüder‹. Das Projekt geht auf die Idee einer städtischen Organisation

Die Iglesia Nuestra Señora de la Concepción in El Tocuyo

Kein Souvenirkitsch – Der Kunstgewerbeladen Tierra Quemada

Interessenten von wertvollem Kunstgewerbe und -design aus dem ganzen Land sei ein Sträßlein in dem unspezifischen Ort Cabudare empfohlen, den die Ruta Nacional 1 durchschneidet. Die Betreiber der Tierra Quemada sind alles andere als Vermarktungsgenies, dafür aber Sammler guten venezolanischen Kunsthandwerks. Die Straße findet man kaum, der Laden versteckt sich in einem Einfamilienhaus, und das Ladenschild lässt sich mit bloßem Auge kaum entziffern. Die Objekte sind ganz im Gegensatz zu den Angeboten zahlreicher vollgestopfter Souvenirboutiquen vom Feinsten. Besteckkästen aus verschiedenfarbigem Holz lassen von der schlichten Eleganz her eher an Japan denken, Pappmaché- und Holzskulpturen sind originelle Zitate der fröhlichen, naiv-barocken Volkskunst, es gibt eine große Auswahl an handgeschöpftem Papier und hölzerne Nachbildungen alten Spielzeugs, aus feinen Holzschichten zusammengesetzte bunte Kreisel und Jojos, die hierzulande das Prädikat ›besonders wertvoll‹ flugs einheimsen würden. Es sind originelle, hochwertig gearbeitete Gegenstände, die einen wohltuenden Kontrast zur industriell hergestellten Massenware bilden, die man oft in Andenorten findet.

zurück, die bäuerlichen Gemeinden des Umkreises miteinander zu vernetzen und ihre Produkte auf einem größeren Markt feilzubieten. Das gelingt jetzt auch in dem *Centro de Servicios Múltiples.* Dort wurde gleichfalls das Museo Campesino Tiscachic eingerichtet. Nicht nur, dass in dem Museum ein fundierter und großzügiger Überblick über die lokale Kunstgewerbeproduktion gegeben wird, man kann diese Sachen im Centro de Acopio Artesanal Tiscachic auch kaufen: farbenfrohe *alpargatas* (aus der sisalähnlichen Faser der *cocuiza),* Vorratskörbe, naive Heiligenbildnisse, Steinskulpturen, Schmuck und Gebrauchskeramik.

Ein ganzes Stück weiter nordöstlich, Richtung Barquisimeto, liegt **El Tocuyo** 9, die ehemalige Hauptstadt von Venezuela, die 1546 Coro den Rang ablief. Gar nichts lässt mehr darauf schließen. Nach einem Erdbeben 1950 musste die 50 000-Einwohner-Stadt aus Schutt und Asche heraus erneut aufgebaut werden. Unter dem Regiment des damals herrschenden Diktators Pérez Jiménez bedeutete dies: Fassadenmodernität. Und so gibt es nur die rekonstruierte Iglesia Nuestra Señora de la Concepción zu sehen, die 1760 entstand und damit 200 Jahre nach der glorreichen, nur drei Jahrzehnte während Epoche, als El Tocuyo noch Hauptstadt war.

Im Gebiet von **Quíbor** 10 soll einmal ein geheimnisvoller Pygmäenstamm gesiedelt haben. Dass dieses Gerücht ein Deutscher in die Welt gesetzt hat, und zwar schon 1530, lässt einen diese Mutmaßung doch mit Skepsis betrachten, denn welche Wunderwesen wollen die vom Gold besessenen Eroberer damals nicht alle gesehen haben: Menschen mit dem Kopf auf dem Bauch, Menschen mit Hahnenfüßen, Riesen von drei Metern. Nikolaus Federmann, Abgesandter des Augsburger Handelshauses der Welser und Nachfolger von Ambrosius Alfinger, vom spanischen König Karl I. eigentlich damit beauftragt, das Gebiet um Coro zu kolonisieren, wandte sich wie alle übrigen Konquistadoren lieber der Goldsuche zu. Dies brachte ihn auch in diese Gegend, die von einem Indianerverband namens Quibore bewohnt war. Aber Pygmäen?

Der liebenswürdige Führer Moises vom **Museo Arqueológico** klärt das Geheimnis um die zierlichen Maße der Mumien, die in seinem Museum ausgestellt werden, rasch auf. Es handelt sich dabei schlichtweg um Kinder. Die Funde, zusammen mit Grabbeigaben

und bänderverzierter Keramik aus verschiedenen Epochen (2. Jh. v. Chr.– 3. Jh. n. Chr.), verwandeln das Museum in ein Schatzkästlein. Sie ruhten auf einem unterirdischen indianischen Friedhof, der bei Bauarbeiten gegenüber der Plaza Bolívar entdeckt worden war. Muschelfunde beweisen, dass die Quibores damals Handel mit Völkern von der Küste betrieben haben müssen und wohl auch Mais gegen Salz tauschten. Die Plaza, bewachsen wie ein Dschungel, eine hübsche Kathedrale und ein wenig ländliches Kolonialkolorit steuern zum Kleinstadtcharme von Quíbor bei.

Tintorero 11, 20 km westlich von Barquisimeto an der Straße nach Carora, ist im gesamten Land derart für seine Webereien und Töpfereien berühmt, dass in seinen zwei staubigen Sträßlein alljährlich ein Kunstgewerbe-Festival abgehalten wird. Sogar in Costa Rica schaukelt man in Hängematten *hecho en Tintorero*. Wenn man Tintorero besucht,

Das Markenzeichen von Barquisimeto, der ›Stadt der schönen Sonnenuntergänge‹

mag man dies kaum glauben. In den von leuchtenden Hibiskuspflanzen geschmückten Gärten baumeln unbekümmert die Waren, die farbenfrohen Hängematten und Tischdecken aus Wolle, die Sitzkissen und Läufer. Die einfachen Werkstätten hinter den Wohnhäuschen hallen wider vom Aufeinanderschlagen der Webrahmen. Alles harte Handarbeit – die jungen Männer an den Gestellen zeigen keinerlei pittoreske Attitüde.

Originelle Keramik gibt es auch, Waschschüsseln werden nach altem Vorbild hergestellt. Landestypische Verpflegung bietet der Parador de Ana: Schwarze Bohnen, Reis und schreiend lila Traubenlimonade.

Barquisimeto

12 Der günstige Verkehrsknotenpunkt mit einem betriebsamen Flughafen und Busbahnhof liegt auf halbem Weg zwischen Anden und Küste: Die Stadt, mit ihren 825 000 Einwohnern die viertgrößte des Landes und wichtiges Industriezentrum, bietet genau diesen Grund für einen Aufenthalt. Trotz ihrer Größe haftet ihr etwas Liebenswertes, Provinzielles an.

Das Gesicht der ›Stadt der schönen Sonnenuntergänge‹, wie man Barquisimeto in Ermangelung anderer herausragender Charakteristika getauft hat, widerspricht ihrer langen Existenz: Schon in der Mitte des 16. Jh. gegründet, hat sie sich jahrhundertelang gegen die Widerstände der indigenen Bevölkerung nicht entfalten können. Zu sehen gibt es also tatsächlich nichts Wesentliches; man verweist auf den **Parque Ayacucho** als besondere Attraktion, der recht feudal angelegt, mit einem schwarzen,

schmiedeeisernen Zaun umrahmt und mit einer Reiterstatue von Sucre sowie Laternen geschmückt, aber doch nicht der größte ist.

Das **Museo de Barquisimeto** in dem auffälligen Gebäude eines ehemaligen Militärhospitals von der Jahrhundertwende kann sieben Ausstellungen auf einmal präsentieren. Meist sind es engagierte und großzügig aufgebaute Schauen zeitgenössischer Künstler.

Das winzige historische Zentrum konzentriert sich um die schattige **Plaza Lara.** Die eintürmige, weißgetünchte

Iglesia de San Francisco – darin gibt es eine Kopie des Niño Jesus de Escuque – begrenzt den Platz im Süden, dahinter gleiten die kopfsteingepflasterten Sträßlein förmlich hinunter in eine fruchtbare Ebene, die von sanften Berghängen gerahmt wird. Das **Instituto Diocesano,** das **Centro de Historia Larense** im Kolonialstil mit dicken, dunklen Holzsäulen und das **Archivo Oficial,** 1838 als Sitz der Provinzregierung gebaut, konservieren als einzige ein ganz klein wenig Stadtgeschichte. Der Obelisk, der eigentlich eine Säule ist, erinnert am

Ende der Avenida Libertador an das 400jährige Stadtjubiläum Barquisimetos im Jahr 1952.

Mit der *Divina Pastora* hat ein kleiner Bilderbuchort auf der Ruta Nacional 1 in Richtung Valencia die hübscheste und auch die am heißesten verehrte Mutter Gottes des Landes. **Santa Rosa** 13 erhebt sich gleich beim Ortsausgang von Barquisimeto hinter einem Verkehrskreisel, den ebenfalls eine Kopie der *Divina Pastora* ziert. Das Original der ›göttlichen Schäferin‹ befindet sich in der Ortskirche an der Plaza Bolívar – wenn sie gerade einmal zu Hause ist. Denn eigentlich sollte sie in der Kathedrale von Barquisimeto stehen, doch ein göttlicher Wink verfügte sie in den Nachbarort. Ihre Gemeinde schickt sie nun oft auf Reisen durch die Provinz.

Legenden von heiligen Irrtümern und Gotteswillen blühen meist üppig in Venezuela; sie vermenschlichen die Gottesbilder, rücken sie näher an die Gläubigen heran. Der *Cristo* von Gibraltar entschied sich für Maracaibo und die *Divina Pastora* nun gegen Barquisimeto.

In einer Art 3-D-Altarbild mit Schäfchen und einem naiv gemalten Landschaftsprospekt thront die überaus lieblich anzusehende und ganz junge Schäferin im hellblauen Kleid mit einem niedlichen Jesuskind auf den Knien. Zu ihrem Ehrentag am 14. Januar wallfährt halb Venezuela nach Santa Rosa, das ebenfalls ganz reizend anzuschauen ist. Ein bemalter Torbogen gewährt Durchlaß zu einem zierlichen Dörfchen aus dem 18. Jh. In bunte Tünche getauchte kleine Lehmhäuser scharen sich um eine freundliche Plaza Bolívar mit einem ebenfalls leuchtend angemalten Tau-

Von Mérida nach San Cristóbal

Karte: S. 269
Tipps & Adressen: San Cristóbal
S. 317

Als habe man der Landschaft das Pflanzenkleid geraubt, so präsentiert sich zunächst der Weg hinunter nach San Cristóbal, der 226 km entfernten Hauptstadt des Andenstaats Táchira. Besonders bei sinkender Sonne erglühen die scharf gefalteten Berghänge in den wärmsten Goldtönen. 30 km hinter **Mérida** verstecken sich die aufregenden Dorados für Paraglider, Los González und Tierra Negra, in den Anden. Geübte zieht es immer wieder in die recht kahlen, von niedrigen, krautigen Vegetationsdecken bezogenen Berge.

Die Bekanntheit von **Lagunillas** schmilzt dahin vor seinem schlichten Stadtbild. Die Taufpatin, die Lagune, in deren Tiefen von 22 m die Sodakristalle zur Herstellung des Kautabaks ruhen, liegt im Osten der Stadt. Schon die Mucujún vermischten das Mineral mit Tabak und Asche und gewannen daraus den Hunger und Durst betäubenden *chimó.* Der schwarze, schlierige Grundstoff muss dreimal mindestens zwölf Stunden gekocht werden, bevor er weiterverarbeitet werden kann. Das geschieht mit bescheidenen Gerät unter freiem Himmel. Nett konservierte Häuserzeilen klettern über den hügeligen Untergrund des Städtchens. Das Freilichtmuseum **Mérida Indígena Jamú** thront auf einem Hügel und gibt in typischen indianischen Wohnstätten einen Überblick über materielle Kultur und Kunstgewerbe der Indianer, ebenso über Anbaumethoden.

Pueblo Nuevo 1 liegt vis-à-vis des Tales, verborgen hinter den Falten der Anden und auf atemberaubender Höhe. Eingerahmt von den Blüten der ›Königin der Nacht‹ und Kräutern ist das ehemalige Versteck der Indios vor den spanischen Konquistadoren heute ein malerisches Dorf mit tief herabgezogenen Schindeldächern und einer erstaunlichen Anzahl an Lebensmittellagern, die auf rege landwirtschaftliche Tätigkeit in scheinbar einsamer Umgebung hinweisen. Die Plaza Bolívar liegt fast am Eingang des Dorfes, denn dahinter ist nur noch Raum für schmale Gässchen.

Die Panamericana führt durch zunehmend fruchtbares Land. Kleinbäuerliche *conucos* wechseln mit Kaffeepflanzungen. **Tovar,** keine besondere Schönheit, aber mit erstaunlichen Museen gesegnet, verdankt Existenz und Wohlhabenheit dem Zuckerrohr.

Die rapide ansteigenden Höhenmeter verwandeln das satte Grün in ein nebelverhülltes Geheimnis. Lichten sich die Schleier, sieht man grasende Kühe und einzelne Gehöfte aus altersgebeiztem Holz. In einer Höhe von fast 2000 m werden Kartoffeln und Zwiebeln angepflanzt.

Zauberische Atmosphäre herrscht auch im **Parque Cascada 2** vor Bailadores. Wasserfälle mit Schwimmbecken und Wanderwegen bilden seine Hauptattraktionen. Den schönsten Wasserfall adelt das Märchen der Häuptlingstochter Carú. Ihr Geliebter wurde im Kampf gegen die spanischen Konquistadoren ermordet. Sie schlich zum Schlachtfeld und brachte den Leichnam an die Stelle des heutigen Wasserfalls. Dort starb sie, unaufhörlich weinend, so dass ihre Tränen diese Kaskade erzeugten; *La Cascada de la India que murió de Amor.* Mit den Liebenden haben sich nun die Wolken verbündet. Sie sam-

Rodeo in den venezolanischen Anden bei Mérida

meln die Tränen aller unglücklichen Mädchen, verwandeln sie in Nebel, parfümieren ihn mit Minze und lassen ihn auf das Grab von Carú regnen. Dort öffnen sich Blüten, die das Brautbett der im Himmel Vereinten bilden.

Das beschauliche und hübsche **Bailadores** 3 mit seiner gepflegten Plaza Bolívar liegt eingebettet in fruchtbare Täle. Die Stadt geht auf eine indianische Gründung der Caricuana zurück, die die spanischen Konquistadoren unter Francisco de Cáceres am 25. August 1578 eroberten. Die ursprünglichen Landesherren überstanden eingeschleppte Epidemien; die Kriege gegen die Spanier überstanden sie nicht. Ihre schnellen Kampfbewegungen brachten ihnen den Namen ›Tänzer‹, *bailadores,* ein.

Westlich des Ortes erhebt sich der **Páramo La Negra** 4 auf 3000 m. Nach 23 km gabelt sich die Panamericana. Wer den *páramo* besuchen möchte, erreicht nach 7 km auf kurviger Strecke seine typische Landschaft, die hier nicht dieselbe Fülle an *frailejones* zeigt wie nordöstlich von Mérida. Ein früher Besuch empfiehlt sich wegen der Aussichten, denn am Nachmittag können sich Wolken schnell zusammenballen.

Ein wahrer Wasserfall an Kurven begleitet den Abstieg nach **La Grita** 5, einem hübschen, alten, bunten, auf drei übereinandergetürmten Plateaus errichteten Städtchen mit 35 000 Einwohnern. Wenn man hineinfährt, fällt der Blick praktisch hinunter auf das Stadtende im Tal des Río La Grita. Jedem Plateau seinen Platz und seine Kirche, und auf dem obersten, an der Plaza Sucre, befindet sich **La Casa del Balcón de La Grita.** Nun ist ein Haus mit einem Balkon nichts Besonderes, dieses hier ist es aber schon, weil Simón Bolívar von diesem Balkon aus seine Truppen am 17. April 1813 zum Kampf gegen die Spanier anfeuerte. Ihm wird auch die Geschichte gefallen haben, wie *La Grita,*

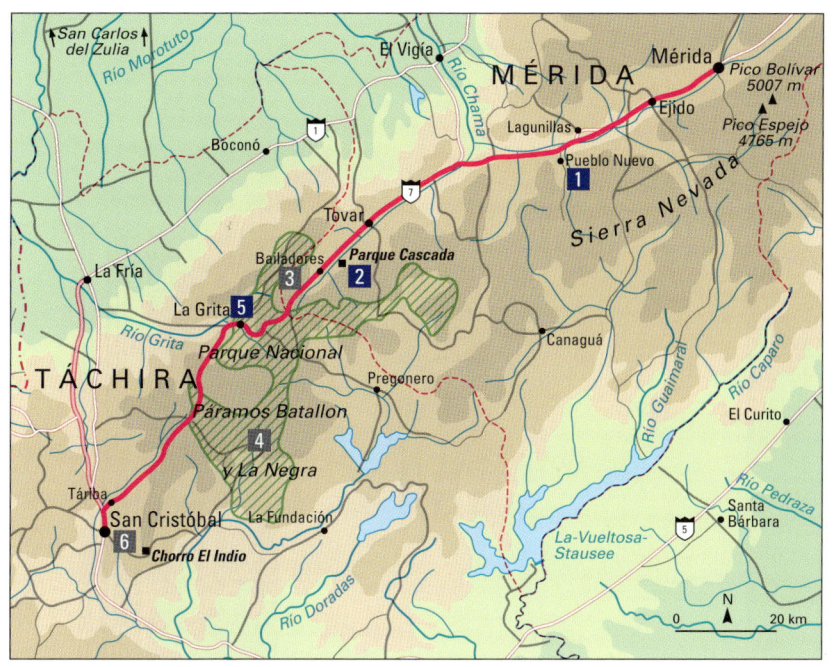

Von Mérida nach San Cristóbal

›der Schrei‹, zu seinem Namen kam. Die Caricuana sollen so laut geschrien haben, als sie das Konquistadorenheer erblickten, dass die Spanier dieses Geschrei offenbar beeindruckte. La Grita eignet sich als Standort für Ausflüge in den Páramo La Negra, der keine Unterkunftsmöglichkeiten aufweist.

Kaffee, Kaffee, Kaffee und Präsidenten: Südlich von La Grita gediehen Kaffeebohnen mit großem Erfolg, so dass die Bergtäler damit zugepflanzt wurden. Und eine ganze Reihe von Präsidenten des Landes stammt aus dem Bundesstaat Táchira, zuletzt Carlos Andrés Pérez. Auch Juan Vicente Gómez wurde hier geboren und rekrutierte seine Camarilla aus Landsleuten. *Gochos* nennen die Venezolaner die Andenbewohner, ›eigensinnig, starrsinnig und nicht besonders klug‹, und damit meinen sie

offensichtlich auch ihre Präsidenten.

Die Fahrt ist das Ziel. Die Panamericana rutscht nach weiteren 75 km nach **San Cristóbal** 6 hinein. Mit 336 000 Einwohnern ist es eine moderne Stadt, die von *calles* und *carreras* zerlegt wird. Eine breite touristische Infrastruktur und latinisch lebhafte Atmosphäre lassen eher die Nähe zu Maracaibo als zu Mérida vermuten. San Cristóbal bietet sich als Ausgangspunkt für Ausflüge nach Kolumbien oder in die Llanos an.

10 km südöstlich der Stadtgrenze liegt der **Chorro El Indio,** ein Wasserfall, umgeben von dichten Wäldern, 11 km nördlich **Táriba** mit zwei montäglichen Bauernmärkten, auf denen Großvieh gehandelt wird.

Vor der Casa de los Gobernadores in Ciudad Bolívar ▷

Information

 Unterkunft

 Restaurant

 Sehenswert

 Einkauf

 Nachtleben

 Theater

 Aktivitäten

 Strand

 Verkehr

Tipps &
Adressen

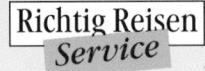

Inhalt

■ Reiseinformationen von A bis Z

Tipps und Adressen von Ort zu Ort

■ **Preiskategorien Hotels:**
Sehr preiswert: bis 20 $/20 € (12 000 Bs)
Günstig: bis 30 $/30 € (20 000 BS)
Moderat: bis 50 $/55 € (33 000 Bs)
Teuer: bis 75 $/75 € (49 000 Bs)
Sehr teuer: über 75 € (über 50 000 Bs)

■ **Preiskategorien Restaurants:**
Günstig: bis 13 € (8500 Bs)
Moderat: bis 25 € (17 000 Bs)
Teuer: über 25 € (ab 17 000 Bs)

Caracas und abgelegene touristische Attraktionen wie Canaima, Los Roques, die Llanos und das Orinocodelta haben höhere Preise, wobei angemerkt werden muss, dass die Transportprobleme in unwegsamere Regionen die Kosten natürlich verteuern. In der Nebensaison können die Preise oft beträchtlich sinken, z. B. auf der Isla de Margarita und in den Anden.

Adícora

Lage: C8
Vorwahl: 0269

La Troja (moderat), Tel. 8 80 48, 16 Zimmer; gepflegte Anlage in einem weitläufigen Gelände mit großem Swimmingpool und kleinem Zoo. **Hacienda La Pancha** (moderat), etwas außerhalb von Adícora gelegen, mobil: 014/9 68 26 49, 6 Zimmer; alle im kolonialen Landhausstil eingerichtet, mit Restaurant.

Altamira de Cáceres

Lage: C6 (bei Santo Domingo)
kein Festnetz
Einwohner: 700

Posada Cáceres (moderat), Plaza Bolívar, buchbar über Orinoco Tours (in Caracas: Edif. Galerias

Bolívar, 7. Stock, Of. 73 A, Boulevard Sabana Grande, Metro: Plaza Venezuela, Tel. 0212/7 61 40 30, Fax 7 61 68 01, info@orinocotours.com, www. orinocotours.com, und Cacao Expediciones, in Caracas: Tel. 0212/9 77 12 34, Fax 9 77 01 10, cacaotravel@cantv.net), 4 Zimmer; idyllische kleine Pension mit hübschem Garten, viele Ausflugsmöglichkeiten.

Apartaderos

Lage: B6
Vorwahl: 0274

Hotel Parque Turístico Apartaderos (moderat), Carretera Mérida-Apartaderos (an der Hauptstraße), Tel. 88 00 94, Fax 88 00 31, mobil: 014/9 74 20 73, 55 Zimmer; die Anlage ähnelt einem Dorf im Alpenstil, weitläufiger Garten, bequeme Zimmer, dekorativ gestaltet. **Refugio Turístico**

Mifafi (moderat), Carretera Mérida-Apartaderos (an der Hauptstraße), Tel. 88 01 31, Fax 88 00 92, 9 Zimmer, 8 Bungalows; Schindeldächer, weiße Wände und viel Holz strahlen Gemütlichkeit aus, saubere Zimmer. **Hotel Los Frailes** (teuer), liegt an einer Abzweigung zur Schnellstraße Mérida-Apartaderos, 10 km außerhalb in Richtung Barinas, mobil: 014/7 41 29 86, Fax 014/7 41 67 37, Frailes@telcel.net.ve, 48 Zimmer; auch zu buchen über Hoturvensa in Caracas: Tel. 0212/5 64 00 98 (in den Büros der Fluglinie Avensa und in anderen Reisebüros); die stilvoll möblierte Hotelanlage schließt ein 1642 erbautes Kloster ein; Gärten, Teiche, Wander- und Reitmöglichkeiten, Ausflugsprogramm. Am besten bucht man im Voraus.

 La Gochita (günstig), an der Hauptstraße, Tel. 88 02 32; winziges und verschachtelt gebautes, nettes Lokal, aufgetischt werden selbstgemachte *empanadas* und die typischen Forellengerichte der Anden. **Mifafi** (günstig), an der Hauptstraße; gepflegte spanische Tasca des Hotels Mifafi, die Schinkenschlegel baumeln von der Decke.

 Museo Los Trigales, Casa de Cien Techos, am Ortseingang von Barinas kommend, Tel. 88 02 73; kuriose Mischung aus Kunstgewerbeladen und lustigem, kleinen Museum mit Sammelsurium im Haus der 100 (Schindel-) Dächer. Dort kann man auch Einfachst-Unterkünfte mieten. **Statue der Luz Caraballo,** ebenfalls am Ortseingang; Stufen führen zu der Skulptur der Legenden umwitterten Luz Caraballo.

 La Casa del Páramo, an der Hauptstraße, Tel. 8 80 13 42; einer der lohnendsten Kunstgewerbelä-

den des Landes und nicht zu verfehlen, weil ein fast mannshoher Holzengel vor der Tür postiert ist. Was man hier bekommt, ist kein Folklorekitsch, sondern sind Arbeiten der Bauern aus der Region. Ein gemütliches Patio-Restaurant bietet regionale Spezialitäten.

Araya, Halbinsel

Lage: G7
Vorwahl: 0293

 La Posada de Arquimedes (günstig), bei Punta Arenas, mobil: 014/9 93 26 83, 5 Zimmer; einfache, saubere und komfortable Unterkunft, familiäre Atmosphäre, kleiner Swimmingpool, Mahlzeiten, Organisation von Touren. **Medregal Village** (moderat), mobil: 014/9 93 48 90, 014/9 93 56 43, medregal@telcel.net.ve, www.guayanaweb.com/medregal, 12 Zimmer; bei Los Cachicatos auf der Südseite der Halbinsel, eine sehr angenehme, weitläufige Anlage mit Swimmingpool und großen *churuatas*. Ausflüge, Wassersport, Windsurf, und Transfer zu anderen Stränden.

 Salinas de Araya, nördlich des Bootsterminals, Besichtigungserlaubnis erteilt die ENSAL-Verwaltung; nur morgens geöffnet.

Fähren von Cumaná nach Araya in unregelmäßigen Abständen, Fahrtdauer etwa 1 Std., an den Wochenenden nur 1 x tgl.

Bailadores

Lage: B5 (bei La Fria)
Vorwahl: 0275

Módulo de Información Turística, am Ortseingang an der Cruz de la Mision; Mo–Fr 8.30–12.30 Uhr, 14–17 Uhr; sehr freundlich und hilfsbereit.

 Posada Santa Eduviges (günstig), Calle 10, zwischen den Carreras 3 und 4, Tel. 73 09 20; 7 Zimmer; zentral gelegen, einfache, aber dekorativ eingerichtete Zimmer, freundliche Wirte. Bieten Exkursionen an. **Hotel Toquisay** (moderat), Final Av. Bolívar, Tel. 7 01 92, Fax 7 05 30, toquisay@ cantv.net; 20 Zimmer; geräumiges Haus mit riesigem Garten, ordentliche Zimmer mit Balkon, Restaurant.

 Im Stadtteil **Las Tapias** gibt es noch eine mit Wasser betriebene Mühle und einen Schreiner. Auskunft erteilen die Touristeninformation und die Hotels.

Barcelona

Lage: F7
Vorwahl: 0281
Einwohner: 270 000

 Dirección de Turismo, Av. 5 de Julio, Palacio de Gobierno/Calle Las Flores, Planta Baja, Tel. 74 33 55 und 74 36 46, Fax 74 29 74.

 Hotel Neverí (günstig), Av. Fuerzas Armadas, Tel. 2 86 99 81, 30 Zimmer; 60er-Jahre-Bau, leicht derangiert, untere Mittelklasse. **Hotel El Donde Suites** (moderat), Av. Principal Mesones/Calle 2, Zona Industrial Mesones, Tel. 2 76 91 66, 2 76 92 45, Fax 2 76 93 66, doradodohn@telcel.net.ve, 25 Zimmer; neu, mit Restaurant, Pool, Sauna, kleinem Fitnessraum.

 Tasca Restaurant El Llanero (moderat), Av. Pedro María Freites, Sector Buenos Aires, Tel. 2 77 97 15; spanisch möbliert, Fleisch- und Fischgrill, freundliche Atmosphäre, zuvorkommender Service. **Gran Salón Los Gallos** (moderat), Av. Cajigal, Tel. 2 77 30 90; das beste Essen in Barcelona, große Weinauswahl.

 Museo de Anzoátegui, Plaza Boyacá, Calle Juncal 345, Tel. 77 34 81; unbekümmerte Zusammenstellung aus Fossilien, ausrangierten Nähmaschinen und Heiligenfiguren in einem aufwendig restaurierten Kolonialhaus mit Palmen-Patio; Di–Sa 8–12 und 15–17.30 Uhr, So 8–15 Uhr. **Casa Fuerte,** Av. 5 de Julio/Calle Eulalia Buróz; Ruinen des 1647 erbauten Franziskanerkonvents, den Simón Bolívar als Festung benutzte; Mo–So 8–13 und 15–17 Uhr. **Ateneo de Barcelona,** San Félix/Juncal, im restaurierten Kolonialhaus gibt es Ausstellungen zeitgenössischer venezolanischer Künstler zu sehen. Ein Geschenk des Schriftstellers Miguel Otero Silva.

 Flughafen Aeropuerto Internacional José Antonio Anzoátegui, Tel. 2 77 77 63; Flüge nach Caracas (12 x tgl.), Carúpano, Cumaná, Canaima, Las Piedras (Punto Fijo), Maracaibo, Maracay, Mérida, Porlamar (7 x tgl.), Puerto Ordaz (mehrmals tgl.) und Valencia (2 x tgl.). **Peli-Express:** Complejo Turístico El Morro; Non-Stop-Busse nach Caracas und Valencia (2 x tgl.). **Autovermietung im Flughafen: Avis,** Tel. 2 77 48 87; **Budget,** Tel. 2 77 13 25; **Hertz,** Tel. 2 77 08 55 und 2 77 43 34.

Barinas

Lage: C6
Vorwahl: 0273
Einwohner: 250000

Información Turística, Av. Marquéz del Pinar 542, gegenüber dem Banco Progreso, Tel. 27091 und 28162, Fax 28162; hilfsbereit und freundlich, auch im Módulo de Información Turística im Flughafen.

Hotel Internacional (moderat), Plaza Zamora, Tel. 23303; sauberes Hotel, höflicher Service, 40 ruhige, funktional ausgestattete Zimmer. **Hotel Valle Hondo** (moderat), Av. 23 de Enero, Tel. 335877, Fax 335532, 92 Zimmer; groß und modern, mit Swimmingpool, Restaurant und Lunchbar.

El Estribo (günstig), Calle Apure/Garguera; rustikales Ambiente, die richtige Adresse für Fleischliebhaber. **Centro Turístico Casa del Llano** (günstig), Av. 23 de Enero; rustikaler Platz, bestens geeignet für Fleischfans, besonders beliebt am Wochenende, da gibt es Llanero-Musik. **Café: Pastelería Los Almendros,** Plaza Zamora.

Flughafen 2 km südlich der Innenstadt; Flüge nach Caracas (5 x tgl.). **Busbahnhof** 2 km westlich der Plaza Bolívar, Av. Elias Cordero; Por Puestos nach Acarigua, Barinitas, Barquisimeto, Bruzual, Elorza, Guanare, Mérida und Valencia; Busse nach Acarigua, Barquisimeto, über die Llanos-Route (Bruzual, Mantecal, Achaguas) nach San Fernando de Apure, nach San Carlos, San Cristóbal, Maracaibo, Puerto La Cruz und Valencia.

Autovermietung: Budget, Av. Cuatricentenaria, Tel. 335704, im Flughafen, Tel. 26422.

Barquisimeto

Lage: C7
Vorwahl: 0251
Einwohner: 825000

Dirección de Turismo, Av. Libertador Este, Edif. Fundalara (1. Stock), Tel. 537544 und 539321; freundlich und hilfsbereit, Kartenmaterial, auch im Módulo am Flughafen.

Hotel Bonifran (günstig), Carrera 19/Calle 32, Tel. 320302, Fax 317509, 48 Zimmer; viele Annehmlichkeiten, bequeme Zimmer. **Hostería El Obelisco** (moderat), Final Av. Libertador, Tel. 410311, Fax 422133, 150 Zimmer; großes, geräumiges und komfortables Hotel in Patio-Bauweise, Pool. **Hotel Príncipe** (moderat), Calle 23, zwischen Carreras 18 und 19, Tel. 312111, 135 Zimmer; zentral, Pool, angenehme Atmosphäre, beliebt. **Hilton** (teuer), Carrera 5, zwischen Calles 5 und 6, Urbanización Nueva Segovia, Tel. 564111, Fax 544365, www. hilton.com, 136 Zimmer; luxuriös und etwas nüchtern, 2 Restaurants, 4 Flutlicht-Tennisplätze, großer Pool.

El Portón del Marinillo (günstig), Centro Comercial La Floresta, Vía El Ujano; schmackhafte kolumbianische Hausmannskost. **Círculo** (moderat), Centro Financorp, Carrera 2, Nueva Segovia, Tel. 540975; sehr gute Qualität zu akzeptablen Preisen, Fleischgerichte. **El Mesón de la Campana** (moderat), Av. Lara/Calle 2, Tel. 511855; Fleischgerichte, Spezialität: Zicklein (chivo). **Villa del Mar** (moderat), Av. 20/Calle 9, Tel. 51 10 79; elegant, spezialisiert auf Meeresfrüchte (salpicón de mariscos, paté de mariscos).

 Museo de Barquisimeto, Carrera 15, zwischen Calle 25 und 26; Wanderausstellungen; Mo–Fr 9–17, Sa und So 10–17 Uhr.

 Cabudare (5 km südöstlich), Tierra Quemada, Av. 1A, zwischen Calles 8 und 9, La Mata, Tel. 63 19 16 und 61 44 90; Kunstgewerbe vom Feinsten (s. S. 262). **Tintorero** (20 km westlich), ungewöhnliche Web-, Keramik- und Holzarbeiten.

 Bourbon Street Café and Bar, Centro Comercial Ciudad París, Nivel El Parque, Av. Los Leones, Tel. 54 00 18. Drinks und kleine Gerichte nach Büroschluss, freitags und samstags Live-Musik. **Disco Laser** im Hilton, edel, abwechslungsreiche Musik.

 Flughafen 5 km westlich des Stadtzentrums; Flüge nach Caracas (häufig tgl.), El Vigia, Maracaibo, Mérida, San Antonio und Valencia. **Busbahnhof:** Av. Rómulo Gallegos/ Carrera 24; häufige Verbindungen nach Caracas, Boconó, Valera, Trujillo, Guanare, Barinas, Mérida, San Cristóbal, Tovar, La Grita, Zea, Coro, Maracaibo, Punto Fijo, Puerto La Cruz. **Autoverleih: Budget,** Carrera 19/Calle 35, Tel. 45 08 83, im Flughafen, Tel. 41 33 09.

Boconó

Lage: C6
Vorwahl: 0272
Einwohner: 40 000

 Hostería Jardín (günstig), Tel. 5 24 80, 20 Zimmer; in Richtung Valera, sehr hübsch gemacht mit Pool. **Apartaments Machinipe** (moderat); Calle Bolívar 649, Tel. 52 15 06, levydum@cantv.net; für Familien und Gruppen geeignet, die länger als nur einen Tag bleiben wollen. Typisches, gut in Stand gehaltenes bäuerliches Haus mit passender Einrichtung und Dekoration, gut ausgestattete Küchen. Die Besitzer organisieren auch Ausflüge. **Finca Aguas Claras** (moderat), Sector El Hato, Tel. 52 15 06; Urlaub auf dem Bauernhof auf venezolanisch: In der Finca wird ein komplettes kleines Haus vermietet. Gehört denselben Besitzern wie die Apartments. Reiten, Ausflüge. **Hotel Vegas del Rio** (moderat), Tel. 52 24 93, 27 Zimmer; im Tal, noch vor dem Ortseingang im Westen, saubere Zimmer und ein nettes Restaurant.

 La Alameda (günstig), Calle Ricaurte, Tel. 52 20 35; klein und stilvoll, erholsam, italienisch angehaucht. **Areperías/Refrescerías** (günstig), Andrés Bello/Av. 6; einfach, preiswert und populär.

 El Trapiche de los Clavo, hinter dem Hospital, Plantagenbesitzerhaus wird zum kulturellen und didaktischen Zentrum; tgl. 10–18 Uhr.

 Tiscachic, Av. Carlos Miliani, Tel. 5 33 13; freitags **Bauernmarkt; Brauchtums- und Kunstgewerbemuseum.**

 Por Puestos nach Valera; **Busse** fahren nur bis 15 Uhr nach Trujillo; man kann einen Bus zur Intersección nehmen, die auf der Strecke zwischen Valera und Trujillo liegt, dort aussteigen und ein Por Puesto oder einen Bus stoppen.

Caicara del Orinoco

Lage: F5
Vorwahl: 0284

 Hotel Central (sehr preiswert), Calle Juncal 100, Tel. 6 71 92, 20 Zimmer; ein einfaches, ordentliches Hotel mit Klimaanlage und sauberen, funktional ausgestatteten Zimmern. **Hotel Miami** (sehr preiswert), Av. Carabobo, Tel. 6 78 85, 15 Zimmer; vergleichbarer Standard.

 Caicara liegt an der wichtigen Verbindungsstraße zwischen Puerto Ayacucho und Ciudad Bolívar, **Busse** verkehren in beide Richtungen mehrmals tgl. **Fähren** über den Orinoco nach Cabruta, mehrmals tgl. Von dort Verbindungen nach Valle de Pasqua, Altagracia und San Juan de los Morros.

Canaima

Lage: H4
Vorwahl: 0285
Einwohner: 3 000

 Canaima hat jeder Reiseveranstalter im Programm. Gute und fachlich aufwendige Beratung, Organisation und Reservierung in Caracas bei **Orinoco Tours** (s. S. 274). Ebenso bei **Sky Limit,** Av. Beethoven, Torre Financiera, Colinas de Bello Monte, Tel. 0212/7 53 32 11, Fax 7 51 73 23, skylimit-@cantv.net. Und **Cacao Expediciones** (s. S. 274). Alle drei stehen unter deutscher Leitung und springen auch infor-

miert und gerne ein, wenn die staatliche Tourismusbehörde Corpoturismo entweder nicht geöffnet oder kein Kartenmaterial oder keine Informationen vorrätig hat.

Aerotuy unterhält ein eigenes Camp in Arekuna, das in ihre Pakete eingebunden ist. Einfach nur hinkommen ohne Reservierung geht nicht. Edif. Gran Sabana, Boulevard Sabana Grande, Piso 5, Caracas, Tel. 0212/ 7 61 62 31, 7 61 80 43, Fax 7 62 52 54, in Porlamar: Tel. 0295/ 2 63 03 07, Fax 2 61 41 22, tuysales@etheron.net, tuysales@ telcel.net.ve. Mit dem teuersten und ältesten Camp Hoturvensa-Canaima arbeiten **Excursiones Canaima Hermanos Jiménez** in Caracas: Peinero a Dr. Díaz, Edif. 888, Piso 11, Of. 11–2, Tel. 0212/5 45 75 27, Fax 5 41 95 83.
Kamaracoto Tours, in Caracas: Tel./Fax 0212/5 43 31 10, mobil: 016/ 6 33 62 29, ktoccs@telcel.net.ve, Av. Urdaneta zwischen Veroes und Jesuita, Edif. Cto. Imanta, Piso 1, Of. 17, in Ciudad Bolívar: Av. Andrés Bello/Germania, Centro Comercial El Diamante, Planta Alta, Tel. /Fax 0285/2 21 32, mobil: 014/8 50 35 64. **Hoturvensa,** Buchungen in Caracas für das Hoturvensa-Canaima Camp, Tel. 0212/9 07 81 30, 9 07 80 54, Fax 9 07 80 53, 9 07 81 40, hoturvensa@cantv.net
Information in Canaima (Reiseagenturen am Flughafen): **Bernal Tours,** Tel. 0286/62 04 43, mobil: 014/8 52 32 93, bernaltours@terra.com.pe. **Canaima Tours,** Tel. 0286/62 55 60, **Tiuna Tours** Tel. 0286/62 42 55, **Wey Tü Pü Turismo** Tel. 0285/2 07 09, in Caracas 0212/ 5 76 56 55, 5 76 58 07, roymar@cantv.net

 Campamento Wey Tü Pü (günstig), Tel. 086/62 59 22 oder über Roymar in Caracas, Tel. 0212/ 5 76 52 71, Fax 5 76 69 92, 17 Zimmer; 15

Min. vom Flughafen entfernt mit dem Charme eines Schulgebäudes, sauber, ausschließlich kaltes Wasser. Nur als Unterkunft mit Kochmöglichkeit buchbar oder mit eigenem Ausflugsprogramm von Ein-Tages- bis Drei-Tages-touren. **Posada Kaikuse** (günstig), mobil: 014/8 84 06 60, kaikuse_ve@ yahoo.com, 15 Zimmer; sauber, nüchtern, man kann auch seine Hängematte aufhängen. **Posada Kusari** (günstig), im Kunstgewerbeladen Makunaima nach Claudio fragen, 12 Zimmer, schlicht, aber nett gemacht, Hängematten. **Tomás Bernal Camp** (moderat bis günstig), Tel. s.o.; romantisch auf einer Insel im Río Hacha gelegen, rustikale Hängematten-Unterkunft, gutes Essen. Die Kinder des legendären Canaima-Pioniers führen sein Werk fort. Organisation sämtlicher Exkursionen. **Campamento Arekuna** (teuer), nur über Aerotuy (die es auch als einzige anfliegen) mit Reservierung. In Caracas: Tel. 0212/7 61 62 31, 7 61 62 47, Fax 7 62 52 54. In Porlamar: Tel. 0295/63 22 11, Fax 6 14 11 22, tuysales@etheron.net, tuysales@telcel.net.ve, www.tuy.com, 25 Zimmer; schön gelegene, sehr attraktive Anlage, für ein Camp fast luxuriös. ›Indianischer‹ Stil mit Designertouch. Die Zimmer sind geräumig, der Speisesaal thront auf einem Hügel. Gutes Essen. Nettes Ausflugsprogramm mit Bootsfahrten, Schwimmen und Wanderungen. **Campamento Parakaupa,** (teuer), Laguna de Canaima, Tel. 0286/61 49 63, Parakaupa@ etheron.net, www.canaima.com, 12 Zimmer; haben ein interessantes Ausflugsprogramm. Das rustikale, offene Restaurant steht bei Anmeldung auch Gästen offen, die nicht im Campamento wohnen. Komfortable Zimmer. Im ersten Stock des zweistöckigen Gebäudes sind sie geräumiger und schöner.

Campamento Canaima (sehr teuer), Buchung über Hoturvensa in Caracas, Tel. 0212/9 07 81 30, 9 07 80 54, Fax 9 07 80 53, 9 07 81 40, hoturvensa@ cantv.net, 115 Zimmer; traumhafte Lage am Río Hacha vor den Wasserfällen, unaufwendige Bungalows im Park. Eines der ersten Camps. Kein eigenes Ausflugsprogramm, arbeiten mit Canaima Tours zusammen. Der Gast kann selbstverständlich bei anderen, preiswerteren Anbietern seine Exkursionen buchen. Nur mit Vollpension. **Campamento Ucaima** (sehr teuer), Buchung in Caracas, Tel. 0212/ 6 93 06 18, Fax 6 93 08 25, ucaima@ etheron.net, 11 Zimmer; am Strand des Carrao gelegenes, intimeres Camp vor der Kulisse der Tafelberge. Befindet sich nicht direkt in Canaima. Schön und individuell ausgestattete Zimmer, eigenes Ausflugsprogramm mit zweisprachigen Guides. Gehört der Familie des Niederländers Rudi Truffino und seiner österreichischen Frau Gertie. Die Kinder führen das Camp weiter.

 Comedor Imawary (moderat), mobil: 014/8 64 83 52, neben der Panadería Simon, dem Bäckerladen, in dem man auch Lebensmittel einkaufen kann. Ordentliche Menüs und ebensolches Frühstück. **Campamento Canaima** (teuer), schöne *churuata,* ausgewogene, reichhaltige Menüs (und das in der Wildnis). **Fuente de Soda des Campamento Canaima** (teuer), Sandwiches, Snacks, Soft Drinks am Ufer.

Artesanía Makunaima: Kunstgewerbe aus dem gesamten Land, große Auswahl. Es gibt auch Soft Drinks, Filme, Sonnen- und Mückenschutz und Kekse. In dem kleinen Indianerdorf gibt es einen Laden, der lokales Kunstgewerbe anbietet.

Flug mit Wanderung in Kavac (Hotuvensa 120 $, Aerotuy). Wasserfälle Sapo und Sapito (alle Veranstalter, ca. 7000 Bs – 40 $); **Bootsfahrt auf dem Río Hacha** zum Salto Hacha (Hotuvensa 3000 Bs, bei den anderen im Tourpreis inbegriffen); **Isla Orquídea, Boots- und Wanderausflug** (Kamaracoto 15000 Bs); **Bootsausflug zum Salto Angel,** anderthalb Tage (alle Veranstalter, 45000 Bs, bei Bernal Tours im Paket enthalten); **Flug über den Salto Angel,** fünf Personen (20000 Bs); Spezialprogramme bei Aerotuy und Ucaima, die eigene Camps unterhalten. **Bootsfahrt mit Übernachtung im Hängematten-Campamento Ahonda** am Fuß des Salto Angel, anschließend Marsch zum Aussichtspunkt. Wird nur in der Regenzeit angeboten.

Tgl. **Flüge** nach Barcelona, Caracas, Porlamar und Puerto Ordaz. Gesellschaften: Servivensa, Aerotuy, Rutaca und Avior (www.avior.com.ve).

Caracas

Lage: E7
Vorwahl: 0212
Einwohner: 6000000

... für Caracas: Dirección de Turismo, Esquina de Glorieta, Torre Banvenez, Mezzanina, Plaza Bolívar, Tel. 4814066, Fax 5417887. **... für das ganze Land: Corputurismo,** Parque Central, Torre Oeste (33. Stock), Tel. 5741513, 5765696. Die Provinzbüros sind meist aufgeschlossener und hilfsbereiter. **Instituto Nacional de Parques** (INPARQUES), Plaza Venezuela, Tel. 2383133. **Geldwechsel:** Italcambio ist am unproblematischsten; Büros in der Av. Casanova (parallel zum Boulevard Sabana Grande, Metro Sabana Grande), Av. Urdaneta (Ecke Veroes im historischen Zentrum). Im Centro El Recreo beim Gran Hotel Melia.

 Hotel Coliseo (moderat) Av. Casanova (zwischen Calle Coromoto und 1ra Calle de Bello Monte), Tel. 7627916, Fax 7617333, 80 Zimmer; in einer Parallelstraße zur Sabana Grande, gepflegt, nett und preiswert. **Hotel La Floresta** (moderat), Av. Ávila, Sur Plaza Altamira, Tel. 2631955, Fax 2621243, 32 Zimmer; freundlicher Service, hell, gute Lage bei der Metrostation Altamira, aber laut und ein bisschen muffig. **Hotel Continental** (moderat bis teuer), Av. San Juan Bosco, Altamira, Caracas 1062, Tel. 2610644, Reservierungen: Tel. 2620243, Fax 2610131, Telex 24367 Conti VC, hotelcontinental@cantv.net, hotel-continental.org, 119 Zimmer; liegt im beliebten Ausgehviertel Altamira, die Qualität ist Standard, kleiner Pool, hübscher Garten. **Hotel Las Américas** (moderat bis teuer), Calle Los Cerritos, Final Av. Casanova, im Stadtteil Bello Monte, Tel. 9517387, Fax 9511717, www.hotellasamericas.com.ve, 165 Zimmer; recht elegant ausstaffiert, Pool, gutes Mittelklassehotel. **Hotel Savoy** (moderat bis teuer), Segunda Avenida de las Delicias de Sabana Grande/Av. Francisco Solano López, Tel. 7621971, Fax 7622792, Telex 21031 Savoy VC, 70 Zimmer; am östlichen Ende der Sabana Grande bei der Metrostation Chacaíto, anständige Qualität, einige Zimmer sind laut. **Hotel Ávila** (teuer) Av. Jorge Washington, San Bernardino, Tel. 5513926, Avila@cantv.net, www.avilacantv.net, Telex 21637 Ávila VC, 140 Zimmer; die Lage am Fuß des

Avila-Massivs ist unschlagbar, ein bisschen altmodisch-schick, üppig bepflanzter Garten, der eine erholsame Atmosphäre schafft. **Hotel CCCT Best Western** (teuer), im Centro Comercial Ciudad Tamanaco, Torre D, Stadtteil Chuao, Tel. 9 02 80 00, 9 59 06 11, Fax 9 59 66 97, 200 Zimmer und Suiten; liegt in der renommiertesten Geschäftsgalerie in Las Mercedes, angenehmes Ambiente, zuvorkommender Service, zwei Schwimmbäder, Tennisplätze, Fitnessraum. **Eurobuilding** (sehr teuer), Calle Amazonas, Chuao, Tel. 9 09 70 00, euro@ven.net, Luxushotel, verschiedenfarbiger Marmor, sehr kühl gestylt, Klientel: Geschäftsleute. **Four Seasons** (sehr teuer), Av. Francisco de Miranda/Calle Luis Roche, Altamira (Metro: Altamira), Tel. 2 80 10 00, Fax 2 80 20 00, www.fourseasons.com, 212 Zimmer und Suiten; das neueste und gleichzeitig das klassischste Hotel, ausgesprochen elegant und großzügig eingerichtet, sehr komfortable Bäder, und ein exquisiter Service. Swimmingpool-Landschaft, Spa, Fitnessabteilung. Es gibt auch günstigere Wochenendraten, mehrsprachige Concierge. **Hotel Tamanaco Inter-Continental** (sehr teuer), Av. Principal de Las Mercedes, Tel. 9 90 71 11, Fax 9 09 71 16, caracas@interconti.com, www.interconti.com, 486 Zimmer und Suiten; das urbane Grandhotel seit Jahrzehnten, Ladengalerien, großzügig geschnittene Salons, schöner Garten mit Pool.

... im Zentrum: Doña Bárbara (günstig), Santa Teresa, Tel. 4 84 13 51, im historischen Zentrum neben dem Teatro Nacional; Restaurant, in dem die Spezialitäten des Landes die Hauptrolle spielen, sehr nett, um die Mittagszeit lebhaft. **La Atarraya** (günstig), Catedral, Tel. 5 41 35 75;

ebenfalls im historischen Zentrum an der Plaza San Jacinto, ein schlichtes Traditionshaus mit Köstlichkeiten wie *arepitas, queso de mano, nata, punta trasera.* Ähnliches Ambiente wie im Doña Bárbara. Metro: Capitolio. Um die Plaza Candelaria ziehen sich schöne, echte Tapas-Bars und spanische Restaurants wie **Guernica,** Alcabala a Peligro, Tel. 57 60 91, und **La Casbah,** Av. Este entre Puente Anauco und Alcabala, Tel. 5 72 63 86, **La Cita,** Esquina de Alcabala, Tel. 5 72 81 80, **La Tertulia,** Edif. Juan Carlos, Planta Baja, Alcabala a Urapal, Tel. 5 74 14 76 und **El Barco de Colón,** Tel. 5 72 35 91, alle liegen 8 Blocks östlich der Plaza Bolívar und 4 Blocks nördlich des Parque Central. Spezialitäten sind *Jamón Serrano,* gedünsteter Fisch in warmer Kräutersauce, Krabben, Tintenfisch, Paella, *callos a la madrileña.* Die typische Ausstattung schließt immer eine lange Theke ein. Die Preise sind moderat. Metro: Parque Carabobo.

... in der Sabana Grande: El Acuariano (günstig), Av. Casanova s/n, Metro Sabana Grande, Tel. 7 62 37 81, ein Restaurant für Fleischverachter: Hier gibt`s nur Vegetarisches. **Da Guido** (moderat), Av. Francisco Solano, Tel. 7 63 09 37; leckere italienische Hausmannskost, recht preiswert und sehr gemütlich eingerichtet. **Urrutia** (moderat), Av. Francisco Solano/Los Manguitos, Tel. 7 63 04 48; rustikal, erstklassiges Essen, baskische Spezialitäten, an erster Stelle: Fisch.

... in Chacao: Café Citron (moderat), Centro Comercial Sambil, Nivel Feria, Av. Libertador, Tel. 2 67 32 87, 2 64 03 78; man sitzt angenehm auf zwei Ebenen oder der Terrasse im angesagtesten Einkaufszentrum von Caracas und genießt Huhn in vielen Variationen, am liebsten mediterran/italienisch. In-Platz.

... in **Las Mercedes: Bar Sí** (günstig), Calle Madrid entre Veracruz und Caroní, Tel. 9 93 91 24; lange Holztheke, Steinfußboden und unpretenziöse Einrichtung, auf den Tellern Fisch mit asiatischem Einschlag. **El Granjero del Este** (günstig), Av. Río de Janeiro zwischen Caroní und Nueva York, Tel. 9 91 66 19; ein Familienrestaurant mit schönem Patio, zuvorkommender Service und alle venezolanischen Köstlichkeiten auf der Karte. **Café Ole** (günstig), Calle California, Tel. 2 63 82 52; Sandwiches und Salate, innen postmodern gestylt, auch zum Draußensitzen, junges Publikum. **Campanero** (moderat), Av. Principal Las Mercedes, Tel. 9 93 23 06; klassisch-rustikales Steakrestaurant, französische Weine, argentinische *parilla*. **El Tinajero de los Helechos** (moderat), Av. Rio de Janeiro/Av. Caroni, Tel. 9 93 35 81; schönes Mittelklasse-Restaurant mit Fleischspezialitäten, aufmerksame Bedienung. **Casa Urrutia** (teuer), Calle Madrid/Monterrey, Tel. 9 93 95 26; in einer ländlich bemalten Quinta, stilvoll-elegant gestylt, baskische Karte, *ceviche de camarones,* Fisch aus dem Ofen, Quarkeis, gute Weinempfehlungen. **Mezzanotte** (teuer), Urbanisación Lomas de San Román, Av. Panorama, Centro Comercial El Mirador, Nivel 1, Tel. 9 93 82 28, 9 93 67 61, restmezzanotte@ cantv.net; bei gutem Wetter abends am schönsten, dann wird die Dachmarkise des Restaurants entfernt und man sitzt bei diesem Nobelitaliener unterm Sternenhimmel. Sehr leckere Küche.

... in **El Rosal: Dena Ona** (moderat), Av. Tamanaco, Tel. 9 53 20 60; familiäres Restaurant mit langer Theke, spanische *tapas* und *raciones* und gute Meeresfrüchte, besonders die Langusten. **Hermann's** (moderat), Centro Comercial Lido, El Rosal, Tel. 9 53 45 60; die

Küche ist international, aber deswegen kommt man nicht hierher, Happy Hour zwischen 17 und 20 Uhr, Live-Musik, Publikum: junge Geschäftsleute, die sich nach Büroschluss ein bisschen amüsieren wollen.

... in **Altamira: Fridays** (günstig), Av. San Juan Bosco/2da Transversal, Tel. 2 61 38 39, 2 61 48 63, Fax 2 61 71 35, tgifridays@telcel.net.ve; the american way of life in Caracas: Hamburger, Eiscreme, Snacks, Salate, Einrichtung im Holzfällerstil, junges Publikum. **Casa Juancho** (moderat), Av. San Juan Bosco, zwischen 2ta und 3ta Av. Transversal, Tel. 2 67 12 97; spanisches Essen: Zarzuela, *callos a la madrileña,* spanische Weine, Tasca-Ambiente. **Hatsuhana** (moderat), Av. San Juan Bosco/5ta Av. Transversal, Tel. 2 64 18 19; das erste japanische Restaurant in Caracas, stilecht aufgemacht, relativ klein, nur japanische Küche. **Tarzilandia** (moderat), Av. San Juan Bosco/10ta Transversal, Tel. 2 61 05 55; ein Klassiker unter dem Ávila-Massiv, mit Schildkrötenpanzern dekoriert, Papageien im Käfig, leicht angestaubtes Dschungel-Ambiente, Spezialitäten vom Grill, Salate, venezolanische Rezepte. Sehr nett, hingehen. **El Alazán** (moderat bis teuer), Av. Luis Roche s/n, Tel. 2 85 02 08; die Adresse für Fleischfans: Hier gibt's eine venezolanische und argentinische *parilla* einschließlich Blut- und Bratwürsten. **Vivaldi** (teuer), im Hotel Four Seasons, Av. Francisco de Miranda/Luis Roche, das Styling eine Mischung aus kapriziös und elegant, die Karte weist nur Spezialitäten auf. Edle, italienische Küche, zuvorkommender Service.

... in **Prados del Este: D'Emore** (teuer), Centro Comercial Congresa, Av. Caura beim Torre Humboldt, Tel. 9 79 02 64; Botticelli-Plakate an den

Wänden, Samt auf den Stühlen, Bar, zwei exquisite Menüs zur Auswahl.

… **in Los Palos Grandes: Arepa Factory** (günstig), Residencias Cristal Palace, Erdgeschoss, 2da Transversal zwischen Av. Andrés Bello und 2da Avenida, Tel. 2 85 11 25; kleines Lokal, das sich ausschließlich der *arepa* in allen Formen und Füllungen widmet. Am beliebtesten mit Hackfleisch, aber es gibt auch Versionen für Vegetarier. **Cathay** (teuer), Centro Comercial Las Cúpulas, 2a Avenida con 4a Transversal, Tel. 2 86 97 15; eine Glaswand mit Wasserspielen zieht die Blicke auf sich, kühles Ambiente mit witzigen Kuhfellstühlen. Die Speisekarte teilen sich die japanische und die französische Küche.

Cafés: Arábica Coffee Bar, Av. Andrés Bello/1ra Transversal, Los Palos Grandes, Tel. 2 85 34 89; ein preiswertes, schlichtes Café auch zum Draußensitzen mit patriotischer Gesinnung: Hier werden 15 verschiedene Sorten rein venezolanischen Kaffees ausgeschenkt, es gibt auch kleine Schnellgerichte. **Gran Café,** Boulevard Sabana Grande; noch viele weitere Straßencafés dort, auch Schachcafés. Das beste Eis und die besten Torten gibt es im **Poma** (Stehcafé), Filiale zwischen Plaza Bolívar und Capitolio. Eine feine Stimmung haben die **Theatercafés** im Ateneo und im Rajatabla sowie die **Museumscafés,** z. B. im Museo de Arte Contemporáneo.

La Estancia de Arte, Av. Francisco de Miranda, Metro: Altamira, Tel. 2 08 04 27, 2 08 04 11, Fax 2 08 04 28, 2 08 04 45, estancia@ treacciun.ve, www.estancia-pdv.com. ve; auf dem Gelände einer ehemaligen Kokosplantage wurde von der staatlichen Erdölgesellschaft Pdvsa in den restaurierten Räumlichkeiten der Hacienda ein Kulturzentrum eingerichtet mit einem Angebot, das auch anspruchsvolle Geister befriedigt. Internationale Theaterfestivals, Konzerte im Garten, in dem es 800 verschiedene Pflanzenarten gibt. Gute Kunstbibliothek und Informationszentrum. Mit Café/Bar in einer Art Wintergarten. Tgl. 10–16 Uhr, und zu den Veranstaltungen. **Museo Armando Reverón,** Edificio Anexo Museo de las Ciencias, Plaza Los Museos, Metro: Bellas Artes, Tel. 5 78 24 90, Fax 5 76 53 08, fmar@ cantv.net, www.cyberven.com/reveron, stellt die Werke des bekannten venezolanischen Malers aus; Di–Fr 9–17 Uhr, Sa, So 10–18 Uhr. **Museo Arturo Michilena,** Esquina de Uruapal, La Pastora 82, Tel. 8 62 58 53, Fax 8 62 39 57, museomichilena@cantv.nwet, www. museomichilena.arts.ve; im ehemaligen Atelier des Künstlers sind Gemälde, Zeichnungen und Plastiken ausgestellt. Workshops, Kino, Theateraufführungen, Di–Fr 9–17, Sa, So 9–15 Uhr. **Museo de Caracas,** Concejo Municipal, an der Plaza Bolívar, Metro: Capitolio, Tel. 5 42 24 09; Wanderausstellungen und Stadtmuseum; Mo–Fr 9–16.30, Sa und So 10–16.30 Uhr. **Museo Bolivariano,** Plaza San Jacinto, Metro: Capitolio; kleines Kolonialmuseum in einem schönen Patio-Haus; Di–Fr 9–12 und 14–17, Sa und So 10–13 und 14–17 Uhr. **Casa Natal,** Plaza San Jacinto, Metro: Capitolio; Geburtshaus von Simón Bolívar; Di–Fr 9–12 und 14–17, Sa und So 10–13 und 14–17 Uhr. **Capitolio Nacional,** zwischen Avs. Sur 2 und 4, an der Plaza Bolívar; schneeweißes, goldkuppelgekröntes Kongressgebäude mit dem Salón Elíptico; tgl. 9–12 Uhr. **Panteón Nacional,** Av. Panteón; Grabmal und Gedenkstätte für Simón Bolívar; Mo–Fr 9–12 und 14.30–17, Sa und So 10–12 und 15–17 Uhr. **Galería**

de Arte Nacional, Plaza Morelos, Metro: Bellas Artes, Tel. 578 18 18, Fax 578 16 61, rinamorales@cantv.net; Exponate venezolanischer Künstler, Künstlerporträts und thematische Ausstellungen, die vierteljährlich wechseln; Di–Fr 9–17, Sa und So 10–17 Uhr. **Museo de Ciencias Naturales,** Plaza Morelos, Metro: Bellas Artes, Tel. 577 57 86, Fax 574 90 41, mciencia@reacciun.ve, www.museo-de-ciencias.org.ve; Wanderausstellungen; Di–Fr 9–17, Sa und So 10–17 Uhr. **Museo de Bellas Artes,** Plaza Morelos, Metro: Bellas Artes, Tel. 578 18 16, Fax 571 01 69, fmba@reacciun.ve, www.museodebellasartes.org; großzügiger Rahmen für schön präsentierte (Wander-)Ausstellungen; Di–Fr 9–17, Sa und So 10–17 Uhr. **Museo de Arte Contemporáneo,** Parque Central (Zugang beim Torre Este), Metro: Bellas Artes, Tel. 573 82 89, Fax 577 18 83, prensamaccsi@cantv.net, www.maccsi.org/; aufwendiges Museum, sorgfältig auf die ausgestellten Künstler abgestimmtes Ambiente; Di–So 10–18 Uhr. **Museo de los Niños,** Torre Oeste, Parque Central, Metro: Bellas Artes, Tel. 573 30 22, Fax 575 43 02, mninos@cantv.net; Technikmuseum für Kinder; Mi–So 9–12 und 14–17 Uhr. **Museo del Teclado,** Torre Oeste, Parque Central, Edificio Tacagua, Nivel Mezzanina, Metro: Bellas Artes, Tel. 572 90 24; Museum für Tasteninstrumente; Di–So 9–13 und 14–16 Uhr. **Quinta Anauco,** Av. Panteón, San Bernardino, Tel. 551 42 56, Fax 551 85 17, mdesola@quintadeanauco.org.ve, quintadeanauco.org.ve/; attraktiv restauriertes Kolonialhaus des Marqués de Toro, Mobiliar aus dem 18. Jh.; Di–Fr 9–12 und 14–17, Sa und So 10–17 Uhr, halbstündliche Führungen (obligat, auch in engl. Sprache). **Jardín Botá-**

nico, großzügig angelegter, gepflegter botanischer Garten; tgl. 9–17.30 Uhr. **Parque Nacional del Este,** volkstümlicher, weitläufiger Park mit mehreren Themenpavillons und einem Planetarium; 9–20 Uhr, Mo geschlossen. **Teleférico auf den Ávila:** eine der schönsten Möglichkeiten, die Küstenkordillere zu genießen: die Seilbahn auf den Ávila. Oben sollen eine Eisbahn, ein Themenpark und Spazierpfade eingerichtet werden.

... in Chuao: **Pal's Club,** Centro Comercial Ciudad Tamanaco, Tel. 959 32 74; elegant-postmodern gestylt; Cyberbar, Theke, Restaurant und Tanzclub; schickes Publikum. Im selben Einkaufszentrum die relativ preiswerte Alternative: **Memphi's,** Nivel C1, Galerias Glender, Tel. 959 36 08.

... in El Rosal: Juan Sebastian Bar (moderat), Calle Mohedano/Av. Venezuela; Tel. 951 55 75; die Traditionsbar mit Jazz-Musik. **M-LXXX,** Av. Francisco de Miranda, Centro Lido, Nivel Feria, Tel. 953 66 14; zwei Bars, große Tanzfläche, lässige Atmosphäre; Salsa, Merengue und die venezolanische Form des Techno (Changa), auch Live-Musik. **Versus,** Av. Tamanaco, Centro Seguros Sudamérica, Tel. 952 91 98; der Türsteher entscheidet über das Publikum; jung und hip; Rockmusik, Techno.

... in La Castellana: Bar three, Av. San Felipe, Centro Comercial Cornasa, Mezzanina (Zwischengeschoss), Tel. 266 00 32; ähnlicher Stil, ähnliches Publikum wie im Versus; Techno und Salsa. **Masai,** Calle Chaguaramos, Centro Comercial San Ignacio, Tel. 265 46 76; modern, auf zwei Ebenen, und zur Zeit immer knallvoll, In-Platz.

... in La Florida: La Casita Habanera, Av. Andrés Bello/Av. Los Manolos, Tel. 7 93 12 76, der Präsident Hugo Chávez liebt Fidel Castro, die Venezolaner lieben kubanische Musik: hier wird Salsa gespielt. Die Küche serviert dazu kubanisch/venezolanisches Essen. **... in Las Mercedes: FIT Outdoor,** Mucuchies/California, von Donnerstag bis Samstag ist nicht die Musik wichtig, sondern das, was der DJ draus macht; ansonsten: junges Publikum, zu essen gibt es Tex-Mex-Food. **Planet Bar,** Av. Principal/Nueva York, Centro Comercial Galeria, man lässt sich zwischen Mittwoch und Samstag sehen. **Vieja Luna,** Calle California, neben dem Café Ole, Las Mercedes, Tel. 9 93 39 43; hier regieren die Klassiker der kubanischen Musik, auch Live-Auftritte. **... Sabana Grande: El Maní es Así,** Av. Francisco Solano, Calle El Cristo, Sabana Grande, Tel. 7 63 05 23; ist wieder populär, auch Live-Auftritte. **... in der Innenstadt: La Vinatería,** zwischen Esquina Pilita u. Glorieta, Tel. 4 83 91 19; Live-Musik und Disko mit Merengue und Salsa, gemischtes Publikum, auch Restaurant.

 Theater: Complejo Cultural Teatro Teresa Carreño, Final Paseo Colón, gegenüber dem Caracas Hilton, Los Caobos, Metro: Bellas Artes, Tel. 80 06 73 72, teatrottc@cantv.net; moderner Theaterkomplex, zu sehen sind die interessantesten Produktionen des Landes, internationaler Gastspielbetrieb, zwei Säle, Ausstellungen, auch Sitz des renommierten Tanztheaters Danzahoy und des Symphonieorchesters von Venezuela. **Ateneo de Caracas,** Plaza Morelos, Paseo Colón, Los Caobos, Metro: Bellas Artes, Tel. 57 21 19, 5 73 46 22, ateneocomunica@cantv.net, comunica98@cantv.net, ausgesprochen interessante Produktionen. Mit Café, in dem auch Dichterlesungen

und Fotoausstellungen stattfinden, und einer Terrasse als abendlichem Treffpunkt bei Live-Musik. Bibliothek. **Centro Cultural Corp. Group,** Torre Corp. Banca, Plaza La Castellana, La Castellana, Metro: Chacao und Altamira, Tel. 2 06 11 49, 2 06 32 46, Gastspiele und Zarzuelas. **Fundación Celarg,** Av. Luis Roche s/n, Altamira, Metro: Altamira, Tel. 2 85 29 90, Musik, Kino (Veranstaltungen der Cinemateca) und Theater. **Teatro Municipal,** Esquina Municipal/Av. Este 8, Metro: Capitolio, Tel. 4 81 64 92, Musicals. **Teatro Nacional,** Esquina de Cipréses, hinter der Basílica de Santa Teresa, El Silencio, Metro: Capitolio, Tel. 4 83 46 30. **Grupo Rajatabla,** Complejo Cultural Teresa Carreño, Edf. Rajatabla, Sala Rajatabla, Final Paseo Colón, Metro: Bellas Artes, Tel. 5 71 42 19; avantgardistisches Theater, Vorstellungen Mi–So; mit Café Rajatabla im Freien, Publikum: Kunstinteressierte, meist jüngere Leute. Bar mit Selbstbedienung. Sehr nett. **Kinos:** In Caracas gibt es neben den *multicines* auch Programmkinos, z. B. die **Cinemateca,** deren Hauptsitz die Galeria de Arte Nacional ist, Plaza de los Museos, Tel. 0212/5 76 23 36, www. cinemateca.org.ve. Die Spielsäle der weiteren bekanntesten Kinos befinden sich im Centro Comercial Parque Humboldt, Prados del Este, im Centro Comercial Congresa, Prados del Este, im Centro Comercial Ciudad Tamanacao, Las Mercedes, im Centro Comercial San Ignacio, La Castellana, im Centro Comercial Sambil, Chacao, und im Centro Comercial Lido, El Rosal.

 Die *caraqueños* kaufen am liebsten in den *galerias* ein. Am meisten ist im **Sambil** auf der Av. Libertador im Stadtteil Chacao los. Das **Centro Comercial Ciudad Tama-**

naco, Calle Mercedes im Stadtteil Chuao, hat eine ebenfalls überwältigende Auswahl an Boutiquen, Juweliergeschäften und ebenfalls beliebte Diskos und Schnell-Restaurants. Das **Centro Comercial San Ignacio** in La Castellana ist teuer und vornehm, es gibt nicht so viel Laufkundschaft, aber auch Mode-Plätze wie das ›Masai‹. Das **Centro Recreo** gleich neben dem Hotel Gran Meliá ist neu. Im Paseo Las Mercedes, um das Hotel Tamanaco herum, findet man viele gepflegte Geschäfte; im Viertel Las Mercedes selbst gibt es Galerien und Boutiquen. **Casa Francia** an der Plaza Bolívar ist die klassische Adresse für Goldschmuck, ebenso die **Passage am Capitolio** und das **Minicentro Paris** in der Padre Sierra a Monjas, gegenüber vom Capitolio. Das typisches Mitbringsel: eine goldene Orchidee mit einer Margaritaperle. **Museumsshop** im Museo de Bellas Artes. Geschäfte der Colonia Tovar in der **Sabana Grande. Artesanía de Venezuela,** Plaza Venezuela, verfügt über ein reichhaltiges Angebot von Kunstgewerbe aus dem ganzen Land. Wer Lust auf einen Ausflug ins Grüne hat: Kunstgewerbeläden, Boutiquen, aber auch frische Lebensmittel von erster Qualität kauft man in **El Hatillo.**

 Flughafen Aeropuerto Internacional Simón Bolívar, an der Küste in Maiquetía, etwa 20 km vom Stadtzentrum entfernt; je nach Verkehrsaufkommen braucht man zwischen 20 Minuten und 2 Stunden. Um nach Caracas zu gelangen, gibt es folgende Möglichkeiten: Shuttlebusse, die in einer Unterführung unterhalb des Parque Central (halbstündlich 7–22 Uhr) halten. Metro: Bellas Artes. Abends nicht empfehlenswert. Im Flughafenge-

bäude wurde ein **Taxidienst** installiert, der für jedes Fahrtziel den Preis ermittelt. Man bezahlt im Voraus und wird eingewiesen. Ist sicher. Häufige Flugverbindungen in alle venezolanischen Städte; internationale Verbindungen in alle Welt, darunter auch nach Aruba, Bonaire und Curaçao. **Busbahnhöfe:** Terminal de Autobuses Oriente (TAO), Guanare, Tel. 2 43 26 06; für alle Busse in den Osten. Für die anderen Richtungen: Terminal La Bandera, Av. Nueva Granada/El Valle. Weitere Adressen von Kompanien, die mit gut ausgestatteten Bussen fahren, oft sind es Punkt-zu Punkt-Verbindungen: **Autobuses de Venezuela:** Tel. 4 42 10 54; **Aeroexpresos Ejecutivos,** Av. Principal de Bello Campo, Tel. 2 66 21 97, nach Barquisimeto, Maracay, Maturín, Puerto la Cruz und Valencia. **Expresos Los Andes:** Tel. 5 78 28 56; **Expresos Los Llanos,** Terminal del Oriente, Tel. 2 43 61 40, zu allen Küstenstädten, in die Llanos, in die Anden, nach Santa Elena de Uairén und Güria auf der Halbinsel Paria. Rodavias de Venezuela, Tel. 5 77 66 22. Peli-Express, Plaza Venezuela, Av. Las Acacias, Tel. 7 94 14 42, nach Barcelona/Puerto La Cruz und Valencia. **Por Puestos** zum Litoral (La Guaira, Macuto, Caribe, Caraballeda) an der Metrostation El Gato Negro; Por Puestos nach El Hatillo an der Metrostation Chacaíto. **Autovermietung:** alle großen Firmen im internationalen Flughafengebäude in Maiquetía und in den großen Hotels. Es kann in Ferienzeiten zu Engpässen kommen. Man kann auch über Reiseveranstalter (Orinoco Tours, Sky Limit) buchen. **Taxi:** Altamira: Tel. 2 67 42 53, Baruta: Tel. 9 54 08 28; im Centro Comercial Ciudad Tamanacao: Tel. 9 59 13 69; El Cafetal: Tel. 9 87 64 67; San Bernardino: Tel. 5 51 44 91; Santa Mónica: Tel. 6 61 41 37; Sebucán:

2 84 11 34; **Teletaxi:** Tel. 7 53 91 22, Móvil Enlace: Tel. 5 77 33 44. Diese Dienste sind zuverlässig und sicher. Empfehlenswert auch für Flughafentransfers. Preis vorher festlegen. Er liegt zur Zeit bei 15 000 bis 18 000 Bs.

Carúpano

Lage: G7
Vorwahl: 0294
Einwohner: 95 000

Tipps von Ort zu Ort

Casa Blanca (sehr preiswert), Av. Principal, Playa Copey, Tel. 31 68 96, 7 Zimmer; schlichte Pension am Strand, mit Garten und Restaurant, sehr gute und einfallsreiche spanische Küche, Spezialität des Besitzers José María Carrión: Paella, die er mit außergewöhnlichen Fischen zubereitet. **Posada Nena** (günstig), Calle Principal, Playa Copey, Tel. 31 76 24, Fax 31 72 97, posadanena@bigfoot.de, 10 Zimmer; etwas außerhalb fast am Strand, schön und luftig eingerichtete Zimmer, teilweise mit eigener Küche. Großer, palmenbestandener Garten, eine Restaurant-*churuata* mit gutem Essen, kleine Open-Air-Bar, die auch die Leute aus Carúpano gerne besuchen, Internet-Café. Unter deutscher Leitung. Eigenes Ausflugsprogramm, Organisation von Exkursionen. **Hotel Euro-Caribe** (moderat), Av. Perimetral Romulo Gallegos, Tel. 31 39 11, Fax 31 36 51, hoteleurocaribe@cantv.net, 90 Zimmer; an der Küste und zentral gelegen, kühl in Weiß und Blau gestylt, geräumige Zimmer. **El Colibri** (moderat), Av. Perimetral Sur, Tel. 32 35 83, 3 Ferienhäuser. Die deutschen Besitzer Polly und Günther Hoffmann haben drei weiße Ferienhäuser für jeweils vier Personen um einen schönen Pool grup-

piert. Komfortable Einrichtung mit sommerlichem Touch. Wer nicht selbst in seiner exzellent ausgestatten Küche kochen will, kann Pension bestellen. Organisierte Ausflüge. **Posada La Colina** (moderat), Calle Boyacá 52, Tel. 32 29 15, Fax 31 20 67, merle@telcel.net.ve, 17 Zimmer; das individuell gestaltete Haus thront oberhalb des Städtchens, hat hübsch eingerichtete Zimmer, einen Whirl-Swimmingpool und ein Restaurant mit aufmerksamem Service. Gehört dem Paria-Papst Wilfried Merle (s. S. 112).

El Tranviazo (günstig), Av. Independencia/El Boulevard, Tel. 31 37 56; einfaches und preiswertes Grillrestaurant, nette Atmosphäre. **Parilla de Pepe** (günstig), Redoma El Junque; alles vom Grill und frisch zubereitet, sehr populär, empfehlenswert. **La Madriguera** (moderat), Av. Independencia 12, mobil: 014/7 79 24 07; serviert die besten Nudeln im Ort und leckere italienische Spezialitäten. **El Fogón de La Petaca** (moderat bis teuer), Av. Perimetral, Local 1, Tel. 31 25 55; die Besitzerin dieses spanisch angehauchten Restaurants liebt es, Rezepte zu erfinden, z. B. einen Auflauf aus Rochen. Spezialität: Fisch und Meeresfrüchte, z. B. *pastel de chuchos, asopado de mariscos.* **La Mar** (moderat bis teuer), Av. Perimetral, neben dem Hotel Euro-Caribe, Tel. 31 39 11; Meeresfrüchte, Fisch und Pasta teilen sich die Karte, auch Vegetarisches. Im Bistro-Stil.

... im Mercado Municipal:
Carúpano Lindo (günstig), hier gibt's *arepas* in allen möglichen Varianten. Hat sich auf dem Hauptparkplatz davor aufgebaut. Drinnen gibt es noch viele weitere Optionen für preiswerten Fisch, *empanadas* und *arepas*.

Museo Histórico de Carúpano, Plaza Santa Rosa de Lima; kleines Stadtmuseum mit einem bunten Sammelsurium an Exponaten; Di–So 8.30–12 und 14.30–18 Uhr.
Casa del Cable, Plaza Santa Rosa de Lima; Sitz des Encuentro Paria und Corpomedina von Wilfried Merle, Kulturzentrum; zu den Bürozeiten geöffnet.

 Arte y artesania tykui, Av. Independencia an der Plaza Rosa de Lima; in den bunt bemalten, restaurierten Kolonialhäuschen, dekorativ gestylt, wenige außergewöhnliche Sachen, Bilder, Kerzenleuchter, Stoffe, handgeschöpftes Papier.

 Sansibar, im Hotel Euro-Caribe, ist der angesagteste Tanzplatz der Stadt.

 Flughafen etwa 2 km außerhalb der Stadt; Flüge nach Caracas (5 x tgl.), Maturín, Porlamar und Tucupita.
Busbahnhof an der Av. Perimetral; Por Puestos nach Maturín, Barcelona, Caracas, Cumaná, Puerto La Cruz, auf die Halbinsel Paria (Güiria, El Pilar), nach Ciudad Guayana; Busse in dieselben Richtungen. **Autovermietung: Budget,** im Flughafen, Tel. 31 43 90.
Fähren von Chacopata über Cariaco nach Margarita (Punta de Piedras) Mo–Sa. Dauer etwa anderthalb Stunden.

Chichiriviche

Lage: D7
Vorwahl: 0259
Einwohner: 50 000

Hotel Capri (günstig), Av. Principal, Tel. 8 60 26; der Traveller-treff in Strandnähe, verschachtelte Zimmer, italienisches Restaurant. **Posada Alemania** (günstig), Vía Fábrica de Cemento, Tel. 8 66 39, mobil: 016/74 17 65; 6 hübsche, gepflegt, einfache Zimmer mit eigenem Bad, breites Ausflugsangebot. Freundlicher Service, gutes Frühstück, deutsche Leitung. **Posada Guamachito** (günstig), Vía Fábrica de Cemento, Tel. 8 63 90, Fax 85 05 16, venustas27@etheron.net, www.etheron.net/usarios/guamachito, 8 Zimmer; schlicht, aber sehr nett gemacht, mit venezolanischem Kunstgewerbe dekoriert. **Posada Marina** (günstig), Vía Fábrica de Cemento, Tel. 8 63 75, 7 Apartments; ideal für kleinere Gruppen oder Familien, gut und heiter ausgestattet, viel Platz, Terrassen, angenehme Atmosphäre. **Hotel La Garza** (moderat), Av. Principal, Tel. 8 60 48, Fax 8 63 47; hübsches Restaurant und gepflegter Swimmingpool, die Zimmer eher enttäuschend, reichhaltiges Frühstück. **Villa Marina Apart-Hotel** (teuer), Vía Fábrica de Cemento, Sector Playa Sur, Tel. 8 67 59, Fax 8 65 03, 40 Zimmer und Apartments mit Küche, einer der typischen angenehmen Ferienkomplexe mit großem Swimmingpool, üppiger Garten, blitzsauber und gut eingerichtet.

 Italiana (günstig), im Erdgeschoss des Hotel Capri; ein beliebter Italiener. **Marisquería Ixalupa** (moderat), Final Calle Zamora, Tel. 8 60 56; zum Draußensitzen am Strand, chilenische Weine und gute Fischgerichte.

 In der Hochsaison Straßenstände mit Schmuck und Kunstgewerbe.

Überlandbusse und **Por Puestos** halten auf der Av. Principal; häufige Verbindungen nach Caracas, Coro, Maracay, Puerto Cabello, Tucacas und Valencia.

Choroní

Lage: D7
Vorwahl: 0243
Einwohner: 8000

 Posada Colonial Choroní (günstig), Plaza Bolívar, nur zu buchen über Cacao Expediciones, Quinta Orquidia, Calle Andromeda, El Peñon, Caracas, Tel. 0212/9 77 12 34, Fax 9 77 01 10, cacaotravel@cantv.net, 8 Zimmer; attraktives Kolonialhaus mit einfachen, hübsch gestalteten Zimmern, die um einen blumenbestandenen Innenhof gruppiert sind, dort werden auch die Mahlzeiten serviert, gute Küche, junges Publikum. **Hostería del Mar** (sehr preiswert), am Ortseingang von Choroní, Tel. 91 10 38, in Caracas: Tel. 0212/9 41 19 45, 9 Zimmer; gepflegte, einfache, nett gemachte Pension, die Touren organisiert. **La Casa de las García** (moderat bis teuer), Calle Cementerio, (zwischen Choroní und Puerto Colombia, ist ausgeschildert), Tel. 91 10 56, in Caracas: Tel. 0212/6 62 28 58, mobil: 016/6 35 68 94, llerandi@telcel.net.ve, www.posada-garcia.rec.ve, 8 Zimmer; reizvolle Anlage in einem restaurierten, 300 Jahre alten Kolonialhaus, dessen Struktur beibehalten, die Substanz behutsam modernisiert wurde, geräumige Zimmer, ruhige Lage, Veranden, Garten.

 Die *posadas* und *hosterías* haben ein eigenes Veranstaltungsprogramm. Der Transfer zu der Playa Grande bei Puerto Colombia sowie von Maracay zu den jeweiligen Unterkünften wird meist angeboten. Ausflüge kann man zu den **Kakaoplantagen von Chuao und Cepe** unternehmen, auch **Bootsfahrten** zu Stränden.

 Mehrmals tgl. **Busse** nach Maracay. Am Wochenende kann es zu Engpässen kommen.

Ciudad Bolívar

Lage: G6
Vorwahl: 0285
Einwohner: 300 000

Dirección de Turismo, Av. Bolívar, Quinta Yeita 59, Tel. 2 16 13, 22 63 26. Information auch auf dem Flughafen.

 Posada La Casita (sehr preiswert), Av. Ligia Pulido, Urbanizacion 2 de Julio, Tel. 6 17 08 31, mobil: 014/8 54 51 46, info@gekkotours-venezuela.de, www.gekkotours-Venezuela.de, Bungalows in einem gepflegten Garten, Pool, Mini-Zoo, zuverlässige Organisation von Ausflügen. Man kann auch in der Hängematte übernachten. Abholservice vom Flughafen/Busbahnhof. **Posada Angostura** (günstig), Calle Boyacá s/n, Tel. und Fax 2 87 27, 6 Zimmer; liegt mitten im historischen Zentrum, aufwendig restauriertes Kolonialhaus, Brunnen mit Pflanzen, geräumige Zimmer, die mit Stilmöbeln ausstaffiert sind, große Bäder. Gutes kleines Restaurant. Wird angeboten von Cacao Expediciones, in Caracas: Tel. 0212/9 77 12 34, cacaotravel@cantv.net. **Hotel Colonial** (günstig), Paseo Orinoco 85, Tel. 2 83 90 02, Fax 2 80 80, 32 Zimmer;

unschlagbare Lage am Paseo, stimmungsvolles Terrassenrestaurant mit herrlichem Blick, aber in die Jahre gekommen, Diskothek im Erdgeschoss. **Hotel Valentina** (günstig), Av. Maracay, Tel. 2 21 45, Fax 2 79 19, 18 Zimmer; in der ruhigen Villengegend, kleines Haus mit sehr gutem Preis-Leistungs-Verhältnis. **Laja City Hotel** (moderat bis günstig), Av. Táchira/Av. Bolívar, Tel. 2 99 20, Fax 2 87 78, 20 Zimmer; kleineres, funktionales Haus im schicken Wohnviertel, sämtliche Einrichtungen des Laja Real können mitbenutzt werden. **Hotel Laja Real** (moderat bis günstig), Av. Andrés Bello/Jesús Soto, gegenüber vom Flughafen, Tel. 2 79 55, Fax 2 87 78; 45 ordentliche Zimmer im originalen 70er-Jahre-Stil, kleiner Pool, freundlicher Service, Restaurant.

Im **Hotel Colonial** (moderat), die Küche ist nichts Besonderes, aber der Blick von der Terrasse auf den Orinoco ist sehr schön. **Parilla Alfonso** (moderat), Av. Maracay, Tel. 2 20 34; ist immer noch der Tipp: empfehlenswertes Grillrestaurant mit Garten. **Mezza Luna** (günstig), neben dem Hotel Laja City, hier gibt es gute Pizza. Restaurants im Hafenmarkt **Mercado de la Zapaora** am östlichen Ende des Paseo Orinoco; Plastiktischdecken und, wenn überhaupt, verbogenes Besteck, aber die frischesten Fische.

Museo Etnográfico, Paseo Orinoco/Calle Igualdad; ethnologisches Museum; Di–Sa 9–17, So 10–17 Uhr. **Casa de Piar,** Calle Bolívar/Plaza Bolívar; heute Casa de Cultura, früher das Gefängnis, in dem General Piar 12 Tage inhaftiert war; geöffnet zu den Bürostunden. **Casa del Congreso de Angostura,** Plaza Bolívar; Tagungssitz des Kongresses von Angostura,

Archivo Histórico de Guayana, Exponate zur Stadtgeschichte; Di–Fr 9–12 und 14.30–17.30, Sa und So 9–12 und 14–17 Uhr. **Casa Ciudad Bolívar,** Paseo Orinoco/Carabobo; kurioses Museum, mit Petroglyphen und modernen Skulpturen; Di–Fr 9–12 und 14–17, So 9–12 Uhr. **Museo Quinta de San Isidro,** Av. Táchira/Av. 5 de Julio; Plantagenhaus, in dem Simón Bolívar übernachtete; Di–Sa 9–12 und 14–17, So 9–13 Uhr. **Museo de Arte Moderno Jesús Soto,** Av. Germania/Av. Maracay; aufwendig gestaltetes, interessantes Museum für die Kunst der Moderne, inklusive Konstruktivismus, dem Op-Art-Star Jesús Soto gewidmet; Di–Fr 9–17.30, Sa und So 10–17 Uhr. **Parque El Zanjón,** zwischen den Calles Babilonia, Carabobo und El Zanjón, dort kann man die Häuser besichtigen, die zwischen den *lajas* errichtet wurden.

 Goldschmuck.

 Ausgangspunkt für Exkursionen nach Canaima und in die Gran Sabana. Im Flughafengebäude mehrere lokale Veranstalter: **Neckar Tour** und **Canaima Tours;** dort Möglichkeit, kleine Maschinen zu chartern. Touren in die Gran Sabana, an den Río Caura, auf dem Orinoco und in die Parks von Guayana veranstalten auch die Betreiber der Posada Angostura und von La Casita, die ihr eigenes kleines Reisebüro **Gekkotours** im Flughafen unterhalten, Tel. 2 32 23. In der Nähe liegt der Hato El Burro (s. unter Hatos).

Flughafen etwa 2 km südöstlich vom Zentrum; tgl. Flüge nach Caracas und Maturín. Verschiedene Charter für Flüge mit kleinen

Maschinen nach Canaima. **Busbahn-hof** 2 km südlich des Stadtzentrums, Av. Sucre/Av. República; häufige (Nacht-)Verbindungen nach Caracas; Verbindungen nach Barcelona, Puerto La Cruz, Santa Elena de Uairén, Puerto Ayacucho, Paragua und Ciudad Piar. **Autovermietung** im Flughafen: **Budget,** Tel. 2 74 13.

Ciudad Guayana

Lage: H6
Vorwahl: 0286
Einwohner: 600 000

 Im Flughafengebäude.

 Hotel Rasil (moderat), Centro Civico, Tel. 23 50 96, Fax 22 77 03, brian@telcel.net.ve, www.estado-bolivar.com/hotel-rasil.htm; 88 plüschige Zimmer; großer Kasten im 70er-Jahre-Stil. **Hotel Inter-Continental Guayana** (sehr teuer), Parque Punta Vista, Av. Guayana, Tel. 20 11 11, Fax 23 19 14, guayana@interconti.com, www.Interconti.com, 184 Zimmer; in einem schönen Park am Río Caroní gelegen, nobel, Zimmer sind nicht sehr groß. Fitnesscenter, Spa-Betrieb, Ladengalerie und Pool-Landschaft.

 El Bigote del Abuelo (moderat), Av. Las Américas, Tel. 22 81 31; Cesar's Salad und ausgezeichnete Steaks in rustikal-gepflegtem Ambiente, gleich nebenan das preiswertere Freiluftrestaurant. **El Bodegón de Pancho** (moderat), Av. Las Américas, Tel. 22 38 50; laut und voll, sehr beliebt, hervorragende und preiswerte Grillplatten.

 Parkzone am Río Caroní, Parque Loefling, Orchideenpark, Zoo, Parque Cachamay mit Picknickplätzen; tgl. 5–17 Uhr. **Castillos de Guayana,** Festungen am Orinoco; Di–So 9–17 Uhr.

 Lobo Tours, Villa Africana, Calle Zambia 2, Tel. 61 62 86; zuverlässige Organisation von unkonventionellen Reisen in die Gran Sabana, deutsche Leitung.

Flughafen am westlichen Stadtrand von Puerto Ordaz (die Stadt Ciudad Guayana taucht in den Flugplänen nicht auf, sondern nur Puerto Ordaz); Flüge nach Barcelona (mehrmals tgl.), Canaima (2 x tgl.), Caracas (werktags 10 x tgl.), Charallave, Maracaibo, Maturín, Porlamar (werktags 4 x tgl.) und Valencia. **Busbahnhof** in San Félix, Av. Gumilla, 1 km südlich vom Zentrum; Por Puestos nach Ciudad Bolívar, Caracas, Carúpano, Maracay, Valencia, Tucupita und Upata; Busse außerdem nach Boa Vista (Brasilien) über Santa Elena de Uairén, Guasipati und Tumeremo. **Autovermietung** im Flughafen: **Avis,** Tel. 59 18 77; **Budget,** Tel. 59 16 92; **Hertz,** Tel. 51 24 74; **Nacional,** Tel. 59 16 55.

Coche

Lage: G8 (bei der Isla de Margarita)
Vorwahl: 0295
Einwohner: 3000

Coche Speed Paradise (moderat), Playa La Punta, mobil: 014/9 95 27 26, Fax 014/9 96 03 33, Tel. 2 63 98 10, elyaque@enlared.net, paradiseteam@cantv.net, 50 Zimmer; geräumige Bungalows mit kunstgewerblichen Akzenten, großer Garten, direkt am Strand, Windsurfen, Tennisplätze, Pool, Insel-Rundfahrten auf dem Four-Wheel-Moto und Fahrrad-Verleih. Deutsches Management. All-Inclusive-Anlage. **Brisas del Mar** (moderat), Vía San Pedro – La Uva, Sector Punta La Salina, Tel. 2 99 13 58, mobil: 016/6 96 02 20, 016/6 96 10 21, brisasdecoche@hotmail.com, 50 Bungalows; geräumige, helle, sehr saubere Zimmer mit gefliesten Böden, Pool und Restaurant-*churuata.*

🍴 **El Bohio** (günstig), Calle Principal San Pedro, es gibt *arepas* und Fisch. Urige, nette Kneipe, Meerblick. **El Oasis** (günstig), Vía La Uva, mobil: 014/9 95 76 33, einfaches Fischrestaurant mit köstlichen Jakobsmuscheln. Man wird auf Wunsch vom Hotel abgeholt.

⇄ Mehrfach tgl. **Fähren** von El Yaque nach Coche, das Hotel Coche Speed Paradise transportiert seine Gäste zum Hotel El Yaque Paradise, 2 x tgl.

Colonia Tovar

Lage: D7 (bei Maracay)
Vorwahl: 0233
Einwohner: 10 000

🛏 **Hotel Edelweiss** (günstig), Tel. 55 12 60, Fax 55 11 39, 19 Zimmer; nette und hübsch eingerichtete Pension, nicht alle Zimmer haben Balkon. **Hotel Alta Bavaria** (moderat), Sector El Calvario, Tel. 55 13 33, 18 Zimmer, 5 Suiten; nett gelegen, freundlicher Service, hübsche Zimmer, großer Garten. **Posada Don Elicio** (moderat), bei dem Hotel Drei Tannen, Tel. 55 12 54,

Fax 5 51 07 34, 11 Zimmer; persönlich und individuell. Geräumige, helle Zimmer, halb Laura Ashley-Flair, halb Oma-Stil, gut ausgestattete Bäder, im Restaurant und dem Aufenthaltsraum Antiquitäten. Origineller, großer Garten. **Hotel Selva Negra** (moderat bis teuer), im Ortszentrum bei der Kirche, Tel. 55 14 15, 55 10 72, Fax 55 13 38, 40 Zimmer; das Haus mit der längsten Tradition, sehr gepflegt und gemütlich im Schwarzwald-Stil eingerichtet, schöner Blick auf die Täler.

🍴 **El Molino** (moderat), Sector El Molino; etwas außerhalb, recht gut konservierte süddeutsche Rezepte. **Muhstall** (moderat), im Ortszentrum, Käsekuchen, Kaffee, Schwarzwälder Kirsch im beliebten Restaurant im Schwarzwälder Stil, aber auch ordentliches Essen. Sehr freundliche Service.

Coro

Lage: C7
Vorwahl: 0268
Einwohner: 130 000

ℹ **Dirección de Turismo,** Calle Falcón, Paseo Alameda, Tel. 51 53 27 und 51 11 32, Fax 51 53 27 und 51 80 04.

🛏 **Granja El Ojito** (günstig), Santo Tómas, Tocópero, 20 km außerhalb von Coro, Tel. 74 10 50, Fax 74 11 30, granjaelojito@cantv.net, www. granjaelojito.com, 10 Zimmer; die *posada* ist in eine Kokosnussplantage gebaut, Zimmer im Kolonialstil mit Ladrillo-Fußboden und eigener Terrasse mit Blick aufs Meer, Pool, Restaurant, Bar und eine eigene umfangreiche Ausflugsorganisation. Shuttle nach

Coro. Es wird Deutsch gesprochen.
Hotel Falcón Médano (moderat), Av.
Estéban Smith Monzón, Tel. 51 25 19,
57 79 02, 46 Zimmer, Hotelclub, liegt
etwas außerhalb am Parque Nacional
Los Medanos, mit zwei Pools, Diskothek, Billlardsalon, Kinderspielplatz.
Hotel Miranda Cumberland (moderat
bis teuer), Av. Josefa Camejo, gegenüber dem Flughafen, Tel. 52 47 24, in Caracas: Tel. 0212/7 61 16 62, Fax 7 61 66 81,
156 große, helle Zimmer; Swimmingpool, gepflegter Garten und Snackbar-
Pergola; angenehme Atmosphäre.

 La Colmena (günstig), Calle
Comercio, nähe Paseo Talavera;
Tages-Restaurant im Patio eines Kolonialhauses, kleine Gerichte. Es gibt dort
auch ein Reisebüro. **El Portón de
Arturo** (günstig), Calle Toledo, zwischen Zamora und Falcón; Patio-
Restaurant, weiße Säulen, bunte
Wände, venezolanische Rezepte. Unterhaltsam. **Rincón de Cabure** (günstig
bis moderat), Av. Los Médanos; hier
gibt es die Regionalküche aus der
Sierra San Luis. **El Conquistador**
(moderat bis teuer), Calle Urdaneta
beim Banco Coro; das beste Restaurant
im spanischen Kolonialstil, Spezialität:
Ziege aus dem Ofen.

 **Museo de Coro Lucas Guil-
lermo Castillo** (Diözesanmu-
seum), Calle Zamora; Sakralkunst- und
Kolonialmöbel-Sammlung im ehemaligen Franziskanerkonvent; Di–Sa 9–12
und 15–18, So 9–14 Uhr (einstündige
Führungen obligatorisch). **Museo Balcón de los Araya,** Calle Zamora; Kera-
mikmuseum in einem schön restaurierten Kolonialhaus; Mo–Sa 9–18 Uhr.
Casa de las Ventanas de Hierro,
Calle Zamora; eines der prächtigsten
Kolonialhäuser Venezuelas mit Möbeln

aus der Epoche; Mo–Fr 9–13 und 15–18
Uhr, Sa und So 9–13 Uhr. **Casa del
Tesoro,** Calle Zamora; schönes Koloni-
algebäude mit Kunst(gewerbe-)-
museum; zur Zeit leider geschl. **Museo
de Arte de Coro,** Paseo Talavera; Ausstellungen venezolanischer Künstler in
einem lebendig und bunt restaurierten
Kolonialhaus; Di–Sa 9–12 und 14–16
Uhr, So nur vormittags.

 Im **Museo de Arte de Coro**
Kunstgewerbegeschäft, schöne
Postkarten, Briefpapier; außerdem Kon-
taktadresse, falls man an den Exponal-
ten interessiert sein sollte.

 Granja El Ojito, Adresse s. o.,
veranstaltet Touren in die Sierra
San Luis, zum Schnorcheln und Tauchen in den Parque Nacional Morrocoy
und auf die Halbinsel Paraguaná.
Und: **La Colmena,** Adresse s. o., Tel.
52 04 36.

 Flughafen Josefa Carmejo,
Flüge nach Caracas (3 x tgl.),
Aruba. **Busbahnhof:** Av. Los Médanos;
häufige Verbindungen nach Caracas,
Maracaibo, Punto Fijo, außerdem nach
Adícora (4 x tgl.), Barquisimeto (3 x
tgl.), Mérida (2 x tgl.), San Cristóbal
(tgl.). **Autovermietung: Budget,** im
Flughafen, Tel. 52 76 12.

Cumaná

Lage: G7
Vorwahl: 0293
Einwohner: 280 000

Dirección de Turismo, Calle
Sucre, gegenüber der Farmácia
Profesional, Tel. 32 24 03 und 31 60 51,
Fax 32 24 03; Kartenlage eher prekär,

aber das Personal ist ausgesprochen freundlich und hilfsbereit. **Geldwechsel:** nur bei Oficambio, Calle Mariño, Edf. Funchal, Planta Baja, Mo–Fr 8–11.40 und 14–17.45 Uhr.

Hotel Regina (günstig), Av. Arismendi, Tel. 2 34 42, 23 Zimmer; Innenstadtlage und deswegen laut, aber sauber und billig. **Hotel Minerva** (günstig), Av. Cristóbal Colón, Tel. 31 44 71, Fax 66 27 01, 55 Zimmer; der Kasten ist nicht schön, aber funktional, hat einen Pool, anständige Zimmer und liegt am Meer und trotzdem zentral. **Bubulina's** (moderat bis günstig), Callejón Santa Inés/Callejón El Alacrán, Tel. 33 41 37, Fax 31 40 25, 12 Zimmer; in der reizenden Altstadt eine kleine *posada* in einem der typischen, zierlichen Kolonialstilhäuser, sauber und nett gemacht, mit beliebtem und gutem Restaurant, die Küche hat einen spanischen Akzent. **Hotel Nueva Toledo** (moderat), Final Av. Universidad, Sector Los Bordones, Tel. 5 19 59 95, Fax 51 99 74, ntoledo@ telcel.net.ve, 128 Zimmer, 64 Suiten; das Styling stammt aus den 70er Jahren, die gefliesten Zimmer haben sommerliches Mobiliar. Herzförmiger Pool mit vielen Schatten-*churuatas,* zwei Restaurants, zwei Bars. **Hotel Cumanagoto** (sehr teuer), Final Av. Universidad, Tel. 30 14 00, Fax 52 18 77, hespeope@att.com.ve, www. hoteles-hesperia.es, 163 Zimmer; erstes Haus am Platz, liegt am Strand, großer Pool. Die Ausstattung ist klassischgediegen, geräumige Zimmer, Bar in einer *churuata* mit Palmdach. Tennisplätze, Fitnessraum, Spa-Betrieb, Ladengalerie. Und: eine imposante Eingangshalle. Die Reiseagentur von Iberisla im Hotel ist zu empfehlen.

Jardín de Sport (günstig), Plaza Bolívar; sehr beliebtes, volkstümliches Freiluftrestaurant mit Videowand, auch abends zum Biertrinken nett. **La Posada de Alfredo** (günstig), Av. Universidad, Sector San Luis, eine stimmungsvolle, bunt bemalte Strandkneipe, empfehlenswert. Gut essen kann man auch im **Mercado Municipal. El Colmao** (moderat), Calle Sucre, gegenüber der Plaza Pichincha, Tel. 33 32 51; eines der besten Restaurants der Stadt, Paella, *langostinos,* gute Salate, gepflegte Möblierung in zarten Farben. **El Rancho de Morris** (moderat), Av. San Luis, Tel. 51 12 31, beliebtes Restaurant für Fisch und Fleisch. **Café: Casa Tomada,** Calle Bolívar, Schnellgerichte im Bistro-Stil, bunt angemaltes, kleines Patio-Restaurant.

Casa Natal de Andrés Eloy Blanco, Plaza Bolívar; interessantes Museum mit Fotos, Möbeln und Dokumenten des bei uns recht unbekannten Dichters; Mo–Fr 9–12 und 15–18, Sa und So 15–18 Uhr. **Museo Gran Mariscal de Ayacucho,** Av. Humboldt, im Parque Ayacucho; Freiheitshelden-Verehrung im pompösen, strahlend weißen Kolonialhaus; Di–Sa 9–11.30 und 16–18.30 Uhr.

Flughafen Antonio José de Sucre im Osten der Stadt, Flüge nach Barcelona (2 x tgl.), Caracas (9 x tgl.), Güiria, Las Piedras (2 x tgl.), Mérida, Porlamar (3 x tgl.) und Puerto Ayacucho. **Busterminal:** Av. Las Palomas; nach Puerto La Cruz, Ciudad Bolívar, Ciudad Guayana (11 x tgl.), Caracas, Maracay, Valencia (10 x tgl.), El Tigre (8 x tgl.), Maracay und Valencia (5 x tgl.). **Fähren** zur Península de Araya täglich, aber zu wechselnden Uhrzeiten (Naviarca), zur Isla de Margarita um 7 und 16

Uhr (Conferry). **Autovermietung: Budget,** im Flughafen, Tel. 57 15 74.

El Dorado

Lage: H5

 Hotel Antonio (sehr preiswert), an der Plaza Bolívar, 10 Zimmer; klein und heruntergekommen. **Hotel El Dorado** (sehr preiswert), an der Plaza Bolívar, 12 Zimmer; sehr schlicht.

El Hatillo

Lage: E7 (bei Caracas)
Vorwahl: 0212

 Das Pastellhaus (günstig bis moderat), Calle La Paz 32, Tel. 9 63 54 86, Fax 9 61 28 08; im Erdgeschoss ein Café mit köstlichen Torten und oben auf der Terrasse eine nett gemachte und gemütliche Pizzeria, empfehlenswerte Qualität, ansprechende Stimmung. **Padrisimo** (günstig bis moderat), Calle Miranda/Calle Escalona, Quinta Villa Rosa, Tel. 9 61 05 53; eine für El Hatillo charakteristische Mischung aus Bar und kleinem Restaurant. Der Schwerpunkt liegt hier auf Mexiko bei der Dekoration, den Drinks und dem Essen: *tacos, tostadas, queso fundido.* **La Romana Hatillana** (moderat), Calle Miranda, Tel. 9 61 11 36, 9 61 18 16; hier kann man üppig bemessene, venezolanische *parillas* verspeisen, Spezialität des Hauses ist *carne en vara,* am Wochenende gibt's Live-Musik, große *churuata,* lebhafte Stimmung. Liegt gleich bei einem der beiden Parkplätze des Dorfes. **Mauricio's** (moderat bis teuer), Centro Comercial Los Aleros, Calle La Paz 30, Tel.

9 63 07 89; in einem für das Dörfchen typischen Kolonialhaus untergebracht, stimmungsvolles Restaurant und Bar, auf zwei Stockwerke verteilt, Terrasse, französisch angehauchte Küche mit gutem Standard.

 Hansi's, am Ortseingang; Kunstgewerbe aus ganz Venezuela, aufgemacht wie ein Museum.

Por Puestos nach Caracas halten auf dem großen Parkplatz.

El Pauji

Lage: J3 (bei Santa Elena de Uairén)
kein Festnetz
Einwohner: 500

El Caminante (sehr preiswert), 4 Bungalows, sonst Hängematten. Einfachste Unterbringung. **Las Brisas** (moderat), 9 Bungalows; über einer kleinen Hügelkuppe außerhalb von El Pauji liegen die rustikalen Unterkünfte verstreut. Sehr luftig, es gibt keine Gardinen. **Maripak** (moderat), mobil: 014/8 86 12 44, 7 recht klein dimensionierte, aber nette Bungalows im Garten. Liegt im Zentrum und hat eigenes Restaurant.

Kleinbusse von und nach Santa Elena de Uairén.

Hatos

Hato Doña Bárbara
Westlich von Elorza, nur mit Reservierung über Tel. 0247/2 50 03, Fax 2 79 02, barbara@sfapure.c-com.net, 21 Zimmer; deutlich als Ferienbetrieb ausge-

richtet: Reiten, Swimmingpool, Exkursionen; pro Person/Tag 110 $.

Hato El Burro
Liegt südlich von Ciudad Piar im Bundesstaat Bolívar, nur mit Reservierung über Cacao Expediciones, in Caracas Tel. 0212/9 77 12 34, cacaotravel@cantv.net, 10 Zimmer. Ausritte, Baden am Teich, Touren in die Gran Sabana (auch mit dem Motorrad), Flüge nach Canaima und Kavak, Besuche des Cerro Bolívar und der Diamantenminen am Río Paragua. In diesem Sinn kein ›klassischer‹ *hato* mit Jeep-Safaris und Tierbeobachtung. Familiäre Atmosphäre. Die Betreiber sprechen Deutsch. Moderate Preise (mit Vollpension).

Hato El Cedral
An der Carretera 4 zwischen La Ye und Elorza, Tel. 0582/7 81 89 95, 7 93 60 82, Fax 7 93 60 82, mobil: 0240/94 02 49, hatocedral@cantv.net, www.hatecedral.com, oder Reservierung über Turven, Tel. 212/9 51 19 79, Fax 9 51 11 76, 25 Zimmer; über 300 Vogelarten wurden auf dem *hato* gesichtet, und hier leben 20 000 *chigüires*. Die Anlage bewahrt koloniales Ambiente, geräumige, gemütliche Zimmer mit Klimaanlage, kleiner Pool, sehr aufmerksamer Service; Tierbeobachtung in Safari-Jeeps oder je nach Jahreszeit mit Booten, pro Person/Tag mit Vollpension 125 $.

Hato El Frío
An der Ruta Nacional 19 zwischen El Samán de Apure und Mantecal; Apdo. Postal 81, San Fernando de Apure, Tel./Fax 0247/8 19 71 und 8 12 33, mobil: 014/7 43 53 29, elfrio@cantv.net, 10 Zimmer; Aufenthalt nur mit Reservierung (z. B. über Orinoco Tours, s. S. 274) und nur für einen begrenzten Zeitraum, üblicherweise 2 Tage mit 4 Foto-Safari-Exkursionen in Jeeps zur Tierbeobachtung; pro Person/Tag mit Vollpension 130 $. Hier befindet sich eine Zuchtstation für Orinoco-Kaimane.

Hato El Piñero
Nördlich von San Fernando de Apure; Reservierung in Caracas bei Bio Tours, Tel. 0212/9 92 44 13, Fax 9 91 66 68, hatopinerovzla@telcel.net.ve, oder über Sky Limit, Orinoco Tours (Adresse s. S. 274), 11 Zimmer; andere Landschaft, andere Tierwelt in den Llanos Altos. Individuell gestaltete Anlage. Pro Person/Tag mit Vollpension und Exkursionen 110 $.

Isla de Margarita

Lage: G7
Vorwahl: 0295

 Corpoturismo, Centro Artesanal Gilberto Manchini, Los Robles, Tel. 2 62 36 38. **Cámara de Turismo,** Av. Santiago Mariño/Hernández, bemüht und freundlich, aber nicht viel Material. **Informationskioske** auf der Santiago Mariño/Av. 4 de Mayo und im Flughafengebäude. Hilfsbereit und freundlich.

... in Porlamar: Tamaca (sehr preiswert), Av. Raúl Leoni/Campos, Tel. 2 61 16 02, Fax 2 63 59 84, 15 Zimmer; der Traveller-Treff mit Garten und Bar, schlichte, kleine Zimmer mit und ohne Aircondition. **Imperial** (günstig), Av. Raúl Leoni, Via El Morro, Tel. 2 61 64 20, Fax 2 61 50 56; 20 saubere Standardzimmer in einem ruhigen Hotel fast am Stadtstrand. **María Luisa** (günstig), Av. Raúl Leoni, Sector Bella Vista, Tel. und Fax 2 63 79 40, 2 61 05 64, hotmarlu@telcet.net.ve, 45 geflieste, saubere, nicht sehr große Zimmer in einem nüchternen Gebäude mit kleinem Pool, funktional. **Colibri** (moderat), Av. Santiago Mariño, Tel. 2 61 63 46, Fax 2 63 94 98, 30 Zimmer; hat nicht viel eigenes Profil, ist aber ordentlich und gemütlich eingerichtet mit Sofa im Zimmer. Liegt mitten in der Stadt. **El Castillo del Milagro** (moderat), Final Calle Fermín, Sector Genovés, Tel. 2 61 22 50, Fax 2 61 40 01, milagro@ enlared.net, 30 Zimmer, 5 Apartments; kompaktes kleines Hotel im spanischen Tasca-Stil mit Schindeln und Kacheln, großen Balkonen, kleinen Patios, zwei Pools, Restaurant und Bar, tgl. Shuttle-Service zu allen Stränden Margaritas, Tauchunterricht, sehr gutes Preis-Leistungs-Verhältnis. Ausgesprochen freundlicher Service, unter deutscher Leitung. Zentral und ruhig gelegen. **Howard Johnson Tinajero** (moderat), Calle Campos s/n, Tel. 2 63 88 30, Fax 2 63 91 63, 66 Suiten; modern gestylter Turm in Backsteinrot und Glas, Suiten mit Balkon und Meerblick, zentral. **Margarita Hilton** (sehr teuer), Calle Los Uveros, Urbanización Costa Azul, Tel. 2 62 41 11, Fax 2 62 08 10, www. hilton.com, 336 Zimmer; an der Playa Moreno, kühl und luxuriös gestylt, ausgezeichnete Wassersportmöglichkeiten.

...an den Stränden
Puerto Cruz/Puerto Viejo: Hotel Dunes (teuer), Calle Campo Ellias, Sector El Pueblito, Valle de Pedro González, Tel. 2 63 13 33, Fax 2 63 25 73, dunes@ enlared.net, www.barcelo.com (Barceló-Hotelgruppe), 282 Zimmer; eine etwas in die Jahre gekommene Luxus-Dorfanlage mit eigenem Leuchtturm, elegant, 4 Tennisplätze, 3 Pools, eigene Diskothek, Animation, Wassersport, an einem der schönsten Strände von Margarita. Alles inklusive. **Isla de Margarita** (sehr teuer), Tel. 2 65 73 54, Fax

2 63 90 68, islahespecomer@telcel.net. ve, www.hesperiaislamargarita.com, 180 Zimmer; blassrosa dreifingrige, hohe Hotelanlage am Strand, mit 18-Loch-Golfplatz, Restaurants und Bars, einer imposanten Eingangshalle, jeden Abend ein anderes Unterhaltungsprogramm, Spa-Betrieb, Fitnessraum, Mini-Club für Kinder, viele Sportangebote, distinguiert eingerichtete Zimmer mit riesigen, attraktiven Bädern, allerdings haben die Zimmer keine Balkone. Swimmingpool nicht der größte.

... an der Playa Humo: Portofino/ Portobello Mare (günstig bis moderat), Tel. 2 49 05 44, Fax 2 49 09 80, portofinonline@cantv.net, 501 Zimmer; mehrere Apartmentblocks direkt am Strand, 4 Pools, 4 Restaurants, Animation, jeden Abend Programm: typisches All-Inclusive-Hotel. Die Zimmer sind klein, das Personal sehr freundlich.

... an der Playa Caribe: Costa Caribe Beach Hotel (moderat), La Galera, Juangriego, Tel. 2 65 10 00, Fax 2 65 10 10, costacaribe@enlared.net, 405 Zimmer; ein gelungenes All-Inclusive-Hotel trotz seiner Größe. Styling halb rustikal, halb elegant, sparsam gesetzte kunstgewerbliche Akzente, Tennis, Beach-Volleyball, Animation, Kinderprogramm, Diskothek, Boutiquen, 3 Restaurants. Wirklich gutes Essen, deutsche Leitung.

... an der Playa El Agua: La Posada de Doña Romelia (günstig), Av. 31 de Julio, Sector La Mira, Tel. 2 49 02 38, Fax 2 49 14 66, 15 Zimmer; die Villa Kunterbunt von der Playa El Agua: Jedes der Doppelstock-Häuschen mit zwei Balkonzimmern ist andersfarbig, Garten und Pool, Frühstück; weitere Mahlzeiten auf Bestellung. Sehr nett und gemütlich. Liegt nicht direkt am Strand. **Coral Caribe** (günstig bis moderat), Calle Miragua, Tel. 2 49 00 21, Fax 2 49 06 28, mobil: 014/9 95 07 13, coralcaribe@

telcet.net.ve, 21 Zimmer; der Südtiroler Walter Mair präsidiert ein hübsches, intimes Hotel eine Minuten vom Strand entfernt in ruhiger Lage, Rattanmöbel in den geräumigen Balkon/Terrassenzimmern, gut ausgestattete Bäder, gepflegter Garten mit offener Bar, reichliches, ausgefallenes Frühstücks-Büffett, guter Service. **Costa Linda Beach** (günstig bis moderat), Calle Miragua, Tel. 2 49 13 03, Fax 2 49 12 29, hcosta@ enlared.net, www.hotelcostalinda.com, 24 Zimmer; in einer kleinen, umgebauten Hacienda, ganz in Ocker und Azurblau gehalten, die Zimmer haben spanischen Stil: Terrakottaböden, weiß getünchte Wände, Schmiedeeisen, kleines Restaurant, freundlicher Service, junges Publikum. **Hotel Flamenco** (günstig bis moderat), Playa El Agua, Tel. 2 49 00 30, Fax 2 49 03 54, 180 Zimmer; liegt fast am Ende des Strandes, das Hotel wirkt wie eine fröhlich bemalte Reihenhausanlage, üppige Bougainvillea-und Hibiskus-Pergolas, schöne Zimmer, freundlicher Service. All-Inclusive-Anlage. **Las Palmeras** (günstig bis moderat), Calle Miragua, Tel. 2 49 16 35, Fax 2 49 03 77, 45 attraktive Zimmer; flamingorosa getünchte, leicht verschachtelte Anlage, die Einrichtung verströmt sommerliche Frische, Pool, freundliches, offenes Ambiente. **Palm Beach** (günstig bis moderat), Playa El Agua, Tel. 2 49 07 26, Fax 2 49 01 83, 128 Zimmer; die Anzahl der Zimmer ist geschickt versteckt in diesem modernen, hellen Haus mit guter Küche und sehr nettem Personal. Animation, ein großer Pool und ein kleinerer zum Ausruhen. All-Inclusive-Anlage. **Posada Coco Paraíso** (günstig bis moderat), Boulevard Playa El Agua, Tel. 2 49 02 74, Fax 2 49 01 17, 18 Zimmer; farbenprächtig gestaltete, geschmackvoll und komfortabel eingerichtete Bungalows mit Terrassen und Hängematten, Kühlschrank und Kochmöglichkeiten, Pool, Garten, schöne, individuelle Anlage. Nur Frühstück. **Hesperia Playa El Agua** (moderat bis teuer), Av. 31 de Julio, Tel. 2 49 14 78, 2 49 04 33, Fax 2 49 10 71, 2 49 04 66, info@hesperiaplayaelagua.com, 290 Zimmer; das Traditionshotel steht unter neuer Regie, gepflegter, großer Garten mit 3 ruhigen kleinen Pools, ein großer Pool mit Animation und Bühne, 3 Tennisplätze, Animation vom Merenguetanzen bis zum Spanischkurs, Zimmer sind in Beige und Dunkelblau gehalten. **... Playa El Yaque: El Yaque Paradise** (günstig bis moderat), Calle Principal El Yaque, mobil: 014/9 95 21 82, Fax 014/9 96 59 88, elyaque@enlared.net, 26 Zimmer; Strandhotel mit sportlichem Publikum, große Restaurant-Terrasse, Strandbar mit guten Drinks, geräumige Zimmer, Verleih von Windsurfgeräten. **Windsurf Paradise** (günstig bis moderat), Calle Principal El Yaque, mobil: 016/6 81 69 51, 65 Zimmer; in Weiß, Türkis und Hellblau gehaltene, dreistöckige Anlage am Strand, winziger Pool, Terrasse mit Restaurant, Dach-Sonnenterrasse mit Jacuzzi, Zimmer relativ klein, plüschig-gemütlich. Zwei Windsurfclubs: Ein französischer mit Unterricht, und ein deutscher. Verleih von Geräten. **... in San Juan Bautista: La Casona** (moderat bis teuer), Calle Miranda, Tel. 2 35 93 33, Fax 2 35 91 33, casona@ enlared.net, 24 Apartments; Hacienda mit Patio und palmenbeschattetem, tropischem Garten wurde zur Apartmentanlage umgebaut. Weiß getünchte Wände, dunkles Holz, Kunst und Kunstgewerbe bestimmen die geschmackvoll ausgestatteten Zimmer. Die Ex-Klosterschule ist jetzt elegantes Open-Air-Restaurant. Pool. Österreichisches Management. Shuttle zu den Stränden.

... in Porlamar: El Remo (günstig), Av. 4 de Mayo, Tel. 2 61 31 97; Restaurant, Bar und Tanzsalon: alles in einem und gute italienische/internationale Küche. **Punto Criollo** (günstig), Calle Igualdad 19, Edif. Violeta, Tel. 2 63 67 45; deftige venezolanische Hausmannskost im volkstümlichen, rustikalen Ambiente. Liegt im alten Teil der Stadt. **Martín Fierro** (moderat) Av. Bolívar/Calle Ortega, Tel. 2 63 29 84; Uruguayer haben hier eine typische argentinische *parilla* eingerichtet, turnhallengroß, man sieht den Köchen beim Grillen zu. Sehr nett. **Rancho Mandinga** (moderat), Av. Raúl Leoni, Sector Bella Vista, Tel. 2 63 97 55; Bar und geräumiges Restaurant direkt am Strand unter einer Pergola, deftige Fisch-und Fleischgerichte. **La Colina del Pintor** (moderat), Av. Circunvalación Norte, Tel. 2 62 90 36; der Maler stellt im Erdgeschoss aus, und oben wird getafelt. **Sevillanas** (moderat), Av. Bolívar; Sector Bella Vista, Tel. 2 63 65 83; spanische Küche und Meeresfrüchte, Flamenco-und Sevillana-Musik, am Wochenende bis in die Nacht. **Cocody** (moderat bis teuer), Av. Raúl Leoni, Playa Bella Vista, Tel. 2 61 84 31; geschmackvoll eingerichtetes Restaurant mit Terrasse zum Meer, französisches Essen, gepflegte Atmosphäre, Live-Dinner-Musik. **Mediterráneo Café** (teuer), Campos/Patiño, Tel. 2 64 05 03, margaritamed@cantv.net; ausgezeichnete und ausgefallene italienische Küche in einem kleinen, mit witzigem Kunstgewerbe dekorierten Restaurant, Terrasse zum Draußensitzen, die kleine Karte ist auf einer Schiefertafel vermerkt, Liebling der Margarita-Schickeria.

Cafés: La Forneria, im Centro Comercial Jumbo, Av. 4 de Mayo/Campos, Nivel Ciudad, Tel. 2 65 95 58; im kühlen Bistro-Stil gehalten, verführerische Törtchen, italienische Mittagsgerichte. **El Granel,** im selben Einkaufszentrum, Nivel Jumbo, Tel. 2 65 94 94; viele verschiedene Kaffee- und Teesorten zieren das kleine Café-Geschäft. Auch frischgepreßte Säfte und Kuchen. **Straßencafé auf der Av. 4 de Mayo/Calle Fermin,** beliebtes Café, leckere Kuchen, sahnige Torten, kleine Gerichte und Säfte. Lebhaft, venezolanisch. **Internetcafés: Cyber Room,** Calle Fermín, zwischen Tubores y Av. 4 de Mayo, Tel. 2 64 47 07, 10 Plätze, oben Café, unten Computer. **The Garage Bike Bar,** Av. 4 de Mayo, Centro Comercial Shopping Plaza, Local 12, 8 Plätze, Billardtisch, Kaffee, Kuchen, Schnellgerichte.

... an den Stränden (nur tagsüber): Playa Caribe: Mosquito Coast (moderat); der Besitzer der legendären Diskothek Mosquito Coast in Porlamar schiebt hier eine ruhigere Kugel. An einem der schönsten Strände serviert er halb venezolanische, halb die libanesische Küche seiner Heimat. Es gibt Duschen, sehr saubere Umkleidekabinen, Strandservice und einen Shop für Bikinis und Pareos.

Playa Parguito: Byblos (moderat), Tel. 2 34 82 33; hier dominiert der italienische Einfluss des in Blau und Weiß gehaltenen Strandrestaurants: Spaghetti, Linguine und Langusten. Einer der beliebtesten Treffs auf der Insel. **Playa El Agua: Marlín** (moderat), Tel. 2 49 03 61; für Fisch- und Meeresfrüchtefans geeignet, denn hier gibt es *pargo* und schöne Langusten.

... bei Asunción: La Fronda (günstig), an der Straße nach Las Tapias; eine bunte Mischung: Häuschen mit Kunstgewerbe, botanischer Garten und Kioske mit venezolanischen Gerichten wie *cachapas, arepas, empanadas.*

... **in Juangriego: La Mamma** (günstig), Calle La Marina, Tel. 2 87 04 73; ein Lokal mit deftiger italienischer Küche, Pizza und Langusten.

... **in Pampatar: El Rincón de Antonio** (moderat), Calle La Marina, Tel. 2 62 35 50; im Tasca-Stil eingerichtetes Fischrestaurant mit schöner Terrasse am Meer.

... **in Paraguachí: Hibiscus** (moderat), Calle Los Caobos, Tel. 2 62 83 44; nettes Restaurant unter einer Pergola, und als Spezialität gibt es neben Fischen echte deutsche Küche. Eine hübsche kleine *posada* gehört dazu.

 Museo de Arte Contemporáneo Francisco Narváez, Calle Igualdad/Fraternidad, Porlarman; Sammlung des Malers und Bildhauers Francisco Narváez, Werkschauen weiterer venezolanischer Künstler; Mo–Fr 8.30–15 Uhr. **Museo y Biblioteca Nueva Cádiz,** La Asunción; kleines Museum, den Ausgrabungen auf der Isla Cubagua gewidmet; Mo–Fr 9–12 und 14–17, So 10–14 Uhr. **Castillo Santa Rosa,** La Asunción; Festung oberhalb der Stadt; Di–So 9–17.30 Uhr (wird zur Zeit restauriert). **Museo Caserio Taguantar,** bei Taguantar, östlich von Juan Griego bei La Guardia. Die Dinge, die hier ausgestellt sind, kann man auch kaufen. Open-Air-Museum mit kleinen Häuschen und einem Restaurant. Alte bäuerliche Geräte, eine Sammlung von kunstvoll geschnitzten Holztüren, Christus-Skulpturen. Tgl. außer So 10–15 Uhr. **Museo Diecesano Valle del Espiritú Santo in El Valle,** der Kirche der Virgen del Valle angeschlossenes Museum, in dem viele Votivgaben und die Gewänder der Jungfrau aufbewahrt werden, die ihr die Gläubigen selbst nähen. Das kostbarste ist mit Margaritaperlen

bedeckt. Tgl. von 9–17 Uhr. **Museo Marino de Margarita,** in Boca del Río, Bulevar El Paseo, Tel. 2 39 31 32, museomar@telcel.nwet.ve; ein lohnendes und übersichtlich angeordnetes Museum über alles, was mit dem Meer zu tun hat: von Fotos alter Kutter bis zu Muscheln erstaunlichen Ausmaßes, einer Dokumentation der Seefahrt und einem Filmsaal. Tgl. 9–16.30 Uhr.

Mercado de los Conejeros, liegt am Stadtrand von Porlamar in Richtung Flughafen, hier ist eher die Stimmung interessant: riesiger Markt für Billig-Klamotten, Pflanzen und Lebensmittel. **Mikitares,** Calle Igualdad, Tel. 2 62 10 72; eine lustige Mischung aus Flohmarkt und Kunstgewerbe. **Vene-Art Internacional,** Calle Marcano, Tel. 2 62 03 43; Kunstgewerbe nicht nur von der Insel. Designermode (Prada, La Perla, Mani) und Toilettenartikel gibt es in den Einkaufszentren. Am beliebtesten ist das **Centro Comercial Jumbo.** Das neue **Sambil** auf der Straße nach Pampatar wird ihm den Rang ablaufen. Um die Plaza Bolívar auf den **Boulevards Gómez und Guevara** gibt es Geschäfte für den preiswerten Einkauf und auch einige Schmuckgeschäfte.

Dady's Latino, Av. 4 de Mayo, Centro Comercial Jumbio, Tel. 2 64 57 76; sehr lustig. Salsa, Merengue, und wenn der eigene Begleiter nicht will, tanzen die Kellner mit den weiblichen Gästen. **Señor Frog's,** Av. Bolívar, Centro Comercial Costa Azul, Tel. 2 62 02 70; das Essen ist passabel original mexikanisch, aber deswegen gehen die wenigsten dorthin. Überdrehte Moderation, Musik, der Gast darf mitmachen. Lustig, zu laut für romantische Gespräche. **Latino's,** Av. Bolívar, Centro Comercial Costa Azul, Tel. 2 62 77 93; Disko am selben Ort, Musica tropical, die Hits von Ricky Martin, Jennifer Lopez und Cristina Aguilera. **Woody's,** Av. 4 de Mayo, Tel. 2 63 20 63; hält sich seit einiger Zeit als nette Bar mit Live-Musik und Disko, lebhaft.

 Für das **Windsurfen** genügt die Playa El Yaque hohen Ansprüchen. **Waterjets** sind an allen bekannteren Stränden zu mieten. Wer mit dem **Drachensegler** unterwegs sein will: SAP, mobil: 016/8 95 76 02, an der Playa El Agua neben dem Hotel Flamenco. **Wandern:** In den Parque Nacional El Copey und in die Wälder bei Fuentidueno führt Werner André, Res. Catame 1, Calle Los Mártires, App. 412, Juan Griego, Tel. und Fax 53 39 42. Seine Wandertouren werden auch von verschiedenen kleinen Reiseagenturen angeboten. **Reitausflüge** gibt es bei Cabatucan, 2 km von Guayacancito auf der Halbinsel Macanao entfernt, mobil: 016/6 81 93 48, 016/6 95 21 70, cabatucan @telcel.net.ve. Infos in den Hotels. **Sky Limit,** Quinta Villa María, Calle San Antonio, Altagracia, Tel. 2 35 62 81; Touren auf der Insel und zu den Höhepunkten im Land, Ausflüge nach Coche.

 Flughafen Santiago Mariño etwa 20 km südwestlich von Porlamar und 6 km östlich von El Yaque, Bus-Shuttle nach Porlamar, die Busse halten bei ›Wendy's‹ in der Nähe des Centro Comercial Jumbo auf der Av. 4 de Mayo. Flüge nach Arekuna, Barcelona (11 x tgl.), Caracas (15 x tgl.), Canaima, Cumaná (mehrmals tgl.), Guiria, Los Roques, Maracaibo (mehrmals tgl.), Maracay, Maturín (4 x tgl.), Mérida, Puerto Ordaz, Tucupita, Valencia, Puerto Ayacucho. **Fähren:** Hafen Punta de Piedras 30 km westlich von Porla-

mar; Verbindungen nach Puerto La Cruz und Cumaná mit Autofähre (6 x bzw. 2 x tgl.; jeweils 4–5 Std.) oder Hydrofoil (jeweils 2 x tgl.; 2–2 1/2 Std.). Auch Verbindungen nach La Guaira. **Conferry,** Calle Marcano, Porlamar, Tel. 2 61 67 80, in Punta de Piedras: Tel. 2 39 83 40. **Gran Cacique Express,** Tel. 2 64 17 62, in Punta de Piedras: Tel. 2 39 83 39. **Naviarca,** Punta de Piedras, Tel. 2 39 80 72. **Busverbindungen:** häufige Verbindungen mit Por Puestos oder Bussen von den Stationen an der Av. 4 de Mayo in Porlamar nach Pampatar, La Asunción und Juangriego, zur Halbinsel Macanao weniger Verkehr. **Verbindungen auf das Festland: Expresos Ayacucho,** Calle Libertad, Tel. 2 64 10 50, nach Maracay und Valencia. **Union de Conductores de Margarita,** Calle Paralela, Tel. 2 87 09 31, nach Caracas, Ciudad Bolívar, El Tigre. **Autovermietung: Avis,** Tel. 69 12 36, im Flughafen; **Budget,** im Hotel Bellavista, Av. Santiago Mariño, Tel. 51 54 13; im Hotel Laguna Mar, Pampatar, Tel. 52 07 11, im Flughafen, Tel. 59 10 47; **Hertz,** im Hilton, Porlamar, und im Flughafen, 9–21 Uhr. Zuverlässig: **Funcar,** über Skymar, Altagracia, Tel. 2 35 62 81; (telefonisch vorbestellen, sprechen Deutsch).

Jají

Lage: B6 (bei Mérida)
Vorwahl: 0274
Einwohner: 5000

Posada de Jají (sehr preiswert), gegenüber der Plaza Bolívar, Tel. 2 15 01, mobil: 014/9 74 24 20, 6 Zimmer; die traditionsreichste *posada* im andinen Jají-Stil, einfach und sauber. **Aldea Vieja** (günstig), Calle Principal de Jají, Tel. 66 61 43,

660072, mobil: 014/9746643, Meridatravel.com@posadaaldeavieja. htm, posadaaldea@nix, www.andes. net/posadaaldeavieja, 7 Zimmer, 5 Bungalows; zweistöckige *posada* mit umlaufender Holzgalerie, weiß getünchten Wänden, Terrakottaböden, Schmiedeeisen, einfache, sehr große und geschickt geteilte Zimmer. **Hacienda el Carmen** (moderat), s. u.

 Aldea Vieja (günstig); die andinen Forellen fordern die Experimentierlust der Hotel-Besitzerin. Man sitzt schön auf dem Vorhof mit Blick auf die Anden, innen ist es etwas düster. **Posada de Jaji** (günstig), der Patio der Pension dient als gemütliches Restaurant, die Küche ist typisch andin: Forellen, Kräutermilchsuppe.

 La Venezuela de Antier; auf der Straße zwischen Mérida und Jaji, auf die Abzweigung (angekündigt) achten, in einem großen Freilichtpark kann man die Nachbildungen venezolanischer Sehenswürdigkeiten und Nationaldenkmäler betrachten. Es gibt Shuttlezüge vom Kartenkiosk zum Museumsgelände. Kartenverkauf Mo–So 8–15 Uhr, Besuchszeit bis 19.30 Uhr. **Hacienda el Carmen**, an der Plaza Bolívar vorbei in Richtung Tal, 2 km von Jaji entfernt; Tel. und Fax 635852, mobil: 014/7416661 und 014/9740196, 014/9741760, hostecar@ telcel.net.ve, 8 Zimmer; 4 zweistöckige Familienzimmer, 3 einfache Zimmer ohne Bad; die Kaffeehacienda aus dem 19. Jh. arbeitet noch, es gibt Führungen in den Plantagen. Man kann dort auch wohnen, und die Zimmer orientieren sich an dem Stil der Epoche. Gegessen wird neben einem der Patios, in denen die Kaffeebohnen trocknen. Malerisch, interessant, freundliche Aufnahme.

 Por Puestos von Mérida aus, halten an der Plaza.

Las Claritas

Lage: J4
Vorwahl: 0288

 Campamento Turístico Gran Sabana (preiswert), kein Telefonanschluss, aber man kann Nachrichten hinterlassen: Tel. 0288/922001, 16 Zimmer; liegt südlich des Anaconda-Camps und ist oft von Minenarbeitern belegt, einfache, aber ordentliche und saubere Bungalows, mit *churuata*-Restaurant. **Campamento Anaconda** (moderat), rechts von der Hauptstraße, Reservierung in Puerto Ordaz, Tel. 0286/2265 72, mobil: 014/8861342, 13 Bungalows; ordentlich ausgestattet, in einem netten Garten, außerdem hübsche Bar und gutes Restaurant. Nur mit Reservierung. Bieten Halbpension und Touren.

 Busse nach Ciudad Bolívar, Santa Elena de Uairén (2 x tgl.) und Ciudad Guayana (tgl.).

Las Trincheras am Río Caura

Lage: F4 (südöstlich von Caicara del Orinoco)
kein Festnetz

 Campamento Caura (moderat mit Vollpension), nur über Cacao Expediciones in Caracas, Quinta Orquidia, Calle Andromeda, Prados del Este, Tel. 0212/9771234, Fax 9770110, cacaotravel@cantv.net; liegt in einem riesigen Waldschutzgebiet oberhalb des Caura-Flusses, mit eigenem Flussstrand. Unterbringung in einem attraktiven Bungalow oder in geräumigen *churuatas.* Romantisch oberhalb des Flusses gelegene Terrasse, Bar. Lässt sich als Übernachtung und mit Touren buchen. Dschungelspaziergänge, Flussfahrten und eine aufregende Zwei-Tagestour zum Salta Pará, dort Übernachtung in einem gepflegten Hängemattencamp der Guahibo.

Los Roques

Lage: E8
kein Festnetz
Einwohner: 1000

INPARQUES, Isla Gran Roque, neben dem Tauchveranstalter Sesto Continente, halten Informationsbroschüren (auch in Englisch/Französisch) bereit, erteilen Camping-Erlaubnisse (nur in bestimmten Zonen). **Eintrittsgebühr in den Park:** 10 000 Bs für Ausländer, 5000 Bs für Venezolaner, ist nicht in den Packages enthalten!

Die meisten Unterkünfte haben nur wenige Zimmer, Vorausbuchung ist zu empfehlen, besonders in Ferienzeiten. Die Fluktuation ist hoch, denn Los Roques ist zwar preiswerter geworden, aber nicht billig. In den *posadas* wird Vollpension serviert. Man kann auch mit Frühstück oder Halbpension buchen. Für die Tagesausflüge stellen die *posadas* normalerweise Kühltaschen mit Erfrischungsgetränken, Obst und leichten Gerichten zur Verfügung. Alle Preise pro Person. In dem winzigen Ort von Gran Roque gibt es (noch) keine richtigen Straßennamen. Bei Reservierung wird man am Flughafen abgeholt.
Posada Gremary (günstig bis mode-

rat), mobil: 014/9 27 86 14, Reservierungen in La Guaira: Tel. 0212/3 37 27 65, 10 Zimmer; eine blitzsaubere Alternative zu den teureren Häusern, freundliche Atmosphäre, alle Zimmer mit Bad. Preise differieren je nach Saison. Frühstück und Vollpension. Gratis-Transfer zu den nahegelegenen Stränden. **Pez Ration Lodge** (moderat), Reservierungen in Caracas über die Agencia Elero, Tel. 0212/9 75 09 06, Fax 9 75 03 55, pezraton@ven.net, 3 Zimmer; wirkt wie eine kalifornische Blockhütte, sehr beliebt bei nordamerikanischen Anglern, vermitteln auch Hochseefischen. Gemütlich und rustikal, nur Packages mit Flug und vorheriger Anmeldung. **Posada Acuarela** (moderat), gegenüber vom Spielplatz, mobil: 014/9 32 25 02, Reservierungen in Caracas, Tel. 0212/7 81 96 35, airmundo@cantv. net, 11 Zimmer, darunter 2 Suiten; der Besitzer, Architekt und Maler Angelo zaubert mit Hingabe italienische Menüs für den Abend, reizend und unkonventionell dekorierte *posada,* sehr stimmungsvoll. Dachterrasse. **Posada Las Palmeras** (moderat), Buchungen über Aerotuy in Caracas: Tel. 0212/7 61 62 31, Fax 7 62 52 54, in Porlamar: Tel. 0295/6 30 3 07, tuysales@etheron.net, www.tuy.net, 15 Zimmer; wie ein kleines Labyrinth angelegt, in Grün und Weiß getaucht, die Zimmer sind sehr ordentlich, klein und mit Rattanmöbeln ausstaffiert, keine besonderen Gemeinschaftsräume. Die Mahlzeiten werden im Restaurant El Muelle am Hafen eingenommen. Man kann Übernachtung, Frühstück, Vollpension und Packages all inclusive und separat buchen. **Posada Piano y Papaya** (moderat), mobil: 014/9 11 64 67, 5 Zimmer; die geräumigen Gemeinschaftsräume garantieren kommunikative Atmosphäre, hell und gemütlich eingerichtet mit mexikanischem Touch, Garten, die Zimmer sind nicht groß. Frühstück, nach vorheriger Vereinbarung auch Vollpension, Massageangebote. Italienische Besitzer. Nur Bargeldzahlung. **Posada La Cigala** (moderat bis teuer), am Ortseingang, mobil: 014/2 00 43 57 und 014/2 36 57 21, BluePoint@cantv.net, 8 Zimmer; hell und luftig eingerichtet, freundliche, zuvorkommende Besitzer. Preise differieren beträchtlich je nach Saison. Gratis-Transfer zu nahe gelegenen Keys. Nur Bargeldzahlung. **Posada La Corsaria** (moderat bis teuer), mobil: 014/3 30 07 96, Reservierungen in Caracas: Tel. 0212/9 93 58 79, 8 Zimmer; einladende Anlage. Weinrot und königsblau, Ziegel und dunkles Holz bestimmen die Inneneinrichtung mit kunstgewerblichen Akzenten und Muscheldekorationen. Eigene Wasserentsalzungsanlage. Transfer zu Stränden und Vollpension. Mit Flug von/nach Caracas 223 $.

Tipp: Mitunter kann es sich lohnen, in den Häusern der Fischer nach einer Unterkunft zu fragen.

 El Barcito Escondido (günstig), direkt am Meer und Fischerhafen, kleines italienisches Restaurant mit Bar und einer Terrasse zum Draußensitzen. **Pizza Plaza Pub** (günstig), an der Plaza, der Treffpunkt auf Gran Roque: einfach, quirlig, ordentliche Pizza und Drinks, am Wochenende Live-Musik und Karaoke im Garten. Sehr nett.

 Für Selbstversorger stehen Supermärkte zur Verfügung, die Standards in den Regalen haben: Erfrischungsgetränke, Konserven, Tomaten, Süßkartoffeln, Knoblauch, Kaffee.

Alle *posadas* bieten **Transfers zu weiteren Inseln** an, entweder ist dies im Preis inbegriffen oder auszuhandeln. Die Besucher werden zu einer zu vereinbarenden Zeit abgeholt. Am beliebtesten sind Crasqui, Madrizqui, Rasqui, Francisqui; weiter entfernt liegen Noronquises und Dos Mosquises, letztere hat eine Piste für kleine Flugzeuge. **Tauchbasis:** Sesto Continente Dive Resort, Tel. 0143/11 84 04, scdrgerencia@telcet.net.ve, eine zuverlässige Adresse für Taucher, Kurse, zwei Ausflüge täglich, Nachttouren.

 Der **Flughafen** liegt zwei Minuten vom Ortskern entfernt. Flüge nach Caracas (2 x tgl.), Porlamar.

Maracaibo

Lage: B7
Vorwahl: 0261
Einwohner: 2 000 000

Oficina de Turismo, Palacio de Las Aguilas, Calle 95, Tel. 22 51 09. Auskunftsschalter im Flughafengebäude, unregelmäßig geöffnet.

Gran Hotel Las Delicias (moderat), Av. 15 Las Delicias/ Calle 70, Tel. 97 61 11, Fax 97 30 37, 90 Zimmer; freundliches, recht modernes Haus, gutes Preis-Leistungs-Verhältnis. **Hotel Kristoff** (moderat), Av. 8/Calle 68, Tel. 97 29 11, Fax 98 16 14, 109 Zimmer; im Zentrum von Bella Vista, Pool, Ladengalerie, Bar, nette Atmosphäre. **Hotel del Lago Intercontinental** (sehr teuer), Av. El Milagro, Tel. 19 24 22, 12 40 22, Fax 19 30 3 92, 192 80 92, maracaibo@interconti.com, www. interconti.com, 365 Zimmer; Lage am See und Atmosphäre sind konkurrenzlos; mit allem Komfort, Pool, Fitness-center, Spa, Autovermietung, Con-cierge, Zimmer elegant-unaufdringlich gestylt. Behindertengerecht.

Hotel Maruma Intercontinental (sehr teuer), Circunvalación No. 2, Tel. 36 36 22/00 22; Telex 6 41 59 VC María, 189 Zimmer; ein Marmortempel, nicht so individuell wie das Del Lago, außer-halb in der Nähe des Flughafens, sehr gediegen, zuvorkommender Service.

 Pizzería Napolitana (günstig), Av. 4 Bella Vista/5 de Julio; itali-enische Pizzeria im Turnhallenformat, 24 Stunden geöffnet, nett, junge Leute. **El Zaguán** (günstig bis moderat), Calle de la Tradición (Carabobo), Tel. 23 10 86; Traditionsreiches in traditionsreicher Umgebung, sehr angenehmes, rustika-les Restaurant mit Garten; venezolani-sche Spezialitäten: *arepitas con nata, pabellón criollo.* **Chilanaga** (moderat), Calle 72, zwischen Av. 3G und 3H; hier wird mexikanisches Essen aufgetischt. **Rias del Mar** (moderat), Calle 76/Av. 20, Tel. 52 75 15; hervorragende spani-sche Küche und Fisch. **Mi Vaquita** (moderat bis teuer), Av. 3H/Calle 76, Tel. 91 19 90; klares Erfolgsrezept: Bar, Disko und gemütliches, großes Grillrestau-rant, auf Cowboy gestylt. **Toledo** (teuer), Calle 76/San Martín, Tel. 92 72 83; gegenüber von Mi Vaquita, renommiertes Steakrestaurant mit großer Weinauswahl.

Cafés: Bambi, Av. 4/Calle 79; schlicht, familiär und klein, beste Ware. Die Be-sitzer sind italienischer Abstammung.

 Casa de Morales, Paseo de las Ciencias; hübsches Regionalmu-seum; Mo–Fr 8–11.45 und 14.30–17 Uhr. **Museo General Rafael Urdaneta,** Av. 7A; Memorabilia des Freiheitskämpfers, Gemälde von Tito Salas; die Bücherei

ist auf Urdaneta und die Geschichte Maracaibos spezialisiert; Di–Fr 9–12 und 14–17, Sa und So 10–13 Uhr.

 Turismo del Trópico, Av. 2/El Milagro, Nr. 95–23, Tel. 22 30 10; Kunstgewerbe und typische Souvenirs aus Zulia. **Galería Mali Mai,** Calle 68A/Av. 3F, im Centro de Bellas Artes; Kunstgewerbe der Guajiro und Antiquitäten. **Guajiro-Markt,** Av. 2 El Milagro/Calle 95.

 Ausflüge zur **Laguna de Sina-maica** (zahlreiche Agenturen).

 Flughafen La Chinita etwa 12 km südwestlich des Stadtzen-trums, Tel. 36 17 36 und 36 20 66; Flüge nach Barcelona, Barquisimeto (3 x tgl.), Caracas (14 x tgl.; Sa und So 8 x tgl.), Las Piedras, Maracay, Mérida (3 x tgl.), Porlamar (5 x tgl.), Puerto Ordaz (2 x tgl.), Valencia (4 x tgl.), Santa Barbara de Zulia. **Busbahnhof:** Av. 15, süd-westlich des alten Stadtzentrums; Ver-bindungen nach Coro, Caracas, Valen-cia, Barquisimeto und in die Anden, häufige Abfahrten nach Valera; Por Puestos in alle Richtungen. **Autover-mietungen: Budget,** Calle 76/Av. 13, Tel. 98 31 07; **Hertz,** Hotel Moruma, Tel. 36 31 19 und 36 23 57, im Flughafen Tel. 35 08 32.

Maracay

Lage: E7
Vorwahl: 0243
Einwohner: 500 000

 Dirección de Turismo, Av. Bolívar/Calle Miranda, gegen-über der Plaza Bolívar, Palacio de Gobierno, Tel. 33 81 01, Fax 33 70 02.

Hotel Byblos (moderat), Av. Las Delicias, Tel. 415111, Fax 410335, 80 Zimmer; geräumiges und modernes Haus mit leichtem Luxus-Touch, die Zimmer sind nicht sehr groß, gutes Preis-Leistungs-Verhältnis. **Hotel Micotti** (teuer), Av. Bermúdez, Tel. 349287, Fax 349198, micotti@cantv.net, 84 Zimmer; gepflegt und modern, mit Sauna/Fitnessbereich, Reiseagentur und Ladengalerie. **Hotel Pipo Internacional** (sehr teuer), Av. Principal El Castaño, Tel. 413111, Fax 412022, hpipoint@telcel.net.ve, www.hotelpipo.com, 125 Zimmer; komfortabler, moderner Kasten außerhalb, auf dem Weg zum Parque Nacional Henri Pittier, malerisch gelegen, die beste Unterkunft der Stadt.

 Bodegón de Sevilla (moderat), Av. Las Delicias, Tel. 418410; spanische Tasca; schweres, dunkles Holz; Paella-Variationen und spanische Würste, Live-Musik; nicht billig. **El Portón de la Abuela** (moderat), Av. Las Delicias/Acosta, Tel. 410191; spanisch-französischer Einfluss in der Küche; heiteres, helles, gepflegtes Ambiente. **La Terraza del Vroster** (moderat), Av. Las Delicias, Tel. 321528, typisch venezolanische Spezialitäten, gute Fleischgerichte.

Museo Aeronáutico, Final Av. Santos Michelena; Sargento Eloy Pinto führt auf Anfrage kundig und amüsant durch die imposante Ausstellung; Sa und So 9–17 Uhr. **Museo de Arte Contemporáneo Mario Abreu,** Av. 19 de Abril, Complejo Cultural Santos Michelena; Wanderausstellungen und Stadtgeschichte; Di–So 8.30–17 Uhr. **Museo Arqueológico und Museo Histórico,** Plaza Girardot; zwei recht lieblos gemachte historische Museen; Di–Fr 8–12 und 14–18, Sa und So 9–15 Uhr.

 Flughafen, tgl. Flüge nach Barcelona, Maracaibo, Mérida, Porlamar. **Busbahnhof** an der Av. Constitución, 10 Min. von der Plaza Bolívar entfernt; Por Puestos nach Caracas, Choroní, Ocumare de la Costa; Busse nach Caracas (stdl.), Maracaibo (5 x tgl.), Barinas (4 x tgl.), Boconó und Trujillo, Coro und Punto Fijo, El Tigre, Upata und Callao, Mérida, La Fria und San Cristóbal (tgl.). **Autovermietung: Budget,** Av. Bolívar, Centro Comercial Parque Aragua, Tel. 330055.

Maturín

Lage: G6/7
Vorwahl: 0291
Einwohner: 250000

 Dirección de Turismo, Calle Bermúdez/Rojas, Edif. Tamarindo (4. Stock), Of. 4D, Tel. 430798.

 Chaima Inn (günstig), Av. Raúl Leoni gegenüber der IUPEM, Tel. 415955, 416022, Fax 418881, 65 Zimmer; im Halbrund gebautes, zweistöckiges Hotel mit Pool in der Mitte, Restaurant, Bar. **Posada Rancho San Andres** (günstig bis moderat), liegt außerhalb auf dem Weg nach San José de Buja, Tel. 416278, 430298 und mobil: 016/6911067, janssenfred@cantv.net, 16 Zimmer; eine *churuata* für Hängematten, Zimmer teilweise mit Gemeinschaftsbad. Sehr hübsche, individuell gestaltete Anlage mit Pool, Pferden und Fahrradverleih, veranstalten Exkursionen. Deutsch, Französisch, Englisch. **Hotel Luciano Jr** (teuer), Av. Bolívar/Calle Monagas, Tel. 439628,

Fax 43 79 85, 114 komfortable Zimmer; mit Pool–Landschaft, Tasca und Restaurant. **Hotel Morichal Largo** (sehr teuer), Vía La Cruz, Tel. 51 42 22, Fax 51 55 44, 128 Zimmer; großes und luxuriöses, modernes Hotel mit Tennisplätzen und zwei Swimmingpools, am Stadtrand.

 Auf der **Avenida Raúl Leoni** beliebte Freiluft-Restaurants. Die Restaurants in den **Hotels Morichal Lago und Stauffer** (beide teuer). **Café: Pastelería Portofino,** Centro Comercial Portofino, Av. Bolívar; große Auswahl an Croissants, italienisch inspirierte Snacks.

 Whisky's, Disko im Hotel Morichal Lago.

Flughafen etwa 5 km östlich vom Zentrum. Verbindungen nach Caracas (mehrmals tgl.), Porlamar (mehrmals tgl.), Puerto Ordaz. **Busbahnhof:** Av. Libertador/Av. Orinoco; Por Puestos nach Anaco, Caracas, Carúpano, Ciudad Bolívar, Ciudad Guayana, Cumaná, El Tigre, Puerto La Cruz, Tucupita; Busse außerdem nach Caripe, Península Paria (Río Caribe, El Pilar, Tunapuy), Maracay, Valencia, Irapa, Casanay. **Autovermietung: Avis,** Tel. 41 48 44, im Flughafen; **Budget,** Av. José Tadeo Monagas, Tel. 42 98 70, im Flughafen, Tel. 41 31 01. **Hertz,** Hotel Morichal Lago, Tel. 51 42 22, So geschl., und im Flughafen, Tel. 41 23 10.

Mérida

Lage: B6
Vorwahl: 0274
Einwohner: 130 000

Dirección de Turismo, Módulo Norte, Intersecciones Av. Los Próceres y Universidad, Tel. 44 10 76, 9–12 Uhr, 14.30–18 Uhr. Weitere Informationsstände: **im Flughafen,** Av. Urdaneta, Tel. 63 93 30, **im Busbahnhof,** Av. Las Américas, Tel. 63 39 52, **Módulo Jardín Acuario,** Av. Andrés Bello gegenüber vom Centro Comercial Las Tapias, Tel. 66 01 43, **am Teleférico** (kein Telefon). **Corporación Merideña de Turismo,** Av. Urdaneta/Calle 45, Tel. 63 08 14, Fax 63 27 82, www.cormetur.com. Die Telefonnummer 800 Mérida gibt zusätzlich Auskunft. Alle Informationsstellen arbeiten gut. Das rührige Personal ist hilfsbereit. Karten, Pläne und Listen von Hotels und Restaurants sind kostenlos erhältlich. **Geldwechsel:** Italcambio im Flughafengebäude. **Geldautomaten** haben Banco Union und Banco Venezolano, Av. 4, Calle 23 und 24.

Posada Luz Caraballo (günstig), Av. 2 an der Plaza Sucre, Tel. 52 54 41, 40 Zimmer; gemütlichstimmungsvoll eingerichtete Pension mit nettem Restaurant (Tel. 52 11 95), in dem andine Spezialitäten serviert werden. Die Zimmer sind eher klein. **Posada Mucumbari** (günstig), Tel. und Fax 52 93 27, carnaval@telcel.net. ve, www.andes.net/mucumbari/, 9 Zimmer; einfache, unkonventionelle Pension für junge, unternehmungslustige Gäste, denn hier wird ein umfangreiches Ausflugsangebot abgewickelt. Vermittlung von Paragliding-Stunden. Deutsche, kompetente Leitung. **Hotel Belensate** (moderat), Urbanización La Hacienda, Av. Principal, Tel. 66 37 22, Fax 66 28 23, macrotravel@hotmail.com oder belensate@telcet.net.ve, 84 Zimmer; geschmackvolle Anlage im Hacienda-Stil mit Zimmerfluchten im üppig bepflanzten Garten, gemütliche Zimmer, attraktiver Pool, elegant-rustikale Restaurants. **Hotel Chama** (moderat), Av. 4/Calle 29, Tel. 52 48 51, Fax 52 11 57, 45 Zimmer; ansprechendes, gepflegtes Innenstadthotel ohne große Besonderheiten, zuverlässiger Service. **La Sevillana** (moderat), Sector Pedregosa Alta, Tel. und Fax 66 32 27, sevillana@telcet.net.ve, www.andes. net/La Sevillana, 12 Zimmer; ein wenig außerhalb des Zentrums in Wäldern gelegen, ein heiteres, intimes Refugium im andalusisch-maurischen Stil, weiß getünchte Wände, Schmiedeeisen, blühende Geranientöpfe, dunkles Holz, Zimmer in Bungalows im Garten – und mit Spabetrieb, Aroma- und Hydrotherapie. Ausflugsangebot, Vogelbeobachtung. Unter deutscher Leitung. **Hotel El Serrano** (teuer), Av. Los Próceres, Sector Santa Bárbara Nr. 48–110, Tel. 66 74 47, Fax 66 74 77, 45 Zimmer; in der Nähe des Busbahnhofs und des Mercado Municipal gelegen, bunt angemalt, fein gegliedert, gemütliche, nicht sehr große Zimmer mit blumengeschmückten Balkonen, schummerige Bar, behagliches Restaurant. **Park Hotel** (teuer), Parque Glorias Patrias, Tel. 63 48 66, Fax 63 45 82, Telex 7 41 10 PARK VE, parkhotel@cantv.net, 125 Zimmer; zuverlässiger internationaler Stil ohne große Extravaganzen, geräumige Zimmer, freundlicher Service, Terrassenbar und italienisches Restaurant, Reisebüro, Friseur und Kunstgewerbehandlung im Haus. Ein Haus der Best Western Kette.

La Mamma (günstig), Av. 3, zwischen Calle 19 und 20, Tel. 52 36 28; ein Rucksack-Touristen-Klassiker: Es gibt Pizza und Pasta, schlicht, preiswert und gut. **Los Tejadas de Chachopo** (moderat), Via Chorros de Milla; etwas außerhalb des Zentrums, gemütliche Atmosphäre, andine Spezialitäten. **Tia Mila** (moderat), Av. Los Chorros, moderat, Speisen im Garten und auf der Terrasse, typisch: *carne en vara,* auf Spießen langsam geröstetes Fleisch. **La Casa de los Salmones** (teuer), ausgeschilderte Abzweigung in das Vallecito auf der Panamericana zwischen Mérida und Tabay, Tel. 44 37 79, mobil: 014/7 41 65 24, nur am Wochenende; ein Geheimtipp im lachsfarbenen Kolonialstil-Haus. Hier gibt es ausschließlich Lachs, vom Ceviche bis zur Pasta. Sehr fein und schick, ausgesuchte Weine und familiäres, freundliches Ambiente. Vorbestellung ratsam. **Cafés: Café Rodos,** Av. 4, Calle 23; auch zum Draußensitzen auf der Straße, voll und beliebt, Schnellgerichte. **Tía Nicota,** Centro Comercial Canta Claro, Av. Las Américas und Galeria 1890, Av. 3, zwischen Calle 25 und 26; Kaffee, Kuchen, Tee und italienische Spezialitäten. **Tinjacá,** Av. 4/Calle 19; winzige Cafe-Bar mit naturfrischen Säften, Torten, Drinks.
Internet-Cafés: La Abadia, Av. 3, zwischen Calles 17/18, Montags geschl., im restaurierten Kolonialstil-Haus. **Cybercafé El Madafi,** Av. 3, zwischen Calle 18 und 19; tgl. geöffnet. **Sansibar,** Av. 4, Calle 19, tgl. geöffnet.
Eissalon: Heladeria Coromoto, Av. 3/Calle 29; eine kuriose Institution; Eisdiele mit den meisten Eissorten der Welt, nämlich 550.

Teleférico, Talstation Parque Las Heroinas; die längste und höchste Seilbahn der Welt ist wieder in Betrieb. Eine Fahrt nimmt etwa 2 1/2 Stunden in Anspruch, wenn man Akklimatisierungspausen einlegt. Am besten, man fährt früh hinauf, denn gegen Mittag pflegen Wolkenbänke aufzuziehen und die Sicht zu trüben. Von Stationen 3 und 4 sind Wanderungen und Ritte möglich. Beliebter Ausflug: der Ritt in das Andendorf Los Nevados, Übernachtung in einer Pension und am nächsten Tag Rückfahrt mit dem Jeep nach Mérida. Unten genannte Veranstalter organisieren die Tour. **Museo Arquidiocesano,** Av. 4/Calle 23; Bronzeglocke, Gemälde aus der Kolonialzeit, Di–So 9–12 Uhr. **Museo Arqueologico,** Av. 3/Calle 23; kleine, aber interessante Sammlung zur regionalen Frühgeschichte; Di–Fr 9–12 und 15–17, Sa, So 10–12 und 15–18 Uhr. **Museo de Arte Colonial,** Av. 4/Calle 20; anonyme sakrale Gemälde aus dem 18. Jh.; Di–Fr 9–12.30 und 15–18, Sa, So 10–17 Uhr. **Museo de la Ciencia y Tecnologia,** Boulevard 5 Águilas Blancas, Urbanisación Las Tapias, Laguna La Rosa, Tel. und Fax 7 15 1 26; Museumsanlage mit nachgebautem Dinosaurier, kleinem, aber guten Naturkundemuseum, Museum der Erdbewegungen, Kletterwand, Di–Fr 8.30–12 Uhr, 14.30–18 Uhr, Sa, So 10–18 Uhr. **Los Aleros,** etwa 10 km nördlich des Stadtzentrums. In dem Museumsdorf wird die gute alte Zeit auf venezolanisch vorgeführt, inklusive fingierter Bauernhochzeit. Liegt in den Bergen, man wird von der Hauptstraße aus mit kleinen Bussen abgeholt.

 Pueblo Artesanal, kurz vor der Einfahrt nach Mérida von Tabay aus kommend, das das Kunsthandwerk der Region präsentiert, teilweise auch thematische Schauen (nur zu Saisonzeiten – Weihnachten, Ostern, Juli/August und ab November – geöffnet). **Biblioteca de la Universidad,** Av. 4, zwischen Calles 24 und 25; schöne Bildbände und Literatur zu den Anden. **Mercado Principal,** Av. Las Américas; eine Fülle von regionalem Kunstge-

werbe im Obergeschoss des sehenswerten Lebensmittelmarktes mit empfehlenswerten Imbissständen. Hausfrauen verkaufen ihre selbstgemachten Fruchtgelees *(abrantillados),* wenn Saison ist, köstlich ist das Gelee der Guave. Man findet einige Adressen auf der Av. 2 in der Nähe der Plazoleta Cruz Verde.

Birosca Carioca, Calle 24, zwischen Av. 2 und 3, immer noch ein Klassiker unter den Pop-Diskos. **El Bodegón de Pancho,** Centro Comercial Mayeya; hier wird Merengue und Popmusik aufgelegt. **Havana Kauwy,** Av. Los Chorros; kubanische und südamerikanische Musik: Live-Auftritte, Merengue, Salsa, Son. **Mogambo,** Av. 4/Calle 29 (Seiteneingang Hotel Chama); im europäischen Café-Bistro-Stil gehalten, gute Salate, Baguettes, Drinks, gepflegt und schick, mittwochs und samstags Live-Jazz. **Kauwy Café,** Av. Las Américas; sehr beliebte Adresse für Jazz und Salsa am Wochenende.

Natoura Adventure Tours, Calle 24, Nr. 8–237, Tel. und Fax 52 40 75, 52 42 16, natoura@telcel. net.ve, www.natoura.com; José Luis Troconis und seine deutsche Frau Brigitte Reiners sind engagierte Reisebegleiter mit einer Fülle auch außergewöhnlicher Angebote, sehr zuverlässig in der Organisation der Anden-Reittouren. Ihr Angebot umfasst die Besteigung des Pico Humboldt und Pico Bolívar und weitere Wanderexkursionen. **Carnaval Tours,** Av. 3, zwischen Calles 14 und 15, Tel. 52 60 15, Fax 52 93 27, Carnaval@telcel.nwt.ve, www. carnavaltours.com; auch hier ist man gut aufgehoben: Sportliches wie Paragliding, Reiten, Reisetouren und Exkursionen mit Expeditionscharakter organisiert Peter Liebmann, der Besitzer der Posada Mucumbari. **Volkhardt George:** Die Anden mit dem Pferd erkunden ist die Spezialität von Volkhardt George. Zur Auswahl stehen Einführung ins Western-Style-Reiten, einfache zweistündige Erkundungsritte in das Chama-Tal und anspruchsvolle, mehrtägige Reittouren rund um die Anden, Übernachtung in Hütten oder Zelten. Wird angeboten über Carnaval Tours und bei Peter und Xinia Lauterbach, s. Tabay, S. 319.

 Der **Flughafen Alberto Carnevalli** wird zuverlässig von Propellermaschinen angeflogen, Jets werden – wenn das Wetter eine Landung nicht erlaubt – nach El Vigia umgeleitet. Von dort gibt es einen schnellen Transfer nach Mérida. Tägliche Verbindungen nach Barquisimeto, Caracas (11 x tgl.), Cumaná (2 x tgl.), Las Piedras (Punto Fijo, 3 x tgl.), Maracaibo, Maracay, Porlamar (2 x tgl.) und Valencia. **Busbahnhof,** Av. Las Américas, zu erreichen mit dem Por Puesto 8 auf der Av. 2, Calle 23; Por Puestos nach: Bailadores, Barinas, Barquisimeto, Boconó, Caracas, El Vigia, Jají, Lagunillas, La Azulita, San Cristóbal, Tovar, Trujillo, Valera. Busse nach Barinas (häufig), Barquisimeto (mehrmals tgl.), Cabimas-Maracaibo-Coro-Punto Fijo (mehrmals tgl.), Caracas (häufig tgl.), El Vigia (häufig tgl.), Valencia/Maracay (4 x tgl.), Santa Bárbara de Zulia (3 x tgl.), Puerto Cabello, Puerto La Cruz, Los Teques, Trujillo (häufig tgl.), Guanare-Acarigua (3 x tgl.). **Autovermietung: Budget,** im Flughafen, Tel. 83 17 88.

Mochima

Lage: G7 (bei Puerto La Cruz)
Vorwahl: 0294
Einwohner: 4000

 El Embajador (sehr preiswert), Calle Marina, mobil: 014/ 9 93 30 56; 6 gemütlich eingerichtete Zimmer im Haus des Eigentümers, der auch Bootstouren anbietet (s. u.), das Haus ist verschachtelt gebaut. **Posada El Mochimero** (sehr preiswert), Calle Marina, mobil: 014/7 77 34 63; 9 kleine, einfache und ordentliche Zimmer mit Ventilator. **Villa Vicente** (sehr preiswert), Calle Marina, mobil: 014/ 7 76 19 67, 8 Zimmer; kühles, schlichtes Haus, einfache Zimmer mit unverputzten Wänden. Veranstaltet auch Bootstouren zu den Stränden unter dem Namen El Semillero. **Gaby** (moderat), Calle Marina, mobil und Fax 014/ 7 73 11 04, 19 Zimmer; an der Küste, nette Gemeinschaftsräume, 2 Terrassen, die Zimmer sind recht unterschiedlich, sehr sauber. Ausflüge und Bootsservice zu den Stränden. **Villa Majagual** (teuer), Punta Majagual, Tel. 0293/33 21 20, mobil: 014/7 73 00 23, 12 Zimmer; liegt zwischen Santa Fé und Mochima an einer Landspitze, erstklassiges, familiär geführtes Hotel, exzellenter Service, und individuell und hübsch gestaltete Anlage im üppigen Garten. Kajakfahrten möglich, Touren zu weiteren Stränden.

 Man isst sehr gut – und preiswert – in der **Posada El Mochimero** (günstig).

 El Embajador, Playa Blanca, mobil: 014/9 93 30 56; Rundfahrten zu den Stränden und Inseln im Park.

Kleinbusse fahren mehrmals tgl. nach Cumaná und halten an der Hauptstraße Calle Marina.

Paria, Halbinsel

Lage: H7
Vorwahl: 0294

 Casa Bernardo (sehr preiswert), El Morro (zwischen Carúpano und Río Caribe), Playa Los Cocos, Tel. 640007, bmatthey@cantv.net; 3 Zimmer; kleine Posada am Strand mit gepflegten und sauberen Zimmern, Satellitenfernsehen, kommunikative Atmosphäre, deutsche Leitung. Man kann auch in Hängematten übernachten. Ausflugs-Organisation. **Finca Vuelta Larga** (moderat, mit Touren und Vollpension, möglich nur mit Übernachtung), Calle Bolívar 8, Guaraúnos, Tel. und Fax 69052, vueltalarga@cantv.net, 10 Zimmer; raffiniert und sorgfältig gearbeitete Bungalows aus heimischen Materialien, Flechtwerk an den Fenstern, dekorative, gleichzeitig puristische Stühle und Tische. Gegessen wird in einer indianischen *churuata,* Spezialität: Ragout aus Büffelfleisch und Salat aus dem eigenen ökologischen Anbau. Engagierte deutsche Leitung (s. S. 112), umfangreiches Ausflugsangebot. **Hacienda Río El Agua** (moderat, mit Vollpension), 20 km östlich von El Pilar, Tel. 322915, Fax 31206, merle@telcel.net.ve, 5 Bungalows im indianischen Stil, riesiges Gelände, das man per Boot erkunden kann, Ausflüge. Ebenfalls eine Büffelfarm. **Hacienda El Bukare** (moderat), Chacaracual, Tel. 652003, Fax 652004, bukare@cantv.net. Das Gästehaus einer Kakaoplantage, die sich dem ökologischen Anbau verschrieben hat. Hübscher Garten mit Bougainvillea, Palmen und kleinem Pool, 4 stilgerecht möblierte, geräumige Zimmer. Plantagen-Führungen, Ausflüge – auch zu den Stränden. Kleiner Laden mit Kakaoprodukten. Angenehme Atmosphäre. **Hotel San Remo** (moderat), Encruijada Cariaco-Casaney, Tel. 51344, mobil: 014/78129862, 60 Zimmer; der Besitzer Julio Monasterio liebt das Mittelalter Spaniens und hat ein schlossähnliches Gebäude erbauen lassen. Eher schlichte Zimmer. **Posada La Ruta del Cacao** (moderat), 2 km westlich von Río Caribe an der Straße zur Playa Medina, mobil: 014/9940115, 10 Bungalows im großen, üppig bepflanzten Garten. Reiten, Ausflüge in die Region. **Cabañas Playa Puipuy** (moderat), direkt am langen Palmen-Sandstrand, 4 km außerhalb von Puipuy, nur auf Reservierung, Tel. 315241, Fax 312021, playamed@telcel.net.ve; 18 geräumige Bungalows in zwei verschiedenen Stilarten, jeweils mit einem kleinen Patio und Vorrichtungen für Hängematten. Bar und Restaurant. Sicherheitsdienst. **Playa Medina** (teuer), an der Playa Medina, 18 km außerhalb von Río Caribe, nur auf Reservierung, Tel. 315241, Fax 312021, playamed@telcel.net.ve, 8 Bungalows; attraktive, gut ausgestattete Häuser aus natürlichen Materialien, mit eigener Küche. Am Strand gibt es einige Fischerbüdchen. Kleines Ausflugsangebot. **Villa Santa Rosa** (teuer, alles inklusiv), El Pilar-La Pastora, Tel. 315064, Fax 311323, mobil: 014/9930865; 16 große, individuell gestaltete Zimmer im fröhlichen Pastell-Look mit Blick auf den Dschungel, geräumige Restaurant-*churuata* mit Bar, zweite Bar im Haupthaus. Reitausflüge, Wanderungen, Fahrt mit dem Einbaum auf dem Caño Ajies. Die Ausflüge sind im Preis eingeschlossen.

Auf Wunsch wird der **Transfer vom Flughafen** in Carúpano organisiert. Die Villa Santa Rosa verkauft ihr Paket auch mit Flugschein Caracas-Carúpano-Caracas. **Busverbindungen** von Carúpano nach Güiria und El Pilar.

Playa Colorada

Lage: G7 (bei Puerto La Cruz)
kein Festnetz

 Quinta Jaly B&B (sehr preiswert), Av. Principal, mobil: 016/6818113; 6 Zimmer mit Aircondition oder Ventilator, schöne Terrassen. **Colorada Bungalo`s Hotel** (günstig), Av. Principal, mobil: 014/9813966, 7 Apartments, mit gut ausgerüsteter Küche und Barbecue-Platz, fürs Länger-Bleiben gedacht, schön dekoriert, sorgfältig eingerichtet. **Villas Turísticas Playa Colorada** (moderat), Av. Principal, mobil: 016/6816365, in Caracas: Tel. 0212/9521826, 16 Zimmer; der Weg ist ausgeschildert. In einem Garten stehen 6 Mobile Homes, dazu kommen 11 Zimmer im Hotel. Alles sehr ordentlich.

Puerto Ayacucho

Lage: E4
Vorwahl: 0248
Einwohner: 100000

 Dirección de Turismo, Av. Río Negro, Edif. Sede de la Gobernación, Tel. 5210033, Fax 5210191 und 5210371.

Campamento Genesis (sehr preiswert), am südlichen Stadtrand, Av. Perimetral, beim Busbahnhof,

Tel. 5211378, mobil: 016/5475968, 16 Zimmer; die Besitzer vermieten eigentlich nur mit Tourpaketen, aber wenn die Zimmer nicht belegt sind, kann man sie auch nur mit Frühstück haben. Sehr sauber und ordentlich. **Residencias Siapa** (sehr preiswert), Calle Carabobo, hinter dem Banco de Venezuela, Tel. 5210138, 10 Zimmer. **Refugio Yagrumo Cataniapo** (sehr preiswert), km 21, Vía Gavilán, mobil: 016/4486916, yagrumocata@hotmail.com; hübsch gelegenes, gepflegtes Hängemattencamp in einem großen Garten, Gemeinschafts-*churuata* für die Mahlzeiten und fürs Zusammensitzen. Renny Barrios offeriert Bootsexkursionen auf dem Cataniapo und Orinoco und Dschungelwanderungen. **Hotel Apure** (günstig bis moderat), Av. Orinoco 28, Tel. 5210516, 17 Zimmer; einfaches, sauberes Haus, die Einrichtung wirkt ein bisschen düster. **Hotel Orinoco** (günstig bis moderat), Av. Orinoco (in der Nähe des Hafens), Tel. 5210285, Fax 522497; liegt nicht unbedingt zentral, ist aber zur Zeit die einzige Alternative zum Hotel Apure. Der Standard der Pensionen ist recht niedrig. Empfehlenswert ist: **Campamento Orinoquia** (günstig bis moderat), nur über Cacao Expediciones, Quinta Orquidia, Calle Andromeda, Prados del Este, Caracas, Tel. 0212/9771234, Fax 9770110, cacaotravel@cantv.net; liegt 15 km südlich von Puerto Ayacucho, Abzweigung bei der Ausschilderung des Camturama Resort (zur Zeit nicht in Betrieb), 10 reizvolle *churuatas* für jeweils 2–3 Personen und großes *churuata*-Restaurant am Ufer des Orinoco mit kleinem Flussstrand. Ausflugsangebot vom Museumsbesuch mit City-Tour bis zum Orinoco-Rafting zwischen den Stromschnellen von Atures und Maipures. Dschungelwanderungen mit Piaroa-Führer, Besuch von Petroglyphen, Organisation von Flügen über den Cerro Autana und Exkursionen zum Cacao-Camp Las Trincheras am Río Caura. Deutschsprachige Leitung und Führer. Vollpension. Reservierung empfehlenswert.

 La Barra de Arevalo (günstig), Av. Río Negro 33, Tel. 21 30 22; im Tasca-Stil eingerichtetes Restaurant, etwas düster, lange Theke, gutes Essen. Die Lage an der Plaza del Indio neben dem Ethnographischen Museum prädestiniert es als Treff für Reisende.
La Estancia (günstig), Av. Aguerrevere/Calle Río Negro; freundliche Atmosphäre, Fische aus dem Orinoco und Grillgerichte. Preiswerte Restaurants rund um den Lebensmittelmarkt 60 Aniversario an der Av. Orinoco.
Heladería Mi Sabor (günstig), Av. Principal La Florida; ein gebürtiger Ungar kreiert Eis aus Palmenfrüchten, Maniok und der indianischen Tomate *tupiro.*

 Museo Etnológico, Av. Río Negro/Plaza Rómulo Betancourt; für jeden Stamm ein Saal: Lebensweisen der Piaroa, Guajibo, Yanomami, Arawak und Ye Kwana; Di–Fr 9–12 und 15–18, Sa und So 9–13 Uhr. **Mercado Indígena,** auf der Plaza Rómulo Betancourt (Plaza del Indio), tgl. Am besten früh hingehen.

 Bazar La Colmena, Plaza Rómulo Betancourt, Av. Río Negro 38; voll gestopft mit handgemachtem regionalem Kunstgewerbe.

Lokale Veranstalter bieten Exkursionen und Ausflügen an. Cacao Expediciones hat vieles davon zu einem Paket mit Unterkunft verschnürt.

Wie auch beim Orinocodelta gilt: Es gibt einige Piraten unter den Veranstaltern.
Zu empfehlen sind: **Aguas Bravas,** Plaza del Indio, Av. Río Negro, Tel. 5 21 05 41, 5 21 44 58, Fax 5 21 15 29, aguasbravas@cantv.net. Sie veranstalten Rafting auf den Stromschnellen Atures und Maipures und Flussfahrten zu indianischen Pertroglyphen. Sprechen Spanisch, Englisch und Deutsch.
Amazonia, Mario Vogt und Alvaro Carrera, Av. Río Negro 33, Plaza del Indio (neben der Tasca), Tel. und Fax 21 49 26 und mobil: 014/4 86 31 10, amazonia-c.a.@gmx.net, www. amazonia-venezuela.net. Anspruchsvolle Touren, auch Zehn-Tages-Trips zum Río Negro. **Yutaje,** Barrio Monte Bello Nr. 31, Tel. 21 06 64, turismoamazonas@cantv.net. Exkursionen auch in die weitere Umgebung, z. B. nach Yutaje. Mit Spezialerlaubnis auch zu den Yanomami. Wer an den Exkursionen teilnimmt, kann in der *posada* übernachten.

 Flughafen 6 km südöstlich des Stadtzentrums; Flüge nach Caracas (2 x tgl.) tgl. nach Mérida und Porlamar. **Aerovias Guayana Aguaysa,** Av. Río Negro Edif. Aguaysa, Tel. 21 00 26, Fax 21 04 43, fliegt in den Dschungel: nach San Fernando de Atabapo, San Juan de Manapiare und Esmeralda montags und samstags, nach Maroa montags, mittwochs und freitags und nach San Carlos de Rio Negro freitags. **Busbahnhof** östlich des Zentrums: Busse nach Ciudad Bolívar (mehrmals tgl.), Caracas, Caicara de Orinoco (mehrmals tgl.), San Fernando de Apure.

Puerto Colombia

Lage: D7 (bei Maracay)
Vorwahl: 0243

 Posada La Joaquinera (günstig bis moderat), Calle Colón, Tel. 911102, 7 geräumige, hübsch eingerichtete Zimmer, einfach und modern. **La Posada de Choroní** (moderat), Av. Principal, Tel. 911191, 7 Zimmer; komplett renoviertes Haus von 1782, mit Garten. **Posada Humboldt** (moderat bis teuer); koloniale Ex-Hacienda mit stilechter Möblierung und einem attraktiven Setting, eigenes Ausflugsprogramm, nur zu buchen über Orinoco Tours in Caracas (deutschsprachig), s. S. 274. **Club Cotoperix** (sehr teuer), Reservierung in Caracas: Tel. 0212/9528865, 9528617, Fax 0212/9516226 und 9517741, 24 Zimmer; restaurierte Kolonialhäuser, All-Inclusive-Angebot mit Ausflügen, luxuriös.

 Kurz vor der Playa Grande ankern Fischerboote für Fahrten zu Stränden, die nicht durch Straßen erschlossen sind **(Playa Escondida und Chuao)** oder zur **Bucht von Cata.** Ausflüge zu **Kaffeeplantagen** werden von den *posadas* organisiert.

Puerto La Cruz

Lage: G7
Vorwahl: 0281
Einwohner: 450000

 Coranztour, Paseo Colón, Pavillon am Strand.

 Hotel Neptuno (günstig), Paseo Colón 70, Tel. 657074; preiswertes, bei Venezolanern beliebtes, recht einfaches Hotel mit Dachterrasse, wo man schön sitzen und essen kann. **Hotel Gaeta** (günstig bis moderat), Paseo Colón/Calle Maneiro, Tel. 655036, Fax 650065 11; freundliches Innenstadthotel, kleine Zimmer. **Hotel Rasil Cumberland** (moderat), Paseo Colón, Tel. 672422, Fax 673121, 180 Zimmer; großer Kasten, freundlicher Service, gut eingerichtete Zimmer. **Golden Rainbow Maremares** (sehr teuer), Complejo El Morro, Lecherías, Tel. 281 1011, Fax 2814449, in Caracas: Tel. 0212/9590148, Fax 9590172, 500 Zimmer; liegt im Tourismuskomplex Aquavilla, luftige und großzügig geschnittene Anlage mit einer originellen Pool-Landschaft, Spa-Betrieb, Fitnessraum, Tennisplätzen mit Flutlicht.

 Fuentemar (günstig bis moderat), Paseo Colón, Tel. 687623; beliebtes Strandrestaurant, leckere Meeresfrüchten. **El Rancho del Tío** (moderat), Paseo Colón, Tel. 653677; geräumig auf drei Ebenen, sommerlich eingerichtet, am Strand; Fleisch, Fisch, Paella. **El Parador del Puerto** (teuer), Paseo Colón 77, Tel. 650391; elegantes Fischrestaurant, *langostinos,* Seezunge, Hummer und Red Snapper.

 Auf dem Paseo Colón gibt es Geschäfte mit Kunstgewerbe und Souvenirs aus dem ganzen Land.

 Busbahnhof: Calle Juncal/Democrácia in Zentrumsnähe; häufige Verbindungen nach Acarigua, Caracas, Caripe, Carúpano, Cumaná, Ciudad Bolívar, Guanare, Maracay, Maturín, San Cristóbal, Tucupita, Valencia; großes Angebot an **Por Puestos.** **Autovermietung: Budget,** Hotel Golf Plaza, Tel. 814565; Hotel Melía Puerto La Cruz, Tel. 553155.

Punto Fijo

Lage: C8
Vorwahl: 0269
Einwohner: 100 000

 Hotel La Península (teuer), Calle Calatayud, Tel. 46 67 08, Fax 45 97 76, hotelpeninsula@eldish. net, Restaurant, Tasca, Fitnessraum, Sauna, Pool. **Las Brisas Paraguaná** (sehr teuer), Av. Raúl Leoni/Calle San Luis, Tel. 46 70 11, Fax 46 60 15; 130 gepflegt, geräumige Zimmer und Bäder, von außen wenig anheimelnd, kleiner Pool.

 Flughafen Las Piedras, 10 km nördlich der Stadt; Flüge nach Barcelona, Caracas (5 x tgl.), Cumaná (2 x tgl.), Maracaibo, Mérida und Puerto Ayacucho. **Busgesellschaften** in der Av. Colombia und Calle de Comercio. **Autovermietung** im Flughafen Las Piedras: **Budget,** Tel. 46 09 60; **Hertz,** Tel. 5 13 14; **Nacional,** Tel. 5 16 36.

Quíbor

Lage: C6

 Museo Arqueológico, Calle 10/Av. Pedro Leon Torre; Mumien und indianische Grabbeigaben; Di–Fr 9–12 und 14–17, Sa und So 10–14 Uhr.

Río Caribe

Lage: H7 (bei Carúpano)
Vorwahl: 0294

 Pensión Papagayos (sehr preiswert), Calle 14 de Febrero 38, Tel. und Fax 6 18 68, 6 Zimmer; liebevoll geführte Pension mit Küchenbenutzung, lockere Atmosphäre, Ausflugsangebote. Cristina ist selbst Führerin und spricht Deutsch. **Posada La Ruta del Cacao** (günstig bis moderat), Guayaberos de Río Caribe, mobil: 014/9 94 01 15, 10 Bungalows; an der Straße zur Playa Medina 2 km von Río Caribe entfernt. Die gemütlichen, luftigen Bungalows haben Dächer aus Zuckerrohr und Fußböden aus Terrakotta und liegen auf dem Gelände einer Kokosplantage. Schöner Garten, Pferdevermietung, Ausflüge. Transfers nach Carúpano. **Posada Caribana** (moderat), Av. Bermúdez 25, Tel. und Fax 6 12 42, carbanapas@cantv.net, 12 Zimmer; eine zum Kolonialort passende, reizende Unterkunft. Restauriertes Haus von der Jahrhundertwende mit geschindelten Dächern, Veranden und einem Patio. Fröhliche Karibikpastelle in den Zimmern mit hohen Fenstern und kunstvoll geschnitzten Holztüren. Ausflugsprogramm, Transfer zur Playa Medina, Besuche von Kakaohaciendas. **Villa Antillana** (moderat), Calle Rivero 21, Tel. 6 14 13, antilla99@cantv.net, 5 Zimmer; ein Architekt hat seine Fantasie spielen lassen bei der Einrichtung des Kolonialhauses mit Patio, Hängematten, originellen Bädern. Alles sehr individuell. Ausflugsorganisation.

 Tasca Española (günstig bis moderat), Av. Bermúdez; Möbel im spanischen Stil, Langusten zu Niedrigpreisen und guter Fisch.

 Im Fischerhafen kann man **Boote zur Playa Medina und zur Playa Pui Puy** mieten.

 Por Puestos ab Carúpano.

San Cristóbal

Lage: B5
Vorwahl: 0276
Einwohner: 336 000

 **Información Turística,** Av. España, Complejo Ferial de Pueblo Nuevo (hinter dem Pabellón de Colombia), Tel. 55 95 78 und 55 96 55.

 **Posada Turística La Aragueña** (günstig), Urbanización Campo Alegre 90, Tel. 56 47 86; 12 saubere, funktionale Zimmer mit gut ausgestatteten Bädern, nette Atmosphäre. **Hotel Bella Vista** (günstig bis moderat), Carrera 9/Calle 9, Tel. 43 78 66, Fax 43 02 59; zentral, kleines Stadthotel. **Posada Los Pirineos** (günstig bis moderat), Av. Fco. Cárdenas, Quinta El Cerrito 16–38, Urb. Pirineos, Tel. 55 65 28 und 55 83 68; 16 mit viel Liebe fürs Details eingerichtete, große Zimmer und schöne Bäder, Terrassen. **Castillo de la Fantasía** (sehr teuer), Av. España, Tel. 53 08 48, Fax 53 20 32; ein bisschen Tudor, ein bisschen Schloss, überall Marmor und Spiegel, und der Clou: Jedes Zimmer ist individuell gestaltet. Sehr komfortabel.

 **Asados El Botalón und Rancho de Estéban** (beide moderat), Av. España; beliebte, volkstümliche Steakrestaurants.

 **Busbahnhof** 2 km südlich des Zentrums; Busse nach Caracas (10 x tgl.), Mérida (6 x tgl.), San Antonio (häufig). **Autovermietung: Budget,** Av. 19 de Abril, Centro Comercial El Parque, Tel. 46 47 41.

San Fernando de Apure

Lage: E5
Vorwahl: 0247
Einwohner: 85 000

 Dirección de Turismo, Paseo Libertador, Edif. Julio Chávez, Mezzanina B, Tel. 41 23 02, Módulo de Información im Flughafen.

 Flughafen 3 km östlich vom Zentrum; werktags ein Flug nach Caracas. **Busbahnhof** am nördlichen Stadtrand; Busse nach Barinas, Maracay, Caracas, Puerto Ayacucho.

San Juan de las Galdonas

Lage: H7 (bei Carúpano)
Vorwahl: 0294
Einwohner: 1500

 Habitat Paria (günstig), Playa Barlovento, mobil und Fax 014/7 79 79 55, www.habitatparia.vzla. org, 12 Zimmer; liegt malerisch zwischen Strand und Kakaoplantagen. Halb Kolonialstil, halb Bauernkate, in Ocker-, Weiß- und Blautönen gehalten, Bambuswände, schlichte Zimmer, schöne halbmondförmige, zweistöckige Terrasse und Restaurant in einer *churuata*. Eigenes Ausflugsprogramm. **Hotel La Pionera** (moderat), direkt am Strand Sotavento, Tel. 76 10 02, mobil: und Fax 016/94 01 13; 30 Zimmer; komfortables, dreistöckiges Haus mit großem Pool und Terrassen, hell und luftig eingerichteten Zimmern, und alles ist in Pastelltöne getaucht. Umfangreiches Ausflugsprogramm: Tagestouren mit dem Boot nach Santa Isabel, Wanderungen, Exkursionen in das Paria-Delta, Fahrten zur Playa Medina.

Santa Elena de Uairén

Lage: J3
Vorwahl: 0289
Einwohner: 16 000

Hotel Augusta (sehr preiswert), Av. Bolívar, Centro Comercial Augusta, Tel. 95 16 54, Fax 95 14 40, 15 Zimmer; Zentrumslage, einladend gemachtes, sauberes, kleines Hotel. **Banana's** (günstig), Colinas de la Laguna, vía Parque Venezuela Heroíca, Tel. und Fax 95 15 11, mobil: 014/ 8 86 10 73, bananatour@hotmail.com, 10 Zimmer; außerhalb in Richtung Flughafen gelegen, in einem tropischen Garten, einfach, anständig ausgestattete Zimmer, gutes Essen, buchbar mit Halbpension und Exkursionen, sehr nette Stimmung. **La Posada del Mesón** (günstig), Urbanización Cielo Azul, Vía Sampay, Tel. und Fax 95 14 43, 12 ruhig gelegene, geräumige und saubere Bungalows. **Cabañas Friedenau** (günstig bis moderat), Av. Principal de Cielo Azul, Tel. 95 13 53, 6 Bungalows, 7 Zimmer; für Gruppen geeignet, die Bungalows liegen im Garten, freundlicher Service. **Campamento Ya-Koo** (moderat), Tel. und Fax 95 13 32, yakoo@telcel.net.ve, 14 Zimmer; oberhalb des Städtchens gelegen, die Besitzer organisieren den Transport; wunderschöne, geräumige *churuatas,* große Bäder, Garten; interessante Ausflüge, z. B. auch zu Diamantencamps, sehr freundlich und hilfsbereit. Es wird Deutsch gesprochen.

Nueva Opçao (günstig), Plaza Bolívar; hier gibt es brasilianische Küche, so viel man will: Salate, Hühnchen, Reis, Fleisch. Das Ganze hat Kantinen-Charme, nett und freundlich. **La Estancia** (moderat), Av. Gran Mariscal; gemütlich, hier gibt's Steaks und Salat.
Café: Panadería La Tremenda, Calle Bolívar; hat zwei kleine Tischchen vor dem Verkaufsraum und ist eine Informationsbörse für Traveller, sehr beliebt, guter Kaffee und *empanadas.*

Ausgangspunkt für – auch mehrtägige – Touren in die Gran Sabana, zu Diamantencamps, Besteigung des Roraima und des Kukenán, Besuche von Missionsstationen und Dörfern der Pemones, Vormittagstrip über die brasilianische Grenze nach La Línea und zur Aussteigeridylle El Paují. Informationen in den Hotels und *campamentos,* und über **Anaconda Tours,** die ihr Büro in dem Centro Comercial Augusta haben, Tel. 95 10 16. **Tayukasen Tours,** Hotel Luz, Tel. 95 10 50, Fax 95 13 31, maßgeschneiderte Touren in die Gran Sabana, die Routen und die Unterkünfte werden auf Wunsch mit den Gästen abgestimmt. Für Besteigungen des Roraima empfehlenswert: **Eric Buschbell,** Yaritza Salom, Urbanización Akurima, Sector Los Pinos, Tel. 95 15 24, mobil: 014/8 86 40 22, Backpacker@cantv.net, 6 Tage/5 Nächte mit englischsprachigem Guide. Auch Touren in die Gran Sabana.
Kanavayen und Mantopai: In der Missionsstation kann man nach vorheriger Anmeldung übernachten. Tel. 0286/ 62 08 00. Man zahlt etwa 10 € für eine Übernachtung in einem Mehrbettzimmer. Das Campamento Mantopai ist ein ruhiger und attraktiv gelegener Ausgangspunkt für Wanderungen in der Gran Sabana. Man kann es über das Telefon in Kanavayen kontaktieren. 11 indianische Steinbauten mit Palmfaserdach am Fluss sind schön ländlich und komfortabel eingerichtet. Auch hier ist eine Anmeldung notwendig. Die LTU-Gruppe bietet es auf ihren Rundfahrten an.

Der **Flughafen** war bei Drucklegung geschlossen. **Busbahnhof** im Nordosten des Zentrums; tgl. mehrmals Busse nach Ciudad Bolívar, Ciudad Guayana und Caracas; Por Puestos nach San Francisco und El Paují.

Santo Domingo

Lage: C6
Vorwahl: 0273

 La Trucha Azul International Hotel & Resort (teuer), am östlichen Ortsausgang, Tel. 8 80 66, 8 81 50, Fax 8 80 67, 38 Zimmer, 20 Apartments; hoher Standard, elegant-rustikale Ausstattung, sehr komfortabel eingerichtet, stilsicher, großes Gelände. Bieten Reittouren an, veranstalten Ausflüge. Kinderspielplatz, Diskothek, Geschenkeladen und Billardraum. **Hotel Mocuro** (teuer), am Ortsausgang von Santo Domingo in Richtung Apartaderos, Tel. 8 81 55, 8 80 70, Fax 8 82 25, 24 Zimmer, 12 Bungalows; der Bau scheint ganz aus Holz zu bestehen, und ein Flüsschen durchläuft das Terrain. Großer, gepflegter Garten mit Kinderspielplatz, Pferdemiete, gemütliche Gemeinschaftseinrichtungen. Die behaglichen Zimmer haben Balkon. **Hotel La Sierra** (moderat), im Zentrum, Tel. 8 81 10, 8 81 13, 8 83 80, Fax 8 80 50, in Caracas: Tel. 0212/5 75 48 35, Fax 5 75 02 43; gepflegte Backsteingebäude, 30 sehr gemütliche Zimmer mit Terrakotta-Fußböden und in Studioart eingerichtet, Blumengärten. **Hotel Santo Domingo** (günstig), Tel. 8 80 61, Fax 8 82 77, 16 Zimmer, 19 Bungalows; ordentliche Qualität, die Bungalows sind recht geräumig, die Bäder etwas muffig. Mit Garten.

 Punto Criollo (günstig), Calle San Gerónimo, Tel. 8 83 31; Restaurant im Tasca-Stil, andines Essen: Forellen, Champignons, und die *pisca andina,* die mit Gemüse, Kräutern und Kartoffeln zubereitete Milchsuppe.

 Häufiger **Bus- und Por-Puesto-Verkehr** nach Barinas und Mérida.

Tabay

Lage: B6 (bei Mérida)
Vorwahl: 0274

 Posada Turística Tabay (günstig), Av. Bolívar/Calle Benito Marin, Tel. 83 00 25, Fax 83 01 21, 8 Zimmer; zentral an der Plaza Bolívar gelegen, einfache, aber helle und saubere *posada* mit einer spanischen Tasca – nur in der Saison geöffnet – im Patio. **Cabañas Xinia y Peter** (moderat), im Ortsteil La Mucuy Baja, Quinta Xinia, mobil: 014/7 42 18 33 und Tel. und Fax 83 02 14, 4 Bungalows; die Gastgeber Peter und Xinia sind profunde Landeskenner, das äußert sich in der Dekoration der hübschen, geräumigen Bungalows mit anspruchsvollem lokalen Kunstgewerbe, den Mahlzeiten, Exkursionen und Reise-Empfehlungen. Garten, Terrasse, blendend ausgestattete Küche. Eigene Ausflugsprogramme. Reservierung notwendig. Deutsche Leitung. Mahlzeiten nach Wunsch.

 El Fogón de la Cachapa (günstig); Calle Bolívar 2–8; schlichte, kleine Open-Air-Kneipe mit köstlich zubereiteten Forellen und einer Vielzahl an *cachapa*-Variationen (Fladen aus geschrotetem Mais).

Artepueblo, La Plazuela, auf der Straße nach Apartaderos, Abzweigung La Poderosa; Stiftung, die sich um Erhaltung und Stimulanz lokalen Kunstgewerbes als Kunst des Volkes bemüht und Ausstellungen, Diskussionen, Konferenzen sowie Präsentationen von Künstlern und Werkstätten anbietet. Anspruchsvoll und interessant.

 Rincón de Tabay, an der Plaza Bolívar; hat die naiven Holzskulpturen der Region. Im **Stadtteil Mucuy Baja** an der Hauptstraße. Verschiedene Familien leben hier vom Kunsthandwerk, das sie einfach vor ihre Häuser stellen. Eine Kooperative: Opus 2.

 Die **Busse** auf der Strecke Santo Domingo-Mérida halten an der Plaza.

Trujillo

Lage: C6
Vorwahl: 0272
Einwohner: 50 000

 Dirección de Turismo, La Plazuela (Dörfchen am Eingang von Trujillo), Av. Principal, Tel. 36 14 55 und 36 12 77, Fax 3 56 66 und 36 14 55; bemüht, sorgfältig, gut informiert, hilfsbereit, Karten und Pläne. **Geldwechsel:** nur im Banco Capital, Calle Comercio/Cruz Verde.

 Hotel La Paz (günstig), Av. Caracas, Tel. 5 73 48 64, 22 Zimmer; von außen nett; kleine, spartanisch eingerichtete Zimmer. **Hotel Country** (moderat), Av. Carmona, Tel. 3 35 76, Fax 3 39 42, 55 Zimmer; das Tra-

ditionshaus der Stadt, großer Pool vor Urwaldkulisse, Bar, großzügig; schöne, geräumige Zimmer.

 Posada Turística Valle Los Mukas (moderat), Calle Arismendi 143, zwischen Av. Bolívar und Independencia, Tel. 3 31 84; im Tasca-Stil, auch zum Draußensitzen, Standard-Speisekarte, Fleisch, Forellen. Das beste Restaurant ist im **Hotel Country** (moderat bis teuer).

 Centro de Historia, Av. Independencia 529; Kolonialhaus, in dem Bolívar sein Guerra a Muerte unterzeichnete; Venezuela-übliches Sammelsurium von Exponaten; Di–Sa 8–12 und 15–18, So 9–13 Uhr.

 Busbahnhof am Ortseingang; mit **Por Puestos** und Bussen häufige Verbindungen nach Valera, von dort viele Möglichkeiten; Busse nach Barquisimeto, Caracas, Valencia und Maracay (mehrmals tgl.), Maracaibo (4 x tgl.); Por Puestos nach Boconó (nur bis zum frühen Nachmittag).

Tucupita

Lage: H6
Vorwahl: 0287
Einwohner: 60 000

Hotel Amacuro (sehr preiswert), Calle Bolívar 23, Tel. 21 04 04; eine sehr einfache, aber gepflegte Traveller-Unterkunft. Man kann dort Geld tauschen. **Hotel Saxxi** (günstig bis moderat), Zona Industrial La Paloma, Tel. 21 21 12; 58 Zimmer; am Ortseingang. Das beste Haus am Platz. Dass die einzelnen Trakte durch betonierte Wege getrennt sind, kompensiert der hübsche Garten. Restaurant im Tasca-Stil. Exkursionen und Ausflüge.

 Capri (günstig), Paseo Manamo, Tel. 213885; Spezialität ist Fisch, es gibt auch viele Gerichte mit Huhn. **Max Pollo** (günstig), Av. Casacoima, schlichtes Restaurant auch zum Draußensitzen mit *arepas,* Huhn, Fisch.

 Delta Sur, Calle Mariño, Tel. 22434; zuverlässigster Reiseveranstalter für Exkursionen in das Orinocodelta. **Tucupita Expeditions,** Paseo Manamo, Tel. und Fax 210801, 211953, tucexpdelta@cantv.net, www.orinocodelta.com; unterhalten zwei sehr schöne Camps im Delta.

Tgl. **Flüge** nach Carúpano und Porlamar. Kein zentraler Busbahnhof, die **Busse** fahren vor den Büros der Gesellschaften ab. Verbindungen nach Caracas, Ciudad Guayana und Maturín.

Valencia

Lage: D7
Vorwahl: 0241
Einwohner: 950000

Hotel Carabobo (günstig), Calle Libertad 100/Plaza Bolívar, 20 Zimmer; einfach, preiswert, blitzsauber. **Hotel Le Paris** (günstig bis moderat), Av. Bolívar, Tel. 215655, 55 Zimmer; freundliches, nüchternes typisches Stadthotel. Die Lage: nicht leise. **Hotel Stauffer** (teuer), Av. Bolívar Norte, Tel. 234022, 90 Zimmer; geräumige, gediegen eingerichtete Zimmer und Bäder, mehrere Restaurants, freundlicher Service.

 Asociacion de Ganaderos (moderat), Av. Claudio Muskus; hier kommt Rind auf die Teller.
Tinajero (moderat), Calle Sucre, zwischen Diáz Moreno und Montes de Oca; kreolische Küche.

 Casa de los Celis, Calle Comercial/Av. Soublette; Museum für Geschichte und Kunst in einem verwittert-charmanten Kolonialhaus; Di–So 9–12 und 14–17 Uhr.
Campo de Carabobo, großzügige Parkanlage zum Gedenken an die Entscheidungsschlacht des Unabhängigkeitskrieges, Aussichtspunkt über das Schlachtfeld; außerhalb von Valencia, tgl. 6–13 und 14–18 Uhr.

 La Villa de Madrid, Av. Bolívar; ein gutes spanisches Restaurant mit hübscher Bar.

Flughafen Arturo Michelena 6 km südöstlich des Zentrums; Flüge nach Barcelona, Barquisimeto, Caracas (4 x tgl.), Maracaibo (3 x tgl.), Mérida, Porlamar und San Antonio.
Busbahnhof 4 km östlich des Stadtzentrums; häufig Busse und Por Puestos nach Caracas, Maracay, Chichiriviche, Barquisimeto, Maracaibo, Coro, Puerto Cabello; weniger häufig nach Mérida und San Antonio. **Autovermietung: Avis,** Tel. 321684, im Flughafen; **Budget,** Av. Bolívar Norte, Tel. 235661. **Hertz,** im Hotel Intercontinental, Tel. 243073, und im Flughafen, Tel. 385385, Sa und So 8–12 Uhr.

Valera

Lage: C6
Vorwahl: 0271
Einwohner: 130000

Hotel Imperio (sehr preiswert), Av. 4/Calle 14, Tel. 311578, 20 Zimmer; Art-déco-Haus, unrenoviert, Turnhallenstil, sehr freundlich. **Hotel Albergue Turístico** (moderat), Av. Independencia Zona Rental Ateneo de Valera, Tel. 55016, 25 geräumige, einfache Zimmer, freundlicher Service, aber laut. **Hotel Camino Real** (teuer), Av. Independencia, Sector La Plata, Tel. 52260; das beste Hotel am Platz, 55 kleine, plüschige Zimmer.

 Bodegón del Caudillo (günstig), Centro Comercial Edivica ll, Av. Bolívar; beliebte, rustikale Tasca im Untergeschoss des Einkaufszentrums. **Mi Casa Vieja** (moderat), Av. Bolívar, Sector Las Acacias; zum Drinnen- und Draußensitzen, Forelle mit Knoblauch, Pizza, Steaks. **Angelo's** (moderat bis teuer), im Hotel Camino Real; gepflegter Italiener, gute chilenische Weine. **Café: El Boulevard,** Av. Bolívar zwischen Calles 11 und 12; Straßencafé mit Snacks.

Flughafen Antonio Nicolás Briceño etwa 4 km östlich der Stadt; Flüge nach Caracas (5 x tgl.). **Busbahnhof:** Por Puestos nach Barinas, Barquisimeto, Betijoque, Boconó, Caja Seca, Caracas, Cabimas, El Tigre, Escuque, Isnotú, Maracaibo, Mérida und Trujillo; Busse nach Barquisimeto, Caracas, Maracay, Valencia (mehrmals tgl.), Mérida (3 x tgl.), Barinas (tgl.). **Autovermietung: Budget,** Calle Buenos Aires, Tel. 211135, im Flughafen, Tel. 442364.

Valle Grande

Lage: B6 (bei Mérida)
Vorwahl: 0274

Hospedería San Javier (günstig), Vía El Valle, Sector San Javier, Tel. und Fax 440585, 30 Zimmer; von Wiesen und einer Parklandschaft eingefasst, bietet dieses weiß getünchte Haus im Neo-Hacienda-Stil vor allem Ruhe. Die schlichten, nett eingerichteten Zimmer gibt's auch im Mehrbett-Angebot für Jugendgruppen. Ausflüge. **Hotel Valle Grande** (günstig), auf der Panoramastraße von Mérida nach La Culata, km 10, Tel. 443011, 443153, Fax 443082, 30 Zimmer und 11 Bungalows; ruhig am Waldrand gelegene, große Anlage mit geschindelten Dächern, viel Holz, gemütliche Ausstrahlung, Garten. Restaurant, Bar, Diskothek, Kinderspielplatz, Vermieten von Pferden, Ausflüge und Aktivitäten für Kinder. **Hotel Páramo La Culata** (moderat), beim Eingang des Parque Nacional La Culata, Tel. 521151, 521049, Fax 526157, Reserierungen in Caracas bei Hoturvensa, Av. Universidad, Torre El Chorro, Esq. El Chorro, 13. Stock, Tel. 0212/5623022, 90 Zimmer; die Trakte sind wie in einem Dorf zusammengefasst, Zimmer im Landhaus-Stil: Terrakotta-Böden oder Parkett, viel grober Stein und Holz, weiß getünchte Wände. Das Haus hat eine eigene Forellenzucht, einen Kräutergarten und Restaurants mit empfehlenswerter Küche. **Estancia San Francisco** (sehr teuer), Carretera, via La Culata, km 10, Sector Alto Viento, Tel. 448338, mobil: 014/209090, estansfo@mailhost.telcel.net.ve, www.estancia.com.ve, 20 Suiten, 6 Bungalows, nur mit Reservierung. Allererste Adresse für einen Urlaub im luxuriösen, britischen Landhaus-Ambiente: Hacienda-Herrlichkeit trifft auf britische Club-Atmosphäre. Gepflegte Gartenlandschaft. Für Diskretion sorgen die meterhohen Wände um das Gelände. Bewachter Eingang.

Reiseinformationen von A bis Z

Ein Nachschlagewerk – von A wie Anreise über N wie Notruf bis Z wie Zeitunterschied – mit vielen nützlichen Hinweisen, Tipps und Antworten auf Fragen, die sich vor oder während der Reise stellen. Ein Ratgeber für die verschiedensten Reisesituationen.

Anreise

Für Aufenthalte bis zu 60 Tagen wird keinerlei Visum benötigt. Fluggesellschaften und Reiseveranstalter teilen bei der Einreise eine *tarjeta de turismo* aus, deren Kopie im Reisepass verbleibt und bei der Ausreise abzugeben ist. Bei Verlust wende man sich an die Reiseveranstalter, an die Botschaften oder an die Ausländerbehörde DIEX (Dirección Nacional de Identificación y Extranjería) im Flughafengebäude von Maiquetía. Die DIEX stellt auch eine befristete Verlängerung der Aufenthaltserlaubnis aus, wenn man einen Rückflugschein vorlegt. Es empfiehlt sich, von Pass und *tarjeta* Kopien anzufertigen, da man verpflichtet ist, beides stets mit sich zu führen und auf Verlangen vorzuzeigen. Die Kopien können im Hotel deponiert werden. Bei der Ausreise ist eine Steuer zu entrichten.

Chartertouristen mit Ziel Isla de Margarita werden meist von Veranstalterbussen zum Hotel gebracht. Wer in Maiquetía landet, hat die Wahl zwischen einem etwa halbstündlich verkehrenden Flughafenbus in die Innenstadt von Caracas (Nähe der Metrostation Bellas Artes beim Parque Central) und einem Taxi. Es gibt einen organisierten Taxidienst. Man kauft sein Ticket am Flughafenschalter und wird eingewiesen *(taxi* oder *libre).* Gewarnt wird vor nicht gekennzeichneten Taxis, denn es ist schon zu Überfällen während der Fahrt und im glimpflichen Fall zu überhöhten Preisforderungen gekommen. Die Fahrt in die Innenstadt kostet z. Zt. etwa 18 000 Bs (rund 26 US-$). Die Telefonnummern der Teletaxis sind unter Tipps und Adressen von Ort zu Ort, Caracas aufgelistet.

Venezuela ist im Programm der großen europäischen Fluglinien verankert. Lufthansa fliegt direkt Frankfurt–Caracas. Ebenfalls direkt kommt man mit der kolumbianischen Avianca über den Ozean. Die übrigen Gesellschaften gehen folgendermaßen vor: Zubringerflüge zum Heimatflughafen des jeweiligen Landes und von dort Weiterflüge nach Maiquetía. Maiquetía wird angeflogen von: Iberia über Madrid, KLM über Amsterdam (tgl. außer So), TAP über Lissabon und Oporto (4 x wöchentl.), Air France über Paris, Alitalia über Rom (3 x wöchentl.), British Airways über London (3 x wöchentl.). Das Charterziel Porlamar auf der Isla de Margarita wird von Condor und LTU wöchentlich angeflogen. Die reine Flugdauer beträgt 10 bzw. 9 Stunden. Die Preise schwanken zwischen 475 € – als Angebot – und 1300 €.

Dinge des persönlichen Bedarfs können zollfrei eingeführt werden, dazu Fotoapparate und Videogeräte, die zum Grundrüstzeug eines Touristen gehören. Des weiteren gelten die internationalen Beschränkungen: Sportgeräte, Reiseschreibmaschine/Laptop, 200 Zigaretten, 25 Zigarren, 2 l alkoholische Getränke, 4 Flakons Parfüm.

Ärzte und Apotheken

Das Gesundheitssystem in Venezuela ist hoch entwickelt und leistungsstark. Adressen deutschsprachiger Ärzte vermitteln die Botschaften. In den gut sortierten Apotheken *(farmacias)* arbeitet jeweils mindestens ein geprüfter Apotheker, der berät und auch Spritzen geben kann. Nachtdienste zeigt die rote Leuchtschrift *turno* an. Die Adressen weiß der Hotelportier, oder man entnimmt sie den Tageszeitungen.

Die Verschreibungspflicht wird generell lax gehandhabt. Medikamente haben internationales Niveau und sind recht teuer.

Autofahren

Die offizielle Geschwindigkeitsbegrenzungen liegen bei 40 km/h im innerstädtischen und 80 km/h im Autobahnverkehr. Zudem herrscht Anschnallpflicht. Die *autopistas* sind mit deutschen Verhältnissen vergleichbar, die Rutas Nacionales in gutem Zustand. Zwar werden Radar- und Alkoholkontrollen nicht vorgenommen, doch findet man ambulante Straßenkontrollen *(alcabalas)* an den Bundesstraßen (nicht an den Autobahnen). Sie kontrollieren die Papiere und den Zustand des Wagens; Warndreieck, Ersatzreifen, Radmutter-

schlüssel, Wagenheber und Feuerlöscher müssen im Wagen vorhanden sein.

Das Autofahren mag chaotisch erscheinen, denn die Venezolaner halten sich nicht an die offiziellen Verkehrsregeln, sie schaffen sich selber welche. Man fährt mit Sichtkontakt und achtet auf Handzeichen. Von nächtlichen Überlandfahrten – besonders auf unbekannten Strecken – ist abzuraten, denn nicht immer sind Fahrzeuge beleuchtet oder Baustellen markiert.

Um ein Auto zu mieten, benötigt man einen internationalen Führerschein und muss mindestens 21 Jahre alt sein. Die großen Firmen bieten Pannenhilfe an. Beim Mieten sollte man auf vollständige Ausstattung achten, da etwaige Straßenkontrollen bei Mängeln saftige *multas* kassieren können.

Die beste, in guten Buchhandlungen erhältliche Straßenkarte ist von International Travel Maps: ›Venezuela‹. Lagoven bietet eine solide Straßenkarte des Landes mit einem Stadtplan von Caracas an seinen Tankstellen an. Man erhält sie auch bei der Touristeninformation im internationalen Flughafengebäude von Maiquetía. Von Miro Popic´ gibt es ein ausgezeichnetes, nach Bundesstaaten geordnetes Straßenkartenbuch (›Guia Vial de Venezuela‹) mit Stadtplänen und Informationen zu Hotels, Restaurants und Sehenswürdigkeiten – auf Spanisch.

Diplomatische Vertretungen

■ … in Deutschland

Botschaft der Bolivarischen Republik Venezuela
Große Weinmeisterstr. 53
11469 Potsdam
Tel. 0331/23 10 90, Fax 2 31 09 77

Konsular-Wirtschafts-und Militärabtei-
lung der Botschaft
Sophie-Charlotten-Str. 30
14059 Berlin
Tel. 030/2 29 21 11, Fax 3 93 33 53

Venezolanisches Generalkonsulat
Rothenbaumchaussee 30
20148 Hamburg
Tel. 040/4 10 12 41, Fax 4 10 81 03

Venezolanisches Generalkonsulat
Brönnerstr. 17
60313 Frankfurt
Tel. 069/28 72 84, Fax 29 23 70

■ … in Österreich
Venezolanische Botschaft
Marokkanergasse 22
1030 Wien
Tel. 01/71 22 63 80, Fax 7 15 32 19

■ … in der Schweiz
Venezolanische Botschaft
Schlosshaldenstr. 1
1005 Bern
Tel. 031/3 50 57, Fax 3 50 57 58

■ … in Venezuela
Deutsche Botschaft
Av. San Juan Bosco/3a Transversal,
Edif. Panaven, Altamira, Apdo. 2078
Caracas, Metro: Altamira
Tel. 0212/2 61 01 81, Fax 2 61 06 41

Deutsches Konsulat
Av. Las Américas, Mezzanina, Local 4,
Edif. Amazonas
Puerto Ordaz
Tel. 0286/23 13 61, Fax 22 77 74

Deutsches Konsulat
Amador Hernandez/Av. 4 de Mayo, Cen-
tro People, Local 6
Porlamar, Isla de Margarita
Tel. 0295/2 62 52 12, Fax 2 61 51 34

Österreichische Botschaft
Av. La Estancia, Torre Las Mercedes,
4. Stock, Chuao
Caracas
Tel. 0212/9 13 86 3 und 9 13 97 9,
Fax 92 95 08

Schweizerische Botschaft
Edif. Polar, 6. Stock, Plaza Venezuela,
Los Caobos
Caracas, Metro: Plaza Venezuela
Tel. 0212/7 93 16 08 und 7 93 56 35,
Fax 7 93 14 19

Drogen

Striktes Konsumverbot jeglicher Drogen begleitet das wachsende Kokainge-
schäft in Venezuela, das als Nachbar-
staat von Kolumbien selber zum
Transitland geworden ist. Die Gesetze
drohen unmissverständlich: Auch der
Besitz kleinster Mengen wird mit drasti-
schen Strafen beantwortet, vor denen
selbst Botschaften kapitulieren. Aus
diesem Grund ist Vorsicht in Diskotheken geboten. Auch die Bitte, ein Päck-
chen beispielsweise im Reisekoffer mit-
zunehmen, sollte schlicht abgeschlagen
werden. Das so genannte ›Anderthalb-
Meter-Gesetz‹ besagt, dass sämtliche
Drogen, die sich im Umkreis von
anderthalb Metern um eine Person
befinden, dieser auch gehören.

Elektrizität

Die Stromspannung beträgt 110 Volt. In
Elektrogeschäften und Hotels sind
Adapter erhältlich.

Essen und Trinken

Der gängige Ratschlag, kein Leitungswasser zu trinken, auf Eiswürfel zu verzichten, weder ungeschältes rohes Obst oder Gemüse, noch rohe Meeresfrüchte zu essen, reicht aus, um vor unliebsamen Erfahrungen zu schützen.

Feiertage

Eine Fülle lokaler Feiertage bereichert den an Festlichkeiten nicht armen Kalender des Landes. Generell gilt, dass – anders als bei uns – Karnevals- und Karwoche ausgiebigen Festlichkeiten gewidmet sind; sie werden auch von der überwiegenden Zahl der Venezolaner für einen Urlaub genutzt. Wer in dieser Zeit eine Reise plant, sollte vorausbuchen. Das gleiche gilt für die Zeit zwischen Mitte Dezember und Mitte Januar. In den Büros wird nicht mit voller Besetzung gearbeitet, oder die Arbeit ruht ganz. Geldwechsel ist dann beispielsweise nicht möglich.

■ Gesetzliche Feiertage:

1. Januar – Neujahr *(Año Nuevo)*
6. Januar – Hl. Drei Könige *(Reyes Magos)*
Karnevalsmontag und -dienstag *(Carnaval)*
Gründonnerstag und Karfreitag *(Viernes Santo)*
19. April – Unterzeichnung der Unabhängigkeitserklärung *(Día de la Declaración de la Independencia)*
1. Mai – Tag der Arbeit *(Día del Obrero)*
Anfang Mai – Fest des Maikreuzes *(Cruz de Mayo)*
Fronleichnam *(Corpus Cristi)*
24. Juni – Jahrestag der Schlacht von Carabobo *(Aniversario de la Batalla de Carabobo)*
5. Juli – Unterzeichnung der Unabhängigkeitsakte *(Firma del Acta de la Independencia)*
24. Juli – Geburtstag von Simón Bolívar *(Natalicio del Libertador)*
12. Oktober – Tag des Kolumbus *(El Día de la Raza)*
1. November – Allerheiligen *(Todos Los Santos)*
25. Dezember – Weihnachten *(Navidad)*
28. Dezember – Fest der Unschuldigen Kinder *(Día de las Inocentes)*

Fotografieren

Am besten reist man vollständig ausgestattet nach Venezuela ein, denn Filme, Kameras und Reparaturen sind recht teuer und auch nicht überall erhältlich.

Fotografier- und Filmverbot besteht bei militärischen Anlagen. Besonders in grenznahen Gebieten (z. B. um Puerto Ayacucho) ist Vorsicht ratsam. Filmische Neugier sollte sich auch nicht über Würde und Taktgefühl hinwegsetzen: Beim Fotografieren von Personen holt man vorher deren Erlaubnis ein und verzichtet gegebenenfalls auf den Schnappschuss.

Geld und Kreditkarten

Der Wechselkurs der venezolanischen Währung Bolívar (Bs) beträgt z. Zt. etwa 620 Bs pro 1 € und 700 Bs pro US-$. Empfehlenswert ist die Mitnahme von Dollar-Währung, sei es bar oder in Reiseschecks, denn andere Währungen werden fast nur in Caracas und auf der Isla de Margarita getauscht – am unproblematischsten tauscht man am Geldautomaten. Geld zu wechseln ist nicht ganz einfach. Selbst in größeren, aber nicht stark touristisch ausgerichteten

Städten kann man weder Schecks noch Bargeld tauschen (vgl. Adressen und Tipps von Ort zu Ort). Im internationalen Ankunftsgebäude des Flughafens Maiquetía bilden sich vor den Schaltern des Wechselbüros Italcambio Warteschlangen; dort tauscht man am besten im 1. Stock am Geldautomaten. Die empfehlenswerten *casas de cambio* Italcambio gibt es in Caracas. Das Büro im Zentrum in der Av. Rafael Urdaneta hat auch samstags bis 12 Uhr geöffnet. Im Landesinneren kann es schwieriger werden, Geld zu tauschen, besonders Reiseschecks. Die großen Hotels tauschen zu einem schlechteren Kurs.

Gängige Kreditkarten (Euro-/Mastercard und Visa) sind weit verbreitet. Notruf-Nummern:
American Express Tel. 0212/2 06 27 95
Diners Tel. 0212/2 02 24 42
Master Card Tel. 0212/7 51 39 11
Visa Tel. 0212/2 02 23 23

Gesundheitsvorsorge

Für Reisen nach Venezuela bestehen keine Impfvorschriften, jedoch erteilen Hygieneinstitute und Gesundheitsämter Empfehlungen, die je nach Reisegebiet variieren. Hepatitis-A-, Typhus- und Tetanus-Schutz sollten vorhanden sein; für Regenwaldexkursionen rät man zur Gelbfieberimpfung und vor allem zur Malariaprophylaxe. Choleraerkrankungen flammen immer wieder auf. Erkundigungen sollten rechtzeitig – am besten zwei Monate vor Reiseantritt – eingeholt werden, damit die Ämter bei verschiedenen Impfungen gegebenenfalls einen Fahrplan erstellen können.

Eine selbst zusammengestellte Reiseapotheke sollte alle Medikamente enthalten, die man regelmäßig einnimmt. Hinzu kommen Präparate für eventuell auftretende Störungen und kleinere Verletzungen: Verbandszeug, antibiotische Lotion, ein Antibiotikum, Mittel gegen Durchfall, Augentropfen, gegebenenfalls Malariaprophylaxe und einen guten Sonnenschutz mit hohem Lichtschutzfaktor.

Empfehlenswert ist der Abschluss einer Reisekrankenversicherung.

Informationsstellen

Die Botschaft von Venezuela in Potsdam (s. S. 324) übernimmt freundlich und engagiert die Aufgabe, Informationen zu erteilen, da es kein offizielles venezolanisches Fremdenverkehrsamt in Deutschland gibt. Zuvorkommende Hilfestellungen leisten Reiseveranstalter wie Meier's Weltreisen in Düsseldorf, Take off in Hamburg und auch die Fluggesellschaft Condor, denn eine mehr als oberflächliche Informationsbeschaffung über das Land gestaltet sich schwierig. Die staatliche Organisation **Corpoturismo** in Caracas verteilt schön aufgemachte Prospekte – auch in Englisch und Deutsch – der wichtigsten Touristenziele. Handfeste Informationen holt man aber besser bei den meist sehr freundlichen und hilfsbereiten lokalen Informationsstellen ein (s. Tipps und Adressen von Ort zu Ort).

Kleidung und Ausrüstung

Kleidervorschriften gibt es nicht, bis auf eine: Für die Besichtigung bedeutender Kirchen (z. B. der Basílica de Chiquinquirá in Maracaibo) und des Pantheons in Caracas sind Shorts, tiefe Dekolletés und Miniröcke tabu. Die Venezolaner kleiden sich im Berufsleben korrekt und sportlich-elegant, in der Freizeit dagegen ausgesprochen lässig. Abends betritt man bessere Restaurants nicht in kurzen Hosen, aber es herrscht weder Jackett- noch Krawattenzwang. Venezolanerinnen kleiden sich für mitteleuropäische Verhältnisse recht provokativ. Miniröcke, enge Jeans oder ausgeschnittene Kleider braucht man nicht zu Hause zu lassen – allerdings auch nicht das Bikinioberteil, denn das zieht eine Venezolanerin nie aus. Wer ›oben ohne‹ praktiziert, erntet unmissverständliche Blicke und vielleicht nicht die erwünschte Aufmerksamkeit.

Was in den Koffer wandert, richtet sich also nach Urlaubsort, Vorhaben und Jahreszeit. Von Drei-Sterne-Hotels an aufwärts wird ein meist schnell funktionierender Wäscheservice angeboten, der das Gepäck entlastet.

Restaurants und Einkaufsgalerien schalten Klimaanlagen gerne auf niedrige Temperaturen, Empfindliche sollten sich dagegen wappnen.

Besten Mückenschutz bei Exkursionen in den Regenwald bieten langärmelige Hemden und Blusen sowie lange Hosen. Für ausgedehnte Wanderungen (z. B. auf die Tafelberge) eignen sich Trekkingstiefel aus atmungsaktivem Material mit guter Profilsohle besser als hohe Lederstiefel, weil dort Regenwasser eindringen, aber nicht mehr entweichen kann. Schlangen beißen übrigens durch Leder, aber nicht durch Kunststoff. Wichtig: ein breitkrempiger Hut als Sonnenschutz.

Cremes mit hohen Sonnenschutzfaktoren sind Pflicht in einem Land in Äquatornähe, und man sollte sie auch bei bedecktem Himmel anwenden.

Die mitteleuropäischen Insektenschutzmittel haben sich als nicht besonders wirksam erwiesen. Die Venezolaner selbst schwören auf den repelente ›Off‹ als Spray oder Lotion.

Literarische Einstimmung

Die Arbeiten einiger der bedeutendsten venezolanischen Schriftsteller sind zur Zeit auf Deutsch leider nicht erhältlich. Wer noch Exemplare von Rómulo Gallegos' ›Canaima‹ und ›Doña Bárbara‹ im Antiquariat oder in Büchereien aufstöbert, sollte zugreifen, denn beide gelten zu Recht als Schlüsselromane für Venezuela: Sie verbinden hohen literarischen Anspruch und Landeskunde auf das Angenehmste, da die Themen aus der Geschichte Venezuelas gewonnen wurden. Leider ebenfalls vergriffen sind die Romane von Miguel Otero Silva und Arturo Uslar Pietri: ›Lope de Aguirre, Fürst der Freiheit‹ oder ›Rauch über El Dorado‹ stellen gleichermaßen treffend prägende Episoden aus der Geschichte Venezuelas vor.

›Der General in seinem Labyrinth‹ des Kolumbianers Gabriel García Márquez (Kiepenheuer & Witsch) erntete in Venezuela nicht ungeteiltes Lob, denn diese romanhafte Biographie rückt den ›Pater Patriae‹ Simón Bolívar nicht unbedingt in das gleißende Licht der kritiklosen Heldenverehrung. García Márquez hat die Perspektive der letzten Lebenstage gewählt und präsentiert einen kämpferischen, aber resignierten, verwundeten und verratenen Bolívar.

Das ins Deutsche übersetzte Debüt der jungen Journalistin Cristina Policastro ist vielversprechend. Im ›Haus der Tugenden‹ (Hammer) betritt die Autorin die Pfade des magischen Realismus, verwebt Zauber, Hurenhaus, Liebe und Journalismus zu einem spannenden Roman. Zugegeben – die Mischung ist nicht neu, aber sie stammt diesmal von einer Frau und ist sperriger und intensiver als die einer Isabel Allende, die ›Eva Luna‹ (Suhrkamp) im venezolanischen Exil schrieb. Sie schildert darin spritzig und kulinarisch die Biographie einer jungen Frau, die ihren Weg durch Militärdiktatur und Liebe sucht.

›Inseln in der Zeit‹ von Uwe George (GEO Verlag) darf ohne Zweifel als das aufregendste, beeindruckendste und schönste Buch über die Tafelberge Venezuelas gelten. Aufsehenerregende Aufnahmen wetteifern mit einem Füllhorn leuchtender kleiner Texte und Essays: ein wirklich gelungenes Werk.

Der ein wenig jüngere Simón Bolívar hat ihn als den wahren Entdecker Südamerikas bezeichnet: Alexander von Humboldt. Seine Maßstäbe setzende, spannend zu lesende und kontemplative ›Reise nach Südamerika‹ hat der Lamuv Verlag in einer mitnahmefreundlichen, etwas gekürzten Taschenbuchausgabe herausgebracht.

Die Yanomami sind die ›Stars‹ der indigenen Völker Venezuelas, die übrigen Ethnien stehen nicht so stark im Rampenlicht. Eine gründliche und einfühlsame Studie über das Alltagsleben der Warao im Orinocodelta hat Claudia Kalka geschrieben: ›Eine Tochter ist ein Haus, ein Boot und ein Garten‹ (Lit).

Aus dem Verlag Frankenschwelle stammt eine kleine Kostbarkeit. ›Das Gold der Neuen Welt‹ hat unter anderem ein Verwandter des Welser-Vertreters in Coro, Philipp von Hutten, herausgebracht. Fünf bislang nicht transkribierte Briefe, eine kurzgefasste Entdeckungsgeschichte, Biographien der wichtigsten Konquistadoren und üppiges Bildmaterial sind zu einem schönen Band zusammengestellt.

In ›Eliten und Fortschritt‹ (Vervuert) beschäftigt sich Claudia Gerdes mit der Sozialgeschichte Venezuelas zwischen den beiden Diktaturen von Juan Vicente Gómez und Marcos Pérez Jiménez, einer der prägendsten Epochen des Landes. Alles andere als knochentro-

cken werden Lebensstile und Moden geschildert, wird unterhaltsam aus Biographien und Zeitungsinterviews zitiert, werden Tagebücher aufgeblättert: Eine kleine und interessante Zeitgeschichte.

Notrufnummern

Polizei: Tel. 1 71
Feuerwehr: Tel. 1 71
Notruf in Caracas: Tel. 1 71

Öffnungszeiten

Banken sind generell von 8.30 bis 12 und 14 bis 16.30 Uhr geöffnet. Die nur in wenigen Städten anzutreffenden Wechselstuben (s. Tipps und Adressen von Ort zu Ort) schließen meist erst gegen 13 bzw. 17 Uhr. Einzelhandelsgeschäfte machen oft eine Mittagspause zwischen 12.30 oder 13 und 15 oder 16 Uhr, die großen Einkaufszentren sind durchgehend bis in die Abendstunden offen. Keine Pause gönnen sich auch die *licorerías* und *abastos,* die Getränke- und Lebensmittelläden. Manche öffnen um 8 Uhr morgens und haben 13–14 Stunden geöffnet.

Ausgedehnte Öffnungszeiten bieten auch die Restaurants. Der Betrieb beginnt mittags gegen 11.30 Uhr und endet gegen 16.30 Uhr, abends kann man von 18.30 bis 23.30 Uhr essen. In manchen Lokalen (in Großstädten, an Ausflugszielen) wird durchgehend serviert, in *posadas* geben die Betreiber feste Essenszeiten vor.

Post

Das Postsystem gehört nicht gerade zu den leistungsstärksten, das geben auch die Venezolaner gerne zu. Ein Brief kann von einer bis zu drei Wochen nach Europa unterwegs sein. Private Kurierdienste schaffen kräftig Konkurrenz, und in Caracas befördern Motorradboten die Geschäftspost.

Preise

Das Preisniveau in Venezuela liegt leicht unter dem mitteleuropäischen. Luxushotels verlangen Preise über 200 US-$ pro Übernachtung und Zimmer; für ein Vier-Sterne-Hotel (nach venezolanischen Kategorien) zahlt man über 75 €, für ein Drei-Sterne-Haus sind 50 € einzukalkulieren, manchmal auch weniger. Preiswerte Unterkünfte können im Standard erheblich variieren; je höher der Standard, desto homogener die Ausstattung.

Preiswert fällt ein Restaurantbesuch nur auf dem Lande aus. In Städten und touristischen Zentren ist der Preisstandard durchaus mitteleuropäisch, liegt teilweise sogar darüber. Doch man muss ja nicht immer die feine und/oder modische Variante wählen. Es gibt auch in Caracas sehr nette Möglichkeiten, sich qualitätsvoll den Magen zu füllen, ohne dass das gleich ein Loch in die Reisekasse reißt. Kaffee und Soft Drinks schlagen mit etwa 1,5 € zu Buche, Long Drinks mit 4 bis 7,5 €, je nach Kategorie des Etablissements wird aber auch teilweise mehr verlangt.

Die Tarife der Exkursionen belasten das Budget deutlich, aber ausgerechnet an dieser Stelle zu sparen vermindert das Urlaubsvergnügen. Teuer wird es in Canaima und Los Roques; doch ist zu bedenken, dass die Veranstalter die Camps und den Flughafen eingerichtet haben und unterhalten und dass alle Lebensmittel eingeflogen werden. Mitt-

lerweile gibt es auch günstigere Alternativen zu den hochpreisigen Camps.

Relativ teuer sind Mietwagen: 50 € am Tag für einen einfachen Mittelklassewagen, für besser ausgestattete, größere Autos muss man wesentlich tiefer in die Tasche greifen. Jeeps kosten mindestens 100 € pro Tag. Oft gibt es keine *free mileage*. Dafür ist das Benzin – für unsere Verhältnisse – billig: etwa 0,12 € pro Liter. Die Preise für Bus und Flugzeug sind sehr niedrig.

Reisen im Lande

Ein gut funktionierendes System von Flügen und Busabfahrten ermöglicht unproblematisches, schnelles und preiswertes Reisen.

Das **Flugnetz** ist besonders engmaschig geknüpft, so dass man durchaus auch noch am Flugtag ohne Reservierung ein Ticket bekommen kann. Dies gilt allerdings nicht für die Saisonzeiten – da ist frühzeitiges Reservieren ratsam. Wichtig bei dem venezolanischen System der Ticketreservierung ist die Bestätigung des Fluges *(reconfirmación)*, die unter der Angabe der Reservierungsnummer *(localizador)* vorgenommen wird. Andernfalls droht das Erlöschen der Buchung.

Es gibt kaum einen Ort, den man nicht mit einem **Bus** erreichen könnte: Busse sind das wichtigste öffentliche Verkehrsmittel, sie sind sehr preiswert und verkehren häufig. Ihr Niveau variiert allerdings beträchtlich. Ein richtiges Zwei-Klassen-System existiert nicht, und auch bei den Bezeichnungen herrscht ein ziemlicher Wirrwarr: ein *directo* muss nicht immer eine richtige Punkt-zu-Punkt-Verbindung sein, und was unter *clase ejecutivo* (›Business Class‹) zu verstehen ist, erfreut sich ebenfalls mehrerer Deutungen. Eine steigende Anzahl von Gesellschaften bietet gepflegte und wesentlich teurere Schnellbusse an, die nicht unbedingt am Busbahnhof *(terminal de pasajeros)* halten. Eine Alternative stellen die **Sammeltaxis** dar. Fünf Personen müssen zusammenkommen, damit das **Por Puesto** losfährt, die Tarife sind etwa doppelt so hoch wie die Buspreise.

Reisezeit

Sechs Monate Trockenzeit zwischen November und April/Mai und sechs Monate Regenzeit zwischen Mai und Oktober bei nur geringen Temperaturschwankungen ohne prägnante Jahreszeitenwechsel machen aus Venezuela ganzjährig ein attraktives Reiseland.

Die Regenzeit garantiert Schnee in den Anden, üppige Wasserfälle und Bootsfahrten zum Salto Angel sowie um die *hatos.* Weniger Ungeziefer und mehr Sonne sind in der Trockenzeit die Regel.

Wer im mitteleuropäischen Winter nach Venezuela reist, begegnet einem idealen Strandferien-Klima. Durch die Trockenheit ist die Anzahl der natürlichen Tränken in den Llanos geschrumpft, so dass sich die Tiere an wenigen Stellen konzentrieren. Das Risiko, die Tafelberge in der Gran Sabana wegen Nebelbildung nicht zu sehen, verringert sich; auch für Wanderungen ist diese Zeit geeigneter.

Sicherheit

Vermieden werden sollte das offene Zurschaustellen von Wohlhabenheit, sei es durch Schmuck, Fotokamera oder dicke Geldbündel. Im gemieteten Auto sollte man nichts offen liegen lassen und den Kofferraum abschließen. Am besten aufgehoben ist es auf einem bewachten Parkplatz. Verleihfirmen verpflichten ihre Kunden, den Wagen nachts auf bewachten und/oder auf Hotelparkplätzen abzustellen.

Zur Vorsicht geraten ist bei Besuchen abgelegener, einsamer Strände auf der Isla de Margarita. Auch La Guaira, das nächtliche Macuto und Cumaná stehen mittlerweile in keinem guten Ruf. Ebenfalls nicht empfehlenswert ist, Elendsviertel aus reiner Neugier aufzusuchen.

Gelegenheit macht Diebe: Langfinger arbeiten gerne an touristischen Plätzen wie auf dem Boulevard Sabana Grande in Caracas oder der Avenida Santiago Mariño in Porlamar, auf Märkten oder Bahnhöfen.

Alleinreisende Frauen brauchen nicht mit mürrischem Gesicht durch die Gegend zu laufen, um Reserviertheit zu signalisieren. Die Venezolaner mögen *machos* sein, aber aufdringlich verhalten sie sich nur für die, die bewundernde Ausrufe oder Pfiffe schon als bösartige Anmache verstehen. Als Frau wird man höflich und zuvorkommend behandelt. Wer allerdings vertrauliche Anbiederungen zulässt, erntet eventuell weniger respektvolles Verhalten.

Sprache

Landessprache in Venezuela ist Spanisch, das recht schnell und weich ausgesprochen wird. Für unsere Ohren ganz lustig hört sich die Einverleibung englischen/nordamerikanischen Wortschatzes an, z. B. *watchiman* = Aufseher, Bewacher. Es gibt einige kleine grammatikalische Abweichungen vom kastilischen Spanisch, die auch in anderen südamerikanischen Ländern üblich sind. Die 2. Person Plural entfällt und wird durch die 3. Person Plural ersetzt, *vosotros* mit der entsprechenden Verbform wird zu *ústedes.*

Gerne wird der Diminutiv bei Substantiven, Adjektiven und Adverben verwendet, der normalerweise mit -ito/-ita, aber auch mit -ico/-ica gebildet wird. Dass man häufiger mit ›Mein Liebling‹, *mi amor,* angesprochen wird, sollte einen freuen, darunter versteht der Venezolaner keine plumpe Indiskretion, sondern drückt damit seine Freundlichkeit aus. Auch das *No te preocupes,* ›Sorg dich nicht‹, gehört zum Standard-Sprachgebrauch und ist nur nett gemeint.

Auf Englischkenntnisse der Venezolaner kann man hoffen, darf aber nicht damit rechnen. Ein kleiner Sprachführer ist empfehlenswert.

Taxis

Taxifahren ist nicht teuer. Die Taxis sind in der Regel nicht mit einem Taxameter ausgestattet, also ist es des Touristen Pflicht, den Fahrpreis vorher auszuhandeln, um sich später nicht zu ärgern. Leider schmeißen *taxistas* angesichts ausländischer Gäste die Preise über den Haufen und verlangen bis zum dreifachen Tarif. Sich vorher zu informieren hilft. Am sichersten sind Radiotaxis, die per Funk gerufen werden. Generell sollte man es vermeiden, in ein Taxi ohne entsprechende Kennzeichnung *(taxi* oder *libre)* einzusteigen. Vor den größeren Hotels befinden sich Halteplätze mit luxuriöseren Droschken. In Caracas gibt es eine ganze Reihe von Teletaxis; die Telefonnummern sind im Adressenteil aufgelistet. Andere Städte ziehen nach.

Telefonieren

Dass jedermann ein Handy benutzt, hat in Venezuela den schlichten Grund, dass Telefonieren gar nicht so einfach ist. Die blauen Telefonkabinchen *(monederos)* der Telefongesellschaft CANTV finden sich zwar üppig verteilt, aber viele funktionieren nicht. Münzfernsprecher gibt es praktisch nicht mehr, Telefonkarten *(tarjetas de teléfono)* zu 1000, 2000, 5000 und 7000 Bs erhält man an Zeitungskiosken. Für ein an einem *monedero* geführtes Auslandsgespräch sollte man mehrere *tarjetas* zu 7000 Bs erwerben. Nicht überall sind sie erhältlich, und nicht alle Apparate vermitteln internationale Gespräche. Im Gegensatz zu den niedrigen Ortstarifen sind die Preise für Auslandsgespräche relativ hoch.

Von Venezuela aus lautet die Vorwahl für Deutschland 00 49, für Österreich 00 43, für die Schweiz 00 41. Von Europa aus ist die Vorwahl für Venezuela 00 58.

Trinkgeld

Das Trinkgeld entspricht internationalen Standards; doch oft wird man bemerken, dass Venezolaner knickrig damit umgehen. Kofferträger im Flughafen oder Hotel erhalten etwa 700 Bs pro Koffer (z. Zt. rund 1 US-$). Dasselbe bekommt das Zimmermädchen pro Tag. Im Restaurant ist der *servicio* von 10 % im Preis enthalten, wo nicht – darauf muss ausdrücklich aufmerksam gemacht werden –, bekommt der Kellner 10 % des Betrags, andernfalls 5 %. Es ist nicht üblich, Taxifahrern oder Friseuren *propinas* zu geben. Wer eine Ausflugtour gebucht hat, verteilt etwa 10 % auf die ganze Mannschaft (Busfahrer, Reiseführer, Kellner etc.).

Unterkunft

Die **Hotels** in Venezuela werden in fünf Kategorien klassifiziert, wobei Fünf-Sterne-Hotels hohen internationalen Ansprüchen in der Regel entsprechen. Diese befinden sich hauptsächlich bei den touristischen Attraktionen des Landes, wie auf der Isla de Margarita, in Puerto La Cruz, Maracaibo und in Caracas. Vier- und Drei-Sterne-Hotels schlägt man der gehobenen und Standard-Mittelklasse zu; die preiswerten Zwei- und Ein-Stern-Hotels hingegen weisen beträchtliche Qualitätsunterschiede innerhalb ihrer Kategorie auf.

Eine schöne, bequeme und oft ansprechende Alternative stellen die **Posadas** dar. Darunter versteht man eine klassische Pension, in der auch für die Gäste gekocht wird. Oft handelt es sich dabei um freundliche Familienbetriebe, die auch bei Ausflügen beraten oder sie sogar selbst anbieten.

Naturliebhaber sollten nicht versäumen, einmal einen **Hato** zu besuchen, die Exkursionen unter kundiger Anleitung zu Tierbeobachtungsplätzen anbieten. Die Kosten liegen relativ hoch.

Das Land verfügt über ein umfangreiches Angebot an Übernachtungsmöglichkeiten. Zu Engpässen kann es während der Hauptreisezeiten, zu Karneval und Ostern kommen, dann sind Vorausbuchungen unbedingt anzuraten.

Zeitungen und Bücher

Deutschsprachige aktuelle Presse wird in Caracas in den Hotels Four Seasons, Tamanaco und Hilton angeboten. Auch auf die Kioske im internationalen Flughafen von Maiquetía ist Verlass.

Die Presse sei die Artillerie der Gedanken, verkündete Simón Bolívar kriegerisch, und die beiden ersten Zeitungsgründungen im Jahr 1830, ›Orinoco-Post‹ und ›La Gaceta de Caracas‹, verwurzelten Venezuela früh in der Landkarte der Pressegeschichte. Zwei Zeitungen beherrschen heute die Presselandschaft, die beiden großen und verlässlichen Tageszeitungen ›El Universal‹ und ›Nacional‹. ›El Universal‹ bringt am Wochenende einen umfangreichen Veranstaltungskalender heraus. Das Zeitungs- und Zeitschriftenangebot ist im Übrigen breit gefächert. Wie überall auf der Welt am auflagenstärksten ist die *prensa amarilla,* die Boulevardpresse. Die Zentren der größeren Städte sind übersät mit Zeitungskiosken, an denen man oft auch das ›Daily Journal‹, eine englischsprachige, interessant aufgemachte und sehr informative Tageszeitung erhält.

Deutsche Bücher und eine liebenswerte Beratung erhält man in der Biblioteca Todtmann auf der Avenida Libertador in der Nähe der Metrostation Sabana Grande. Schöne, gediegene Buchhandlungen findet man nicht gerade wie Sand am Meer. In Caracas sind die Filialen von Kuai-Mare zu nennen: auf dem Boulevard Sabana Grande, in Altamira, in den Centros Comerciales Tamanaco und Las Mercedes. In Maracaibo gibt es gute Buchhandlungen im Centro Comercial Costa Verde, und die Universitätsbuchhandlung von Mérida ist auch ein empfehlenswerter Tipp.

Zeitunterschied

Zur venezolanischen Ortszeit beträgt der Zeitunterschied in Mitteleuropa 5 Stunden im Winter und 6 Stunden während der Sommerzeit, um die die Uhr zurückgestellt werden muss.

Kleiner Sprachführer

Allgemeine Redewendungen/ Begriffe

Guten Morgen	Buenos días
Guten Tag	Buenas tardes
Gute Nacht	Buenas noches
Auf Wiedersehen	Adíos/Hasta luego
Vielen Dank	Muchas gracias
Bitte	Por favor
Sehr liebenswürdig	¡Muy amable!
Es tut mir leid	Lo siento
Entschuldigen Sie!	¡Disculpe Usted!
Ich heiße …	Me llamo …
Wie ist Ihr Name, bitte?	¿Cómo se llama Usted?
Sehr angenehm!	¡Mucho gusto!
Wie geht es Ihnen?	¿Cómo está Usted?
Bleiben Sie lange hier?	¿Se queda mucho tiempo aquí?
Wir reisen heute (morgen) ab	Nosotros viajamos hoy (mañana)
Bis auf bald!	¡Hasta pronto!
Ich freue mich	Me alegro
toll, klasse	chévere
wunderbar, gut	divino/a
billig	barato
(zu) teuer	(demasiado) caroch
Ich möchte gerne … kaufen	Quisiera comprar
Kann ich das anprobieren?	¿Me lo puedo probar?
Ich benötige eine andere Größe	Necesito otro tamaño/otra talla
Was kostet das?	¿Cuanto vale?
Ich habe Kopf-/ Magen-/Leib- schmerzen	Tengo dolor de cabeza/estómago/ vientre
Ich habe einen Sonnenbrand	Tengo una quema- dura por el sol
Mir tut es hier weh	Me duele aquí

Örtliche/zeitliche Orientierungshilfe

Wo ist	¿Dónde está
… das Kranken- haus	… el hospital
… die Polizei	… la policía
… das nächste Telefon	… el próximo teléfono
… eine Apotheke	… una farmacia
… ein Arzt/ Zahnarzt	… un médico/ dentista
… eine Wäscherei	… una lavandería
… das Fremden- verkehrsbüro	… la información turística
… ein Reisebüro	… una agencia de viaje
… eine Wechsel- stube	… una casa de cambio
… die Post	… el correo
… eine Autover- mietung	… un alquiler de carros
… eine Tankstelle	… una estación de servicio/gasolinera
… der Busbahnhof	… el terminal de pasajeros
… die Haltestelle (für Sammeltaxis)	… la parada (de los por puestos
… die Metrostation	… la estación del metro
… ein Taxistand	… una parada de taxis
… der Bahnhof	… la estación de ferrocarril
… der Flughafen/ … Hafen	… el aeropuerto/ el puerto
Wie komme ich nach/Wie gelange ich zu …	¿Como llego a(l)
Ist das weit (von hier)?	¿Queda lejos (de aquí)?

Wie viele Kilometer ist das entfernt?	¿A cuántos kilómetros queda?
Welches ist der kürzeste/sicherste/bequemste Weg?	¿Cuál es el camino más corto/seguro/cómodo?
Wieviel Uhr ist es?	¿Qué hora es?
Gibt es hier einen Fahrplan?	¿Existe un itinerario por aquí?
Wann kommt	¿Cuándo llega
… der Zug	… el tren?
… der Bus	… el autobús?
… das Flugzeug	… el avión?
… das Schiff an?	… el ferry?
Wann fährt … ab?	¿Cuándo sale … ?
Gibt es keinen früheren/späteren …?	¿No hay un … que salga más temprano/más tarde?
Er (sie, es) hat Verspätung	Lleva retraso
Wo löst man die Fahrkarten?	¿Dónde se compra los boletos?
Eine (Hin- und Rück-)Fahrkarte, bitte!	¡Un boleto de ida (y vuelta), por favor!

Unterkunft

Ich suche ein gutes Hotel	Estoy buscando un buen hotel
Ich suche ein mittleres/preiswertes/ruhiges Hotel	Estoy buscando un hotel mediano/económico/tranquilo
Haben Sie ein Einzel-/Doppel-/Dreibett-/Vierbettzimmer?	¿Tiene una habitación individual/doble/triple/cuádruble?
mit/ohne Bad/Dusche/Frühstück	con/sin baño/ducha/desayuno
Haben Sie eine Hotelgarage?	¿Tiene garage en el hotel?
Haben Sie einen Hotelsafe?	¿Tiene una caja fuerte en el hotel?
Wir zahlen bar/mit Kreditkarte/in US-Dollar	Pagamos en efectivo/con tarjeta/en dólares

Wo ist der Empfang, bitte?	¿Dónde está la recepción, por favor?
Haben Sie Platz für ein großes/kleines Zelt?	¿Tiene sitio para una carpa grande/pequeña?
Haben Sie eine schattige Stelle? (für uns)	¿Tiene un lugar que tenga sombra?
Wir sind	Somos
… Personen	… personas
Was berechnen Sie uns pro Tag/Woche?	¿Cuánto cobra por día/semana?
Kann man hier Lebensmittel kaufen?	¿Se puede comprar alimentos aquí?
Gibt es einen Grillplatz?	¿Hay un fogón/una parilla?
Wo befinden/befindet sich die Waschräume/der Stromanschluss/	¿Dónde se encuentran/encuentra … los baños/el enchufe para la luz/

Im Restaurant

Bitte, bringen Sie mir …	Tráigame por favor …
… die Speisekarte	… el menú/la carta
… ein Mineralwasser mit/ohne Kohlensäure	… un agua mineral con/sin gas
… ein Bier	… una cerveza
… ein Glas/eine Flasche Rot-/Weißwein	… un vaso/una botella de vino tinto/blanco
… einen Salat	… una ensalada
… ein Fleisch-/Fischgericht	… un plato de carne/pescado
… eine Portion Huhn	… una ración pollo
… einen Nachtisch	… un postre
… einen (Milch-)Kaffee	… un café (con leche)
… die Rechnung	… la cuenta/dolorosa

Glossar

alcabala: Straßenkontrolle durch Polizei oder Militär
barrio: Wohnviertel
bodega: kleiner Krämerladen, Lager, Weinlokal
bohio: indianische Hütte der Guajiro
caño: Flussarm
carretera: Landstraße
cayo: kleine Sandinsel
chalana: Flussfähre
churuata: indianische Hütte, meist aus Palmenfasern hergestellt
conuco: Feld oder Gemüsegarten
criollo: Kreole; in Hispanoamerika geborene Nachkomme von Spaniern
cuadra: Häuserblock
curiara: charakteristischer Einbaum der Indianer
finca: Landgut
fogón: gemauerte Feuerstelle zum Grillen

hato: großes Landgut, Viehfarm
hostería: (ländliches) Gasthaus
laja: schwarze Granitsteine im Orinoco
licorería: Trinkhalle, Getränkegeschäft
mariscos: Schalentiere, Meeresfrüchte
marisquería: Fisch- und Meeresfrüchte-restaurant
mirador: Aussichtspunkt
mural: Wandgemälde
palafito: Pfahlbau (in der Laguna de Sinamaica)
páramo: Hochgebirgslandschaft mit niedriger Vegetation
parilla: Grill (mit Holzfeuer)
patio: Innenhof
posada: Rast-/Gasthaus mit Zimmern
quebrada: Flussbett, Schlucht
rancho: Elendsviertel
selva: Dschungel
tasca: Schänke (im spanischen Stil)
tepui: Tafelberg

Abbildungsnachweis

Alle Fotos: Miquel González/laif, Köln, außer

Leo von Caprivi, Frankfurt/Main
S. 152
Dr. Gerald Penzl, Köln
S. 111, 114/115, 132/133
Suhrkamp Verlag, Frankfurt/Main
S. 47

Ullstein Bilderdienst, Berlin   S. 37, 40
Archiv der Autorin: S. 187

Karten und Pläne:
Berndtson & Berndtson
Productions GmbH,
Fürstenfeldbruck,
© DuMont Buchverlag, Köln

Danksagung

Der Fotograf dankt Condor für die freundliche Unterstützung.

Register

■ Personen- und Sachregister

Acción Democrática (AD)   38 f.
Aguirre, Lope de   49, 121ff., 127, 184, 212
Alfinger, Ambrosius   30, 219, 221, 238, 263
Ampiés, Juan de   219
Andrés Pérez, Carlos   12, 25, 26, 39, 144, 221, 262
Angel, Jimmy   155, 172f., 209
Anzoátegui, José Antonio   99
Appun, Carl Ferdinand   17
Arawak   27, 43, 182, 215
Arías de Villacinda, Alonso   213
Arismendi, Juan Bautista   79, 131
Arismendi, Luisa Cáceres de   79, 81, 131
Armas, Reinaldo   50, 195
Ayamanes   43 f.

Barvirio, Pedro   55
Bellermann, Ferdinand   16, 69, 215
Bello, Andrés   33, 76
Bermúdez, Francisco   98
Betancourt, Rómulo   37
Bolívar, Simón   12, 31, 32 ff., 76ff., 81, 98, 122, 123, 150,154, 155, 214, 256, 258, 268
Bonaparte, Joseph   31
Bonaparte, Napoleon   31
Borges, Jacopo   52, 80
Briceño Perozo, Ámparo   258

Cáceres, Francisco de   268
Caldera Rodríguez, Rafael   38, 40, 168, 228
Camino Real   215f.
Caiquetíos   43 f., 215
Caraballo, Luz   254
Caracazos   26, 39
Cárdenas, Lázaro   79
Carreño, Teresa   79
Carvajal, Gaspar de   184
Carvajal, Juan de   221

Casabe   159, 188
Casa Guipuzcoana   31, 69, 86, 215
Castro, Cipriano   36
Caudillos   11, 12, 35 f.
Centurión, Manuel   154
Chávez, Hugo   40f., 206
Chibcha   43
Cochrane, Sir Alexander   31
Codazzi, Augustin   88
Collado, Don Pablo   123
Convergencia Nacional   40
COPEI (Partido Social-Cristiana)   38 f.
Cordona Puig, Félix   174
Cornieles, Andrés Roderick   155
Costa, Juan Bautista dalla   154
Costa, Juan de la   27
Crespo, Joaquín   79, 89
Criollos   44
Cruz-Díez, Carlos   52, 80, 155
Cumanagoto   29, 104

D'Ailly, Pierre   27
Díaz, Carlos   50, 195
Divina Pastora   54f., 265
d'León, Oscar   50
Domínguez, Cipriano   76
Doña Bárbara   194, 198f.
Doyle, Sir Arthur Conan   21, 148

El Dorado   11, 25, 29, 30, 41, 148, 161, 163, 184, 192, 220
Eloy Blanco, Andrés   11, 45, 49, 106, 255
Emparán, Vicente   34
Erdöl   11, 13, 14, 25 f., 95, 144, 224

Fajardo, Francisco   68
Federmann, Nikolaus   30, 43, 221, 263
Félix Sánchez, Juan   255f.

■ Ortsregister

Register

343

Titelbild: Traumstrand: die Playa Medina
S. 9: Bootsfahrt zum Salto Angel im Parque Nacional Canaima
Umschlaginnenklappe: Straßenszene in der Altstadt von Trujillo
Umschlagrückseite: Auf dem Balkon des ehemaligen Gefängnisses in Ciudad Bolívar

Impressum

344

Über die Autorin: Susanne Asal, geboren 1952, studierte Geschichte, Ethnologie und Anglistik und lebte mehrere Jahre in Argentinien und Mexiko. Sie arbeitet als freie Autorin und Lektorin für Tageszeitungen und Verlage. Schwerpunkte bilden dabei das südliche Südamerika, Venezuela und Mexiko. Zu diesen Themen hat sie zahlreiche Reiseführer und Bildbände veröffentlicht.

© DuMont Buchverlag, Köln
Neuausgabe 2001
Alle Rechte vorbehalten
Satz und Druck: Rasch, Bramsche
Buchbinderische Verarbeitung: Bramscher Buchbinder Betriebe

Printed in Germany   ISBN 3-7701-5842-3